Der Blick hinter die Kulissen des Profiboxens

Gerhard Müller

Impressum

Copyright: Gerhard Müller

Jahr: 2024

ISBN: 9789403728032

Covergestaltung: Gerhard Müller

Verlagsportal: Bookmundo

Gedruckt in Deutschland

Die Deutsche Nationalbibliothek verzeichnet diese Publikation in der Deutschen Nationalbibliografie.

Es ist nicht wichtig und bedeutend, wie oft man im Leben K.O.-gegangen ist,
wichtig ist es immer wieder aufzustehen, um weiterzukämpfen.

Aus Niederlagen Stärke gewinnen.

Mein besonderer Dank gilt meinem Sohn Moritz für die Idee und die Durchführung des digitalen Teiles meines Buches und der Hilfe bei allen Arbeiten mit den Internetmedien und meinen Freunden Dieter Belde für die Vertreibung der Rechtschreibfehler aus meinem Buch sowie Harald Becker für die Unterstützung bei der Pressearbeit.

Wenn ich in diesem Buch von Boxern spreche, sind selbstverständlich Boxerinnen und Boxer gemeint.

Vorwort

Anspruch und Wirklichkeit.

Mein Sohn hatte die Idee, Ihnen per QR-Code über Ihr Smartphone den direkten Zugang zu Videos und Bildern zu vermitteln, die im direkten Zusammenhang mit den entsprechenden Geschichten stehen. Hierzu öffnen Sie die Kamera auf Ihrem Smartphone, richten dieses auf den QR-Code und klicken auf den dann auftauchenden Link.

Bei den Bildern war durch den Kontakt zu mir bekannten Fotografen die Urheberechtsfrage schnell zu klären. Ich bedanke mich an dieser Stelle bei allen beteiligten Fotografen für die kostenlose Nutzung Ihrer Bilder. Daher ist an den relevanten Stellen ein direkter Zugriff über den entsprechenden QR-Code direkt auf das jeweilige Bild möglich.

Bei den Videoaufnahmen war das wesentlich schwieriger und erfolgloser.

Die meisten relevanten Videos sind über YouTube zu sehen. Mein Medienanwalt hat mir empfohlen, aufgrund von evtl. zu erwartenden Abmahnungen und hohe Strafzahlungen keinen direkten Zugriff auf YouTube-Videos zu ermöglichen.

Diese Videos geben überwiegend Fernsehübertragungen von Kämpfen wieder. Die jeweiligen Sender waren trotz großer Bemühungen meinerseits nicht bereit, einer kostenlosen Nutzung zuzustimmen. Daher ist bei den Videos leider kein direkter Zugriff möglich.

Daher habe ich bei den interessanten Videos an den relevanten Stellen den genauen Suchtext für YouTube angegeben.

„Auf der Plattform YouTube kann man derzeit unter Eingabe des Suchbegriffs [#########] Videomaterial zu dieser Geschichte finden."

Wenn Sie den jeweiligen Suchbegriff in die YouTube-Suchmaske eingeben, gelangen Sie zu dem entsprechenden Video.

Und nun viel Spaß beim Lesen.

Inhaltsverzeichnis

Vorwort 7

1. Auf feindlichem Gebiet 13
2. Wie alles Begann 16
3. Die Spannung steigt 28
4. Das Eintauchen in eine unbekannte Welt 32
5. Mein schwärzester Moment 37
6. Die ersten Schritte, ein neuer Lebensabschnitt 48
7. In der Unendlichkeit des Ozeans entschwunden 52
8. Ein prägendes Unentschieden 54
9. Beginn der Zusammenarbeit 57
10. Die ersten Boxer 64
11. Zur Ritze – die ersten Trainer 70
12. Aller Anfang ist schwer 77
13. Der Boxer aus Downunder 85
14. Neues Gym – Sex unter der Dusche 86
15. Als ein Handschlag noch etwas wert war 93
16. Die ersten Bilder 97
17. Der Schleifer und die Himmelsleiter 99
18. Mein neues Büro und neue Kollegen 108
19. Eine denkwürdige Pressekonferenz 113
20. Magengeschwür als letzte Rettung 119
21. Schlafen wie im Kühlschrank 122
22. Wir sind vom Klitschko Team 128
23. Eine Niederlage schockiert die Nation 133
24. Frauenboxen oder die 2 wichtigsten Räume 138
25. Der Papst in Sölden -der Blick in den Abgrund 142
26. Die geteilte Stadt und Kiefernbruch 148
27. Hollywood in Hamburg 154
28. Wie der Tiger zum Tiger wurde 160
29. Ein unwürdiger Abschied 169
30. Nikotini, schwangere Trainer, Lichtschalter 175

31.	The Black Panther Walk- in, Wochen der Qual	179
32.	Der Tod ist auch keine Lösung	186
33.	Die Ohrfeige und das soziale Engagement	197
34.	Es kommt doch auf die Größe an	202
35.	Heimspiele und ein Weltrekord	209
36.	Hinter schwedischen Gardinen	214
37.	MC - Master of ceremony	219
38.	The One and only	227
39.	Die Ladys und der geschenkte Stern	230
40.	Strom im Haar und Fähnchen schwenken	234
41.	Der Panzer und die gebrochene Nase	236
42.	Die Ringseile des Schreckens	238
43.	Der Schneider der Hanseaten	240
44.	Bikinis im Foyer	244
45.	Die Trainer und die Brücke	247
46.	Die rote Meile	253
47.	Boxen in historischer Kulisse	256
48.	Die fliegende Untertasse	261
49.	Der Blitz schlägt ein, Gregor Gysi	267
50.	Doro - Queen of Heavy Metall	273
51.	It's only Rock 'n roll but I like it	279
52.	Die Kugel auf den Lippen	282
53.	Ein Lichtermeer in der Wüste	284
54.	Schneesturm und Langlauf	289
55.	Die Wiederauferstehung	293
56.	Es gibt keinen Weg zurück	298
57.	Machtstrukturen	303
58.	Die Gladow Bande in Berlin	307
59.	Die schmerzhafte Trennung	313
60.	Die dunklen Seiten des Profiboxens	318
61.	Ein Trainer im Zwielicht	319
62.	Die falschen Freunde	321
63.	Bestechung	323
64.	Ein "freundschaftlicher" Rat am Telefon	327

65.	Der aufgelöste Vertrag	328
66.	Leere Versprechungen	332
67.	Im Atelier des Künstlers	334
68.	Gefahren des Profiboxens	337
69.	Die Glocke des Triumpfes oder der Erlösung	342
70.	Grenzenlose Macht	345
71.	Back to the roots	349
72.	Der Blick in den Abgrund	351
73.	Wenn das Gleiche nicht dasselbe ist	354
74.	In der Kürze liegt die Würze	361
75.	Cutman / Adrenalin	361
76.	Kuba Klima in Leipzig	362
77.	Von der Abschiebung zur Weltmeisterin	363
78.	Die roten neuen Schuhe	365
79.	Bitte recht freundlich	367
80.	Das Küsschen im Ring	368
81.	Der russische Bär	369
82.	Das hätte ins Auge gehen können.	370
83.	Die große rote Fliege	371
84.	Aus dem Boxring zu den Stars in Hollywood	375
85.	Das rote Sofa	375
86.	Wie aus Niederlagen Motivation entsteht	376
87.	Über den Köpfen von Schwarzbunten	377
88.	Die Doppelspitze im Ring	379
89.	Der Zahnarzt und die Zugspitze	380
90.	Die kurzen Wege	381
91.	Wächter über die Gesundheit der Boxer	383
92.	Stars in Concert	385
93.	Flammen am Ohr	387
94.	Aus voller Kehle	388
95.	Als die Stühle flogen	389
96.	Steine fliegen in Porto	391
97.	Der LKW der Hoffnung	393
98.	Der laute Kommentator	394

99.	Die wandelnden Boxlexika	397
100.	Ein Hauch von Hollywood	398
101.	Die ausgeschlagene Bitte	400
102.	Ein bewegender Moment	401
103.	Als Boxweltmeister ins Rallye Auto	402
104.	König Artur	403
105.	Abschließende Bemerkung	405
	Suchtexte YouTube Videos	406

1.   Auf feindlichem Gebiet

Es war ein wunderschöner Sommerabend. Die Sonne sendete Ihre letzten Strahlen in den Abendhimmel und ging in den wunderschönsten Farben auf der anderen Seite der Elbe unter. Von der Elbe her wehte ein lauer, angenehmer Wind durch die Straßen der Stadt.

Die Menschen in meiner Heimatstadt Hamburg waren in einer sehr lockeren, fast euphorischen Sommerstimmung. Man saß völlig entspannt am Elbstrand, ließ sich einen Milchkaffee am Jungfernstieg schmecken oder saß zu Hause in seinem Garten oder auf seinem Balkon und genoss die friedliche Abendstimmung. Viele waren gerade aus dem Urlaub zurück, oder der Urlaub stand kurz bevor. Die, die in Hamburg bleiben mussten, wurden mit diesem herrlichen sonnigen Tag beglückt.

Diese Stimmung war auch heute Abend hier zu spüren. Dabei konnte aber von einer friedlichen Stimmung nicht die Rede sein. Wir schrieben den 10.08.1996, und ich war im Robert Koch Stadion des FC St. Pauli in Hamburg. Das Stadion liegt oberhalb des Hafens und den St. Pauli Landungsbrücken auf dem Heiligengeistfeld, also mitten im Kiez.

Auf dem Heiligengeistfeld findet 3 x im Jahr unser berühmter Hamburger Dom statt. Menschen, die nicht aus Hamburg stammen, sagen, glaube ich, Jahrmarkt, oder in „Norditalien" heißt das Wies'n. Hier schlägt das Herz Hamburgs.

Ein Stadtteil mit 30.000 ganz normalen Einwohnern, 2,6 Quadratkilometer groß. 1833 nach der St. Pauli Kirche benannt, die dem heiligen Paulus gewidmet war. Seit 1894 war St. Pauli ein Hamburger Stadtteil und wird von der Simon von Utrecht Straße geteilt. Fährt man diese Straße stadtauswärts, so liegt rechts das normale Wohngebiet und links der weltweit bekannte Rotlichtdistrikt.

Hauptstraße dieses Teils von St. Pauli ist die weltberühmte Reeperbahn mit der Großen Freiheit, mit vielen Bars, Clubs, Restaurants und Theatern. Die Straße hat Ihren Namen von den Reepschlägern, die früher auf 700 bis 900 Meter langen Bahnen aus Hanf die so wichtigen

Schiffstaue gedreht hatten. Weltweit bekannt auch als die sündigste Meile der Welt.

***

Ich genoss diese außergewöhnliche Atmosphäre an diesem Abend in diesem Stadion und spürte, wie sie von mir Besitz ergriff. Die Luft war mild und klar, und wie viele Unwissende jetzt sagen würden, untypisch für Hamburg, es war kein Wölkchen am Himmel zu sehen.

Über Hamburg wird immer wieder gesagt, dass es sehr oft regnet und die Babys hier mit Schwimmhäuten zwischen Fingern und auch Zehen zur Welt kommen. Das ist nur ein Gerücht, und was den Regen betrifft, so liegt Hamburg, laut Statistica 2020, nur an 5. Stelle. Vor uns Köln, Saarbrücken, München und mit fast der dreifachen Niederschlagsmenge Obersdorf.

Die Menschen gingen sommerlich leicht gekleidet durch die Stadt, und auch an diesem Abend waren hier ein Mantel oder gar ein Schal unnötig. Wir hatten an diesem Abend 30 Grad in Hamburg. Wie immer wehte ein leichter warmer Wind durch das Stadion und schaffte so auch klimatisch angenehme Zustände. Zum Glück regnete es nicht, denn das wäre in Hamburg bei einer Open Air Veranstaltung sehr problematisch gewesen. Der leichte Wind hätte dafür gesorgt, dass die gesamte, an allen 4 Seiten offene Fläche, trotz des schützenden Daches, vom Regen erreicht worden wäre.

Das Flutlicht war eingeschaltet und tauchte in der Abenddämmerung das Stadion in ein helles warmes Licht. Ich befand mich als HSV-Fan auf feindlichem Gebiet, war aber durch die unfassbare Atmosphäre begeistert und beeindruckt, die durch die 28.000 Zuschauer erzeugt wurde.

Es war einerseits die auf und ab wabernde Geräuschkulisse, aber auch die greifbare Spannung, die in der Luft lag. Ich sah in die erwartungsfrohen Gesichter um mich herum, alle spürten, es würde ein ganz besonderer Abend werden.

Ein Abend, der für alle, in der einen oder anderen Form, unvergesslich bleiben würde.

***

Auch ich hatte mich schon seit Tagen auf diesen Abend gefreut.

Ich war schon vormittags mit Klaus Peter Kohl, dem Chef von Universum Box Promotion und daher auch mein Chef, im Stadion, um zu schauen, ob alles absprachegemäß, den behördlichen Vorgaben entsprechend, aufgebaut wurde.

Schon als ich ins leere Stadion kam, war ich vom Anblick begeistert, das steigerte sich natürlich, als sich am Abend das Stadion mit 28.000 Zuschauern füllte. Das Stimmengewirr nahm zu, die ersten Schlachtgesänge der Fans waren zu hören.

Die Abenddämmerung begann und hüllte alles in ein trügerisches, mildes, friedliches Licht.

Denn friedlich sollte es heute Abend nicht bleiben.

***

Open Air Profiboxveranstaltungen hatten in Hamburg eine große Tradition. 1934 fand ein Kampf vor 100.000 Zuschauern auf der Trabrennbahn Hamburg-Lokstedt statt. Im Hauptkampf des Abends, Max Schmeling gegen Walter Neusel.

Auf dem HSV-Sportplatz fand 1946 die erste Meisterschaft im Schwergewicht der Nachkriegszeit statt. Vor 30.000 Zuschauern kämpften Hein ten Hoff und Walter Neusel.

Und nun der Kampf im Wilhelm Koch Stadion vor 28.000 Zuschauern.

***

Ich hatte hautnah miterlebt, wie alle Beteiligten darum bemüht waren, es zu diesem außergewöhnlichen Abend werden zu lassen. Im Stadion wurden Platten auf den Rasen gelegt, um diesen zu schonen, darauf wurde der Teppich verlegt. Dann wurden viele, sehr viele Stühle aufgestellt und pro Reihe miteinander verbunden. Für die Liveübertragung wurde ein Rigg aus Aluminiumstangen über dem Ring aufgebaut, an dem die vielen Scheinwerfer, Bildschirme und Lautsprecher angebracht waren.

Die Proben und Absprachen mit dem Fernsehsender Premiere waren erledigt, jeder wusste, was wann zu tun war.

Die Kollegen vom Fernsehen hatten den Kontakt zum Satelliten für die Liveübertragung hergestellt. Alles lief reibungslos.

***

Ich blickte mich um und sah in die Gesichter von Männern aus unterschiedlichen Nationen und spürte körperlich die Anspannung, unter der alle standen. Denn im Gegensatz zu den 28.000 Menschen im Stadion mussten wir gleich arbeiten. Jeder, auf die eine oder andere Art, würde zum Gelingen des Abends seinen Anteil beitragen.

Und da war auch der etwas korpulente Mann aus den USA, der hinter mir stand. Der, ohne es zu diesem Zeitpunkt schon zu wissen, gemeinsam mit mir, einen entscheidenden Anteil an dem Chaos haben sollte, das später im Stadion ausbrechen würde.

2.   Wie alles begann

Ich schaue gerade, in meinem Büro sitzend, durch das Fenster hinaus in den Regen. Genaugenommen ist es kein Regen, so wie man ihn aus anderen Teilen Deutschlands kennt, es ist Hamburger Schietwetter, Nieselregen. Wie meine Großmutter immer sagte, es regnet Bindfäden. Es ist ein für Hamburg, von den Quiddjes, den Zugereisten, nicht in der Stadt geborenen Menschen, so oft beschriebener typischer verregneter Tag.

Als Quiddje wurde früher ein Mensch in Hamburg bezeichnet, der nicht hier geboren war, der Hochdeutsch sprach und nicht das gängige

Plattdeutsch oder wenigstens das Missingsch, die Kombination aus Hochdeutsch und Plattdeutsch, also ein Auswärtiger. Die Herkunft des Begriffs Quiddje ist nicht endgültig geklärt. Die gängigste Version ist aber, dass das Wort aus der Zeit stammt, als Auswärtige beim Betreten der Stadt am Stadttor eine Gebühr entrichten mussten und dafür eine Quittung erhielten. Ein Quiddje war also jemand, der eine solche Quittung in der Stadt mit sich herumträgt.

Der Begriff ist wertend, aber nicht beleidigend.

Auch in der Seefahrt ist der Begriff *Quiddje* bekannt, man bezeichnet damit die sogenannte Landratte, beziehungsweise jemanden, der ein Laie in der Schifffahrt ist.

Und dieser ganz feine Regen, gepaart mit dem für Hamburg typischen ständigen leichtem Wind, macht diesen Vormittag so ungemütlich. Die Feuchtigkeit dringt durch alle Ritzen der Kleidung und gibt einem nach einiger Zeit das Gefühl unter einer nur etwas aufgedrehten Dusche zu stehen.

Wir wohnen und leben jetzt schon viele Jahre hier, in Ahausen einem kleinen Dorf ca. 15 km von Hamburg entfernt, aber ich fühle mich noch immer als Hamburger.

Als Hamburger Jung, 1947 in dieser faszinierenden Stadt geboren, habe ich in diesen bisher 75 Jahren viel erlebt.

Die Hamburger Sturmflut, eine Ehe (ich merke gerade, eine interessante Reihenfolge), viele berufliche Auf und Abs, 2 Kinder, mit meiner Frau zusammen großgezogen, 4 Enkel und alles, was ein so langes Leben mit sich bringt.

Kummer und Sorgen, aber auch Freude und Begeisterung. Echte und falsche Freunde. Richtige und falsche Entscheidungen.

So sitze ich also hier in meinem Büro, coronabedingt etwas schwermütig. Genaugenommen ist das auch nicht mehr mein Büro, denn seit 8 Jahren klingelt geschäftlich kein Telefon mehr, es stehen keine Gesprächstermine an, ich bin Rentner.

Wenn man sein ganzes Leben lang berufstätig gewesen ist, viele Jahre davon selbstständig tätig war, dann empfindet man diese Situation wie einen Hammerschlag. Freunde hatten mir schon oft davon erzählt, ich aber habe das immer nicht glauben wollen.

Ich besitze dieses Büro, mit meinem Schreibtisch, den Ablagekörben, dem Computer und den anderen Dingen, die man für ein funktionierendes Büro so braucht, nur noch aus nostalgischen Gründen.

Die Umwidmung dieses Raumes, das Heraustragen des Schreibtisches und der anderen Utensilien würde mir endgültig zeigen, du bist alt und wirst nicht mehr gebraucht. Meine Frau würde diesen Raum gerne anders nutzen, aber ab und zu muss man sich in einer Ehe auch mal durchsetzen. Es ist und bleibt also mein Büro.

Durch die Coronazeit bedingt sitze ich hier sehr oft und lasse die Gedanken schweifen, und da fällt mir gerade heute ein, dass wir vor fast genau 35 Jahren ein ähnliches Wetter in Hamburg hatten.

Das war der Tag, an dem sich mein Leben grundlegend verändern sollte.

Auch damals, 1986, versuchte sich die Sonne vergeblich durch die Wolken zu schlängeln. Der Nieselregen tat sein Übriges, sich außerhalb seines Zuhauses nicht wohlzufühlen.

Der Himmel war dunkel bewölkt, die Menschen hasteten in Regenmäntel gehüllt unter großen Schirmen durch die Straßen. Schon der Blick aus dem Fenster erzeugte ein leichtes unangenehmes Frösteln. Der Wind ließ die Regentropfen an das Fenster klopfen. Die hin und her wippenden Bäume zeigten mir, wie stark und ungemütlich der Wind war.

Aber ich hatte damals keine andere Wahl, ich musste, ob ich wollte oder nicht, hinaus in den Nieselregen und „Klinken putzen".

Ich war seit einigen Jahren im Bereich Veranstaltungs- und Sportmanagement selbstständig tätig und freute mich gerade über einen neuen, sehr interessanten und lukrativen Auftrag. Von einem Vorstandsmitglied der COOP AG hatte ich den Auftrag und das Sponsorengeld, das erste Profiradrennen rund um die Binnenalster zu organisieren.

Das Rennen sollte, beginnend am Jungfernstieg, über die abgesperrte Straße Ballindamm, über die halbseitig gesperrte Lombards Brücke, den neuen Jungfernstieg, mit einer Spitzkehre am Gänsemarkt zurück zum Ziel, dem Jungfernstieg führen.

Ich war damals mitten in meinen Vorbereitungen. Ich führte Gespräche mit der Stadt, den zuständigen Behörden, Partnerfirmen, Sponsoren, Werbetreibenden, dem Radsportverband, den Managern der Radsportteams etc. Eine sehr anstrengende, aber auch sehr schöne und befriedigende Zeit.

Hamburg war damals für außergewöhnliche Sportveranstaltungen ein schwieriges Pflaster. Wenn ich Kollegen, z.B. aus München, von meinem Leid mit Hamburger Behörden berichtete, lächelten diese nur mitfühlend und sprachen von der großen Unterstützung bei Ihren Veranstaltungen durch die Stadt und den Behörden.

Damals galt meine Heimatstadt nicht gerade als Sportstadt, und das merkte man in allen Gesprächen.

Da ich gerade einige alte Fotos sortiere, fällt mir ein Foto in die Hand, das mich an ein typisches Beispiel für diese Probleme erinnert.

Für eine große Veranstaltung, wie dieses Profiradrennen, ist die Pressearbeit sehr wichtig, aber die Presse braucht außergewöhnliche Bilder und Geschichten. Und dafür muss man aus der Erfahrung heraus wissen, was gerade angesagt ist. Das ist nicht nur abhängig von den entsprechenden Medien, sondern auch von den Vorlieben und Hobbies der einzelnen Redakteure.

Aber eine außergewöhnliche Location, Tiere und die Möglichkeit für ungewöhnliche Aufnahmen und Geschichten funktionieren in der Regel immer. An außergewöhnlichen Fotomotiven war in Hamburg kein Mangel, aber es musste ja mehr sein.

Tagelang hatte ich schon viele Möglichkeiten angedacht und auch wieder verworfen. Und wie so oft half dann ein Zufall. Damals war gerade der Zirkus Busch in der Stadt, mit seiner berühmten Elefantendressur.

Da hatte ich eine Idee.

***

In die Welt des Zirkus einzutauchen ist schon etwas Außergewöhnliches. Man riecht die Tiere, sieht die Wohnwagen und dann das riesengroße Zirkuszelt. Automatisch werden Erinnerungen an die Kindheit wach. Die damals noch live gespielte Zirkusmusik, die Clowns und Akrobaten, die Tiere und die vielen Kunststücke die mich als Kind so sehr begeisterten.

Durch den Eingang des Zeltes konnte ich die Artisten proben sehen und auch um das große Hauptzelt herum waren Menschen mit vielen Dingen beschäftigt. Keiner schien mich so richtig wahrzunehmen.

Ich hatte vorab mit der Zirkusdirektorin telefoniert, die mich an den Dompteur verwies, und den suchte ich gerade.

Ein Mann mittleren Alters, in Arbeitskleidung kam mir entgegen und streckte mit den Worten „Sie sind bestimmt Herr Müller " freundlich lächelnd die Hand entgegen.

Wir gingen in seinen Wohnwagen, den ich sehr interessiert betrachtete.

„Alles da, was man so braucht" sagte er, „möchten Sie eine Tasse Kaffee oder was Stärkeres?". Ich beließ es bei dem Kaffee. Der Wohnwagen machte einen sehr geräumigen Eindruck. Eine größere Küchenzeile, ein abgetrennter Schlafraum, Polstergarnitur etc. Es war hier sehr gemütlich.

Und so kam ich auf meine Idee zu sprechen. Da die Zirkusdirektorin prinzipiell zugestimmt hatte, brauchte ich nur noch das ok des Dompteurs. Das Gespräch mit dem Dompteur des Zirkus war daher kurz, angenehm und erfolgreich.

Eine WIN-WIN-Situation, der Zirkus bekam Werbung für seine Vorführungen und ich für meine Veranstaltung.

Und dann wurde es sehr spannend. Der Dompteur wollte mir seine zwei Elefanten zeigen, die er für die besprochene Aktion ausgesucht hatte. Wir gingen in ein Zelt, in dem hinter Gittern verschiedene Tiere standen oder dösig herumlagen.

Alle wandten den Kopf zu uns zwei Gestalten. Ich hatte das Gefühl, das alle Tiere dachten „was will der denn hier". Im hinteren Bereich sah ich dann mehrere Elefanten. 2 Elefanten standen enger beieinander und schienen sich gut zu kennen.

„Die würde ich nehmen" sagte er „zwei friedliche Gesellen, die schon sehr lange zusammenleben". Vor mir standen, eine Armlänge entfernt diese faszinierenden und riesengroße Elefanten.

Ich hatte mich vorher über diese Tiere informiert. Sie konnten bis zu 10 Tonnen schwer sein, bis zu 7.5. Meter lang und bis zu 4 Meter hoch. Wenn man in Hagenbecks Tierpark diesen Riesen auf 3 – 4 Meter gegenübersteht, wirken sie schon riesig, aber nun standen Sie nur eine Armlänge vor mir ohne einen trennenden Graben oder ein Gitter, nur durch eine Kordel abgetrennt von uns. Ich konnte sie riechen, hören und spüren. Ich muss zugeben, sie flößten mir gewaltigen Respekt ein. Sie schauten mich mit Ihren großen Augen interessiert an. Ich wagte mich kaum zu rühren.

Der eine Rüssel und dann der andere Rüssel bewegten sich auf mich zu. Ich hielt den Atem an und zwang mich, ruhig stehenzubleiben. Ich hatte das Gefühl, dass die Elefanten prüfen wollten, ob sie mich mögen. Mir stockte der Atem. Der Rüssel berührte mich zart, und ich hatte das Gefühl einer direkten Kontaktaufnahme. Ihre Rüsselspitzen waren warm und weich. Nach eingehender Prüfung verschwanden die Rüssel wieder, und ich hatte das Gefühl, die Probe bestanden zu haben.

Wir mochten uns.

"Test bestanden, und fassen Sie beide ruhig mal an und spüren Sie, wie weich die Haut ist" wurde mir gesagt. Und „Bananen gehen immer", sagte der Dompteur, und schon hatte ich für jeden meiner beiden neuen Freunde eine Banane in der Hand. Die wurden mir dann aber sofort sehr vorsichtig aus der Hand genommen und verschwanden im riesigen Maul der Elefanten.

„Elefanten können sich Personen gut merken, vor allen Dingen, wenn sie mit Bananen verwöhnt werden", sagte der Dompteur lächelnd, „dann sind Sie auch akzeptiert, wenn wir die Fotos machen".

Auch die Idee, die Fotoaufnahmen auf dem Alsteranlieger am Jungfernstieg durchzuführen, fand der Dompteur sehr interessant und sagte „da können wir ja den kurzen Weg vom Heiligengeistfeld mit den Elefanten durch die Straßen gehen." Großartige Idee, aber der Mann kannte die Hamburger Behörden nicht.

Also ab zu den verschiedenen Behörden, denn ich brauchte natürlich viele Genehmigungen. Um es kurz zu machen, es war ein tagelanges Ringen. Die Idee mit dem Marsch der Elefanten durch die Straßen war sofort vom Tisch. Ich erinnere mich ganz genau, wie der zuständige Beamte mich ungläubig anschaute und meinte, ich wolle ihn veralbern.

Aber als ich dann alle Auflagen erfüllt hatte, z.B. Nennung des Gewichtes des Elefanten pro Elefantenbein, bekam ich alle notwendigen Genehmigungen.

***

Dann war es so weit, ich wartete am Jungfernstieg auf meine Elefantenfreunde.

Auch die Polizei war schon da, prüfte das Genehmigungsschreiben der Behörde sehr sorgfältig, und der Chef der Truppe machte noch die etwas schnippische Bemerkung „wenn es denn unbedingt sein muss". Das fängt gut an, dachte ich. Ich wusste da noch nicht, wie Recht ich, mit diesem Bauchgefühl, behalten sollte.

Der Zirkuswagen, mit den Elefanten, fuhr am Jungfernstieg vor. Menschen blieben erstaunt stehen, um zu schauen, was da gleich passieren würde. Die Längsseite des LKW wurde aufgemacht und meine beiden neuen Freunde blinzelten in die Sonne und waren offensichtlich gespannt, was jetzt mit Ihnen geschehen würde. Der erste Elefant verließ den Zirkuswagen, und der zweite wollte folgen.

Da schritt die Staatsmacht in Form des mir schon bekannten Polizeihauptkommissars in Uniform ein und erklärte, die Genehmigung gilt nur für einen Elefanten. Und da hatten wir ein Problem.

Der erste Elefant schaute sich, wie ich damals dachte, suchend um und schien zu denken, wo bleibt denn nur mein Kumpel.

Ich war damals noch nicht ganz so abgeklärt und ruhig wie heute, eine der wenigen Vorteile des Alters. Daher musste ich mich sehr zusammennehmen, um den sehr arrogant auftretenden Wachtmeister, wie früher in Hamburg ein Polizist genannt wurde, nicht sofort und unverblümt meine Meinung zu sagen. Also holte ich erst einmal tief Luft.

Glücklicherweise war der Dompteur tiefenentspannt, und so gelang es wenigstens dem Dompteur, freundlich und nett zu bleiben. Er erklärte dem Polizisten, dass beide Elefanten seit Jahren ein Paar waren, wo der eine hingeht, folgt der andere. Als auch der freundliche Hinweis auf die Gefühle der Tiere nichts nutzte, kam der entscheidende Satz.

„OK, dann lassen wir nur einen Elefanten Richtung Alster gehen. Ich übernehme keine Haftung, denn ich weiß nicht, was passiert, wenn der andere Elefant ausbricht, um zu folgen."

Eine Minute Stille, dann winkte der Uniformierte frustriert ab und gab seine Zustimmung.

***

Der Dompteur und Frau Busch führten beide Elefanten auf den Alsteranleger. Dort wartete schon ein Radrennfahrer des Radsportverbandes Hamburg und der Präsident des Verbandes. Auch er war sichtlich beeindruckt von diesen wunderschönen, friedlichen Tieren. Die Elefanten beschnupperten auch diesen Menschen und waren dann bereit. Und so konnten wir ohne Probleme schöne Fotos aufnehmen.

Elefant auf dem Alsteranleger
Jungfernstieg
Privatarchiv Müller

Die Elefanten bekamen Ihre Bananen, die Journalisten Ihre Geschichte, die Fotografen Ihre Bilder und der Zirkus und ich unsere Werbung.

Alle waren zufrieden.

***

Es war damals also sehr viel zu tun, aber ich war damals noch „jung" und belastbar.

Dazu gehörte es auch, neben vielen anderen Dingen, ein Programmheft mit den dazugehörigen Anzeigen zu erstellen.

Auch wenn ich damals schon einige Erfahrung in der Akquise von Anzeigen hatte, war das immer ein sehr mühseliges und arbeitsreiches Unterfangen. Viele Gespräche mussten geführt werden, etliche ohne zählbaren Erfolg. Also erst einmal telefonieren und Termine machen.

Und so hatte ich an diesem Tag u.a. einige Fitnessstudios auf dem Plan, eines davon im Stadtteil Hamburg Horn.

Also raus in Wind und Regen und die einzelnen Termine abarbeiten. So auch in dem Fitnessstudio in Horn. Nachdem wir über die Anzeigen gesprochen hatten und ich eine ¼ Seite verkauft hatte, kam die mein Leben wesentlich verändernde Frage:

„Organisieren Sie eigentlich auch Profiboxveranstaltungen?"

Nun war ich schon „einige Tage" selbstständig, hatte Kongresse und Veranstaltungen organisiert und gelernt, wenn ein Kunde mit einem Auftrag „droht", erst einmal prinzipiell nicht nein zu sagen und sich anzuhören, was genau gemeint ist.

Gedacht, getan.

Der Chef des Fitnessstudios erklärte mir die Situation und den Hintergrund seiner Frage. Es stellte sich heraus, dass der Inhaber des Studios einen langjährigen Freund hatte. Der fuhr zur See und hatte von seiner Mutter 100.000 DM geerbt.

Das hörte sich sehr interessant an, und so hörte ich weiter zu.

Dieser Seemann hatte einen guten Freund, Alexander Zeh, ein Hamburger Jung und Boxer. Dem wollte er einen Gefallen tun, einen Profiboxkampf organisieren und finanzieren. Sein einziges Problem, weder wusste er, wie das geht, noch hatte er zur Durchführung die notwendigen Kontakte.

Ich spürte mit einem Mal das leichte Kribbeln in den Fingern und das schnellere Schlagen meines Herzens, oder wie man heute sagt, ich bekam Puls.

Eine Aufgabe in einem Bereich, den ich noch nicht kannte, das roch nach einer neuen Herausforderung.

Ich sagte: "Ich habe gerade sehr viel zu tun, aber ich werde mir das Überlegen. Geben Sie mir doch mal die Telefonnummer Ihres Freundes."

***

Ich hatte schon damals die Erfahrung gemacht, dass zwei Dinge in derartigen Situationen wichtig sind. Erst einmal eine Nacht darüber schlafen und dann auf sein Bauchgefühl hören.

Aus meiner heutigen Sicht muss ich sagen, hätte ich das immer so gemacht, dann wären mir beruflich und auch privat einige Probleme erspart geblieben.

Aber damals ging ich glücklicherweise genauso vor und kam zu dem Schluss, das musst Du machen. Ich führte mehrere Gespräche mit meinem zukünftigen Kunden und hörte mir genau an, was er wollte.

Nach einigen Gesprächen waren wir uns einig, und ich tauchte ein in das aufregende Milieu des Profiboxens.

***

Das alles geht mir heute, nach 36 Jahren, mit über 400 Veranstaltungen in vielen Ländern, mit über 3.500 Boxkämpfen durch den Kopf, wenn ich coronabedingt, so ziellos herumsitze. Mir geht bei diesen Gedanken auf, wie schnell die Zeit vergeht, mehr noch, ich habe das Gefühl, die Zeit verrinnt mir unaufhaltsam zwischen den Finger.

Aber es bringt bekanntlich nichts, nur Trübsal zu blasen und depressiven Gedanken nachzuhängen. Es gibt eine gute Möglichkeit, diesen Gedanken zu entrinnen. Man denkt an die schönen Zeiten in seinem Leben.

Da ist zuerst einmal die Familie, die Kinder und die Enkel. In meinem Berufsleben gab es für mich, neben einigen sehr schmerzhaften Rückschlägen und Fehlern, einen besonders schönen und prägenden Lebensabschnitt.

Das waren die 36 Jahre im Profiboxbereich, eine schöne Zeit mit interessanten und lieben Menschen.

Boxer und Boxerinnen, Trainern, Masseuren, Managern, Matchmakern, Vertretern der vielen Weltverbände, Ring- und Punktrichtern, Veranstaltern, Nummerngirls, Presseleuten, den Kollegen der übertragenden Fernsehsender, der Security und in den Jahren zunehmend mit vielen Kollegen.

Eine Zusammenarbeit mit überwiegend guten Erfahrungen und viel Spaß bei der Arbeit. Dazu kommen die vielen Reisen ins Ausland, die Arbeit mit Kollegen dort, neue Sprachen und neue Kulturen. Ebenso die enge Zusammenarbeit mit den Boxern und Trainern aus den verschiedensten Kulturkreisen.

Ich denke sehr gerne an die ersten außergewöhnlichen Jahre zurück, als der Profiboxsport am Boden war, der Bund Deutscher Berufsboxer nur 34 aktive Mitglieder hatte.

Ich denke an das Glück und das Vergnügen und die Freude gemeinsam mit Klaus Peter Kohl, in den ersten Jahren den Boxstall Universum Box Promotion aufzubauen. Zuerst zu zweit, später mit weiteren Kollegen und Kolleginnen. Viele Jahre im Management und später als Ringsprecher und Moderator diverser Veranstaltungen rund um das Profiboxen.

Und wie ich jetzt so dasitze und etwas wehmütig an diese schönen Zeiten zurückdenke, kommen mir wieder viele schöne, tragische, lustige, erfolgreiche und traurige Momente in den Sinn. Es waren auch schwere Zeiten zu überstehen, viele Probleme mussten gelöst werden, ein Team aufgebaut werden und optimistisch in die Zukunft geschaut werden.

Bis heute bin ich oft von Freunden und Anhängern von Universum Boxpromotion gebeten worden, ein paar Geschichten aus der Welt des Profiboxens zu erzählen. Mit der nötigen Diskretion habe ich das immer gerne gemacht.

Und so habe ich mich entschieden, einiges davon aufzuschreiben, für meine Enkel und vielleicht ja auch für Menschen, denen wie mir das Profiboxen am Herzen liegt. Ich machte das auch, damit mein Gehirn in diesen trostlosen Zeiten nicht einrostet und gefordert wird.

Nun sollte aber niemand erwarten, dass ich alles ausplaudere, was ich erlebt und gesehen habe. Hier gilt für mich die Aussage, die es über Las Vegas gibt:

„Was in Las Vegas passiert, das bleibt in Las Vegas." Aber keine Angst, es bleiben viele interessante Geschichtchen übrig, die ich nachstehend erzählen möchte.

3.   Die Spannung steigt

Meine Gedanken sind wieder im Jahr 1996 im St. Pauli Stadion. Es stand ein sehr außergewöhnlicher Boxkampf bevor. Wochenlang hatten die deutschen Boxfans auf diesen Abend gewartet, hatten diesen Boxkampf gefordert, einen Kampf auf Augenhöhe.

Damals wie heute lebt eine Sportart, besonders eine so personenbezogene Sportart, von Typen, mit denen man sich identifizieren kann. Dazu muss man wissen, dass beide Boxer bei Ihren Fans sehr beliebt waren und sehr viele Fans hatten. Sie lebten in den zwei größten Städten der Republik, Hamburg und Berlin.

Und endlich war es so weit, bald würde der erste Gong ertönen.

Das Außergewöhnliche dieser Veranstaltung war zu spüren, ja fast mit den Händen zu greifen. Es waren nicht nur die 28.000 Menschen um den Ring herum und auf den Tribünen, die Größe des Stadions, nein es war die Ahnung, dass etwas Außergewöhnliches passieren würde.

In den letzten 10 Tagen gab es viele Presseanfragen nach Interviews, Geschichten oder Hintergrundstorys. Das Presseecho war damals ungewöhnlich hoch für diese Sportart. Das lag auch an den beiden

Boxern, die sich in wenigen Minuten gegenüberstehen würden. Über die Boxer konnte man sagen, „man mochte sich nicht".

Da war der Berliner Junge und der Boxer aus Danzig, der jetzt in Hamburg lebte. Wahrscheinlich konnte keiner der Beiden genau sagen, woran es lag. Es war so, wie auch im Privatleben. Den einen mochte man, den anderen nicht.

Diese Antipathie wurde von beiden Seiten offensiv verkauft und mit kleinen Geschichten unterfüttert. Daher war die Atmosphäre schon in den Tagen vor dem Kampf sehr aufgeheizt, was für ein noch höheres Interesse bei der Presse und bei den Fans sorgte.

Das übertrug sich auch an diesem Abend auf die Zuschauer. Das schürte auch die Emotionen bei allen Beteiligten, besonders aber bei den Fans.

Schon bei den Vorkämpfen war etwas für mich Überraschendes festzustellen. Das Publikum war fast 50 zu 50 geteilt und nicht, wie erwartet, überwiegend auf der Seite unseres Hamburger Lokalmatadors.

***

Ich stand an meinem Arbeitsplatz mitten im Boxring.

Ich war in der „Maske" gewesen und war optisch auf meinen Auftritt vorbereitet worden. Mein Smoking hatte keine Falten und meine große rote Fliege saß an der richtigen Stelle.

Ich überprüfte ein letztes Mal meine Moderatorenkarten mit den Fakten des Kampfes und beider Boxer. Ich wiederholte mehrmals im Kopf die ersten Sätze, die ich gleich sagen würde.

Es konnte losgehen, ich war vorbereitet.

Ich schaute in die Runde und genoss den Reiz und die Anspannung der Situation. Es war nicht nur die Tatsache, dass ich gleich für kurze Zeit im Mittelpunkt des Interesses stehen würde. Es würden nicht nur die

28.000 Menschen im Stadion sein, die auf mich schauten und mir zuhörten, sondern auch die Millionen von Fernsehzuschauern.

Ich spürte die immer wiederkehrende Anspannung bei dem Versuch, nichts falsch zu machen, die außergewöhnliche Atmosphäre und die Tatsache, dass ein Freund gleich zu einem schweren Kampf in den Ring kommen würde.

Eine Kombination aus diesen verschiedensten Faktoren, Emotionen und akustischen und optischen Eindrücken lösten jedes Mal dieses sonderbare Gefühl in mir aus. Mein Körper war voller Adrenalin, ich spürte meinen Herzschlag in meiner Halsschlagader. Ein Gefühl der absoluten Konzentration und Hingabe an den Moment.

Das Gefühl, in diesem Moment in sich zu ruhen und nur noch auf das „go" des Regisseurs zu warten, das Kribbeln auf der Haut, den ersten Satz im Kopf.

Eine Gefühlslage, die süchtig macht und die ich heute sehr vermisse.

***

Hinter mir standen die Fahnenträgerinnen, und ich hoffte, dass alles so geschehen würde, wie wir das am Nachmittag geübt hatten.

Dahinter die Offiziellen, der Ringrichter aus den USA, der Präsident des ausrichtenden internationalen Verbandes WBO, Francisco Valcarcel, genannt Paco, der Präsident des Bundes Deutscher Berufsboxer, der Veranstalter Klaus Peter Kohl, der Technische Leiter der Veranstaltung und unser Matchmaker Hedi Taouab.

Die Stimmung im Stadion war laut und unruhig, die Vorkämpfe waren beendet, und ich musste gleich die Weltmeisterschaft ankündigen und die beiden Hauptkämpfer in den Ring rufen. Mit dem übertragenden Fernsehsender waren, wie immer, alle Details abgesprochen.

Ich war drahtlos mit dem Regisseur verbunden. In meinem rechten Ohr hörte ich den Regisseur unseres TV-Partners mit der Ankündigung „Gerhard noch 3 Minuten".

Meine innere Anspannung wuchs.

Es war nicht so, dass ich nervös war, obwohl es schon eine besondere Veranstaltung war. Zur Nervosität gab es keinen Grund, das wusste ich aus meiner jetzt schon neunjährigen Tätigkeit als Ringsprecher. Ich wusste auch, Nervosität ist schlecht, innere Anspannung aber wichtig und gut, um keine Fehler zu machen.

Was ich zu diesem Zeitpunkt noch nicht wusste, mir würden bald das erste und das einzige Mal in meiner 35-jährigen Tätigkeit als Ringsprecher zwei schwere Fehler in einer Veranstaltung unterlaufen.

***

Ich hatte mich wie bei allen Veranstaltungen, in der Pause vor dem Hauptkampf, auf den Weg in die Kabine unseres Boxers gemacht. Über das abgedeckte Spielfeld einen langen Weg zu den Kabinen immer zwischen den schon laut nach Ihren Boxern rufenden Fans.

Es war wie immer, wenn ich vor Titelkämpfen zu unserem Boxer in die Kabine ging, um allen viel Erfolg zu wünschen. Das war ein eingespieltes Ritual und hat, wie ich mir einbildete, fast immer Glück gebracht.

Daher kannte ich die Stimmung und die Atmosphäre, die in der Kabine herrschte, sehr gut.

***

Ich sah die beiden Kameramänner mit den Ringkameras in den Ring kommen, „Gerhard noch 2 Minuten", hörte ich den Regisseur sagen.

Ich wusste, wie wichtig die letzten Minuten vor dem Kampf für den Boxer und für den Trainer waren, wie wichtig das Ritual, der immer gleiche Ablauf in der Kabine. Und ich sah immer den optimistischen Ausdruck in den Augen der Beteiligten.

Bei Dariusz konnte es auch vorkommen, dass trotz aller Anspannung noch einmal ein flotter Spruch herausgehauen wurde und alle zum Lachen brachte.

Doch dieses Mal bin ich mit einem sehr komischen Gefühl aus der Kabine hinausgegangen. Damals schien alles anders zu sein. Ich wusste damals und ich weiß bis heute nicht, was mich damals gestört hat, es kam in mir nur ein ungutes Gefühl auf. Ich sagte zu mir selbst, mach Dir keinen Kopf, ist bestimmt alles Einbildung.

Ein letzter Blick in die Runde, alle standen auf dem richtigen Platz im Ring, „Gerhard noch 1 Minute". Ich schaute noch einmal auf meine Moderationskarten.

Dann hörte ich den Regisseur: „Gerhard, 3- 2- 1 – go."

Ich begann, wie immer bei Titelkämpfen, mit „Meine Damen und Herren, liebe Boxsportfreunde. Ich rufe auf, die WBO-Weltmeisterschaft im Halbschwergewicht angesetzt auf 12 Runden.

Zu uns in den Ring kommt… "

4. Das Eintauchen in eine neue unbekannte Welt

Es ist schon erstaunlich, woran man sich alles erinnern kann, sogar an Details, Gefühle und sogar Gerüche. Und so erinnere ich mich genau an die Situation, als ich damals an meinem Schreibtisch saß und eine Veranstaltung organisieren sollte, in einer Sportart, von der ich keine Ahnung hatte.

Nun ist die Organisation von Veranstaltungen in vielen Grundelementen gleich, und ich hatte viele Jahre Erfahrung mit der Organisation von Kongressen und sonstigen Veranstaltungen.

Doch es ist ja nicht nur die Organisation der Veranstaltung zu bewältigen, sondern auch die Finanzierung, der Kartenverkauf, die Pressearbeit, das Sponsoring, der Verkauf von Werbung rund um die Veranstaltung herum, es gibt auch wesentliche sportspezifische Aspekte, die berücksichtigt werden müssen.

Also ist eine Voraussetzung für eine gute und professionelle Organisation von Sportveranstaltungen auch die Detailkenntnis über die entsprechende Sportart. Und da betrat ich Neuland, mit einer Sportart, die ich weder kannte noch mich bisher interessiert hatte.

Ich war aktiver Fußballer, der es nie in den Top-Leistungssport geschafft hatte, aber als Torwart, u. a. in der 4. Mannschaft des HSV, viel Spaß hatte. Dazu interessierte mich auch Handball, weswegen ich in späteren Jahren, neben meinen Einsätzen als Ringsprecher, auch Manager des Erstliga-Clubs VFL Bad Schwartau wurde.

Aber Profiboxen?

Na ja, Muhammad Ali und Mike Tyson sagten mir schon was, und ich war auch ab und zu nachts aufgestanden, um einen dieser Kämpfe live aus Amerika zu sehen, aber sonst hatte ich keinen Bezug zu dieser Sportart.

Also musste ich mich erst einmal theoretisch mit dieser Sportart auseinandersetzen.

Nun muss man berücksichtigen, dass wir uns im Jahr 1986 befanden.

Im Rückblick betrachtet merkt man erst heute, wie einfach alles geworden ist. Aus dem Auto heraus mal eben mit der Familie telefonieren, dank Handy, heute kein Problem. Informationen über einen Boxer herausfinden, heute kein Problem, Boxrec hat alle Informationen.

Damals aber einfach mal ins Internet, Boxrec aufrufen, Stichworte bei Google eingeben oder mal kurz bei Wikipedia nachschauen, unmöglich. Per Fernschreiber oder später per Fax konnte man nach einiger Wartezeit die gewünschten Informationen bekommen.

Natürlich hatte das auch Vorteile.

Nur die Eingeweihten, die Profis in Ihrem Bereich, wussten, wo man die Informationen bekommt. Es war möglich, einen mittelmäßigen ausländischen Gegner in der Öffentlichkeit besser zu verkaufen.

Also habe ich damals erst einmal bei Geschäftspartnern und Freunden nachgefragt und so einige Tipps bekommen, in welchen Publikationen ich etwas über die Geschichte des Boxens nachlesen konnte oder wen ich fragen konnte. Und so erfuhr ich, dass die Geschichte des Boxens vor über 5000 Jahren begann.

Die Geschichte des Boxens

Archäologische Funde belegen, dass Boxen schon vor langer Zeit als Kampfsportart betrieben wurde.

Auf griechischen Fresken und Vasenmalereien fand man entsprechende Darstellungen. Homer beschrieb die frühen Faustkämpfe der Griechen. Auch bei den 23. Olympischen Spielen des Altertums wurde geboxt.

Es gab lange keine festen Regeln und die Kämpfe wurden mit blanken Fäusten ausgetragen bis zum bitteren Ende für einen der Faustkämpfer.

James Figg, ein englischer Fechtmeister, stellte 1719 die ersten Boxregeln auf und wurde auch englischer Boxmeister.

1743 stellte Jack Braughton, nach dem Tod eines Konkurrenten, die Braughton Rules auf. Es mussten z. B. die Hände bandagiert sein, Tiefschläge waren verboten und auf am Boden liegende Gegner durfte nicht mehr eingeschlagen werden.

Trotzdem gab es weiter illegale Boxkämpfe weltweit, bei denen oft hoch gewettet wurde.

Diese Boxregeln haben sich erst 1892 durchgesetzt.

Geändert wurden sie noch mal vom Marquess of Queensberry. Seitdem spricht man vom Queensberry-Boxen. U. a. mussten die Kämpfer jetzt Handschuhe tragen.

Ich erfuhr, dass sich die Angaben z. B. 8 Unzen-Handschuhe auf die Füllung der Handschuhe bezieht und die Gewichtsangabe daher aus England übernommen wurde.

1908 wurde die Sportart auch wieder bei den Olympischen Spielen in St. Louis ausgetragen.

Der Hamburger Athletenklub „Löwe" veranstaltete am 09.Juli 1899 Boxwettbewerbe, die im internen Kreis ausgetragen wurden. Berlin und Hamburg wurden federführend in der Entwicklung des Boxsports in Deutschland.

Der 1. Hamburger-Boxing-Club führte mit fünf Berliner Vereinen Verhandlungen zur Gründung des Deutschen Boxverbandes, der seine Geburtsstunde am 4. März 1911 hatte.

Im Weißen Hirsch in Charlottenburg fanden daraufhin schon 1 Tag später die ersten Amateurmeisterschaften vor ca. 100 Zuschauern statt.

Mit der Gründung des Deutschen Boxverbandes in Hamburg entstand die erste Organisationsstruktur.

Nach der ersten Deutschen Meisterschaft 1921 in Hamburg bildeten sich dann weitere Vereine und Landesverbände bundesweit.

***

Hamburg war auch nach dem Zweiten Weltkrieg eine der Hochburgen des Boxsports. Fritz Wiene war eine der prägenden Figuren des Profiboxens in der Nachkriegszeit in Hamburg. Wiene hatte beim Box-Club Elberfeld im Weltergewicht geboxt und war ein sehr erfolgreicher Pelzhändler. Er war, wie man heute sagen würde, Promotor und Manager.

Als Promoter organisierte er 187 Veranstaltungen, u. a. auch in der Hamburger Ernst-Merk-Halle. Als Manager hatte er insgesamt 32 Profiboxer unter Vertrag, u. a. Jürgen Blin, dem er einen Kampf gegen Mohammad Ali in Zürich ermöglichte.

Wiene, der zeitweise 170 Kilogramm wog, gilt auch als Erfinder des Dinnerboxens, bei dem es neben den Boxkämpfen an Tischen auch ein gastronomisches Angebot gibt.

Außerdem war er der Erste, der neben den reinen Boxkämpfen auch Showelemente zwischen den Kämpfen platzierte und so auch Besucher ansprach, die nicht unbedingt zu den Boxfans zählten.

Auch in der Vermarktung der Veranstaltungen ging er neue Wege und machte erstmals das, was man heute Sponsoring und Werbung nennt.

Damals gab es zwei Boxverbände, den Bund Deutscher Berufsboxer BDB, der noch heute federführend die Geschicke des deutschen Profiboxens lenkt, und den, in den siebziger Jahren gegründeten, Verband Deutscher Faustkämpfer.

Wiene übernahm 1978 den Vorsitz im Verband Deutscher Faustkämpfer und verlegte den Sitz von Berlin nach Hamburg. Die zweite prägende Person war Theo Wittenbrink.

1961 war er erstmals an der Durchführung einer Profiboxveranstaltung beteiligt. Überwiegend im norddeutschen Raum veranstaltete er große Boxveranstaltungen u. a. mit Karl Mildenberger, Jürgen Blin, Werner Mundt, Peter Weiland und Lothar Abend.

Ab 1971 amtierte Wittenbrink als Vorsitzender des BDB, des Bundes Deutscher Berufsboxer. Nach Max Schmeling wurde in seiner Amtszeit Eckhard Dagge der zweite Deutsche Weltmeister im Profiboxen.

Der 1986 amtierende Präsident des BDB war Klaus Peter Kohl. Und diesen Klaus Peter Kohl lernte ich auf einer Profiboxveranstaltung in Bielefeld erstmals persönlich kennen.

5.   Mein schwärzester Moment

Wieder an meinem Schreibtisch in meinem Büro sitzend denke ich also daran, dass es schöne Stunden im Leben gibt, an die man sich gerne erinnert, ja von denen man sein ganzes Leben zehren kann.

Aber es gibt auch sehr schwarze Momente, die vom Fehlverhalten geprägt sind, die sehr oft im Nachhinein unerklärlich sind und die ewig in Erinnerung bleiben.

Und an einen so schwarzen Moment denke ich gerade.

Es war nicht nur ein schwarzer Moment für mich, es war eine absolute Katastrophe. Bei diesem Gedanken schüttele ich noch heute den Kopf und frage mich, wie konnte mir das damals, bei all meiner Erfahrung und Routine, passieren.

Vielleicht hat der eine oder andere Leser auch ähnliche Erfahrungen gemacht. Man macht etwas, reagiert auf etwas oder sagt etwas und fragt sich hinterher, wie konnte es dazu kommen, wie bin ich auf die absurde Idee gekommen, gerade das so zu sagen oder zu tun.

Genau das frage ich mich, im Zusammenhang mit diesem Abend, auch heute noch.

***

Ich sehe den Beginn dieser Ereignisse, die für mich so „furchtbar" endeten, vor meinem geistigen Auge, glaube das Stimmengewirr zu hören und die innerliche Anspannung zu spüren.

Vom Hamburger DOM waberte die entsprechende Geräuschkulisse ins Stadion. Das Flutlicht war an und die Stimmung im Publikum aufgeregt und aufgeheizt. Unter den vielen Scheinwerfern im Ring war es warm und ich atmete noch einmal tief durch.

Und dann war es so weit, es war der Moment, pünktlich 22.30 Uhr, als der Regisseur mir das "go" gegeben hat.

Zuerst rief ich Graciano Rocchigiani, als Herausforderer, in den Ring.

„Meine Damen und Herren, liebe Boxsportfreunde, ich rufe auf die WBO-Weltmeisterschaft im Halbschwergewicht, angesetzt auf 12 Runden". Kurze Pause, um dem Publikum die Möglichkeit zu geben, den Lärmspiegel im Stadion noch zu erhöhen.

„In die Blaue Ecke rufe ich den Herausforderer, aus Berlin – Graciano Rocchigiani."

Graciano kam wie immer siegessicher und voll konzentriert ins Stadion. Als die Walk-in Musik erklang, dauerte es noch eine Weile, wichtig um die Spannung zu steigern, bis er in den Innenraum kam. Von seinen Fans euphorisch bejubelt, von den Fans von Dariusz gnadenlos ausgebuht und ausgepfiffen.

Graciano sprang förmlich in den Ring, streckte siegessicher seine Arme in die Höhe und präsentierte sich seinen Fans. Die Anfeuerungsrufe seiner Fans, aber auch die Pfiffe seiner Gegner vereinigten sich zu einer unglaublichen Geräuschkulisse. Als Graciano sich neben seine Fahne gestellt hatte, konnte ich weiter meiner Arbeit nachgehen.

„und nun meine Damen und Herren, der Lokalmatador aus Hamburg, der Weltmeister, der Tiger Dariusz Michalczewski"

Es war immer wieder ein Nervenkitzel zu hören und zu spüren, wie nach jeder sehr kurzen Pause in der Ansage die Stimmung im Stadion anstieg, bis der Jubel nach der Namensnennung völlig euphorisch wurde.

Und dann der Walk-in von Dariusz.

Die ersten Takte „eye of the tiger" – von Survivor gespielt, sorgten für unfassbaren Jubel bei den Fans und Pfiffen und Buhrufen von den Fans Gracianos. Das steigerte sich noch, nachdem der Tiger, von den Kameras begleitet, den Innenraum betrat.

Ich bekomme immer noch eine Gänsehaut, wenn ich an diesen für mich sehr emotionalen Moment zurückdenke. Ich habe dieses nur noch 2-mal, in dieser Intensität empfunden.

Bei dem Kampf der Klitschko Brüder in Kiew und einer Veranstaltung in Budapest bei den Kämpfen von Istvan – koko – Kovacs und Zsolt Erdei.

Aber jedes Mal, wenn ich an dieses, auch für mich herausragende sportliche Ereignis zurückdenke, kommt mir auch in den Sinn, dass mir der Walk in von Dariusz irgendwie seltsam vorkam. Ich kann bis heute nicht genau sagen, was es war, was mich störte.

Aber wenn man schon oft den Walk-In eines Boxers aus dem Ring live mit angesehen und erlebt hat und diesen auch noch sehr gut persönlich kennt, dann spürt man, irgendetwas stimmt hier nicht.

Aus heutiger Sicht kann ich immer noch nicht in Worte fassen, was mich damals störte.

Es war vielleicht der Umstand, dass dies offensichtlich nicht der Walk-In war, den ich von Dariusz kannte. Den Walk In eines selbstsicheren Weltmeisters, dem siegesbewussten Walk-In des Tigers, der fauchte und Gegner und Publikum beeindruckte. Der vor Selbstvertrauen strotze, diese Aura des Unbesiegbaren, die ihn normalerweise auszeichnete.

Es lag etwas Unsicherheit in der Luft, aber vielleicht tue ich mit dieser nachträglichen Einschätzung dem Tiger auch Unrecht.

Damals jedenfalls, in der kurzen Zeit, die mir blieb, bis ich vom Regisseur die Anweisung bekam weiterzumachen, hatte ich keine Erklärung für dieses ungute Gefühl.

Die Boxer waren vorgestellt, ich stellte die Offiziellen vor, die Nationalhymnen der Boxer und des Ringrichters wurden gespielt, das Stairdown beendet, und ich verließ den Ring, wie immer über die Treppe, in der Roten Ecke. Ich nutzte im Vorbeigehen die Gelegenheit, meinem Freund toi toi toi zu wünschen. Und dann war es so weit, es konnte losgehen.

Ich schaute, ob der Ring frei war, die Betreuer die jeweiligen Ecken verlassen hatten, die Hocker entfernt waren, und wartete auf das Go des Regisseurs.

Dann sagte ich die erste Runde an, die Ringglocke wurde vom Zeitnehmer geschlagen und der Kampf begann.

***

Mit dem Glockenschlag brach die Hölle los.

Es war ein unbeschreibliches Geräusch, von den Rufen und Schreien der Zuschauer getragen. Beide Fangruppen, fast gleichstark, feuerten jeweils Ihre Boxer an, es war unbeschreiblich laut. Die beiden Fangruppen versuchten, einander zu übertönen. Es ist auch heute noch sehr schwierig, diese durch das Stadion wabernden Emotionen von 28.000 Zuschauern zu beschreiben.

Es hing Feindseligkeit in der Luft, im Ring, aber auch im gesamten Stadion. Die Stimmung war auch außerhalb des Ringes sehr aggressiv.

Es war eine Stimmung, die niemanden in diesem Stadion und wahrscheinlich auch niemanden vor den Fernsehgeräten kaltließ.

Ich war wie immer emotional auf der Seite unseres Boxers, auf der Seite von Dariusz. Ich hatte schon viele Kämpfe von ihm direkt am Ring sehen können und so wunderte es mich nicht, dass in den ersten 4 Runden Graciano dominierte. Das war normal in den Kämpfen von Dariusz.

Er war ein sehr intuitiver Boxer, der sich in den ersten Runden den Gegner ansah und seine Schwachstellen herausfand. Ab Runde 4 oder 5 bestimmte er dann das Geschehen im Ring.

Kampfszene Michalczewski vs Rocchigiani Fotograf Enno Friedrich

Normalerweise wurde dann der Tiger in Dariusz wach. Doch diesmal warteten die Fans und ich vergeblich auf diesen Effekt. Graciano blieb weiter der Chef im Ring, wahrscheinlich auch, weil Dariusz sich immer wieder auf den Infight einließ.

Es war ein packender, sehr harter Kampf von beiden Boxern, die einander nichts schenkten.

Nach der 6. Runde, das war mir und allen im Stadion sowie vor den Fernsehgeräten klar, führte Graciano nach Punkten.

Und dann kam die 7. Runde, eine Runde mit vielen Schlägen und Treffern auf beiden Seiten. Und Dariusz machte etwas, was ich in dieser Form von ihm noch nie gesehen hatte; er klammerte häufig.

Das war 55 Sekunden vor dem Ende der Runde auch wieder der Fall. Der amerikanische Ringrichter rief Break, ging mit ausgestrecktem Arm zwischen die Boxer und Sekunden nach dem Break traf die Faust von Graciano Dariusz am Kopf.

Dieser war auf diesen Schlag, nach dem Break des Ringrichters, nicht mehr vorbereitet. Seine Körperspannung hatte automatisch nachgelassen. Normalerweise atmete man dann zwei bis drei Mal tief durch und konzentrierte sich wieder auf den Kampf.

Bis zu diesem Zeitpunkt lief alles normal ab, Dariusz, vom Schlag unvermutet getroffen, ging zu Boden. Um mich herum wurde es auch am Tisch der Offiziellen hektisch und laut. Alle waren aufgesprungen.

Die Universum-Crew schrie in den Ring hinauf, Disqualifikation, denn das war nach den geltenden Regeln das Urteil.

Der Supervisor versuchte zum Ringrichter Kontakt aufzunehmen. Aber der brach den Kampf nicht ab, obwohl jeder im Stadion und an den Fernsehgeräten gesehen hatte, dass der Schlag nach dem Break erfolgte.

Der Ringrichter beorderte Graciano in die neutrale Ecke. Dann begann er, zur Verblüffung vieler Zuschauer zu zählen.

1,2, Dariusz versuchte hochzukommen,

3,4, er hing in den Seilen

 *Foto Dariusz hängt in den Seilen*
Fotograf Enno Friedrich

5, 6 und saß dann wieder am Boden.

7, 8, der Ringrichter hörte auf zu zählen.

Verblüffung am Tisch mit dem Offiziellen, bei den Zuschauern und bei Graciano und seinem Team. Warum er aufgehört hat zu zählen, wird auch mir für immer unverständlich bleiben.

Anzählen

Die Regel besagt, entweder der Ringrichter entscheidet, dass es sich um einen irregulären Schlag, also um ein Foul handelt und sanktioniert das, indem er z. B. den schlagenden Boxer verwarnt oder wenn der getroffene Boxer nicht weiter boxen kann, den Kampf abbricht.

Oder er zählt, wenn er entscheidet, dass es sich um einen regulären Treffer handelt, bis 10 und der Kampf ist entschieden.

Hier aber wurde das Zählen nach der Zahl 8 abgebrochen. Dieses Verhalten hat alle irritiert und auch dazu geführt, dass sofort ein noch größeres Chaos ausbrach. Der Ringrichter hatte eigentlich nur eine Entscheidung zu treffen, begann der Schlag erst nach dem „Break" oder war der Schlag schon vorher unterwegs.

Am Tisch des Supervisors, im Ring, im Stadion und auch bei den Fernsehleuten herrschte totale Verwirrung.

Supervisor

Besonders in derartigen schwierigen Fällen ist der Supervisor, auf Deutsch Delegierter, gefragt.

Er ist der Vertreter des ausrichtenden Verbandes und hat für die ordnungsgemäße Durchführung des Kampfes nach den Regularien des jeweiligen Verbandes zu sorgen.

Niemand wusste, was los war. Auch ich nicht, ich war gespannt, was jetzt passieren würde. Noch war ich ruhig und konzentriert, obwohl ich mir natürlich Sorgen um Dariusz machte.

Um mich herum wurde es immer lauter. Graciano schrie den Ringrichter an und war fassungslos. Er fragte, warum dieser nicht bis 10 weiter gezählt hat. Die Fans von Graciano beschuldigten Dariusz ein Schauspieler zu sein und es gab viele böse Worte, auch unter den Zuschauern.

 **Foto Graciano mit Trainer**
Emanuel Steward
Fotograf Enno Friedrich

Die Stimmung wurde immer aggressiver.

Der Ringrichter diskutierte minutenlang mit dem Offiziellen des Weltverbandes. Es vergingen Minuten um Minuten und die Aggressivität unter den Zuschauern nahm noch mehr zu. Der Regisseur sagte mir immer wieder, „Hol dir das Urteil und mach irgendwas, damit das hier nicht aus dem Ruder läuft, wo bleibt das Urteil". Aber ich hatte kein Urteil und keine Chance, das mit dem Urteil zu beschleunigen, und ich gebe zu, dass mich diese Situation jetzt doch etwas nervös machte.

Ich fragte mich, habe ich jetzt eine Chance, mit einer Erklärung die Zuschauer etwas zu beruhigen.

Die Minuten verstrichen, ohne dass es eine Entscheidung gab. Und dann entschloss ich mich, ungewöhnlicherweise ohne das offizielle Urteil, in den Ring zu gehen.

Mein erster Fehler am heutigen Abend, denn mir hätte bei meiner Erfahrung klar sein müssen, dass sich dieses Publikum nicht beruhigen lässt.

***

Zu den Aufgaben eines Ringsprechers gehört nicht nur die Vorstellung der Boxer und der Offiziellen, sondern er muss zwingend auch durch seine Fachkenntnisse und seine Erfahrung in der Lage sein, auf derartige Situationen richtig zu reagieren.

Ich kann mir zugute galten, dass ich bei den vielen Veranstaltungen und Boxkämpfen, bei denen ich als Ringsprecher tätig war, in ähnlichen Situationen immer ruhig und richtig gehandelt habe. Glücklicherweise ist es mir vor und nach diesem denkwürdigen Abend nie wieder passierte, so grundlegend falsch zu handeln.

Doch an diesem Abend war alles anders.

***

Auf dem Weg in den Ring, durch Zuschauer hindurch, die mich, obwohl ich ja nichts für die Situation konnte, wüst beschimpften, versuchte ich einen klaren Kopf zu behalten.

Ich überlegte, was ich sagen wollte, um die Gemüter ein wenig zu beruhigen, denn es war absehbar, dass es mit dem Urteil noch einige Minuten dauern würde.

Im Ring angekommen, hatte ich mehrere gute Optionen für eine kurze Information des Publikums im Kopf. Ich hörte den Regisseur aufgeregt nach dem Urteil rufen, um mich herum und außerhalb des Ringes herrschte weiterhin das reine Chaos. Ich versuchte, mich zu sammeln und zu konzentrieren, und holte tief Luft.

Und dann passierte es. Es herrschte absolute Leere in meinem Kopf. Ich wusste in diesem Moment nicht mehr, was ich sagen wollte. Glücklicherweise ist mir das später nie wieder passiert.

Wieder meldete sich aufgeregt der Regisseur.

Und dann beging ich den zweiten Fehler des Abends. Ich wählte, warum auch immer, die offensichtlich falsche Aussage, um das Publikum zu beruhigen.

Meine ersten Worte: „Meine Damen und Herren, liebe Boxsportfreunde, wir haben bisher einen guten und ausgeglichenen Kampf gesehen". Welch ein Fehler mit fatalen Folgen. Kaum hatten die Worte meinen Mund verlassen, fragte ich mich entsetzt, oh Gott, was hast Du da gerade gesagt.

Bei einem persönlichen Gespräch ist so ein Fehler schon peinlich genug, besonders dann, wenn man es an der Reaktion seines Gegenübers merkt. Hier war es aber nicht nur ein Gegenüber, es waren 28.000 entrüstete Zuschauer im Stadion und viele Millionen Fernsehzuschauer.

Die Hölle brach über mich hinein, ein Pfeifkonzert brannte mir in den Ohren und zum Glück konnte ich die Rufe der Zuschauer nicht deutlich hören. Ich hatte das Gefühl, in einen Abgrund zu stürzen, das Gefühl des totalen Versagens. Ich spürte, die Zeit bleibt für einen Moment stehen und ich wäre gerne „im Boden versunken".

Aber der Boden tat sich nicht auf, ich konnte nicht fliehen.

Und zur Krönung dieser äußerst peinlichen Situation hörte ich den Regisseur ganz unaufgeregt sagen „welchen Kampf hast Du denn gesehen, warst Du in einem anderen Stadion?"

Ich weiß bis heute nicht, welcher Teufel mich geritten hat, das zu sagen, denn auch ich hatte natürlich gesehen, dass der Kampf nicht ausgeglichen war.

Wahrscheinlich wollte ich beide Seiten damit beruhigen, aber natürlich war das Gegenteil der Fall.

Ich hatte keine Chance mehr, wie eigentlich geplant, die sachliche Information zu vermitteln.

Ich hatte mir vorgenommen, das Regelwerk der WBO zu erklären, aber das war jetzt nicht mehr möglich.

Was ich damals noch nicht wusste, es würde nicht mein letzter Fehler an diesem Abend sein.

Es war viel los im Ring, zu viele Personen befanden sich im Ring, sie liefen hin und her, es war laut und unübersichtlich.

Und dann immer wieder der Regisseur: „Nun verkünde endlich das Urteil".

Aber ich hatte kein Urteil.

***

Ich saß am Ring immer zwischen dem Zeitnehmer und dem entsprechenden Delegierten des ausführenden Verbandes. Was auch immer passierte, ich wartete prinzipiell ab, bis der Supervisor die Punktzettel ausgewertet hatte und das Urteil feststand. Dann übertrug ich in aller Ruhe das Ergebnis auf meine Ringsprecherkarte, glich das Ergebnis noch einmal mit dem Delegierten ab und ging dann erst in den Ring, sicher keinen Fehler machen zu können.

Doch wie beschrieben, war diesmal alles anders.

Ich machte den Fehler im Ring zu bleiben und mich nicht wieder neben den Delegierten zu setzen. Der Regisseur war ständig in meinem Ohr zu hören und sagte mir mehrmals: „Wo bleibt das Urteil?" Jetzt schnell, schnell".

Und dann endlich, gefühlt waren Stunden vergangen, kam der Delegierte der WBO in den Ring. Der Delegierte, international Supervisor genannt, rief mir über mehrere Köpfe hinweg das Ergebnis zu, ich hörte unentschieden.

Ich wusste, dass es eigentlich nach den Regeln kein normales Unentschieden sein konnte. Ich hörte den Regisseur wieder in meinem Ohr: „Gerhard verkünde endlich das verdammte Urteil".

Über die vielen Köpfe hinweg fragte ich noch einmal den Supervisor und verstand wieder unentschieden.

Ich bin heute sicher, dass es mein Fehler war und mir der Delegierte technical draw zugerufen hat, das technical aber 2 x in der Hektik im Ring und in der Lautstärke des Publikums untergegangen war.

Ich habe zwar das zu verkünden, was der Delegierte mir sagt, hätte aber sicherheitshalber direkt zu ihm gehen müssen, um das Gehörte zu hinterfragen, da ich Zweifel am Ergebnis hatte.

Die Zeit und der Regisseur drängten, ich tat es diesmal nicht. Vielleicht wollte ich das Publikum und die Kollegen des Fernsehens nicht länger warten lassen.

Mein dritter schwerer Fehler an diesem Abend.

Ich verkündete als Urteil, so wie ich es verstanden hatte, unentschieden. Dieser unverzeihliche Fehler von mir war das i-Tüpfelchen auf diesem Kampfabend.

Dariusz war Weltmeister geblieben und bot Graciano auf der folgenden Pressekonferenz sofort einen Rückkampf an.

Es wird noch heute spekuliert, ob Dariusz damals geschauspielert hat, weil er gemerkt hat, dass er diesen Kampf verlieren würde.

Ich weiß nicht, ob das wirklich so war, ich weiß nur, dass dies eigentlich nicht zum Tiger Dariusz gepasst hätte.

Aber oft sind die Geschichten, die noch Fragen offenlassen, die spannendsten Geschichten und die am meisten diskutierten.

„Auf der Plattform YouTube kann man derzeit unter Eingabe des Suchbegriffs (SKANDALKAMPF Dariusz Michalczewski vs. Graciano Rocchigiani - Tiger vs. Rocky Teil 1 *FULL FIGHT *) Videomaterial zu dieser Geschichte finden."

6. Die ersten Schritte in einen neuen Lebensabschnitt

Nach diesen auch heute immer noch sehr aufwühlenden Gedanken zurück zu den Anfängen im Jahr 1986, der Organisation meiner ersten Boxveranstaltung. Alles war sehr aufregend, wie der erste Kuss oder die erste große Liebe. Es stand viel Arbeit an, und viel Stress war zu erwarten. Aber ich war im besten Mannesalter und hatte Lust, die neue Aufgabe anzugehen.

Eine neue Sportart, neue Menschen, die man kennenlernen durfte.

Ich tauchte in eine andere, noch völlig unbekannte, neue Welt ein, die Welt des Profiboxens, die mich, aber das wusste ich damals natürlich noch nicht, die nächsten 36 Jahre meines Lebens begleiten und prägen sollte.

Auch in diesem Fall sollte sich die Lebensweisheit, dass Erfahrung alles ist, bewahrheiten. Denn man kann vieles lernen, viele schlaue Bücher lesen, viel studieren, aber das wahre Leben wird immer wieder Situationen kreieren, die man nur mit Erfahrung meistern kann.

Ich habe in meinem langen Berufsleben sehr oft die Erfahrung gemacht, dass Theorie und Praxis oft nicht zusammenpassen.

Ich hatte es sehr oft mit sehr intelligenten, belesenen und zum Teil studierten Menschen zu tun, die in dem Moment hilflos wurden, als Situationen oder Probleme auftraten, die in keinem Lehrbuch zu finden waren.

Da helfen dann nur Erfahrung und das richtige Bauchgefühl.

Daher wusste ich, dass es neben den wichtigen theoretischen Kenntnissen immer sehr nützlich ist, Veranstaltungen, die man organisieren möchte, live zu erleben. Das heißt, sie vorab persönlich zu besuchen, um einen Überblick über die Gegebenheiten und die internen Abläufe zu erhalten.

Also war damals angesagt, erst einmal ein paar Profiboxveranstaltungen live zu besuchen, um einen ersten Eindruck zu bekommen.

***

Als ich in Bielefeld ankam und auf den Parkplatz fuhr, war mein erster Gedanke, hier bist Du falsch.

Denn vor mir standen ein großes blaues Zirkuszelt und viele kleinere Zelte und Wohnwagen.

Aber Plakate bewiesen mir, hier bist Du richtig.

Ich betrat das Zelt und nahm die von mir als sehr ungewöhnlich empfundene Atmosphäre in dem Zelt sofort wahr. Wie mir dann später klar wurde, ist ein Zirkuszelt eine ideale Möglichkeit, Profiboxen zu präsentieren. Eng um den Ring angebrachte aufsteigende Zuschauertribünen, die jedem Zuschauer eine gute Sicht garantierten.

Ich hatte vom Veranstalter einen guten Sitzplatz bekommen und sah das erste Mal hautnah und live, wie aufopferungsvoll austrainierte Boxer gegeneinander kämpften, das Publikum mitfieberte und ihren Boxer anfeuerte.

Ich kannte das alles aus dem Fußballstadion, aber hier war das alles intensiver, näher, persönlicher und packender. Es war eine andere, intensivere, persönlichere Atmosphäre.

Man war dicht dran am Geschehen, sah das schmerzverzerrte Gesicht eines Boxers, wenn er nach einem Körpertreffer zu Boden ging, hörte deutlich die Anweisungen der Trainer und hatte das Gefühl, mitten im Geschehen zu sein.

Ich sah, wie ein Boxer schwer k.o. ging, sah das Blut fließen und dass ein Arzt im Ring in Aktion treten musste. Ich war hin- und hergerissen. Einerseits sah ich die Härte dieser Sportart, andererseits standen sich freiwillig dort 2 austrainierte Sportler gegenüber.

Die in Regeln eingebunden versuchten, zu bestimmen, wer der Stärkere, der Sieger war.

Von diesen Eindrücken aufgewühlt, fuhr ich nach Hause. Aber wider Erwarten stieß mich das alles nicht ab, sondern zog mich sofort in seinen Bann.

Also machte ich mich an die Arbeit.

Und auf dieser Veranstaltung traf ich das erste Mal Klaus Peter Kohl. Er wurde mir als Präsident des BDB vorgestellt. Von Klaus Peter Kohl bekam ich im Laufe des Abends weitere wichtige Informationen zum Profiboxen und der Arbeit nationaler und internationaler Verbände. Dabei war u.a. die Information, dass etliche Tage vor der Veranstaltung die Gagen sämtlicher Boxer beim BDB in bar hinterlegt werden mussten.

Eine, wie sich später herausstellte, Information mit großer Tragweite für mich und meine erste Veranstaltung.

***

Im Zusammenhang mit der damaligen Situation des Profiboxens muss man wissen, dass das Profiboxen 1986 auch in Hamburg am Boden lag. Nach den erfolgreichen Zeiten von Wiene und Wittenbrink, mit vielen hochkarätigen Boxern mit nationalen und internationalen Titeln und vielen großen Veranstaltungen, gab es kaum Boxer, die die Hallen füllten.

Beim Bund Deutscher Berufsboxer waren nur sehr wenige Boxer, Manager, Veranstalter und Trainer lizenziert. Ich sollte später der erste Ringsprecher mit einer Lizenz sein, auf meinem BDB-Ringsprecherausweis war daher deutlich die Nr. 1 zu sehen.

Das Interesse der Fans war fast auf den Nullpunkt gesunken, ganz abgesehen von der nicht vorhandenen positiven Berichterstattung in den Medien. Am Boxen interessierte Menschen standen zwar schon mal nachts auf, um Muhammad Ali boxen zu sehen, aber deutsche Boxer spielten schon lange international keine große Rolle mehr.

Mit allen wichtigen Informationen versehen, begann ich dann Mitte 1986 mit den Vorbereitungen.

Nun musste eine Halle gefunden werden, nicht so einfach in Hamburg. Die Alsterdorfer Sporthalle war mit über 5000 Plätzen zu groß, und so kam ich auf die Sporthalle Wandsbek.

Eigentlich eine Bezirkssporthalle, nicht für den Profisport gedacht, aber nach einigen Gesprächen bekam ich die Freigabe für diese Veranstaltung.

Auch mit Öffentlichkeitsarbeit war es sehr schwierig, denn in dieser Zeit interessierte sich niemand für das Profiboxen in Hamburg.

Aber Schritt für Schritt ging alles voran.

In Absprache mit Klaus Peter Kohl war ein Kampf um den vakanten Deutschen Meisterschaftstitel im Cruisergewicht zwischen Ralf Rocchigiani und Alexander Zeh geplant.

Mein Budget, abgestimmt mit meinem Kunden, sah Kosten von insgesamt ca. 80.000 DM vor. Schon früh hatte ich den Veranstalter gewarnt, dass ich zu den Einnahmen nichts sagen könne, da ein Sponsoring von Firmen ziemlich aussichtslos war und niemand abschätzen könne, wie viele zahlende Zuschauer kommen würden.

Sicher war, dass der Kiez mit vielen Personen vertreten sein würde, denn Alexander Zeh war ein Junge des Kiezes.

Aber entscheidend für den finanziellen Erfolg oder zumindest für die finanzielle Absicherung waren natürlich die „normalen" zahlenden Boxfans.

7.   In der Unendlichkeit des Ozeans entschwunden.

Die Vorbereitungsarbeiten dauerten einige Monate.

Zuerst war mein Auftraggeber noch sehr locker, aber je näher der Termin kam, verflog seine Lockerheit vor dem Hintergrund, eventuell einen Großteil seines Erbes zu verlieren. Da ich das Gefühl hatte, dass er immer mehr verunsichert war, bot ich ihm mehrmals an, die Veranstaltung abzusagen, um nur die bis dahin angefallenen Kosten erstatten zu müssen.

Ohne Erfolg. Er wollte veranstalten.

Mein letztes Gespräch mit ihm hatte ich ca. 3 Wochen vor dem geplanten Veranstaltungsbeginn, alle Verträge waren unterschrieben, seit einiger Zeit waren Vorauszahlungen fällig, z.B. für die Halle, aber auch für eine weitere Teilzahlung meiner Rechnung. Da wir besprochen hatten, dass er für die finanzielle Abwicklung der Veranstaltung verantwortlich war, führte ich diesbezüglich mehrere Gespräche mit ihm.

In dem letzten Gespräch wies ich auch noch einmal auf die ausstehenden Zahlungen und besonders auf die Börsenvorauszahlung an den BDB hin, die in den nächsten Tagen erfolgen mussten. Ich übergab eine Liste mit den fälligen Zahlungen und dem Hinweis, dass kurzfristige Überweisungen wichtig sind. Er sagte mir zu, die genannten Forderungen fristgemäß auszugleichen.

Ich gebe zu, ich hatte nach diesem Gespräch ein ungutes Gefühl, aber immer positiv denkend arbeitete ich weiter. Das war unser letztes gemeinsames Gespräch.

Dann herrschte Funkstille.

***

In den ersten Tagen fiel mir das nicht auf, denn wir hatten nicht täglich Kontakt.

Doch dann erreichten mich mehrere Anrufe, und ich erfuhr, dass u.a. die Vorauszahlung der Halle und der Börsen noch nicht erfolgt waren.

Daher hatte ich dringenden Gesprächsbedarf und versuchte mehrmals, meinen Kunden anzurufen. Aber ich konnte ihn nicht erreichen.

Ich versuchte 2 Tage lang, ihn zu erreichen, ohne Erfolg. Der Veranstalter war verschwunden.

Jetzt bewahrheitete sich mein ungutes Bauchgefühl, denn am Veranstaltungshorizont zogen für mich schwere Gewitterwolken auf. Aber noch regnete es nicht, um einmal bei diesem Bild zu bleiben.

Ich fuhr in den Fitnessclub, um mit dem Besitzer, der mich mit dem Veranstalter bekannt gemacht hatte, zu sprechen.

Und dann die Information, die mich doch blass werden ließ. Was ich da hörte, konnte ich nicht fassen. Ich hatte mit vielem gerechnet, aber damit nicht.

Mein Vertragspartner hatte wieder angeheuert und war wieder in See gestochen, Rückkehr ungewiss. Zur damaligen Zeit, auch über die Reederei, nicht erreichbar.

Er war in der Unendlichkeit des Ozeans entschwunden.

Ich hatte in meinem Berufsleben schon Unglaubliches erlebt, aber das war eine Premiere.

***

Nun stand ich da, mit sehr großen Problemen.

Ich hatte schon viel Zeit, Geld und Arbeit in das Projekt gesteckt und konnte mir jetzt 2/3 meiner Vergütung abschminken. Das war ein persönliches Problem, mit dem man als Selbstständiger immer rechnen muss, es war aber bei Weitem nicht das größte Problem. Viel schlimmer war, dass Verträge unterschrieben waren, Absprachen getroffen und Zusagen gemacht worden waren.

Ich stand mit dem Rücken zur Wand, denn im überschaubaren Kreis der Veranstaltungsorganisatoren war ein guter Ruf entscheidend für neue Aufträge, bei Sponsoren und Werbepartnern, und dieses Ereignis war vorsichtig ausgedrückt suboptimal, um nicht zu sagen verheerend.

Ich suchte das Gespräch mit dem Präsidenten des BDB-Klaus Peter Kohl.

Und wie des Öfteren im Leben, gab es eine unverhoffte Chance, das Problem zu lösen.

Klaus Peter Kohl hörte sich alles an. Dann sagte er mir, dass auch für den BDB dieser Kampftag sehr wichtig sei und er sowieso vorhätte, wieder einmal in Hamburg zu veranstalten. Da alles organisiert und vorbereitet ist, könne sein Schwager, der als Veranstalter vorgesehen war, jetzt schon mit dieser Veranstaltung, früher als eigentlich geplant, beginnen.

Diese Zusage bedeutete auch die gesamte finanzielle Absicherung der Veranstaltung.

Das Problem war vom Tisch, ich atmete tief durch und es konnte weitergehen.

8.   Ein prägendes Unentschieden

Als Termin wurde dann endgültig der 27.02.1987 festgelegt.

Meine erste Profiboxveranstaltung.

Aufregend, spannend und viele neue Erfahrungen.

Als Hauptkampf war ein interessantes Duell geplant. Alexander Zeh, Hamburger Jung des Kiezes, war erfolgreicher Kickboxer und hatte vorher 3 Profiboxkämpfe mit wechselndem Erfolg bestritten.

Sein Gegner Ralph Rocchigiani war schon damals ein guter, angesehener und erfolgreicher Boxer. Er hatte bisher 13 Profikämpfe bestritten und im letzten Kampf um die Europameisterschaft gegen den

Franzosen Alex Blanchard nach großem Kampf nur nach Punkten verloren.

Also eine klare Rollenverteilung.

Der Underdog gegen den zukünftigen Champion, denn Ralph wurde später im Juni 1995, in England gegen Carl Thompson Weltmeister, für den Boxstall Universum Box Promotion.

In Hamburg war es auch ein Titelkampf, es ging um die vakante Deutsche Meisterschaft im Cruisergewicht.

Foto
Veranstaltungsplakat

Die Halle war, wie trotz aller Bemühungen nicht anders zu erwarten, schwach besetzt, aber die Jungs des Kiezes waren vollzählig anwesend. Die sonstigen anwesenden Zuschauer hatten überwiegend eine Freikarte.

Eine Abteilung der Polizei, zuständig für das organisierte Verbrechen, bat um einige Freikarten für die Tribüne, und hatte von dort aus die beste Sicht auf einige ihrer Kunden.

Alles war angerichtet, es konnte losgehen.

Ich war bei den ersten 4 Veranstaltungen von Universum Box Promotion noch kein Ringsprecher und so konnte ich, nachdem die Vorkämpfe erledigt waren und die beiden Boxer im Ring waren, ungestört miterleben, wie eng es im Ring zuging.

Alexander Zeh war erfahrener Kickboxer mit einigen Titeln, austrainiert, hungrig, hatte aber wenig Erfahrung als Profiboxer im Ring. Was er aber hatte, war Disziplin, Kondition und den unbedingten Willen zum Sieg.

Genau wie seinen Bruder Graciano schätze ich Ralf persönlich sehr, aber ich muss doch sehr vorsichtig andeuten, dass damals das harte

Training mit der entsprechenden Disziplin in der Lebensführung vor einem Kampf, nicht gerade zu den herausragenden Eigenschaften von Ralf zählte.

Er war schon damals ein sehr talentierter und sehr guter Boxer, der aber erst durch den Einfluss und das Training vom legendären Trainer Fritz Sdunek zum Ende seiner Karriere zu seiner wahren Leistungsfähigkeit fand, gekrönt durch den Gewinn der Weltmeisterschaft.

Der Kampf war sehr intensiv und für mich sehr aufregend.

Der Kampf war beendet, und die meisten Zuschauer sahen Alexander Zeh als Sieger.

Wenn Menschen durch Punktwertungen etc. über Sieg und Niederlage entscheiden, kommt es in vielen Sportarten immer wieder zu Ergebnissen, die niemand so richtig nachvollziehen kann.

So auch hier. Der Ringsprecher verkündete das Urteil.

Unentschieden.

Tumulte in der Halle, ein riesiges Pfeifkonzert.

Und ich lernte meine erste Lektion in Sachen Profiboxen. Es kommt nicht immer nur zwingend auf die Leistungen der Boxer im Ring an.

Viele Entscheidungen dieser Art in den USA, aber auch in Deutschland sollten diesen ersten Eindruck in den nächsten Jahrzehnten festigen.

Doch beim Profiboxen gibt es immer ein Regulativ, eine unumstößliche Tatsache. Unabhängig von Punktrichterentscheidungen gilt, ein Ko ist ein KO und führt zu einem klaren Sieger.

Fast ein Jahr später kam es in der Sporthalle Wandsbek zum Rückkampf, den Ralf durch ko gewann.

„Auf der Plattform YouTube kann man derzeit unter Eingabe des Suchbegriffs [Alex Zeh vs Ralf Rocchigiani] Videomaterial zu dieser Geschichte finden.“

9.   Der Beginn der Zusammenarbeit

Bei all dem Stress und den Sorgen im Vorfeld der ersten Veranstaltung stellte ich damals fest, dass das Profiboxen für mich eine faszinierende Sportart ist. Eine Sportart, die ich nie ausgeübt habe, die mich bisher nur am Rande interessiert hat. Heute muss ich feststellen, dass mich schon die Organisation dieses ersten Kampfabends in seinen Bann gezogen hat.

Nach diesem Kampfabend setzte sich Klaus Peter Kohl mit mir zusammen, und wir besprachen eine weitere Zusammenarbeit. Klaus Peter Kohl hatte Großes vor, er hatte eine Vision, er wollte Universum Box Promotion zum erfolgreichsten Boxstall Europas machen. Das sollte Ihm, was ich damals natürlich noch nicht wissen konnte, mit seinem Team auch gelingen.

Klaus Peter Kohl
Foto von Enno Friedrich

Um das zu erreichen, mussten in den ersten Jahren erst einmal nicht unerhebliche Summen investiert werden, denn uns war klar, dass die ersten Veranstaltungen viel Geld kosten würden. Glücklicherweise, für den Boxsport und für mich, war Klaus Peter Kohl ein sehr erfolgreicher Hamburger Kaufmann.

Und er war glücklicherweise auch bereit und in der Lage, zu investieren.

Er begann in der Gastronomie, wurde Inhaber von Restaurants und Spielhallen, u.a. im Hamburger Hauptbahnhof und von 2 Imbissen direkt in der Mönckebergstraße. Er baute den größten privaten Getränkedienst in Deutschland auf und stieg ebenfalls sehr erfolgreich ins Immobiliengeschäft ein.

Also man konnte sagen, in Hamburg nennt man das hanseatisch unterkühlt, „er war gut situiert".

Mit Profiboxveranstaltungen begann er, nachdem er seine Boxkarriere aus gesundheitlichen Gründen aufgeben musste, als Zeitnehmer am Ring.

Dann war er 1984 bis 1989 Präsident des BDB und 1987 bis 1990 Vizepräsident der EBU, der Europäischen Box Union. Durch diese Tätigkeiten verfügte er über die so überaus wichtigen persönlichen nationalen und internationalen Kontakte.

Seine erste Boxveranstaltung hatte er am 24. Februar 1984 in der Alsterdorfer Sporthalle. Im selben Jahr gründete er Universum Box Promotion.

Er wusste also, wovon er sprach, als er mir die Gepflogenheit des Profiboxens erklärte und mir einen ersten Blick hinter die Kulissen gewährte. Besonders wichtig war, in diesem Zusammenhang, die Bedeutung und die gute Zusammenarbeit mit den verschiedenen nationalen und internationalen Boxverbänden.

Die Verbände

Im Gegensatz z.B. zu den Verbänden im Fußball gibt es beim Profiboxen sehr viele verschiedene Verbände.

National ist der größte und bedeutendste Verband, und damit zuständig für nationale Titelkämpfe, der BDB, der Bund Deutscher Berufsboxer, gegründet 1949.

Ein weiterer Deutscher Boxverband ist die GBA, German Boxing Association, gegründet 2004.

Für europäische Titelkämpfe ist die EBU zuständig, 1913 gegründet, mit Sitz in Rom.

Weltweit wird es dann sehr unübersichtlich.

Man spricht heute von 4 großen, bedeutenden Weltverbänden:

***WBO** World Boxing Organisation, 1968 gegründet, Sitz in Puerto Rico,*

WBA World Boxing Association, 1962 gegründet, Sitz in Panama,

WBC World Boxing Council, 1963 gegründet, Sitz in Mexiko,

IBF International Boxing Federation, 1983 gegründet, Sitz in USA.

Dazu kommt noch die

WIBF Woman International Boxing Federation, gegründet 1989, Sitz in den USA.

Außerdem gibt es noch viele kleinere internationale Boxverbände.

Bei den Frauen z.B., **WIBA, IWBF**

Bei den Männern z.B.,

IBO International Boxing Organisation

IBA International Boxing Association

IBC International Boxing Council

GBU Global Boxing Union

IBU International Boxing Union

WBF World Boxing Federation

Die Titel

National gibt es 2 Titel,

die Deutsche Meisterschaft für Boxer mit deutscher Staatsbürgerschaft,

und die Internationale Deutsche Meisterschaft, an der auch Boxer teilnehmen können, die keinen deutschen Pass besitzen.

Europaweit gibt es einen bedeutenden Titel, die Europameisterschaft der EBU.

Zwischenzeitlich gibt es aber auch Weltverbände, die Europameisterschaften austragen, z.B. die WBO-Europameisterschaft.

Weltweite Titel:

Die vielen verschiedenen Verbände haben dazu geführt, dass es nicht nur 1 Weltmeister gibt, sondern viele verschiedene.

Dazu kommen die verschiedensten weiteren internationalen Titel wie z.B. International Championships oder Intercontinental Championships.

So wie die verschiedenen anderen Titel wie Asian Pacific Champion etc.

National und international gibt es auch noch die Junioren Titel, die auf ein bestimmtes Alter begrenzt sind.

Diese vielen Titel haben den Vorteil, dass viele Titelkämpfe ausgetragen werden.

Die Haupteinnahmequelle der Verbände sind die Sanction Fees, die Gebühren für Titelkämpfe.

Daher hat jeder Weltverband Interesse an vielen Titelkämpfen.

So gilt bei der WBO die Regelung, dass 3 % der Gage des Champions und des Herausforderers als Sanction Fee vom Promotor gezahlt werden müssen. Mindestens 1.000 Dollar und höchstens 250.000 Dollar.

Alle diese Informationen halfen mir in den nächsten Jahren der Zusammenarbeit sehr.

Da Klaus Peter Kohl „nebenbei" noch in seinen anderen Geschäftsbereichen als Chef federführend involviert war, brauchte er für den Bereich Profiboxen Unterstützung und Hilfe. Wir einigten uns auf eine Zusammenarbeit, bei der ich alle Bereiche rund um die

Veranstaltungen wie Organisation, Marketing, Sponsoring, PR, die Betreuung der Boxer, Pressearbeit etc. übernehmen sollte.

Er kümmerte sich um Boxer, Finanzierung, Kampfpaarungen, internationale Kontakte etc.

Eine Aufteilung, die sich in den ersten Jahren sehr bewährte. Man kann zu Recht behaupten, gemeinsam waren wir sehr erfolgreich.

Dazu kam, dass wir uns auch emotional sehr gut ergänzten. Der Chef war der Mann der klaren, manchmal auch harten Worte, derjenige, der in Verhandlungen hart die Interessen des Unternehmens sehr erfolgreich vertrat. Hätte ich diese Eigenschaften gehabt, wäre mein Bankkonto heute wesentlich voller, wir hätten uns aber auch nicht so gut ergänzt.

Denn es gab auch immer mal wieder Situationen, in denen es keine Fortschritte gab und die Verhandlungen an einem toten Punkt angekommen waren. Mir gelang es dann meistens, mit einer eher verbindlichen und verständnisvollen Art einen Fortschritt zu erzielen.

Dazu fällt mir ein Vorfall ein, der sich in den Anfangsjahren des Boxstalls ereignete.

Wir hatten mithilfe von Peter Hanraths, dem späteren Geschäftsführer von UBP, zwei als Amateure schon sehr erfolgreiche Boxer einen Profivertrag gegeben.

Boxer, die später Weltmeister werden sollten, aber das wussten wir zu diesem Zeitpunkt natürlich noch nicht.

Vor der ersten Veranstaltung mit diesen Boxern kam einer zu uns und erklärte, dass er zu den im Vertrag festgelegten finanziellen Bedingungen nicht bereit ist zu boxen. Das war eine Provokation und rechtlich und moralisch nicht vertretbar, denn die Verträge waren verhandelt, gegenseitig akzeptiert und unterschrieben. Mit den beiden Boxern war geworben worden und viele Zuschauer freuten sich auf ihren ersten Auftritt im Profiboxbereich.

Klaus Peter Kohl war verständlicherweise verärgert und macht dem Boxer klar, dass er einen Vertrag unterschrieben habe und dieser zu erfüllen sei und darüber würde nicht diskutiert werden.

Es kam zu einem hitzigen Wortwechsel, der aber nicht zur Änderung seiner Meinung führte.

Beide gingen wütend auseinander und als Höhepunkt solidarisierte sich der zweite gerade verpflichtete Boxer mit seinem Kollegen. Beide Boxer setzten sich vor der Tür ins Auto und schmollten.

Das war eine sehr schwierige Situation, keiner wollte nachgeben und Klaus Peter Kohl pochte auf Einhaltung der Verträge. Für den Chef war der Fall erledigt, „dann boxen sie eben nicht, ich lasse mich nicht erpressen".

Ich bot an, doch noch mal einen Gesprächsversuch zu unternehmen. „Meinetwegen" war die kurze Antwort des Chefs.

Gesagt, getan, aber eine 30-minütige Abkühlzeit hielt ich für angemessen. Sollten Sie doch mal etwas in Ungewissheit bleiben.

Ich ging nach ca. 30 Minuten raus, um zu versuchen, die Wogen zu glätten.

Meine Erfahrung sagte mir, dass es in derartigen Situationen immer wichtig ist, eine Lösung zu finden, die beide Seiten zufriedenstellt und beiden Seiten die Möglichkeit gibt, das Gesicht zu wahren.

Nach einem sehr intensiven, aber freundlichen Gespräch, in dem ich den beiden Boxern noch einmal Ihre sportlichen und finanziellen Perspektiven bei Universum Box Promotion klarmachte, folgte ein zweites Gespräch mit Klaus Peter Kohl und eine Einigung.

***

Zu zweit, mit der Unterstützung seiner Sekretärin, die auch für seine anderen Geschäftszweige zuständig war, ging es los.

Beate Pöske, beherrschte 5 Sprachen, was ich immer wieder bewunderte. Ihr freundliches und ausgleichendes Wesen und Ihre Kompetenz waren nicht nur in den Anfangstagen eine große Stütze.

Später war sie nur noch für UBP tätig.

Wir organisierten gemeinsam sehr erfolgreich die ersten Veranstaltungen. An die langjährige Zusammenarbeit mit Beate erinnere ich mich heute noch gerne.

In späteren Jahren kamen dann weitere Mitarbeiter hinzu.

Das Büro des BDB befand sich damals im Gartenhaus auf dem Grundstück von Klaus Peter Kohl, dass später Dariusz Michalczewski in den ersten Jahren in Hamburg mit seiner Familie bewohnte.

Ich begann mit der Arbeit also in meinem eigenen Büro, in meinem Haus in Hamburg Hausbruch.

***

Es war damals sehr wichtig, einige gute Boxer unter Vertrag zu nehmen. Das bedeutete erst einmal eine Investition. Klaus Peter Kohl ging die Sache nicht nur mit seinem boxerischen Sachverstand an, sondern auch mit dem notwendigen Bauchgefühl. Und so wurden die ersten Verträge unterzeichnet.

Dieses Bauchgefühl, gepaart mit Sachverstand und kaufmännischen Erfahrungen, ließ ihn auch in den nächsten Jahren viele richtige Entscheidungen treffen. Oft waren es Entscheidungen, die ich, wie auch andere involvierte Personen, im ersten Moment nicht sofort nachvollziehen konnten, die sich aber in den allermeisten Fällen als richtig herausstellten.

10.   Die ersten Boxer

Wenn ich so dasitze und an die guten alten Zeiten denke, kommen mir sehr viele Gedanken in den Kopf. Ich denke an die vielen Menschen, die mir in meinem langen Leben begegnet sind. Gerne erinnere ich mich an Menschen, die mir gutgetan haben, an Freunde, Kollegen, politische Mitstreiter.

So denke ich sehr gerne an die ersten Boxer, die ich kennenlernen und betreuen durfte. Und mir fällt auf, es ist bei Ihnen wie mit der ersten Liebe, man vergisst sie nicht. Denn es war damals eine sehr intensive, persönliche und enge Zusammenarbeit.

Mit Ihnen erlebte ich Ihre ersten Kämpfe, jubelte über Siege, trauerte gemeinsam über Niederlagen. Ich sah hinter den Kulissen den Menschen, der sich im Training quälte, der persönliche und private Probleme hatte, der täglich an sich arbeitete, der seine Angst besiegen musste, um sein großes Ziel zu erreichen. Ich erinnere mich an die Boxer, mit denen man viele gemeinsame Erlebnisse teilt, teils schöne, aber auch tragische und traurige.

Im Laufe der Zeit wächst das Vertrauen, man kommt sich menschlich näher, und im besten Fall entstanden Freundschaften, die bis in die heutige Zeit bestehen. Und ich bin heute noch froh und freue mich vielen unserer Boxer, in den vielfältigsten Situationen des Lebens helfend, zur Seite gestanden zu haben.

Das hat mir viel gegeben und mich fürs Leben geprägt.

Ich hatte schon damals für jeden Boxer, der sich im Training quält und vorbereitet, der zum Kampf in den Ring steigt, den größten Respekt. Egal ob es sich um Champions handelte oder um den Journeyman.

Journeyman

Diese Boxer werden als Aufbaugegner geholt und sie werden mit allergrößter Wahrscheinlichkeit als Verlierer den Ring verlassen.

Der Begriff kommt aus dem Englischen und bedeutet Geselle oder auch Wanderbursche.

Oft konnte man bei diesen Boxern sehen, welches Potenzial eigentlich in Ihnen steckt. Sie hatten nur das Pech, z.B. in einem osteuropäischen Land geboren worden zu sein und keinerlei seriöse Förderung bekommen zu haben.

Besonders in der ersten Zeit von Universum Box Promotion ist es des Öfteren vorgekommen, dass wir einigen dieser Boxer eine Boxershorts, den Tiefschutz oder Boxschuhe geschenkt haben, da Ihre zerschlissen waren. Ich kann mich noch heute gut an die Dankbarkeit für diese, für uns sehr kleine Gesten erinnern.

Ich selbst hätte nie den Mut, die Disziplin gehabt, in den Ring zu steigen und zu kämpfen, daher zolle ich auch diesen Boxern meinen größten Respekt.

***

Alle unsere ersten vier Boxer, Knut Blin, Erwin Heiber, Owen Reece und Yong Paddy Pipa sind mir in angenehmer und positiver Erinnerung geblieben. Es waren offene, sympathische und fleißige Jungs, mit denen man gut arbeiten konnte.

Sie waren ehrgeizig und auch trainings-fleißig, sie wollten etwas erreichen und sahen den Vertrag mit uns als große Chance, diese Ziele zu erreichen.

Besonders **Knut Blin** ist mir in Erinnerung geblieben.

Nicht nur, dass große Hoffnung in ihn gesetzt wurde, sondern auch sein tragisches trauriges Schicksal wird mir immer in Erinnerung bleiben. Der Sohn des Europameisters Jürgen Blin und gelernter Schlachter, war ein Hamburger Jung. Athletisch gebaut, im Schwergewicht beheimatet, brachte er alles mit, um als Lokalmatador Hallen zu füllen.

Als Amateur bestritt er 55 Kämpfe und wurde 1986 Deutscher Juniorenmeister. Als er zu uns kam, war sein Trainer Horst Nalbach, später dann Eckhard Dagge.

Klaus Peter Kohl charakterisierte ihn während eines Pressegespräches so: „Er ist blond, stark, hat blaue Augen. Und boxen kann er auch". Er war der Lokalmatador in Hamburg, auf dem Weg nach ganz oben in die Weltspitze. Er war der Erste, der dafür sorgte, dass sich wieder Zuschauer eine Eintrittskarte kauften.

Im Mai 1987 gab er sein Profidebüt in Hamburg und bestritt bis zum November 1990 neun Profikämpfe, die er alle gewann, acht davon durch k. o. In seinem letzten Kampf wurde er internationaler Deutscher Meister.

Alle waren sicher, er ist die glorreiche Zukunft des Boxstalls, denn er brachte alles mit, was ein Champion braucht. Gute Technik, Schlaghärte, Mut, Disziplin und das notwendige Charisma.

Aber das Leben zeigt immer wieder, man sollte sich nie zu sicher sein.

6 Wochen vor seinem nächsten Kampf kam er ins Büro und eröffnete uns, er könne nicht mehr boxen und werde seinen Vertrag nicht erfüllen können.

Ich erinnere mich daran, dass absolute Stille im Raum herrschte. Wir schauten uns verblüfft an und konnten nicht glauben, was wir da hörten. Klaus Peter Kohl war offensichtlich genau so überrascht wie ich.

Das Schweigen und die Stille füllten für eine Weile den Raum, für einen als endlos lange empfundenen Zeitraum.

Uns wurde in diesem Moment schlagartig bewusst, dass der Plan, ihn als Weltmeister aufzubauen und den Boxstall international zu präsentieren, geplatzt war. Viel Arbeit, Mühe und Geld waren in die vorbereitenden Arbeiten zum Start einer internationalen Karriere bereits investiert. Viele Gespräche auf internationaler Ebene wurden bereits geführt. Es gab bereits Gespräche mit Sponsoren, die sehr interessiert waren. Die Presse war bereit, mit der einen oder anderen Geschichte den Boxer dem Publikum näherzubringen.

Aber was war geschehen. Den Vertrag nicht zu erfüllen, das passte nicht zu ihm.

Als Erster fasste sich Klaus Peter Kohl und fragte nach dem Grund. Knut erklärte uns, dass er in einer Freien Christengemeinde eine neue Heimat gefunden habe und dass er Boxen nicht mehr mit seinem Gewissen und seinem Glauben vereinbaren könne.

Einerseits hatten wir Verständnis für das Dilemma, in dem sich Knut befand. Andererseits hatten wir einen gültigen Vertrag mit ihm und konnten das nicht so einfach hinnehmen. In den nächsten Tagen folgten mehrere intensive Gespräche, auch mit seinem Vater Jürgen Blin, aber sein Entschluss stand fest.

Nach einer kurzen internen Diskussion entschied der Chef, wir akzeptieren trotz des Vertrags seine Entscheidung.

***

Längere Zeit herrschte Funkstille, es gab keinen Kontakt.

Aber dann wurden noch einmal Gespräche aufgenommen. Wir wollten Knut nicht überreden weiter zu boxen. Er sollte sich nur sicher sein, die richtige Entscheidung getroffen zu haben. Nach langen Diskussionen war er dann doch im Mai 2004 zu einem Comeback bereit.

Die Vorbereitungen liefen und alle freuten sich, dass der „verlorene Sohn" in den Boxstall zurückgefunden hatte. Die Presse berichtete, alles war vorbereitet.

Doch er sagte diesen Kampf kurzfristig ab.

Das war das Ende der Karriere des Boxers Knut Blin und das Ende unserer Titelhoffnungen mit ihm.

Wir hatten anschließend keinen Kontakt mit ihm. Nur von seinem Vater gab es ab und zu eine Information. Dann hörten wir, dass er zunehmend große psychologische Probleme hatte. Wir machten uns alle große Sorgen, wie es mit ihm weitergehen würde. Er boxte zwar nicht mehr für uns, gehörte aber gefühlsmäßig immer noch zur Universum-Familie.

Dann hörten wir, dass er sich in die Obhut einer psychologischen Klinik am Bodensee begeben hatte. Und dann passierte das für uns alle Unfassbare und Tragische, der NDR meldete:

> *„Am 26. Mai 2004 stürzt sich Knut Blin aus dem zwölften Stock einer psychiatrischen Klinik am Bodensee und ist sofort tot."*

Er wird allen, die ihn kannten, als offener, sympathischer und guter Junge in Erinnerung bleiben.

***

Erwin Heiber war schon ein erfolgreicher Boxer, als er zu uns kam.

Er begann 1977 mit dem Boxen und war Deutscher Meister. Er war der Elder Statesman in der noch jungen Gruppe. Die Boxer blickten zu Ihm auf und profitierten von seiner Erfahrung.

Nach 37 Kämpfen, von denen er 23 gewann und neunmal unentschieden boxte, hörte er nach einer Niederlage in einem Europameisterschaftskampf im Februar 1989 auf, auch bedingt durch eine Augenverletzung.

Danach übte er weiter seinen Beruf im Alten Land aus.

Er war die offene und ehrliche Leitfigur für unsere jungen Boxer und immer für einen Tipp oder einen guten Rat zu haben. Ich erinnere mich gerne an die professionelle, aber auch freundschaftliche Zusammenarbeit mit Ihm.

***

Owen Reece wurde in Jamaika geboren und lebte schon lange in Hamburg.

Er brachte die Lebensfreude seines Geburtslandes mit ins Training und ins Team und war immer für einen guten Spruch und einen Scherz zu haben. Er hatte einen sehr leichtfüßigen und spektakulären Boxstil und wurde schnell zum Publikumsliebling.

Für seinen Trainer war es nicht immer einfach, seine jamaikanische Lebensfreude mit dem harten Trainingsalltag in Einklang zu bringen, aber es wurde immer erfolgreich gearbeitet.

Er begann seine Profikarriere im April 1988.

Er bestritt 14 Profiboxkämpfe, von denen er nur den letzten Kampf um die Internationale Deutsche Meisterschaft verlor. Aufgrund einer Augenverletzung, die er sich in Ausübung seines eigentlichen Berufes zuzog, beendete er seine Karriere nach diesem Kampf. Heute ist er als Trainer tätig.

„Auf der Plattform YouTube kann man derzeit unter Eingabe des Suchbegriffs [Owen Reece vs. Teddy Jansen 29.06.1988] Videomaterial zu dieser Geschichte finden."

Erwin Heiber und Owen Reece treffe ich immer mal wieder bei einer Veranstaltung und freue mich sehr sie wiederzusehen und über die guten alten Zeiten zu plaudern.

***

Patrick Pipa, von allen nur Young Paddy Pipa gerufen, hatte schon einige Profikämpfe bestritten, als er zu uns kam.

Fachleute beschrieben seine Fähigkeiten mit Schnelligkeit, guten Reflexen und Beweglichkeit.

Bis 1991 bestritt er 20 Profikämpfe, von denen er 18 gewann.

Er war Deutscher Meister im Mittelgewicht.

Von 1996 bis 2000 bestritt er noch einmal 6 Kämpfe mit wechselndem Erfolg. Dann beendete er seine Profikarriere.

Paddy habe ich leider nach seiner Boxkarriere aus den Augen verloren.

***

Mir wurde damals schnell klar, wir hatten sehr gut Boxer verpflichtet.

Der Anfang war gemacht, jetzt sollte es mit großen Schritten weitergehen.

11. Zur Ritze – der erste Trainer

Hamburg St. Pauli, für viele das pulsierende Herz der Freien und Hansestadt Hamburg. Oberhalb des Hafens gelegen hat der Stadtteil eine sehr lange Tradition. Zur damaligen Zeit, Ende der 80er Jahre, gab es noch die alten Seemannskneipen, den legendären Imbiss Ecke Reeperbahn und Hein-Hoyerstraße. Die Kneipe Zum Goldenen Handschuh, Stammkneipe des Hamburger Serienmörders Fritz Honka und das erste Erotiktheater der Welt Salambo, in dem der Inhaber Rene Durant auf der offenen Bühne Szenen der Weltliteratur „erotisch interpretierte".

Bei drei Aufführungen am Abend mussten dort vor allen Dingen die männlichen „Schauspieler" über eine gute Kondition verfügen und im wahrsten Sinne des Wortes sehr standhaft sein.

Auf der Reeperbahn und in der Davidstraße arbeiten nach der Sperrstunde, also ab 20 Uhr, die Damen, die durch langsames Gehen schneller vorwärtskommen wollen.

Die Reeperbahn, die Hauptstraße St. Paulis, wurde nach den Reepschlägern, den Taumachern benannt, die früher hier ihre Werkstätten hatten. Sie ist 900 Meter lang. Es soll immer wieder Männer geben, die für diese 900 Meter zwei Tage brauchen.

Das gleiche Phänomen gibt es in der parallel zur Reeperbahn verlaufenden Herbertstraße, in der die leicht bekleideten Damen hinter

Schaufenstern sitzen und zeigen, was sie zu bieten haben. Sie ist nur 60 Meter lang und eigentlich in 2 Minuten zu durchschreiten.

Es soll auch hier Männer geben, die dort über 30 Minuten verweilen und Frauen, die sich in diesem Zusammenhang wünschen, dass Ihre Männer auch bei ihnen 30 Minuten verweilen würden.

Am Ende der Reeperbahn gibt es rechts die große Freiheit, in der früher die Handwerker, ohne einer Zunft anzugehören, ihrem Gewerbe nachgehen konnten. Denn die große Freiheit gehörte früher nicht mehr zu Hamburg.

Und hier rechts, direkt hinter der Großen Freiheit, gab es das legendäre Café Möller.

Hier trafen wir uns oft mit Pressevertretern oder auch Boxern, Trainern und Managern, bei einer guten Tasse Kaffee und einem schönen Stück im Hause hergestellter leckerer Torte.

Bis zu der Schließung vor einigen Jahren trafen sich hier auch die großen alten Herren vom Kiez, die Besitzer der Häuser und Grundstücke, ohne die früher nichts auf der Reeperbahn lief.

Ich habe gerne mit ihnen zusammengesessen, um über das Boxen, aber auch über die schönen alten Zeiten der Reeperbahn und St. Paulis zu plaudern.

Hier auf der Reeperbahn gelegen war und ist, nicht nur für Boxfans aus allen Teilen der Welt, die Bar „Zur Ritze" ein Begriff, ja man kann sagen, sie ist Kult. Das Flair von St. Pauli, der Boxring im Keller und die St. Pauli Legende Hanne, immer auf seinem Stammplatz am Kopfende des Tresens sitzend. So kannte man früher die Ritze, wie sie im Volksmund hieß. Die Jungs vom Kiez verkehrten hier, der Bankdirektor und der Boxsportfreund, es war ein sehr gemischtes Publikum.

Das Gebäude der Ritze war ursprünglich eine öffentliche Toilette. Im Nachbargebäude befand sich ein Bordell. Da damals in einem Bordell kein Alkohol ausgeschenkt werden durfte baute man das

Toilettengebäude in eine Kneipe um, damit die Damen mit Ihren Freiern hier Alkohol trinken konnten.

Dann gründete die 2011 verstorbenen Kiezlegende Hanne Kleine 1974 dort eine Schankwirtschaft. Er war Nationalmannschaftsboxer der DDR und hatte daher sein Leben lang eine starke Bindung an den Boxsport.

Damals galten auf dem Kiez noch das Wort und der Handschlag, sodass erst 1984 ein ordentlicher Mietvertrag erstellt wurde.

Die Ritze sollte eigentlich „Zur Spalte" heißen, das war aber den Hamburger Behörden zu schlüpfrig und so einigte man sich auf „Zur Ritze".

Optisch umgesetzt wurde der Name durch die berühmten gespreizten Frauenbeine um die Tür herum.

Eingang Zur Ritze
Privatarchiv Müller

Verantwortlich dafür war der „Kiez Rubens" Erwin Ross, der viele andere Kunstwerke auf den Häuserfassaden St. Paulis gestaltet hat.

„Zur Ritze" lag nicht unmittelbar an der Reeperbahn, man musste erst einmal rechts vor einem Imbiss durch einen Torbogen gehen und dann sah man die legendäre Tür vor sich. 15 Schritte und man schritt hinein ins pralle Leben.

***

Die Ritze besteht aus einem langen Tresen und einem schmalen Gang. Neben der Ritze befand sich das damals erste und größte Bordell der Welt mit dem Namen „Eros-Center".

Zum Eros-Center war in einem Bericht des WDR zu lesen:

"Das ging hauptsächlich über die Behörden.

Die haben zu mir gesagt: Hör mal, Bartels, du hast doch die schönen Grundstücke auf St. Pauli, die noch unbebaut sind. Wir wollen die Prostitution von der Straße haben, bau' uns doch ein Bordell", erinnert sich Willi Bartels.

König von St. Pauli wird er wegen seines stattlichen Immobilienbesitzes auf dem Kiez genannt.

Doch erst muss er seine Ehefrau überzeugen. *"Aber ich habe das mit vielen Schmeicheleien durchsetzen können"*, sagt Bartels. Und seine Frau gibt dem Großbordell auf der Reeperbahn den Namen „Eros-Center".

Am 29. September 1967 wurde die Eröffnung gefeiert.

Der hintere Teil der Ritze war in den Anfangstagen durch einen Vorhang abgetrennt. Hier, im Anbau hatte nur Zugang wer dazu gehörte, wer zu den „Kiezianern" gehörte und auf dem Kiez sein Geld verdiente oder verdienen ließ.

Hinter dem Tresen war Sascha als Geschäftsführer und Ansprechpartner für alle da. Er war auch für die organisatorischen Details verantwortlich. Hanne und Sascha wurden im Laufe der Zeit zu guten Freunden und nicht nur in Boxdingen geschätzte Gesprächspartner.

Die Wände waren dekoriert mit unzähligen Fotos und Widmungen aus dem Box- und Showbereich. Hanne, der Chef, hatte immer die schönsten Geschichten „aus der alten Zeit" parat, war ein geachteter Wirt auf dem Kiez und immer für ein Gespräch zu haben.

Foto Hanne, Markus Bott und Enno Werle Fotograf Harald Becker

Ich habe damals viel über den Kiez von ihm gelernt und viele interessante Menschen kennengelernt.

Als Universum die ersten Boxer unter Vertrag nahm, tauchte die Frage auf, wo die Jungs, damals gab es bei uns noch keine Boxerinnen, trainieren sollten und wer sie trainieren sollte.

Das Gym in der Ritze war uns natürlich bekannt und auch die Boxbegeisterung von Hanne dem Wirt. Es war kein langes Gespräch und es bedurfte nur eines Handschlages und unsere Boxer und auch ich hatten die erste boxerische Heimat.

Ein sehr guter Freund von Hanne und ständiger Gast neben Hanne in der Ritze sitzend, war Eckhard Dagge, der erste Deutsche Weltmeister nach Max Schmeling.

Also was lag näher, als diesen erfahrenen Boxer zum ersten Universum Trainer zu machen. Und so trainierte er zwischen 1991 und 1994 unsere Boxer täglich im Keller der Ritze. Erwin Heiber, Young Paddy Pipa, Knut Blin, Owen Reece und dann etwas später auch Dariusz Michalczewski und Michael Löwe, die späteren Weltmeister.

Um ins Gym zu kommen, musste man eine enge Treppe in den Keller hinuntergehen. Rechts waren die Toiletten und links, gleich am Fuß der Treppe eine Eisentür.

Foto Gym Zur Ritze
Privatarchiv Müller

Wenn man diese öffnete, war man im „Allerheiligsten" Das Gym war klein und fensterlos. In der Mitte zwischen 4 Säulen war der Ring, abgetrennt vom übrigen Raum durch die Ringseile.

Links von der Tür war der Zugang zu einem kleinen Raum, der als Büro fungierte.

An der rechten Seitenwand und gegenüber standen einige Geräte, einige Sandsäcke und die obligatorische Maisbirne waren an der Wand befestigt.

Schräg links, gegenüber der Tür, in der Ecke gab es den Zugang zum kleinen Umkleideraum, bestehend aus einer Bank, der Toilette und der Dusche, mit einem Duschkopf.

Das war es.

Wenn man vom Flur, am Ende der Treppe diese Tür öffnete, roch man den Schweiß, der hier in den letzten Jahren vergossen wurde.

Aber in diesem Raum wurde nicht nur trainiert, es fanden auch einige lockere Festlichkeiten wie Geburtstage etc. statt. Insider sprechen aber auch noch heute von anderen zwischenmenschlichen „Aktivitäten", die hier stattgefunden haben sollen.

***

Eckhard Dagge war ein guter, von Fachleuten und seinen Boxern, anerkannter Trainer, der während der Vorbereitungszeit zu den Kämpfen sehr diszipliniert trainierte und dies auch von seinen Schützlingen verlangte.

Solange Eckhardt in Trainingsbetrieb war, war er absoluter Profi, nüchtern und ein guter erfolgreicher Trainer. Immer ein strenger, aber väterlicher Freund seiner Boxer.

Aber es gab auch die Zeit nach dem Kampf und vor der nächsten Vorbereitung auf einen Kampf, und da hatte er leider immer wieder Phasen, in denen er völlig abstürzte. Daher gab es bedauerlicherweise mit der Zeit unlösbare Probleme in der Zusammenarbeit.

Um diese zu beschreiben, genügt das Zitat eines Satzes, den Eckhard gerne von sich gegeben hat:

> *"Viele Weltmeister sind Alkoholiker geworden, aber ich bin der erste Alkoholiker, der Weltmeister wurde."*

„Auf der Plattform YouTube kann man derzeit unter Eingabe des Suchbegriffs [Emile Griffith vs. Eckhard Dagge. WBC JMWC.1976.09.18] Videomaterial zu dieser Geschichte finden."

Das Problem war uns bekannt, aber es führte lange Zeit nicht zu Konsequenzen, da man ihm im Trainingsverlauf nichts vorwerfen konnte und er und seine Boxer erfolgreich waren.

Er war ein Mann des offenen Wortes, er war direkt und manchmal auch sehr persönlich.

Bei Ihm wusste man, woran man war.

Ich fand diese Charaktereigenschaft sehr angenehm und konnte gut damit umgehen.

Andere sicherlich nicht.

Sehr stark wurde das Problem mit dem Alkohol, als er im Anschluss an den Michalczewskis Kampf gegen David Vedder (19. Februar 1994) nicht zum Trainingsbeginn erschien, der einige Tage später angesetzt war.

Ich machte mir große Sorgen. Da dies nicht zum ersten Mal geschah, war zu befürchten, dass dieses Verhalten Folgen haben würde. Meine Versuche, ihn aufzuspüren, waren zuerst erfolglos. Ich telefonierte mit Freunden von Eckhardt und fuhr mehrmals in die Ritze.

Er war wie vom Erdboden verschwunden. Nach 2 Tagen der entscheidende Tipp. Als ich ihn endlich am frühen Abend fand, war er nicht richtig ansprechbar und erkennbar keinesfalls in der Lage, am nächsten Tag ein Training zu leiten.

Es kam, wie es kommen musste.

Klaus Peter Kohl rief mich am Abend an und fragte, ob ich unseren Trainer endlich gefunden hätte. Dann die entscheidende Frage: „Kann er morgen Vormittag das Training leiten?". Ich druckste etwas herum, denn ich wollte unseren Trainer nicht bloßstellen, aber auch Klaus Peter Kohl nicht anlügen.

Aber im Laufe des Gesprächs hatte ich keine andere Chance, als die Situation zu schildern, in der ich ihn vorgefunden hatte. Auch mein Hinweis, er würde sich sicherlich schnell erholen und dann wieder das Training leiten, fruchtete diesmal nichts.

Da dieses in den Jahren der Zusammenarbeit leider immer wieder geschehen war und eine Besserung nicht in Sicht war, sprach Klaus Peter Kohl diesmal ein Machtwort und das führte dann leider zum Ende der Zusammenarbeit.

 **Foto E. Dagge und D. Michalczewski Privatarchiv G. Müller**

Ich habe Eckhart, Hanne und Sascha als untadelige Sportmänner und freundliche und gute Menschen erleben dürfen.

Vor allen Dingen habe ich sie als Menschen in Erinnerung, die immer geradeaus und offen Ihre Meinung sagten, eine Eigenschaft, die man auch im Boxgewerbe bedauerlicherweise viel zu selten vorfindet.

12. Aller Anfang ist schwer.

Bei den vielen Veranstaltungen, die ich organisieren durfte, bleiben mir besonders die ersten Veranstaltungen in Erinnerung. Es musste sich erst einmal Alles einspielen. Es gab keine Kollegen für die unterschiedlichen Aufgaben der Vorbereitung, so wie es in späteren Jahren selbstverständlich war.

Ich musste in meinem Bereich fast Alles allein machen. Das hatte aber auch den großen Vorteil, dass ich viele Erfahrungen sammeln und vieles noch lernen konnte.

Ich arbeitete von meinem Büro aus und hatte täglichen Kontakt zu Klaus Peter Kohl und zu seinem Schwager, der die Lizenz als Veranstalter hatte. Erst nach seinem Rücktritt als BDB-Präsident wurde Klaus Peter Kohl auch Veranstalter.

Ein Problem war, dass es in weiten Teilen der Bevölkerung, der Medien und der Politik kein Interesse am Profiboxsport gab. Mehr noch, die Sportart befand sich in der Schmuddelecke. Wenn über das Profiboxen berichtet wurde, dann negativ.

Neben den Versuchen, die Presse für diese Sportart zu begeistern, musste es unbedingt gelingen, die Sportfreunde wieder in die Hallen zu locken. Eine sehr schwierige Aufgabe.

Es gab jedoch eine Gruppe, die mussten wir nicht lange motivieren, die waren begeistert von der Sache, die Jungs des Kiezes. Sie waren die Ersten, die als Zuschauer in der Halle kamen. Auch waren sie die Ersten, die für die Sieger oder auch die tapferen Verlierer Geld spendeten, natürlich wurden Ihre Namen genannt.

Eine Tradition, die heute leider ausgestorben ist. Damals war sie aber bei den wesentlich geringeren Gagen der Boxer von großer Bedeutung.

Und sie waren es auch, die unsere Eintrittskarten unter das Volk brachten.

***

Eintrittskarten, immer ein wichtiges Thema.

Bei aller Bereitschaft zur Investition war es auch sehr wichtig, Kosten zu sparen.

Eintrittskarten, immer ein wichtiges Thema. Normalerweise werden Eintrittskarten mit allen Details wie Reihennummer und Platznummer gedruckt. Ich stellte im Gespräch mit unserem Drucker fest, dass ein nicht unwesentlicher Teil der Druckkosten durch die durchlaufende Nummerierung entstanden. Daher haben wir bei den ersten Veranstaltungen Basiskarten drucken lassen, die nicht durchnummeriert waren, aber mit den wichtigsten Informationen wie Hauptkampf, Veranstaltungsort, Datum und Zeit.

Außerdem gab es 3 freie, eingerahmte Flächen - Block, Reihe, Platz. Die entsprechenden Zahlen trug ich dann in die freien Felder ein, immer mit der „Angst" in Hinterkopf, etwas zu vergessen.

 **Foto Beispiel Foto**
Snooker WM
Privatarchiv G. Müller

Zum Glück ist fast immer alles gut gegangen.

***

Aber eben nicht immer.

Heute werden Zeichnungen von Sitzplänen ganz einfach im Computer gestaltet, das kannte man damals noch nicht. Alles war handgemacht.

Wir mussten uns auch überlegen, den Publikumsbereich noch attraktiver zu machen. Viele Ideen wurden geboren, die meisten wieder verworfen. Uns wurde klar, dass wir die Veranstaltung aufwerten müssen. Und so kamen wir auf die Idee, bei den Kampfabenden Champagnertische rund um den Ring aufzustellen, die wir für teures Geld verkaufen konnten. An diesen Tischen wurde, von einem Sponsor zur Verfügung gestellt, Champagner ausgeschenkt.

Da Klaus Peter Kohl beruflich auch mit Getränken zu tun hatte, konnten wir die Firma Bohnhoff als Sponsor für den Champagner gewinnen.

Glücklicherweise war der Inhaber und Chef des Unternehmens sehr am Boxen interessiert.

Er hat uns bei vielen Veranstaltungen als Getränkesponsor und auch als Werbepartner unterstützt.

Diese Plätze waren bei unseren ersten Kampfabenden immer zuerst ausverkauft. Da saßen nicht nur die Jungs des Kiezes, sondern auch der

Bankdirektor, der Vorstand oder Geschäftsführer eines Unternehmens etc.

Diese Plätze konnte ich auch nutzen, um erste Kontakte zu zukünftigen Sponsoren zu knüpfen, indem wir für uns interessante Personen zu den Kämpfen einluden.

Bei einer meiner ersten Veranstaltungen machte ich bei meinem selbstgezeichneten Sitzplan einen Fehler. Die Maße der Fläche, die für Ring und Bestuhlung im Parkett zur Verfügung standen, waren mir bekannt, auch die von der Behörde vorgeschriebenen Abstände zwischen den Tischen und Stuhlreihen und zum Rang hin. Berücksichtigt werden musste auch, dass ausreichend Platz am Ring vorhanden war für den Walk- In der Boxer.

Vor der Veranstaltung wurde die Bestuhlung dann von einem Behördenmitarbeiter und einem Feuerwehrmann abgenommen. Also musste präzise gearbeitet werden. Auf Millimeterpapier musste ich jedes Mal neu rechnen und zeichnen.

Auch die Sitzverteilung direkt am Ring war genau aufgeteilt. Links von der roten Ecke saßen die Offiziellen. Die beiden Zeitnehmer, ich, der Delegierte des BDB und bei internationalen Kämpfen der Supervisor des entsprechenden Weltverbandes, der Technische Leiter, der Veranstalter, bei späteren Events der Matchmakler und direkt an der roten und blauen Ecke die Ringärzte.

In der ersten Zeit der Zusammenarbeit gab es keinen Stuhl für den Technischen Leiter, da ich gleichzeitig Ringsprecher und Technischer Leiter war.

Rechts von der roten Ecke war ein Tisch für die Vertreter der schreibenden Presse, in der Mitte ein Barhocker für den Punktrichter.

An der nächsten Seitenfläche standen später Tische für die Kommentatoren des übertragenden Fernsehsenders, und wieder in der Mitte ein Barhocker für einen Punktrichter.

Auf der vierten Seite knieten die Pressefotografen auf flachen Bänken, die wir aus den Turnhallen alle kennen. Auch hier der in der Mitte dritte und letzte Barhocker für einen Punktrichter.

Ich war in den ersten Jahren allein für die Organisation, Aufbau und Durchführung der Veranstaltung zuständig. Daher war besonders der Tag der Veranstaltung für mich ein sehr langer und stressiger Tag. Er begann morgens mit den ersten Gesprächen mit dem Aufbauteam und endete in der Nacht mit dem Pressegespräch nach Kampfende. Später kam anschließend noch die VIP-Party hinzu, die ich moderieren musste.

Aber ich hatte viel Spaß an der Arbeit und war noch jung und belastbar.

***

Nach dem ersten Gespräch mit den Helfern, die für den Aufbau zuständig waren, begann am Vormittag des Kampfabends der Aufbau in der Wandsbeker Sporthalle. Der Teppich wurde verlegt, der Ring und dann die Tische und Stühle aufgebaut.

Es waren immer stressige Stunden, bis alles aufgebaut war, aber ich kannte das ja schon von anderen Veranstaltungen und war relativ entspannt, da die Jungs des Aufbauteams alles im Griff hatten.

Das änderte sich schlagartig, als einer der Aufbauer auf mich zukam und sagte: „Du, da stimmt irgendwas mit Deinem Plan nicht, der Boxring ist wohl größer als eingezeichnet." Wir schauten uns das gemeinsam genau an, und ich musste feststellen, ich hatte mich im Plan verrechnet. Wir hatten diesmal einen anderen, etwas größeren Boxring gemietet und ich hatte das in der Zeichnung nicht berücksichtigt.

Daher konnte die hintere Tischreihe zur Tribüne hin, unter Einhaltung der von der Behörde vorgegebenen Abstände, nicht aufgebaut werden.

Da war guter Rat teuer.

Ich gebe zu, ich hatte für eine kurze Zeit kein gutes Gefühl, was die Veranstaltung betraf, aber meine Erfahrung sagte mir, immer ruhig bleiben, es gibt immer eine Lösung.

Glücklicherweise fand ich schnell diese Lösung. Da wir in der Länge der Halle nicht alles bestuhlt hatten, gab es nur einen Ausweg, die Tischreihe auf die Längsseite der Halle zu verlegen.

Ich entschuldigte mich am Abend persönlich bei allen entsprechenden Karteninhabern für meine Fehler. Glücklicherweise gab es keine Probleme.

In der Hochzeit des Profiboxens mit den Klitschkos, Darius Michalczewski, Michel Löwe, Regina Halmich, Graciano und Ralf Rocchigiani und vielen anderen, die für die glänzende Zeit des Profiboxens mit Ihren sportlichen Leistungen verantwortlich waren, war die Pressearbeit nicht sehr schwierig.

Das Interesse der Medien war groß, man musste keine Basisarbeit leisten, sondern sich möglichst gute Geschichten oder gute Fotomotive einfallen lassen. Oft kamen die Medienvertreter auch von selbst mit einer Idee auf einen zu. Pressekonferenzen und das Pressetraining waren sehr gut besucht. Wir waren medial überall präsent.

In dieser Zeit war es schwierig, die knappen Ringplätze für die schreibende Presse und auf der anderen Seite für die Pressefotografen zu vergeben, ohne Fotografen oder Journalisten zu verprellen.

Davon konnte ich in den Anfangstagen nur träumen. Die Presse und die Medien zeigten kein Interesse, von Werbepartnern und Sponsoren mal ganz abgesehen.

Also musste Basisarbeit betrieben werden. Basisgespräche mit den Medien und Sponsoren in Hamburg.

Bei den ersten Kämpfen waren wir froh, wenn es Vorberichte in der Presse gab und wir Journalisten und Fotografen fanden, die die Presseplätze am Ring besetzten.

In dieser Anfangsphase gab es einen von mir bestellten Fotografen, der das Geschehen im Ring und drumherum fotografierte und diese Fotos dann den Medien anbot.

Glücklicherweise verfügte Klaus Peter Kohl beruflich und privat über beste Kontakte zu Sponsoren etc., was mir die Arbeit in diesen Bereichen wesentlich vereinfachte.

Es war eine schwierige, arbeitsreiche, sehr schöne und befriedigende Zeit. Es wurde gemeinsam angepackt, das Geldverdienen stand noch nicht im Vordergrund, es ging hauptsächlich um den Boxsport.

***

Ich erinnere mich noch an die erste Veranstaltung im Legien Center in Billstedt. Es gab dort ein großes Billard und Snookerzentrum mit vielen Tischen. Dort sollte veranstaltet werden. Das war einfacher gesagt als getan. Es war ein großes Billardcenter mit vielen Billard- und Snookertischen.

Bei der Besichtigung kam die Frage auf, wie soll das alles weggeräumt werden, und wer soll das machen. Wer weiß, wie schwerer ein Billard und Snookertisch ist, kann sich den Aufwand vorstellen, der uns bevorstand. Aber die beiden jungen Pächter, Harald Dehn und sein Partner, sagten, wir schaffen das schon. Sie waren Boxfans und Geschäftspartner von Klaus Peter Kohl und machten das daher gerne.

Damit waren aber noch nicht alle Probleme beseitigt.

Wir brauchten eine Veranstaltungsgenehmigung der zuständigen Behörde. Die Verhandlungen zogen sich hin, wie Honig, der langsam auf das Brötchen tropfte. Für ein Billardcenter mit einer Anzahl entsprechender Spieler lag eine Genehmigung vor. Aber hier ging es um eine Boxveranstaltung mit 600 Zuschauern. Die Behörde tat sich schwer mit der Genehmigung. Zum Ende der Diskussionen ging es um Notausgänge und die Anzahl der Toiletten.

Dann war es geschafft, die Genehmigung war erteilt, und die Vorbereitungen konnten endlich beginnen.

Zur Schonung des Bodens musste ein Teppich ausgeliehen werden.

Die Anfrage bei einem Ausstellungsausrüster ergab einen Preis, der nicht in mein Budget passte. Da kam meine Schwiegermutter ins Spiel. Sie war Inspizientin im Deutschen Schauspielhaus in Hamburg, mit besten persönlichen Kontakten.

Ein von ihr vermitteltes Gespräch erbrachte, zusammen mit einer guten Flasche Whisky, die Lösung. Wir konnten uns von den eingelagerten Teppichböden die passenden aussuchen.

Aber wir brauchten auch Stühle. Da wir vorhatten, mehrere Veranstaltungen im Legien Center durchzuführen, lag es nahe, Stühle zu kaufen. Bei Obi fanden wir die Lösung, weiße Gartenstühle aus Plastik.

Der Ring, die Beschallung etc., war bestellt, es konnte losgehen.

Am Tag vor der Veranstaltung kamen wir ins Legien Center. Ich war gespannt, ob alles pünktlich erledigt worden war und der große Saal leergeräumt war.

Wir kamen durch die Eingangstür und staunten sehr. Der große Saal lag leer und sauber vor uns. Ein deutliches Aufatmen. Anschließend wurde der Teppich verlegt. Ich erinnere mich noch genau an das Aufstellen der Stühle. Die Auflage der Behörde war, dass alle Stühle in einer Stuhlreihe miteinander verbunden waren. Da mussten wir uns bei den weißen Gartenstühlen etwas einfallen lassen.

Die Lösung war schnell gefunden. Unter dem Motto "Improvisation ist alles" wurden die Stuhlbeine mit einfachem Klebeband verbunden. Es gab einige Helfer, aber es war doch sehr viel zu tun.

Und so kam es, dass ich neben Klaus Peter Kohl kniete und wir die Stühle gemein zusammenklebten.

Später unvorstellbar.

Es spielte sich also alles, in allen Bereichen, auf einer vertrauensvollen persönlichen, freundschaftlichen Ebene ab. Etwas, was ich in den „Glanzzeiten" des Profiboxens sehr vermisst habe.

13.   Der Boxer aus Downunder

Im Vorfeld meiner ersten Profiboxveranstaltung erreichte uns eines Morgens der Anruf eines befreundeten niederländischen Managers Henk Ruhling. Er machte uns auf einen in Hamburg geborenen, jetzt in Australien lebenden jungen Boxer aufmerksam. Die Idee war, ihn als Hamburger Boxer zu präsentieren und einige gute Geschichten für die Presse zu haben.

Sein Name, Roland Runge.

Er war in Hamburg geboren und dann mit seiner Familie nach Australien ausgewandert. Er wurde uns als aufstrebendes Talent beschrieben und wir waren einverstanden, ihn nach Hamburg einzuladen. In Hamburg angekommen trainierte er im Gym und die Fachleute waren sich einig, der Junge hat Potenzial.

Ich arrangierte einige Presse- und Fototermine und lernte ihn als netten, sympathischen jungen Sportler kennen. Einige Tage vor Kampfbeginn kam Henk Ruhling nach Hamburg. Ich führte einige Gespräche mit Ihm, und er gab mir, als Neuling in der Branche, einige sehr wertvolle Tipps und Hinweise.

Es ist schon erstaunlich, dass man sich an Details eines Gesprächs noch nach Jahrzehnten erinnern kann. In einem dieser Gespräche kamen wir auch auf das Thema Schlagkraft eines Boxers zu sprechen. Ich lernte, ein muskulöser Boxer mit einem ausgeprägten Bizeps muss nicht unbedingt ein hart schlagender Boxer sein. Entscheidend für die Schlagkraft ist der Muskel in der unteren Hälfte des Oberarms.

In allen Gesprächen, die ich später über die Schlagkraft eines Boxers führte, musste ich immer wieder an Henk denken.

Viele Jahre später habe ich ihn und seine Frau auf einer unserer Veranstaltungen begrüßen dürfen. Er muss damals schon über 80-Jahre alt gewesen sein.

Ich schaute in seine Augen und sagte freundlich und erfreut" hallo Henk".

Seine Antwort und ein Blick in seine Augen zeigten mir, er hatte mich nicht erkannt. Seine Frau sagte mit trauriger Stimme „er ist dement und kann sich an keine Person mehr erinnern. Ich glaube aber, dass er das Geschehen im Ring immer noch verfolgt und ab und zu huscht auch mal ein Lächeln über sein Gesicht". Der Anblick dieses so lebensfrohen Mannes machte mich damals sehr traurig, und auch heute, wo ich darüber berichte, erfasst mich eine tiefe Traurigkeit.

Roland Runge boxte damals gegen den späteren Europameister Jean Maurice Chanet und verlor in der 6 Runde durch technischen K. o. Ich bin immer noch der Meinung, dass man ihm in seinem ersten Kampf, in einem fremden Land, einen zu starken Gegner gegeben hatte.

Er flog nach dieser Niederlage zurück in seine neue Heimat. Ich habe nie wieder etwas von Ihm gehört.

14.   Neues Gym – Sex unter der Dusche

Nachdem wir mehrere Jahre sehr erfolgreich unter der Bar „Zur Ritze" auf der Reeperbahn trainieren ließen und immer mehr Boxer unter Vertrag genommen wurden, war es an der Zeit, ein größeres Gym zu finden.

Es war ein schwerer Abschied. Das Gym unter der Ritze war Kult, hatte seine eigene Atmosphäre. Es strahlte das aus, was einen Boxer ausmacht, die Reduzierung auf das Wesentliche, den Kampf Mann gegen Mann. Es gab keine großen, klinisch sauberen Sanitäranlagen und Umkleideräume. Das Gym war klein und beengt. Die Boxer konnten sich ganz auf sich und ihren Sport fokussieren.

Das alles würde in dem neuen Boxgym gänzlich anders werden. Und ganz sicher würden mir die vielen Gespräche mit Hanne und Sascha fehlen.

Aber wie sagen wir Hamburger, wat mutt dat mutt.

***

Zwischenzeitlich waren wir mit den verschiedenen Firmen von Klaus Peter Kohl, darunter, auch Universum Box Promotion, in einen schönen, neuen und großen Bürokomplex in der Straße Am Stadtrand 27 eingezogen.

Im Herbst 1993 war es dann an der Zeit, endgültig von der Ritze Abschied zu nehmen und uns ein anderes, größeres Gym zu suchen, das den zukünftigen hohen Ansprüchen gerecht werden konnte.

Wir hatten uns schon einige Möglichkeiten in Hamburg angeschaut, um ein Gym einzurichten, als in der unmittelbaren Nähe eine Halle frei wurde, in der bisher eine Schreinerei untergebracht war. Ein Termin wurde vereinbart und es ging zur Besichtigung.

Es war eine große, hohe, helle vom Licht durchflutete Halle mit diversen Nebenräumen. Ideal für ein Gym.

Die Halle war noch voll mit Holz und Maschinen, die für eine Schreinerei typisch sind.

Und überall der typische Holzgeruch.

Ich erinnere mich noch ganz genau, wie Klaus Peter Kohl mit mir durch die Halle gegangen ist und schon eine klare Aufteilung des Gyms vor seinem geistigen Auge hatte. Hier in der Mitte der Ring. Da an der Wand die Sandsäcke. Daneben die Maisbirnen und so weiter. Hier könnte man aber auch kleine Veranstaltungen durchführen, hörte ich von ihm. Ich gebe zu, das überstieg etwas meine Vorstellungskraft.

Dann ging alles sehr schnell. Der Vertrag wurde unterzeichnet. Der ehemalige Besitzer räumte die Halle leer und ich bestellte nach den Vorgaben von Klaus Peter Kohl das, was man für ein modernes funktionelles Gym brauchte.

Das Ergebnis war sehr beeindruckend.

Die Boxwelt bewunderte uns um dieses exklusive und große Gym, das den höchsten Ansprüchen, auch nach internationalem Standard, entsprach. Es war bewusst ein großes Gym gesucht worden, denn von vornherein stand die Idee im Raum, hier Kleinringveranstaltungen durchzuführen.

Schon am 19. Dezember 1993 fand im Gym die erste Veranstaltung statt. Der Erfolg führte zur Geburt des Boxfrühschoppens, welches in den nächsten Jahren, auch unter Beteiligung des Fernsehens, mit großem Erfolg sonntags Vormittag durchgeführt wurden.

Eine Voraussetzung hierfür wurde gleich zu Beginn geschaffen. Über dem Boxring gab es eine fernsehtaugliche Lichtanlage, Voraussetzung für Fernseh-Übertragungen. Später wurde eine Tribüne fest installiert, die dann dafür sorgte, dass rund 800 Zuschauer Platz fanden.

***

1994 kam Fritz Sdunek in unser Team. Er wurde mit seiner Erfahrung und seinen Erfolgen im Amateurbereich bei uns dann 1996 der „Cheftrainer" Er war der gütige, verständnisvolle, aber auch strenge und fordernde Mittelpunkt unseres ständig wachsenden Trainerteams.

Viele Boxer und Boxerinnen haben ihm Ihre Erfolge maßgeblich zu verdanken.

**Foto Fritz Sdunek am Ring,
Fotograf Enno Friedrich**

Auch für mich wurde er in vielen boxerischen Fachfragen ein geschätzter Ratgeber und guter Freund. Die Verehrung seiner Boxer, über seinen viel zu frühen Tod hinaus, unterstreicht das wahrnehmbar. Zu seiner Beerdigung reisten alle seine Boxer aus allen Teilen der Welt an. Sowie die Menschen, die ihn während seiner langen Amateur- und Profitrainerkarriere begleiten durften.

Es war ein bewegender Abschied und selbst die stärksten Boxer, die im Ring keinem Gegner aus dem Weg gegangen sind, hatten Tränen in den Augen.

Fritz wird uns allen immer in bester Erinnerung bleiben.

***

Die ersten 5 Boxer, die von ihm im Gym trainiert wurden, waren Dariusz Michalczewski, Michael Löwe, Ahmed Kotiev, Bahre Ahmeti und der boxende Schuhmacher Gagik Khachatryan. Mit diesen 5 Boxern arbeitete ich in den ersten Jahren eng zusammen.

Dariusz Michalczewski, Michael Löwe und Ahmed Kotiev wurden später Weltmeister. Bahre Ameti wurde später internationaler Deutscher Meister und IBF Intercontinental Champion. Gagik war internationaler Deutscher Meister und eröffnete dann in einem Einkaufszentrum eine Schusterei.

Wenn ich die Freude habe, ihn zu sehen, grinst er noch heute freundlich und es wird immer geflachst, denn ich hatte mit der richtigen Aussprache seines Namens im Ring so meine Probleme.

***

Das neue Gym bestand nicht nur aus dem eigentlichen Gym, sondern auch aus diversen Nebenräumen. Ich sehe es noch heute bildlich vor mir. Die große Eingangstür bestand aus zwei hohen Toren.

Vom Eingang aus gesehen rechts konnte man einige Stufen hochsteigen und war dann in einem Raum, der zum Gym hin Fenster hatte. Es war der frühere Büroraum der Tischlerei und wurde von uns vielfältig genutzt.

Direkt gegenüber konnte man eine schmale Treppe hinaufsteigen und kam in 2 kleine Räume, die lange von unseren Masseuren und Physiotherapeuten Christoph Busch und Matthias Böhme genutzt wurden. Zwischenzeitlich gab es aber eine Zeit in der Juan Carlos Gomez in seinen Anfangstagen bei uns dort wohnte. Man kann heute sagen, es war für ihn in jeder Hinsicht eine produktive Zeit, nicht nur im sportlichen Bereich.

In der Mitte des Raumes stand der Boxring mit einer fernsehtauglichen Beleuchtung und Beschallung. Rechts und links dahinter waren die typischen Boxgeräte wie Sandsack etc. angebracht. Direkt links, wenn man das Gym betrat, war später eine Zuschauertribüne zu sehen.

Dahinter, mittig am Ende der Halle, war eine Tür. Hier kam man ins „Allerheiligste". Viele Trainingseinheiten waren für Fans und für die Presse offen. Aber durch diese Tür am Ende des Gyms durften nur die Boxer und die Trainer, sowie das Management, also auch ich.

Man kam zuerst in einen Flur, links davon ging der Nassbereich ab. Toiletten, Duschen und die täglich genutzten Waschmaschinen für die schmutzige und verschwitzte Trainingskleidung.

Hier sorgten zuerst Frau Sdunek und dann Monika Balschun mit strenger Hand für Ordnung. Die Sachen einfach irgendwo liegen lassen war keine Option. Das gab Ärger und dem gingen auch die stärksten Boxer lieber aus dem Weg.

Dann kam man in einen großen Wohnraum mit Sofa und Fernseher. Danach kam ein kleiner Flur, der in eine Eingangstür zum Hof hin mündete. Von diesem Flur waren einige Räume zu erreichen. In diese Räume zog u.a. Fritz Sdunek mit seiner Frau ein. Beide kümmerten sich in den ersten Jahren auch um das Gym und alles, was gemacht werden musste.

Neben den privaten Räumen der Sduneks gab es noch Schlafräume, in denen einige Boxer wohnten, wie z.B. zeitweise Gagik Khatchatryan. Später wurden in diesen Räumen auch die Sparringspartner untergebracht sowie zeitweise auch unser USA-Trainer Chuck Talhami.

Nachdem Fritz Sdunek mit seiner Frau in eine größere Wohnung gezogen war, zogen Dieter und Monika Balschun ein. Monika, von allen Boxern und nur Mutti genannt, war viele Jahre lang gemeinsam mit ihrem Mann die gute Seele des Gyms. Dieter kümmerte sich um alles im Gym, aber auch um viele Aufgaben um die Boxer herum.

Ich erinnere mich gerne an die Freitagvormittage, an denen Monika immer, als Wochenabschluss, ein leckeres Frühstück für die anwesenden Boxer bereitgestellt hat. Soweit es mir zeitlich möglich war, nutzte ich gerne die entspannte Möglichkeit, um mit Boxern und Trainern zusammenzusitzen und zu frühstücken und über aktuelle Dinge rund um den Boxstall und die Boxer zu reden.

***

In Berlin wurde 1998 ein 250 Quadratmeter großes Gym eröffnet, in dem u.a. Michel Trabant, Bert Schenk und Thomas Ulrich u.a. unter unseren Trainern Torsten Schmitz, Dietmar Schnieber und Peter Tiepold trainierten. Auch sie waren sehr erfolgreich.

Michel Trabant hat nur 4 seiner 52 Kämpfe verloren, dabei waren 3 internationale Titelkämpfe. Er war Deutscher Meister, WBO Intercontinental Champion, Europameister und GBU-Weltmeister.

Bert Schenk hat von seinen 36 Kämpfen nur 2 verloren. Er war Deutscher Meister, WBO-Weltmeister und hat in seinem letzten Kampf diesen Titel gegen Felix Sturm, ebenfalls ein Universum-Boxer, verloren.

Thomas Ulrich galt lange als größte Hoffnung unseres Boxstalles. Er war Deutscher Meister, internationaler Deutscher Meister, WBO Intercontinental Champion, WBC - Intercontinental Champion und Europameister. Den Kampf um die Weltmeisterschaft verlor er nach

Punkten gegen Zsolt Erdei. Auch Zsolt war ein Boxer aus dem Universum Team.

Thomas Ulrich galt bei vielen Boxexperten, auch in unserem Team, als sehr schwierig. Ich kann dieses nicht bestätigen. Mir gegenüber ist er immer freundlich und aufgeschlossen aufgetreten.

Er hinterfragte viele Dinge, war aber mit sachlichen Argumenten zu überzeugen. Ich habe immer gerne und zielorientiert mit ihm zusammengearbeitet.

Stallduelle

Wenn beide Boxer zum gleichen Boxstall gehören, spricht man bei Kämpfen wie Michael Ulrich gegen Zsolt Erdei und Bert Schenk gegen Felix Sturm von Stallduellen.

Hat man viele erfolgreiche Boxer unter Vertrag, womöglich noch in der gleichen Gewichtsklasse, sind diese Duelle unausweichlich.

Emotional gesehen ist das sehr außergewöhnlich. Besonders, wenn beide Boxer vom gleichen Trainer trainiert werden. Dann ist es notwendig, beginnend mit der Vorbereitung, für einen der Boxer einen anderen Trainer zu bestimmen. Dann ist es auch notwendig, den Trainingsplan zeitlich umzustellen, denn beide Boxer trainierten vorher zur gleichen Zeit.

***

In den Anfangsmonaten des neuen Gyms in Hamburg bekam ich eines Tages einen Anruf einer Produktionsfirma, die für einen Fernsehsender ein Boxgym suchte. Es sollten einige Szenen für einen Fernsehfilm gedreht werden. Das Ganze sollte einen halben Tag dauern. Die Aufnahmen hätten auch frühmorgens beginnen können, sodass unser Trainingsablauf nur unwesentlich gestört worden wäre. Organisatorisch wäre das für uns möglich gewesen.

Sie waren auch bereit, sehr gutes Geld für einen halben Tag zu zahlen. Aber ich hatte so meine Erfahrungen mit Fernsehproduktionsgesellschaften, daher wollte ich unbedingt wissen, was man drehen wollte.

Die Dame am Telefon zögerte etwas und sagte dann, in der ersten Szene kommt es zu Zärtlichkeiten zwischen einer Boxerin und einem Boxer und dann wird im Vorraum und unter der Dusche weitergedreht.

Ich will hier nicht behaupten, dass das Szenario völlig realitätsfremd war. Aber wir hatten es gerade gemeinsam mit dem Sauerland Boxstall geschafft, das Boxen aus der Schmuddelecke herauszuholen. Da wären derartige Szenen in unserem Gym ein Rückfall in alte Imagezeiten gewesen.

Und so war, auch nach Rücksprache mit Klaus Peter Kohl, das Thema Sex im Gym, in Bezug auf die Produktionsfirma, schnell vom Tisch.

15.   Als ein Handschlag noch was wert war

Wie schon ausgeführt, waren die Jungs vom Kiez die fleißigsten Besucher unserer ersten Veranstaltungen. Wer ist daher der beste Verkäufer in diesen Kreisen, ein Junge des Kiezes.

Durch meinen Aufenthalt in der Ritze und viele Gespräche mit Hanne und Sascha kannte ich die Gegebenheiten auf dem Kiez ganz gut. Mir wurden viele Geschichten erzählt über die „gute alte Zeit" und wie es jetzt auf dem Kiez zuging.

Es waren Geschichten über die prägenden Typen der Szene. Lustige, aber auch weniger lustige Begebenheiten wurden geschildert und bewertet. Sie beschrieben die Stimmung auf dem Kiez in jenen Tagen.

Ich hatte schon Jahre vorher mit dem Kiez meine Bekanntschaft gemacht.

Ich war 2 Jahre lang kaufmännischer Geschäftsführer des legendären „Bayrisch Zell" auf der Reeperbahn. Der Inhaber Gottfried Süss hatte einen Geschäftsführer außerhalb des Kiez Milieus gesucht und mich eingestellt.

Im Eingangsbereich gab es ein kleines Restaurant, das sehr oft auch von den Herren, die auf der Reeperbahn arbeiteten, besucht wurde. Hinter dem kleinen Restaurant ging es dann in den großen, hohen Saal. Die Tische hatten Tischtelefone, die zur Anbahnung erster Gespräche dienten. Im ersten Stock gab es einen Rang, ebenfalls mit Stühlen und Tischen.

Am Kopfende des Saales gab es 2 Bühnen übereinander. Auf der unteren Bühne spielte eine moderne Band Tanzmusik und immer abwechselnd dann eine bayrische Band auf der oberen Bühne.

Bayrisch Zell war damals in ganz Hamburg als Tanzlokal bekannt und man ging dahin, um zu tanzen und sich zu amüsieren. Besonders viele Frauengruppen kamen abends in den Saal.

Gottfried Süss besaß außerdem ein Kellerlokal auf der Reeperbahn, in dem ein altes Orchestrion stand. Dieses Lokal stand schon länger leer. Ich war damals unternehmungslustig und risikobereit und nahm das Angebot an, das Lokal in den ersten sechs Monaten mietfrei zu übernehmen.

Wenn man den Raum betrat, war links der Tresen zu sehen und dann fiel sofort der Blick auf etwas sehr Außergewöhnliches. An der Kopfseite des Raumes sah man ein Orchestrion. Das Orchestrion ist ein Musikinstrument, das Ende des 19. Jahrhunderts entstanden ist und bis in die 1930er Jahre populär war. Es handelt sich dabei um eine Art automatische Orgel, die in der Lage ist, eine Vielzahl von Instrumentenklängen zu imitieren und somit den Klang eines ganzen Orchesters zu erzeugen.

Es sah sehr schön aus, aber es funktionierte nicht mehr. Ich musste längere Zeit suchen, um einen Fachmann zu finden der sich damit auskannte. Als seine Arbeit erledigt war, erstrahlte das Orchestrion in voller Schönheit und besonders wichtig, es funktionierte wieder.

Dann konnte ich die Musikkneipe „Orchestrion" eröffnen.

Es war damals die große Zeit der Musiklokale mit Livemusik in Hamburg. Onkel Pö's Carnegihall, die Fabrik, Top Ten, Denis Swing Club und Andere.

Täglich wurde im Orchestrion Livemusik der verschiedensten Stilrichtungen gespielt, Rock, Blues, Jazz etc. So kam es auch zum Auftritt der Hamburg Allstars, ein Zusammenschluss der besten Jazzmusiker Hamburgs.

Es lief gut, aber 8 Wochen nach der Eröffnung wurde ich ernsthaft krank, musste operiert werden und lag länger im Krankenhaus. Das war das Ende meines Traumes, einen eigenen Livemusik-Club zu besitzen.

***

Durch diese Tätigkeiten auf dem Kiez war mir auch Karlheinz Schwensen ein Begriff. Sein optisches Markenzeichen, Schnauzbart und *Ray-Ban*-Pilotenbrille. Unter anderem war er von 1984 bis 1994 Betreiber des berühmten Top Ten Clubs, fast direkt neben der Ritze. Die Beatles besuchten ihn und Tony Sheridan nach ihren Auftritten im Kaiserkeller oder dem Star-Club. Tony Sheridan, spielte mit seinen *The Jets* oft im *Top Ten Club*. Gelegentlich spielten die Beatles und die Jets auch zusammen, zum großen Vergnügen der Zuschauer.

Dieser Kalle Schwensen sollte zu einer wesentlichen Stütze beim Kartenvorverkauf werden.

Foto Karl Heinz Schwensen,
Privatarchiv Schwensen

Klaus Peter Kohl stellte den Kontakt her und es folgte ein kurzes Gespräch über die Art der Zusammenarbeit. Und kurze Zeit später war es das erste Mal so weit, Kalle kam zu mir ins Büro. Er war eine imposante Erscheinung mit seiner Sonnenbrille, seinem Schnauzbart, seinem durchtrainierten Körper und seiner Ausstrahlung.

Wir setzten uns an einen Tisch und führten eine Unterhaltung über den Kiez, den Boxsport und andere Themen. Natürlich sprachen wir auch darüber, wie der Kartenverkauf ablaufen sollte und über die geplanten Veranstaltungen. Ich hatte den Eindruck, dass wir uns gut verstehen werden, und übergab die besprochene Anzahl von Eintrittskarten.

Ich gebe zu, ich war kurz davor, meinen Quittungsblock herauszuholen, um mir die Übergabe der Karten quittieren zu lassen.

Aber mein Bauchgefühl sagte mir etwas Anderes, obwohl es sich um eine große Summe handelte, die die Karten wert waren. Und das war gut so, denn kurz darauf sagte Kalle „ich dachte schon, du willst dir das jetzt von mir quittieren lassen".

Die Zusammenarbeit sollte zeigen, alles verlief korrekt, ohne Quittungen. Er bekam die Karten und ich später das Geld, immer zur vereinbarten Zeit.

Damals war auf dem Kiez ein Handschlag noch etwas wert.

***

Wie es früher Jahrhunderte lang bei den ehrbaren Kaufleuten in Hamburg der Fall war. So war es auch bei den Getreidehändlern, die an der Hamburger Börse gelistet waren.

Die Hamburger Börse ist eine im Jahr 1558 gegründete Börse. Sie ist die älteste aktive Börse Deutschlands. Unter ihrem Dach befinden sich heute vier verschiedene Einzelbörsen. Unter anderem die Getreidebörse, die einzige noch aktive Warenbörse unter dem Dach der Hamburger Börse.

Die Getreidebörse ist ein tagesaktuelles Geschäft. Heute sagt uns der Computer, wann welches Schiff mit welcher Ware in Hamburg anlegen wird. Früher gab es das alles nicht. Man wusste nicht, wann ein Schiff genau in Hamburg eintraf und was es geladen hatte.

Und da musste man sich etwas einfallen lassen. Wenn ein Getreideschiff elbaufwärts fuhr, wurde dieses mit Flaggensignalen über viele Stationen bis in die Hamburger Börse gemeldet. Die übermittelten Informationen betrafen die Ladung und den Zeitpunkt der Ankunft. So konnten die Getreidehändler das Getreide auf den Schiffen schon handeln, bevor das Schiff im Hafen angekommen war.

Die Geschäfte an der Börse wurden damals per Handschlag besiegelt. Das ist auch heute noch in der Getreidebörse der Fall. Nach einem abgeschlossenen Kauf oder Verkauf wird dieser per Handschlag besiegelt.

Die Fakten der Transaktion werden auf kleinen Zetteln vermerkt.

Erst nach Ablauf der Börsensitzung gehen die Getreidehändler in Ihr Büro, um die Transaktion förmlich zu bestätigen. Ein Geschäft, das auf Vertrauen aufgebaut war und ist.

Und so war es auch zwischen Karl Heinz Schwensen und mir.

16. Die ersten Bilder

Bisher konnten nur die Zuschauer in den Hallen unsere Kämpfe verfolgen. Das änderte sich 1993. Nach langen Verhandlungen wurde ein Vertrag mit dem Fernsehsender Premiere unterschrieben. Durch diesen Vertrag waren wir auch in der Lage, große Gagen zu zahlen und z.B. Tyrone Booze nach Hamburg zu holen.

Und am 13. Februar war es dann so weit, die erste Liveübertragung. Es war ein Kampfabend in der Alsterdorfer Sporthalle. Für uns alle war das eine große Umstellung.

Bei den späteren Liveübertragungen vor allen Dingen auch für mich. Bisher gab es einen groben Zeitplan für den Beginn der Kämpfe. Innerhalb dieses Zeitplans hatte ich die freie Hand, die Kämpfer aufzurufen. Ich hatte nur praktische Dinge zu berücksichtigen. Standen die Boxer für den Walk-In bereit. Waren beide Boxer und der

Ringrichter bereit zum Stairdown. Gab der Ringrichter mir ein entsprechendes Zeichen zur Freigabe der ersten Runde. Bei der Urteilsverkündung wartete ich, bis beide Boxer ohne Boxhandschuhe bereit waren.

Das war bei dieser Veranstaltung alles anders.

Ich hatte mehrere Gespräche mit den Mitarbeitern von Premiere, in denen ich die Abläufe im Ring erklärte. Dann erarbeiteten wir gemeinsam einen festen Ablaufplan für alle Kämpfe. Für mich bedeutete das, keinen Einfluss mehr auf den Ablauf zu haben. Es bedeutete, dass der Regisseur für alle einzelnen Schritte Kommandos gab, bevor ich aktiv werden konnte. Für mich war das nach 30 Kampfabenden mit eigenen Entscheidungen eine große Umstellung.

Auch optisch war vieles anders.

Über dem Ring war diesmal ein großes Rick gebaut worden, mit vielen Scheinwerfern, Lautsprechern und Bildschirmen. Auf einem Turm waren die 2 Führungskameras aufgebaut.

Ankündigung des Kampfes, Aufruf der Boxer, Vorstellung der Boxer und der Offiziellen, Stairdown, Urteilsverkündung mussten prinzipiell mit dem Gesicht zur Hauptkamera erfolgen. Außerhalb der Ringseile gab es auf Wunsch des Fernsehsenders eine zusätzliche Fläche, auf der sich die beiden Kameraleute mit ihren Handkameras bewegen konnten. Weitere Kameras fingen die Emotionen der Zuschauer ein.

Über 100 Redakteure und Techniker waren an diesen Abenden mit der Liveübertragung beschäftigt. Hinter der Alsterdorfer Sporthalle stand ein großer Übertragungswagen. Ein kleineres Fahrzeug stellte über eine große Satellitenschüssel den Kontakt zum Satelliten her.

***

Bei den weiteren Kampfabenden, bei denen ich Ringsprecher war, war es dann immer der gleiche Ablauf. Ich musste vor Beginn der Veranstaltung in die Maske und wurde optisch auf die Übertragung vorbereitet. Ich war per Ohrhörer mit einem Regisseur verbunden, der mir meine Einsätze freigab.

Es gab aber auch Vorteile. Ich musste nicht mehr schauen, ob die Kämpfer bereitstanden, die richtigen Fahnen aufgezogen waren oder der Ringrichter und die Fahnenträgerinnen im Ring waren. Dafür war die Aufnahmeleitung zuständig.

Meine anfänglich sehr große Anspannung wich dann im Laufe der Zeit. Die Zusammenarbeit mit dem Fernsehsender, den Redakteuren und dem Regisseur wurde selbstverständlich und sehr angenehm.

17. Der Schleifer und die Himmelsleiter

Markus Bott, der spätere Weltmeister aus Pforzheim war ein Boxer, der, als er von uns unter Vertrag genommen wurde, fast alles mitbrachte, was man für den Erfolg als Profiboxer braucht.

Gute Technik, Schlagkraft, taktisches Geschick, Kämpferherz und Nehmerqualitäten. Obwohl ich den Begriff Nehmerqualitäten für unangebracht halte, denn die Tatsache, Schläge ohne sofortige Wirkung ertragen zu können, ist sicherlich keine Fähigkeit, aber in dieser Sportart sehr nützlich. Weit wichtiger ist es, Schläge des Gegners zu vermeiden.

Was Markus nicht mitbrachte, war der unbedingte Trainingsfleiß und die seriöse Vorbereitung zum Kampf. Er war der immer gutgelaunte Mensch, immer für ein Späßchen zu haben, den schönen Dingen des Lebens sehr zugetan, immer auch mal kurz vor dem Kampf „auf der Piste" um ein bisschen Spaß zu haben. Das alles hatte man ihm bei den Amateuren verziehen, denn er war erfolgreich. Immer einen guten Spruch auf den Lippen verdiente er sich den Spitznamen Markus „Cassius" Bott.

Ich bin für ihn bis heute freundschaftlich der „Fischkopp". Er ist für mich bis heute derjenige, der erst mal richtig Deutsch sprechen lernen sollte, denn wenn er mich früher „ärgern" wollte, verfiel er in die Pforzheimer Mundart, die kein Mensch außerhalb Pforzheims verstehen konnte.

Markus war gerade Vizeeuropameister bei den Amateuren geworden, also ein Kandidat, um unseren Boxstall mit einem weiteren guten Boxer zu vergrößern. Die Vertragsgespräche liefen reibungslos, er unterschrieb einen Managervertrag, und schon war Markus in Hamburg.

Manager – Veranstalter – Verträge - Gagen

In den allermeisten der großen Boxställe ist die Funktion des Managers und des Veranstalters in einer Person vereint.

Der Manager

nimmt einen Boxer unter Vertrag und sorgt für ausreichende Beschäftigung bei Veranstaltungen. Er fördert den Boxer, sorgt für Sponsoren, Werbung und Pressearbeit etc. und ist an allen Einnahmen des Boxers beteiligt.

Üblicherweise sind das 30% sämtlicher Einnahmen des Boxers.

Der Manager stellt einen Trainer zur Verfügung und ein Gym für das Training.

Die Verträge

sind vom nationalen Verband in den meisten Paragrafen vorgegeben. Unter dem Punkt - sonstige Vereinbarungen – bestehen die meisten Möglichkeiten der individuellen Anpassung. Dazu gehörte bei Verträgen, die ich erarbeitete, unter dieser Rubrik auch immer folgender Hinweis. Sonstige gefährliche Sportarten wie Skifahren oder das Motorradfahren sind für die Laufzeit des Vertrages untersagt.

In den Anfangstagen wurde den Boxern sehr oft ein Jahresbetrag garantiert, der in monatlichen Abschlägen ausbezahlt wird. Die vereinbarten einzelnen Gagen wurden dann dagegen gerechnet.

Da der Verband einen Anteil an den Gagen bekommt, ist es offensichtlich, dass die Kombination Manager – Veranstalter besonders damals viele Vorteile bei den Gagenverhandlungen und der Abrechnung mit dem Verband mit sich brachte.

Der Veranstalter

führt die Profiboxveranstaltungen durch, macht Verträge für die Veranstaltung mit den Boxern, dem Fernsehen, den Sponsoren und den Werbepartnern. Hier sind die Verträge mit den Boxern ebenfalls von den jeweiligen ausrichtenden Verbänden vorgegeben. Er trägt das finanzielle Risiko.

Gagen

Für die Gagen bei internationalen Titeln wie Weltmeisterschaften ist es entscheidend, ob es sich um eine freiwillige Titelverteidigung handelt oder um eine Pflichtverteidigung.

Pflichtverteidigung.

Wird ein Boxer Weltmeister, so hat er 6 bis 9 Monate Zeit, das variiert bei den einzelnen Weltverbänden, um seinen Titel gegen die Nr. 1 der Weltrangliste des Verbandes zu verteidigen.

Da der Manager des Weltmeisters, wie ausgeführt, auch gleichzeitig dessen Veranstalter ist, werden Verhandlungen mit dem Management des Gegners aufgenommen. Hierbei geht es nicht nur um die Gagenhöhe, sondern auch um den Termin, den Ort, die Größe des Ringes, die Marke der Handschuhe etc.

Können sich die Verhandlungspartner, bis zu einem bestimmten Termin, nicht auf einen Vertrag einigen, so kommt es zur Versteigerung des Kampfes. Es wird ein Termin festgesetzt, zu dem Angebote von den verschiedensten Veranstaltern, in versiegelten Umschlägen, abgegeben werden können. Am Stichtag werden die Umschläge geöffnet und der, der das höchste Angebot abgegeben hat, bekommt den Kampf.

So kann es sein, dass ein fremder Veranstalter, der mit beiden Boxern keine vertragliche Bindung hat, den Kampf ersteigert.

Die Gage wird dann, in der Regel, 70 zu 30 aufgeteilt.

70% für den Titelverteidiger. 30% für den Herausforderer.

Freiwillige Titelverteidigung

Bei einer freiwilligen Titelverteidigung kann der Weltmeister sich einen Gegner unter den ersten 10 oder 15, abhängig vom Verband, der entsprechenden Weltrangliste aussuchen.

Hier sind Gagen für beide Boxer frei verhandelbar.

Nach einigen erfolgreichen Aufbaukämpfen war es dann so weit. Am 13.Februar 1993 sollte Markus Bott in der Alsterdorfer Sporthalle um die Weltmeisterschaft boxen. Sein Gegner war der WBO-Weltmeister Tyrone Booze aus den USA, der gerade gegen Ralf Rocchigiani seinen Titel verteidigt hatte.

In der Profikarriere von Markus war Tyron Booze die erste große Herausforderung, und es war für uns klar, nur topfit, mit einer guten Kondition hatte Markus eine Chance.

Und topfit, mit einer guten Kondition, das passte bisher nicht mit dem Namen Markus Bott zusammen.

Da wir zwischenzeitlich Markus sehr gut kannten, war allen bewusst, da musste etwas Außergewöhnliches passieren, um Markus fit für diesen Kampf zu machen. Wir mussten uns also etwas einfallen lassen.

Da hatte der Chef, Klaus Peter Kohl mal wieder eine gute Idee und ließ seine Kontakte spielen. Sowie heute Felix Magath als Spitzentrainer und „Schleifer" mit außergewöhnlichen Trainingsmethoden im Fußball bekannt und bei den Spielern „berüchtigt" ist, hatte zur damaligen Zeit Enno Werle bei Profiboxern den gleichen Ruf.

Er war schon damals ein sehr erfolgreicher Trainer und hatte bereits bei unserem Konkurrenten, dem Sauerland Boxstall, gearbeitet. Ein

Telefongespräch und ein Gespräch in Hamburg machte alles klar, Enno war der neue Trainer von Markus, der aber von seinem „Glück" noch nichts wusste.

***

Ich fuhr sehr gespannt auf das erste Training mit Enno ins Gym, das war damals noch der Boxkeller unter der berühmten Bar Zur Ritze. Wir kamen fast gleichzeitig in der Ritze an und Klaus Peter Kohl stellte Markus seinem neuen Trainer vor.

Ich sehe es wie heute, Markus schluckte einmal, denn er kannte natürlich Enno und ahnte, was da im Training auf ihn zukommen würde. Er wurde etwas blass um die Nase und haute diesmal keinen flotten Spruch raus, sondern sagte einfach ok. Dann verschwand er in der hinteren Ecke des kleinen Gyms in die Umkleidekabine, um sich umzuziehen.

Wir merkten schon im ersten Training, dass wir uns natürlich genau ansahen, da ist Zug drin, da wird Markus gefordert. Auch wenn Enno als „harter Hund" bekannt war, so hatte Enno doch immer zu allen Boxern einen sehr vertrauensvollen Umgang, war sehr motivierend und war immer für seine Boxer da.

***

Für Markus begann eine harte Zeit des intensiven Trainings, wie er es zuvor nicht kannte. Man muss Markus zugutehalten, dass er, von Enno motiviert und gefordert, das harte Training mitgemacht hat. Die Chance des Weltmeistertitels hatte er dabei immer im Kopf.

An zwei der Trainingssituationen kann ich mich noch sehr gut erinnern.

Wie schon gesagt, war Enno immer für eine außergewöhnliche Trainingseinheit bekannt. Und so lud ich die Presse und die Fotografen zu einem Pressetermin auf dem Heiligengeistfeld ein.

Markus fragte, als er von dem Pressetermin von mir erfuhr, „was soll da passieren?" Ich sagte ihm „Du sollst da etwas für Deine

Beinmuskulatur machen". Bringe nur Deine Trainingssachen mit. Alles Nachfragen half nichts, ich ließ Markus im Ungewissen.

Ich holte Markus ab und wir fuhren gemeinsam zum Pressetermin. Ich höre ihn noch heute sagen: „Du mit Deinen Geheimnissen, was soll das schon sein."

Auf dem großen Heiligengeistfeld, direkt neben dem Robert Koch Stadion des FC St. Pauli fand Markus dann einen von mir bereitgestellten VW Käfer vor. Er schaute ungläubig und blickte mich fragend an. Nachdem er immer noch locker und fröhlich für die Fotografen vor dem VW stand, sagte Enno „so nun mal los, zieh den VW mal bis zu dem Elektrokasten da hinten".

Der war mindestens 200 Meter entfernt. Markus schaute ungläubig, bis er merkte, dass Enno es ernst meinte. Er legte sich das Geschirr um und begann zu ziehen, hin und zurück natürlich.

Wie versprochen, gut für die Beinmuskulatur und schöne Bilder für die Presse.

***

Einer der beliebtesten Sprüche von Markus war damals der Hinweis, dass glücklicherweise alles im Norden so schön flach ist und hier keine Berge waren, die man als Sportler rauf und runter laufen musste. Das stimmte zwar, aber als Pforzheimer kannte er natürlich die, bei Trainern sehr beliebte, Himmelsleiter noch nicht.

Ich musste Enno, der sich als Süddeutscher natürlich nicht gut in Hamburg auskannte, unbedingt auf diese außergewöhnliche Trainingsmöglichkeit aufmerksam machen. Ein kurzer Lokaltermin und es war angerichtet. Das, was er sah, gefiel Enno.

Ob es auch Markus gefallen würde, bezweifelte ich.

Zwischen dem Hamburg Fischmarkt und Wedel gibt es den Elbabwärts, den immer rechts oberhalb der Elbe verlaufenden Elbgeesthügel mit der bekannten Straße Elbchaussee.

Bekannt durch den herrlichen Blick über die Elbe, in das Urstromtal der Elbe. Zu Beginn der Blick auf die Hafenanlagen, dann auf das Alte Land, mit über 8 Millionen Obstbäumen.

Und hier vom Elbstrand in Ovelgönne aufwärts zur Elbchaussee gibt es die berüchtigte Himmelsleiter. Nicht nur, dass diese Treppe sehr steil nach oben geht und 150 Stufen hat, es kommt für die Trainingseinheiten etwas sehr Unangenehmes hinzu. Viele Sportler kennen das Konditionstraining an Treppen, zum Beispiel in Stadien oder am Berg. Angenehm ist es hier, dass die Treppenstufen sehr gleichmäßig sind und man einen gleichbleibenden Laufrhythmus aufbauen kann.

An dieser Treppe ist alles anders und dadurch viel schwieriger. Die Treppenstufen sind verschieden breit und verschieden hoch. Sie geht auch nicht direkt runter zum Strand. Der Sportler muss zweimal um eine Ecke laufen.

Eine Qual für jeden Sportler.

Foto Himmelsleiter
Fotograf K. Wupper

Die Presse war vor Ort und Markus ahnte nichts Böses, denn er ging weiter davon aus, in Hamburg gibt es keine Berge.

Wie schon erwähnt, haben wir uns immer gerne gegenseitig gefoppt.

Wir stiegen aus meinem Auto aus und Markus ahnte immer noch nichts Böses.

Dann staunte Markus, als er von oben die Treppe herunterschaute, auf den Strand von Ovelgönne.

Natürlich ahnte er noch nichts von den unterschiedlichen Stufen und dem, was ihm bevorstand. Denn er wusste von mir nur, es gab einen Fototermin der Presse, um in Sportkleidung schöne Bilder machen zu lassen.

Ich hatte mit den Pressekollegen besprochen, dass sie während der ersten Trainingsphase schöne Bilder schießen konnten, doch dass wir anschließend das Training intern, ohne Presse, fortsetzen wollten. Der leider früh verstorbene Journalist der Bild Zeitung, Thomas „Turbo" Direnga schaute mich daraufhin an und sagte in seiner bekannten unverblümten und direkten Art „Ihr wollt doch nur nicht, dass wir fotografieren, wie Markus am Ende der Trainingsarbeit vor Erschöpfung kotzt."

Der Mann kannte sich eben aus. Und daher gibt es von dieser Situation glücklicherweise keine Bilder.

Auch hier zog Markus das sehr harte Training durch und musste an seine Grenzen gehen und wahrscheinlich auch darüber hinaus. Den Spruch „in Hamburg gibt es glücklicherweise keine Berge" habe ich anschließend nicht mehr von ihm gehört.

Noch heute, wenn ich ihn auf einer Veranstaltung treffe, kann ich mir ab und zu den Hinweis auf die Hamburger Berge und die Himmelsleiter nicht verkneifen.

Und dann war es so weit.

Am 13.2.1993 waren 5000 Zuschauer in die Alsterdorfer Sporthalle gekommen, um Markus zu sehen. Das harte Training und die außergewöhnlichen Aktionen hatten, wie von Enno geplant, die gewünschte positive Wirkung.

Von der ersten Runde an dominierte Markus selbstbewusst und konditionsstark seinen Gegner. Und zur Überraschung der Zuschauer und der Pressevertreter konnte er, den Rene Weller freundschaftlich einen „faulen Sack" nannte, ab der 10. Runde noch einmal Gas geben.

Alle konnten sehen, dass Markus eine sehr gute Kondition hatte und einen perfekten Kampfplan seines Trainers. Nach 12 Runden war es geschafft, er gewann einstimmig nach Punkten.

Der erste Universum-Box-Promotion-Weltmeister.

„Auf der Plattform YouTube kann man derzeit unter Eingabe des Suchbegriffs [bott-giovannini.wmv] Videomaterial zu dieser Geschichte finden."

Das erste Etappenziel war erreicht.

Auf der VIP-Party nach dem Kampf war Markus noch immer überrascht über seine Kondition. In einem kurzen Gespräch sagte er mir damals „ich hatte in der 12. Runde das Gefühl, ich könnte locker noch eine 13. oder 14.Runden boxen, das Gefühl habe ich bisher nicht gekannt."

***

Vor seiner ersten Titelverteidigung hatte sich Markus einige Tage vor dem Kampf erkältet, was natürlich Auswirkungen auf das Training hatte. Wir waren alle sehr beunruhigt, denn die Absage des Kampfes stand kurz bevor. Dann gab der Arzt grünes Licht für den Kampf, doch Enno war der Meinung, dass Markus nicht boxen sollte.

Seine Argumente: Erstens konnte Markus das geplante Trainingsprogramm nicht voll durchziehen und zweitens bestand die Gefahr, dass Markus körperlich geschwächt in den Ring gehen würde. Nun musste Klaus Peter Kohl entscheiden.

In derartigen Fällen kommt es oft zu unterschiedlichen Meinungen zwischen Trainer und Manager/Veranstalter.

Der Trainer denkt ausschließlich an den Erfolg und die Gesundheit seines Boxers, der Manager und Veranstalter natürlich auch, hat aber auch Fernsehverträge und die Veranstaltung zu berücksichtigen.

Für den Manager ist dann eben meistens die Entscheidung der Ärzte ausschlaggebend. Also entschied der Chef, entgegen der Meinung des Trainers, dass der Kampf stattfindet.

Am 20.11.1993 fand der Kampf wieder in der Alsterdorfer Sporthalle statt. Markus boxte gegen den sehr starken argentinischen Boxer Nestor Hipolito Giovannini. Markus gab alles, aber er verlor einstimmig nach Punkten.

Es ist heute müßig, darüber nachzudenken, was passiert wäre, wenn er nicht geboxt hätte. Wenn er später voll austrainiert seine Chance bekommen hätte.

Sein Trainer Enno Werle hatte da eine klare Meinung. Und so kam es zu großen Meinungsverschiedenheiten. Und das Ende der Geschichte, die so erfolgreichen Zusammenarbeit mit Enno wurde beendet.

18. Mein neues Büro und neue Kollegen

Mit dem Bezug eines neuen größeren Büros und dem Umbau einer Schreinerei zum Boxgym, in unmittelbarer Nähe des Büros, begann eine neue Zeitrechnung. Ich arbeitete nicht mehr in meinem Büro zu Hause, sondern hatte jetzt mein Büro in Wandsbek.

Es wurde alles professioneller, neue Trainer arbeiteten für uns und es waren viele Veranstaltungen geplant. Klaus Peter Kohl war zeitlich wesentlich mehr präsent, um viele Dinge zu regeln.

Es war ein stetiger Aufschwung, der erst richtig an Fahrt aufgenommen hat, als wir 1993 den ersten Fernsehvertrag mit dem Vorgänger von Sky, Premiere unterzeichneten.

Es lag auch ein Angebot von der ARD vor, die schon einen Vertrag mit dem zweiten großen Boxstall Sauerland hatten, aber Klaus Peter Kohl entschied sich für das wesentlich lukrativere Angebot von Premiere.

Aus der heutigen Sicht war diese Entscheidung einerseits richtig, denn dieser Vertrag versetzte uns in die Lage durch die hohen Summen pro Veranstaltung im Laufe der Zeit sehr attraktive Titelkämpfe gestalten zu können.

Die Zeit der Veranstaltungen, die keinen Gewinn abwarfen, war damit vorbei. Wir waren finanziell in der Lage, attraktive Boxer zu verpflichten, die wiederum die Hallen füllten.

Andererseits sahen selbst die größten Kämpfe nur höchsten 700.000 bis 800.000 Zuschauer im Fernsehen. Das machte für mich das Einwerben von Sponsoren und Werbepartnern nicht einfacher, doch durch die persönlichen Kontakte von Klaus Peter Kohl konnte das zum Teil aufgefangen werden.

Doch für Boxer wie Dariusz Michalczewski hatte dies größere Auswirkungen. Dank der vollen Hallen bei seinen Kämpfen und dem TV-Geld konnten wir ihm sehr gute Gagen zahlen. Er litt aber in den Jahren der Übertragungen durch Premiere immer darunter, nicht so bekannt zu sein, wie Boxer, die im öffentlich-rechtlichen Fernsehen boxen konnten. Dadurch blieb ihm ein Teil des Sponsorenmarktes verschlossen und mögliche zusätzliche Einnahmen.

Aber da zur damaligen Zeit die Anzahl der Boxfachleute in den Fernsehsendern noch sehr überschaubar war, hatten wir auch freie Hand in der Auswahl der Kampfpaarungen und Gegner, was viele Vorteile hatte.

Das änderte sich erst durch den Fernsehvertrag mit dem ZDF im Jahr 2002.

***

Man kann sich das heute kaum noch vorstellen, wo wir alle mit dem Internetzugriff auf Daten und Fakten so verwöhnt sind, aber damals war es recht kompliziert, an die Daten z.B. von Boxern aus den USA zu kommen.

Den Boxfreunden ist heute das weltweite Portal Boxrec bekannt, in dem man alle Informationen über sämtliche aktive und ehemalige Boxer weltweit auf Knopfdruck bekommen kann.

Damals hieß es ein Fax an die Vorgänger von Boxrec senden, und warten bis man als Antwort einen Kampfrekord bekam. Wollte man etwas über die Qualität der Gegner dieses Boxers wissen, war es mit einem Fax nicht getan.

In den Jahren mit bis zu 28 Veranstaltungen im Jahr war die Frage, wer wann gegen wen boxt, von entscheidender Bedeutung. Natürlich hatte Klaus Peter Kohl hier genaue Vorstellungen, aber bei der Anzahl der Veranstaltungen und den vielfältigen anderen Aufgaben, die von ihm zu erledigen waren, war Hilfe vonnöten.

Und da kam der Matchmaker ins Spiel in Person von Hedi Taouab. Er kannte sich aus, hatte die vielfältigsten persönlichen internationalen Kontakte, war ein weltweit anerkannter und geschätzter Fachmann. Er stellte in Zusammenarbeit mit Klaus Peter Kohl jetzt die Paarungen unserer Boxabende zusammen.

Matchmaker

Er ist derjenige, der einen tagesaktuellen Überblick über die interessanten Boxer weltweit hat, die Verantwortlichen in allen Verbänden kennt. Er kannte unsere Boxer sehr genau und wusste, wer ein akzeptabler Gegner sein könnte und wer zu unseren Boxern passte.

Auch wusste er, wer unseren Boxern sehr gefährlich werden konnte. Das war besonders bei Aufbaukämpfen und bei freiwilligen Titelverteidigungen wichtig.

Er besorgte uns auch die passenden Sparringspartner.

Wir hatten das große Glück, mit Hedi Taouab einen exzellenten Fachmann verpflichten zu können.

Besonders bei Titelverteidigungen war er als Fachmann gefragt.

Das Zusammenstellen von Kampfpaarungen ist sehr schwierig, denn für Aufbaukämpfe und außerhalb von Pflichtverteidigungen ist es wichtig einen passenden Gegner zu finden. Das heißt einen Gegner, der einen guten Kampf macht, aber möglichst dem eigenen Boxer nicht gefährlich werden kann.

Voraussetzung hierfür ist natürlich, dass man die entsprechenden eigenen Boxer und die infrage kommenden Gegner sehr gut kennt. Hat z. B. der eigene Boxer Schwächen in der Deckung, ist der eigene Boxer nicht sehr schlagstark und kommt eher über die Technik in den Kampf, dann sind schlagstarke Gegner nicht optimal.

Das ist sehr oft ein sehr schmaler Grat.

Universum Box Promotion wuchs stetig, ich bekam neue Mitarbeiter. Immer mehr Boxer wurden verpflichtet und immer mehr Veranstaltungen durchgeführt.

***

2003 wurde dann Spotlight Boxing als zweiter Boxstall gegründet, der sich gezielt um Nachwuchsboxer kümmern sollte. Mit Eurosport und ProSieben gab es neue Verträge. ProSieben übertrug 2007 bis 2009 Spotlight-Kämpfe in der "ProSieben Fight Night".

Die ersten Veranstaltungen führten Regina Halmich und Stefan Raab durch den Boxabend. Ich war der Ringsprecher.

Bei den meisten Veranstaltungen gab es Livemusik. Bei einer Veranstaltung hatte ich als Rock-Fan das große Vergnügen die Männer der Band „Man at war" kennenzulernen. In der Halle wurde noch aufgebaut und gearbeitet, die Jungs kamen rein, stimmten Ihre Instrumente und machten den Soundcheck. Anschließend war glücklicherweise noch Zeit, um mit ihnen zu plaudern.

Doch dann probte der zweite Liveact, eine Girl Band, ich glaube, es waren die „No Angels". Eine sehr wichtige und aufgeregte Dame kam in den Saal, und sagte „bitte alle raus, die Girl Band braucht für den Soundcheck absolute Ruhe und es dürfen keine Arbeiten im Saal während des Soundchecks durchgeführt werden."

Ich wusste damals schon genau, warum mir nicht nur musikalisch die unkomplizierten Jungs von „Man at War" sympathischer waren.

Etwas in jeder Hinsicht Besonderes war es auch, für einen Kampfabend Elton zu coachen, der im Hauptkampf als Ringsprecher fungieren sollte.

Es war eine sehr lockere und angenehme Art der Zusammenarbeit.

Das trifft auch auf die Zusammenarbeit mit Sandra Mahn zu, den Fernsehzuschauern u.a. durch das rote Sofa beim NDR bekannt.

Ich gebe zu, als ich völlig unvorbereitet erfuhr, dass für die erste Veranstaltung des neuen Boxstalls Spotlight Boxing im Gym in Wandsbek eine Frau als Ringsprecherin fungieren sollte, war ich überrascht und verärgert, denn ich fühlte mich übergangen.

Als man mich dann bat, Frau Mahn bei ihren ersten Einsätzen zu coachen, war ich innerlich und ich befürchte auch tendenziell äußerlich etwas „reserviert" und zurückhaltend. Als dann aber der persönliche Kontakt zustande kam und wir sehr freundschaftlich und professionell zusammengearbeitet haben, waren meine Bedenken verschwunden.

Es entwickelte sich eine sehr angenehme Zusammenarbeit.

Das kann ich auch über die gute und freundliche Zusammenarbeit mit Ben Becker sagen, der ebenfalls in einigen Hauptkämpfen als Ringsprecher fungierte.

Dass es auch anders zugehen kann, musste ich bei einer Veranstaltung in der Köln Arena erfahren. Ich war bei den Vorkämpfe Ringsprecher. Für den Hauptkampf war ein renommierter und sehr bekannter deutscher Schauspieler verpflichtet worden. In diesem Fall hatte ich im Vorfeld nichts mit der Einweisung in die Tätigkeit eines Ringsprechers zu tun, das erledigte der zuständige Redakteur.

Vor dem Hauptkampf gab es eine längere Pause. Der Redakteur bat mich, in die Kabine des Schauspielers zu gehen, um zu klären, ob es noch Fragen gibt, die ich beantworten könnte.

Ich machte mich auf den langen Weg durch die riesige Halle, rauf zu den Garderoben für Künstler. Ich klopfte und trat ein und stellte mich vor. Dann erzählte ich vom Wunsch des Redakteurs.

Die Antwort war kurz und unfreundlich. Was wollen Sie? Gehen Sie, ich muss mich konzentrieren.

Na ja, eine etwas freundlichere Antwort wäre angebrachter gewesen, denn ich wollte nur helfen.

In den Spitzenjahren von Universum Box Promotion wurden bis zu 28 Veranstaltungen im Jahr, im In- und Ausland durchgeführt.

In den großen Zeiten von Universum und dem Tochterunternehmen Spotlight Boxing hatten wir gleichzeitig 46 Boxer unter Vertrag und zum größten Teil im Training.

Das war nicht nur finanziell, sondern auch organisatorisch ein riesiger Aufwand.

19. Eine denkwürdige Pressekonferenz

Ich erinnere mich noch sehr genau an einen Tag im Jahr 1996.

Universum Box Promotion lud zu einer Pressekonferenz auf dem Segelschiff Rickmer Rickmers ein. Sie liegt an den St. Pauli Landungsbrücken.

Normalerweise wusste ich ziemlich genau, was Klaus Peter Kohl plante, denn ich musste darüber informiert sein, was die Presse zu welchem Zeitpunkt wissen durfte. Einige Informationen gehörten in die Pressemitteilung, die mit der Einladung zur Pressekonferenz verschickt wurde. Andere Informationen konnte ich bei Vorabgesprächen mit einzelnen Pressevertretern erörtern. Und wieder andere Informationen wurden exklusiv auf der Pressekonferenz besprochen.

Ich hatte schon viele dieser Pressekonferenzen organisiert und geleitet, aber dieses Mal war alles anders. In den Tagen vor der Pressekonferenz waberte etwas Geheimnisvolles durchs Büro. Als ich mal wieder im Universum Büro war, um Einzelheiten der Pressekonferenz zu besprechen, ahnte und spürte ich, etwas war im Gange, etwas Großes bereitete sich vor, aber nur der Chef wusste, was los war. Er machte ein großes Geheimnis aus dieser Pressekonferenz.

Für mich war es schon sehr seltsam, keine weiteren Informationen zu bekommen, aber ich dachte mir, der Boss wird schon wissen, was er tut.

Es wurde eine Presseeinladung, ohne der Presse zu verraten, warum man zusammenkam.

Sehr ungewöhnlich.

Zwischenzeitlich war der Kontakt zu den Medien aber so gut, dass nur die Ankündigung einer Sensation dazu führte, dass die Medien vollzählig anwesend waren. Und so war es auch, alle waren da und alles war vorbereitet.

Ich saß wie üblich mit Klaus Peter Kohl am Kopftisch, wir hatten aber unüblicherweise 2 leere Stühle zwischen uns.

Auf der Rickmer Rickmers hatten wir ein sehr schönes Ambiente für diese Pressekonferenz. Es war ein kleiner Raum, natürlich mit Holz getäfelt. Durch ein Bullauge konnte man auf den Hafen schauen.

Man konnte die Geräusche des Hafens hören und die Elbe riechen und spürte die Bewegung der Wellen, wenn andere Schiffe vorbeizogen.

Es war ein sehr maritimer und würdiger Rahmen für das, was gleich geschehen sollte. Man sah die Schiffe vorbeifahren, die Fähren und die Hafenschlepper, die die großen Schiffe in den Hafen hinein oder wieder hinauszogen. Durch die kleine Tür konnte man in den ehemaligen Frachtraum des Schiffes schauen.

Man konnte die Geschichte dieses Segelschiffes förmlich spüren, ja vielleicht sogar riechen. Es roch nach Holz und mit etwas Fantasie auch nach Gewürzen und Kaffee, und man konnte die vielen Säcke vor sich im Laderaum erahnen.

Die Rickmer Rickmers war 1886 als Frachtsegler erbaut worden.

Foto Rickmer Rickmers,
Privatarchiv G. Müller

Auf der Internetseite des Vereins Windjammer für Hamburg kann man lesen:

„Die RICKMER RICKMERS wurde im Jahre 1896 als Vollschiff aus Stahl auf Querspanten auf der firmeneigenen Werft in Bremerhaven gebaut und nach dem Enkel des Firmengründers benannt.

Der Rumpf ist 97 m lang, 12,20 m breit, der Tiefgang betrug 6 m.

Das Schiff war zu der Zeit mit 1.980 BRT und 3.067 TDW vermessen, die mittlere Raumtiefe betrug 7,70 m. Als Vollschiff hatte der Segler eine Segelfläche von 3.500 Quadratmetern.

Die Indienststellung erfolgte im August 1896.

Unter dem Kommando von Kapitän Hermann-Hinrich Ahlers verließ der Segler mit einer Besatzung, die aus dem Kapitän, zwei Steuerleuten, je einem Koch, Zimmermann, Segelmacher und Donkeyman, elf Voll- und drei Leichtmatrosen sowie vier Schiffsjungen bestand, Bremerhaven und versegelte nach Hongkong. Von dort kehrte die RICKMER RICKMERS beladen mit Reis und Bambus zurück an die Weser.

Der Segler hat viele glückliche Reisen für die Reederei gemacht, aber es waren auch einige sehr unglücklich verlaufende Reisen darunter. So die Reise, die im August 1903 begann und mit dem Abreiten eines Taifuns 1904 und dem Anlaufen von Kapstadt in Südafrika als Nothafen endete. Dort wurde der havarierte dritte Mast ersetzt und das Vollschiff zur Bark umgetakelt. Als solche kehrte sie im Dezember 1904 – zwei Monate zu spät – nach Bremerhaven zurück."

+++

Später fuhr die Dreimastbark unter portugiesischer Flagge, bis sie ausgemustert wurde und auf einer Werft vor sich hingammelte.

Die Mitglieder des Vereins Windjammer für Hamburg entdeckten Sie, stellten die Finanzierung der Rückholung und Restaurierung sicher und seit Oktober 1987 liegt das Schiff nun an den Landungsbrücken."

Auch jetzt, wo ich nicht mehr direkt in Hamburg wohne, spielen für mich als geborener Hamburger der Hafen und die Elbe eine große Rolle in meinem Leben.

Noch heute, genau wie früher, immer wenn ich mal unterwegs bin, geschäftlich, familiär oder im Urlaub, führt mich mein erster Weg zu den Landungsbrücken am Hamburger Hafen. Die Elbe und den Hafen sehen, hören und riechen, dann bin ich wieder zu Hause.

Ich eröffnete die Pressekonferenz. Wie immer begrüßte ich die Kollegen der Medien und übergab an Klaus Peter Kohl. Nach einigen einführenden Worten wurde es dunkel im Türrahmen, und 2 große, kräftige Männer betraten den Raum. Beide sicherlich 2 Meter groß, kräftig und athletisch gebaut, gutaussehend, gut gekleidet und mit einem sympathischen Lächeln auf dem Gesicht.

Ich kann mich noch sehr genau an diesen Moment erinnern.

Die beiden Gestalten blieben einen Moment im Türrahmen stehen, bevor sie in den Raum traten und sich neben mich setzten. Es herrschte einen Moment atemlose Stille, die Zeit schien stillzustehen. Sekundenlang starrten die Journalisten ungläubig auf die beiden Männer.

Dann begann das Klicken der Kameras.

Das Erstaunen, nicht nur bei mir war groß, es waren Vitali und Wladimir Klitschko, die Sensation war perfekt. Zur Tatsache des Erstaunens und der Sensation muss man wissen, dass die Klitschko Brüder seit Monaten ein großes Thema waren, in den Medien und bei den Boxfans weltweit.

Wladimir Klitschko war gerade der erste weiße Schwergewichtsboxer, der bei den Olympischen Spielen Gold gewonnen hatte, und Vitali war Militärweltmeister. Beide waren sehr begehrt bei allen Managern weltweit.

Don King, mit dem wir später einige Male eng zusammenarbeiteten, war bekanntermaßen auch sehr an ihnen interessiert, und wie man wusste, hatten auch Verhandlungen stattgefunden. Jeder ging also davon aus, dass die Klitschkos in Amerika unter Don King boxen würden.

Und nun waren sie hier in Hamburg auf der altehrwürdigen Rickmer Rickmers, und saßen direkt neben mir. Ihre Faszination lag nicht nur an Ihrer Größe, sondern auch an Ihrer selbstbewussten Ausstrahlung, ihrer positiven Aura, ihrem freundlichen Auftreten und am Fehlen jeglicher Arroganz.

Ich merkte sofort, wie eloquent, ruhig und sympathisch sie jede Frage der Journalisten beantworteten und freute mich auf die Zusammenarbeit, die dann viele Jahre reibungslos und freundschaftlich verlief.

Man kann sagen, dass durch die Verpflichtung der Klitschko Brüder für Universum Box Promotion, aber auch für den deutschen Boxsport eine neue Ära begann. Es war vielleicht der größte Coup, der Klaus Peter Kohl in der Geschichte von Universum Box Promotion gelungen war.

Bestimmt war es der wichtigste.

Ich möchte hier in keiner Weise die Erfolge und Verdienste unserer anderen Boxer, der Weltmeister und der Meistertrainer schmälern, aber die Verpflichtung der Klitschkos war das Meisterstück von Klaus Peter Kohl und ein Quantensprung in der Bedeutung des Boxstalls weltweit.

Dieses betraf nicht nur die folgenden sportlichen Erfolge, sondern auch die Arbeit mit den Fernsehpartnern, den Medien, den Sponsoren und den Werbepartnern.

Wie reibungslos, auf einer sehr freundschaftlichen Weise, die Arbeit mit den Klitschkos über alle Jahre erfolgte, kann ich an einem Beispiel deutlich machen.

Ein persönlicher Sponsor der Klitschkos hatte zur Pressekonferenz geladen, um ein neues Produkt vorzustellen. Man hatte mich mit der Organisation und Leitung der entsprechenden Pressekonferenz betraut. Pressemitteilung und dazugehörige Einladungen wurden verschickt und es stellte sich schnell heraus, dass es sehr viele Anfragen nach einem persönlichen Gespräch nach der Pressekonferenz gab.

Nun hatte ich meine Erfahrung mit Spitzensportlern aus verschiedenen Sportarten in vergleichbaren Fällen. Daher wusste ich auch, dass mehrere längere persönliche Interviews im Anschluss an eine Pressekonferenz nicht sehr beliebt waren.

Der Sponsor war der Meinung, das ist nicht zumutbar.

Da ich aber zwischenzeitlich die Klitschkos in der Zusammenarbeit gut kannte und wusste, dass Sie vernünftigen Argumenten zugänglich waren, suchte ich das Gespräch mit ihnen.

Da etliche Medienvertreter, die ein Interview wollten, nicht aus dem Bereich Tageszeitung oder Sportzeitung kamen, sondern aus dem TV-Bereich, den Illustrierten und sogar den Nachrichtenmagazinen, konnte ich mit der ungewöhnlichen Chance argumentieren in diesen Medien präsent zu sein. Sie nahmen meinen Vorschlag an, dass 10 Interviews à 5 Minuten geführt werden, mit meinem Versprechen einzugreifen, wenn dieses Zeitlimit überzogen wird.

Die Medien wurden informiert und nahmen diese Möglichkeit dankend an.

Nach der Pressekonferenz, in der die beiden wie immer sehr professionell das neue Produkt vorgestellt hatten, gingen wir in einen großen Raum, in dem an den gegenüberliegenden Seiten am Fenster 2 Tische mit je 2 Stühlen standen. Hier nahmen die Klitschkos Platz.

Nach einer mit den Medien abgestimmten Liste wurden die einzelnen Journalisten von mir hereingerufen.

Ich musste, wie zu erwarten, mehrmals dafür sorgen, dass das Zeitlimit von 5 Minuten eingehalten wurde, und alle Beteiligten gingen zufrieden nachhause.

Diese Zusammenarbeit war für beide Seiten eine vertrauensbildende Aktion, man wusste, man konnte sich aufeinander verlassen und vertrauen.

Eine gute Basis für eine weitere Zusammenarbeit.

20. Magengeschwür als letzte Rettung

Seit sie bei uns unter Vertrag waren, hatten die Klitschko Brüder einen sehr großen Traum, Sie wollten unbedingt in Ihrer Heimatstadt Kiew boxen.

Es war zunächst sehr schwierig, diesen Wunsch zu erfüllen.

Ausschlaggebend für den Erfolg war dann schließlich das Boxinteresse des Bürgermeisters von Kiew, der bei fast allen Kämpfen der Klitschkos am Ring saß und uns daher gut bekannt war.

Er war in der Lage, vor Ort alles zu klären. Eine Halle und ein örtlicher Ausrichter wurden gefunden, Sponsorenverträge wurden unterschrieben und das deutsche Fernsehen stellte mit den ukrainischen Kollegen die Liveübertragung aus Kiew sicher.

Am 05.12.1998 war der Kampftag in Kiew geplant.

***

Wer in ein anderes, relativ unbekanntes Land reist, sollte sich über das Land, die Sitten und Gebräuche dort informieren. Auch ich hatte das gemacht und viel Neues und Interessantes erfahren. Ich hatte von der wunderschönen Stadt Kiew mit Ihren herrlichen Gebäuden gelesen und erfuhr, dass es eine sehr schöne Stadt sein sollte, mit sehr viel Tradition.

Die Menschen sollten sehr offen, freundschaftlich und gastfreundlich sein.

Alles das hat sich während meines Aufenthaltes in Kiew bestätigt.

Beidseitig des Dnepr gelegen, bekannt auch für Ihre religiöse Architektur und weltliche Denkmäler und Geschichtsmuseen. Diese Schönheit der Stadt konnte ich später glücklicherweise bei einigen Spaziergängen genießen und bewundern.

Doch eine Erkenntnis aus dieser Recherche bereitete mir doch Probleme. Es gab nicht nur die große Gastfreundschaft, sondern auch die Tradition als Begrüßung für Gäste ein Glas Wodka auszuschenken, das bis auf den Boden leergetrunken werden musste. Dann noch die ständigen Trinksprüche ebenfalls verbunden mit einem Glas Wodka.

Nun könnte man ja beruhigt sagen, so ein Schluck aus einem Schnapsglas ist ja für niemanden ein Problem. Der Wodka wird aber traditionell nicht in Schnapsgläsern angeboten, sondern in großen Trinkgläsern, unseren Wassergläsern vergleichbar. Und wie zu lesen war, bleibt es normalerweise im Laufe des Abends nicht bei einem Glas.

Das Ablehnen eines Glases Wodka wurde und wird aber als unfreundlich, wenn nicht sogar als Beleidigung des Gastgebers empfunden. Ich trinke zwar gerne mal ein Gläschen Rotwein, einen Wodka Lemon oder einen leckeren Cocktail.

Doch ich weiß aus Erfahrungen, in jungen Jahren, dass mir der übermäßige Genuss, einmal vorsichtig ausgedrückt, nicht bekommt.

Jahre später hatte ich ein gleiches Problem, als meine Frau und ich von den Schwiegereltern meines Sohnes nach China eingeladen wurden. Wir wurden, wie das in China üblich ist, sehr herzlich empfangen und in den Kreis der großen Familie freundlich aufgenommen.

Auch dort gibt es ähnliche Trinksitten. Ich stand also vor dem gleichen Problem. Meine Schwiegertochter hatte unsere Bitte, nicht mit den sehr starken chinesischen Schnäpsen anstoßen zu müssen, mit Ihren Eltern geklärt.

An den ersten Abenden und diversen Essen bekam meine Frau und ich zusammen Rotwein eingeschenkt.

Das half mir besonders bei der nachträglichen Feier der Hochzeit meines Sohnes. Erst jetzt begriff ich, was meine Schwiegertochter mit neuer großer Familie meinte. Auf 5 Räume verteilt waren über 200 Familienmitglieder und Freunde anwesend.

Meine Frau und ich wurden herumgeführt und allen neuen Familienmitgliedern vorgestellt, immer verbunden mit einem Schluck aus dem großen Glas und einem Trinkspruch. Auch ich als männlicher Gast musste dann einen höflichen Trinkspruch in die Runde rufen. Bei der Vielzahl von neuen Verwandten kamen da viele Trinksprüche zustande.

Es war in diesem Zusammenhang Tradition, das gesamte Glas auszutrinken und mit der Öffnung nach unten zu präsentieren. Ich hatte glücklicherweise schnell die Lösung gefunden. Ich ließ mir jeweils nur einen kleinen Schluck Rotwein einschenken, trank dann diesen Schluck, um dann freudig das leere Glas in die Runde zu zeigen.

Die Chinesen sind sehr freundliche Leute, und so wurde mir dieser kleine „Betrug" nicht übelgenommen, da man meinen Versuch anerkannte, mich an die Sitten des Landes zu halten.

Diese Erfahrung hatte ich damals noch nicht. Sie hätte mir auch nicht geholfen, denn ich war ja nicht bei mir wohlgesinnten Verwandten, sondern bei Menschen zu Gast, die mich nicht kannten.

Da ich nicht als unfreundlich gelten wollte, beschloss ich, Vitali zu fragen, ob er eine Lösung für mein Problem hätte. Einige Tage vor Abflug hatte ich im Gym noch einige Dinge mit den Boxern und

Trainern zu besprechen. Dieses nahm ich zum Anlass, Vitali auf mein Problem anzusprechen.

Er sagte mir, dass es eigentlich nur eine Möglichkeit gäbe, sich geschickt aus der Affäre zu ziehen. Ich sollte immer darauf verweisen, dass ich ein Magengeschwür hätte und starke Tabletten nehmen müsse.

Er werde das auch vorab bei den Gastgebern schon mal erklären.

Dank dieser Tipps konnte ich, ohne Verlust meines Ansehens, alle Wodkagläser umgehen.

Daher war ich der Einzige, dem es jeden Morgen sehr gut ging.

21.   Schlafen wie im Kühlschrank

Dann war es endlich so weit. Alle Vorbereitungen waren abgeschlossen, wir hatten ein gültiges Visum, und die Koffer waren gepackt.

Am Dienstag vor dem Kampf stiegen wir ins Flugzeug, und keiner wusste so genau, was uns in Kiew erwarteten würde.

Den ersten Eindruck über den hohen Stellenwert der Klitschkos in der Ukraine bekamen wir schon bei der Einreise. Der große Tross von Universum Box Promotion stieg aus. Das Management, Boxer, Trainer, Betreuer, Vertreter der deutschen Presse etc.

Wir wurden gleich, nachdem wir das Gepäck vom Förderband genommen hatten, in einen separaten Raum gebeten. Ich bekam sofort ein komisches Gefühl, was sich noch verschlimmerte, als ein Beamter in Uniform, mit viel Gold bestückt, den Raum betrat. Was war denn hier los, ging es mir durch den Kopf.

Aber entgegen all meiner Befürchtungen salutierte er und bat um unsere Pässe. Verwirrt und verwundert wartete ich ab, was weiter passieren würde. Keine 5 Minuten später bekamen wir unsere abgestempelten Pässe zurück und wurden gemeinsam, um die normale

Passkontrolle herum, in den Ankunftsbereich des Flughafens geführt. Wir stiegen in die wartenden Fahrzeuge und fuhren ins Hotel.

Man merkte diese besondere Stellung der Klitschkos, die Verehrung und Bewunderung in sehr vielen Fällen und die Vorteile, die das mit sich brachte.

Eine sehr wichtige Erkenntnis, die sich schnell zeigen sollte.

Aber es gab auch eine Schattenseite, eine negative Auswirkung dieser Verehrung und Bewunderung, wie wir später schmerzvoll erfahren sollten.

Ich hatte von Geschäftspartnern und Freunden, die schon einmal in Kiew waren, gehört, wie schön diese Stadt war, besonders im Frühjahr, wenn die Bäume blühten. Schönes Wetter, strahlend blauer Himmel, angenehme Temperaturen und herrlich blühende Bäume, wurde mir berichtet.

Aber es war nicht Frühjahr, sondern tiefster Winter. 32 Grad Minus. Was das in Kiew bedeuten konnte, sollten wir schon bald am eigenen Leib erfahren.

Die Menschen waren trotz der Kälte freundlich, die Frauen lächelten auf der Straße, und es war überall eine entspannte Atmosphäre.

Auch die attraktiven jungen Damen, die wir bei der Ankunft in nicht geringer Zahl im Foyer sitzen oder an den Fahrstühlen stehen sahen, lächelten uns sofort an. Das hatte jedoch, wie sich später herausstellte, nichts mit der ukrainischen Lebensart zu tun, sondern hatte rein geschäftliche Gründe.

Es waren Damen, die durch langsames Gehen oder langes Stehen an einer Stelle schneller vorwärtskommen wollten oder präziser formuliert im Liegen ihr Geld verdienten.

***

Unser Hotel war schon etwas in die Jahre gekommen und befand sich direkt am großen Stadion von Dynamo Kiew. Sofort wurde unter den Fußballfans über Dynamo Kiew gesprochen. Von den großen internationalen Spielen, die in diesem traditionsreichen Stadion stattgefunden hatten, und den damals, in den 70er Jahren, weltbekannten Spielern. Wie Oleg Blochin, Torwart Jewgenij Rudakow, Verteidiger Stefan Reschko und Mittelfeldspieler Wiktor Matwienko.

Wir betraten also das Hotel, im Foyer war es kuschelig warm.

Wir bekamen unsere Schlüssel und gingen nichts Böses ahnend auf unsere Zimmer.

Als erstes bemerkte ich die für ukrainische Hotels damals obligatorische ältere Dame im ersten Raum des Hotelflurs, die die Aufsicht über die entsprechenden Zimmer des Flurs hatte. Sie saß in einem Pelzmantel eingehüllt auf einem Stuhl und grüßte etwas mürrisch.

Mich hätte die Tatsache, dass sie dort im Pelzmantel saß, gleich stutzig machen müssen, aber ich musste schnell in mein Zimmer, da ich sofort in die Sporthalle für eine Vorbesprechung musste, der Fahrer wartete schon vor dem Hotel.

Ich öffnete schnell die Tür und die Eiseskälte schlug mir entgegen. Kein Problem dachte ich, die haben nur vergessen die Heizung anzustellen.

Ich legte den Koffer aufs Bett, und stellte die Heizung auf volle Kraft, guter Hoffnung am späten Abend ein warmes Zimmer zu haben.

Welch ein Irrtum.

***

Und es wurde auch später Abend, bis ich nach einem gemeinsamen Abendessen wieder ins Zimmer kam. Immer noch saß die Dame im Pelzmantel hinter der offenen Tür des ersten Zimmers. Schlagartig begann ich zu frösteln.

Aber wie heißt es so schön, immer positiv denken!

Diese positive Art zu denken war schnell verschwunden, als ich meine Tür öffnete. Es war immer noch sehr kalt im Zimmer. Mein Griff an die Heizung zeigte mir, sie war kalt.

Ein Anruf bei der Rezeption hatte die Aussage zur Folge, dass im Hotel leider die Heizung ausgefallen sei. Und dass bei 32 Grad Außentemperatur.

Ein anderes, wärmeres Zimmer gäbe es nicht, wurde mir etwas genervt und nicht gerade freundlich mitgeteilt.

Ich überprüfte die Fenster, die eiskalte Luft zog durch alle Ritzen. Es gab keine Fenstergriffe, sondern nur 2 Löcher, durch die ich in den klaren Kiewer Nachthimmel schauen konnte und die eiskalte Luft hineinströmen ließ.

Von meinem Zimmer aus hatte ich einen wunderschönen Blick ins Stadion, auf den Rasen und die Tribünen. Aber das half mir in dieser Situation gar nicht, ich fror fürchterlich. Ich gebe zu, leichte Panik machte sich in mir breit.

Meine Erfahrung sagte mir aber, dass in solchen Situationen Panik ein schlechter Ratgeber ist. Ruhig bleiben und überlegen, eine Lösung gibt es immer.

Also was tun?

Wir alle wissen, Not macht erfinderisch. Ich steckte angefeuchtete Tempotaschentücher in die beiden Löcher, die sofort gefroren und das Eindringen weiterer kalter Luft verhinderte. Auch die Fensterrahmen waren nicht dicht. Mit meinem Schal, T-Shirts und Unterhosen dichtete ich die Seiten der Fenster, so gut es ging ab. Gefühlt gab es keine Verbesserung, aber zu mindestens strömte keine kalte Luft mehr direkt ins Zimmer.

Aber wie sollte ich in dieser Kälte schlafen.

Ich zog fast alles an, was ich noch im Koffer fand. 3 Strümpfe übereinander, die verbliebenen T-Shirts und 2 Pullover übereinander und dann meine gefütterte Winterjacke. Als ich so im Bett lag, stieg wieder leichte Panik in mir auf.

Als, wie meine Frau immer behauptet, mittelschwerer Hypochonder dachte ich, einschlafen und erfrieren, ohne dass Du es merkst. Kein prickelnder Gedanke. Und was passiert, wenn ich mich erkälte, wenn ich heiser werde, Halsschmerzen bekomme oder gar die Stimme weg ist. Ich versuchte mich immer wieder zu beruhigen.

Zugedeckt mit der Decke, mit meinen Schuhen an den Füßen, schlief ich dann doch ein.

Das Letzte, was ich dachte, bevor ich endlich einschlief, war, das kann ja noch lustig werden, aber bestimmt kann Vitali helfen.

***

Und so kam es dann glücklicherweise auch.

Als ich nach unruhigem Schlaf aufwachte und den Vorhang öffnete, blickte ich in den strahlenden, himmelblauen Winterhimmel von Kiew. Es war ein wunderschöner Anblick, wenn es im Zimmer nur nicht ganz so kalt gewesen wäre. Duschen fiel heute aus, mit kaltem Wasser, nur eine kurze „Katzenwäsche" und dann ab ins Restaurant, mit der Hoffnung auf Wärme. Der Schritt ins Restaurant und die Wärme tat mir sehr gut. Meine Lebensgeister wurden wieder geweckt.

Beim Frühstück stellten wir fest, dass wir Alle kalte Zimmer hatten.

Mein Vorhaben Vitali anzurufen, musste ich nicht umsetzen, denn das war schon geschehen.

***

Es folgten über den Tag verteilt die üblichen Termine und Besprechungen.

Nachmittags hatte ich etwas Zeit und ging zurück ins Hotel. Als ich meinen Zimmerschlüssel abholen wollte, folgte eine lange Entschuldigung und ein neuer Zimmerschlüssel, in einem anderen Teil des Hotels. Das Personal war auffallend freundlich und entgegenkommend. Kein Vergleich zum Tag zuvor.

Man hatte meine Sachen schon ins neue Zimmer gebracht. Ungewöhnlich.

Als erstes bemerkte ich, dass die ältere Dame im Zimmer am Beginn des neuen Flures, die mich wie Ihre Kollegin am Vorabend mürrisch begrüßte, keinen Pelzmantel anhatte. Sie saß dort ganz entspannt in einem einteiligen bunten Kleid. Das beruhigte mich schon etwas, aber ich war noch skeptisch.

Als ich die Zimmertür aufmachte, schlug mir die Wärme eines überhitzten Hotelzimmers entgegen.

Ich regulierte die Heizung etwas nach unten und konnte so, ohne zu frieren, die nächsten Tage genießen.

***

Nachmittags traf ich Vitali und fragte ihn, wie er denn das Hotel überzeugen konnte, uns andere Zimmer zu geben.

Er sagte mir, „das musste ich gar nicht machen". Ich machte sicherlich ein sehr überraschtes Gesicht, sodass er mich aufklärte.

Ich erfuhr, wie das in der Ukraine funktionierte. Er hatte nur ein kurzes Gespräch mit dem Bürgermeister geführt und sich darüber beschert, dass die Kollegen aus seinem Team eiskalte Zimmer bekommen hätten. Wir waren aus der Sicht der Klitschkos nicht nur Ihre Gäste, sondern auch Gäste der Stadt und daher auch des Bürgermeisters.

Das war es.

Der Bürgermeister hätte dann wohl mit dem Chef der staatlichen Hotelkette gesprochen, und dieser wiederum mit dem Chef des Hotels.

Es muss ein sehr unangenehmes Gespräch für den Hotelchef gewesen sein, denn wie wir später hörten, war es sein letztes Gespräch als Chef in diesem Hotel.

22. Wir sind vom Klitschko Team.

Wir waren also in Kiew, nur 134 km von Tschernobyl entfernt. Ich gebe zu, ich habe damals bei der Einreise gar nicht darüber nachgedacht. Aber bei unserem ersten gemeinsamen Frühstück im Hotel erwähnte das einer der mitgereisten Journalisten.

Viele erinnern sich sicherlich noch an den 26.4.1986, als wir alle davon hörten, dass es im Atomkraftwerk Tschernobyl zu einer Katastrophe gekommen war und Radioaktivität ausgetreten war.

Ich erinnere mich noch gut daran, dass in Hamburg, 1.530 km entfernt, in den darauffolgenden Tagen den Kindern verboten wurde, draußen zu spielen. Wir mussten später den Sand in der Sandkiste in unserem Garten austauschen, damit unsere Kinder dort wieder spielen konnten.

Und wir waren damals in Kiew nur 134 km von dem Katastrophenort entfernt. Es war und ist kein schöner Gedanke, und ich erinnere mich, dass mir in den Stunden nach diesem Gespräch doch etwas mulmig zumute war.

Aber Arbeit lenkt ab und ich dachte so wenig wie möglich an das Atomkraftwerk.

***

Glücklicherweise hat man bei Auslandseinsätzen zwischendurch immer wieder etwas Zeit. Also ging ich mit einigen Kollegen durch diese wunderschöne Stadt. Dick eingemummelt in unsere Winterjacken, mindestens eine lange Unterhose an, so war die klare Kälte am besten zu ertragen.

Ich merkte nach 3 Minuten, dass mein Oberlippenbart voller Eiskristalle war. Ein sehr ungewohntes Gefühl. Aber die Lust, die Stadt zu erkunden, war da und die Menschen um uns herum waren freundlich gestimmt, trotz der Eiseskälte, mit einem Lächeln im Gesicht.

Wir waren in einem Kaufhaus und erlebten die schlecht gelaunten und unmotivierten Verkäuferinnen an ihren Stationen. Viele dieser typischen Pelzmützen waren in den Regalen zu sehen. Verschiedene Pelze, verschiedene Farbschattierungen und verschiedene Größen.

Da standen fünf kaufbereite Kunden vor dem Tresen und niemand schien das zu interessieren. Drei Damen, offensichtlich die Verkäuferinnen für diesen Bereich, standen am Ende des Tresens und redeten miteinander. Ab und zu ein mürrischer Blick in unsere Richtung das war es. Wir hatten das Gefühl zu stören. Nichts geschah.

Ich ging zu den 3 Damen und versuchte in Englisch unseren Wünschen nach einer Mütze zu vermitteln. Ergebnis ein kurzes Schulterzucken, und ich wurde einfach ignoriert.

Als ich so dastand, fiel mir ein Witz ein: Ein Mann kommt zum Psychologen und wird gefragt, was ihm fehlt. „Alle Welt ignoriert mich", sagte der Patient. Darauf der Arzt, „der Nächste bitte".

Endlich erbarmte sich eine Verkäuferin dieser so hartnäckig zum Kauf entschlossenen Männer. Mit Händen und Füßen „argumentierend" gelang es uns, die richtigen und passenden Mützen zu erstehen. Diese wurden sofort ausprobiert. Wir kamen wieder hinaus ins Freie, sie hielt tatsächlich einen großen Teil der Kälte ab.

An den Straßen sahen wir viele Verkaufsbuden und Händler, die unter freiem Himmel etwas anboten. Damals waren die ersten Computerspiele in Deutschland sehr gefragt und teuer. Hier konnte man sie, ich nehme an als Raubkopie, sehr günstig erwerben. Ebenso Schallplatten, Parfums, etc.

***

Wie schon erwähnt, wenn man es nicht selbst erlebt und gesehen hat, kann man nicht nachvollziehen, welchen Status erfolgreiche Sportler in anderen Ländern haben.

Ich konnte das u.a. bei mehreren Veranstaltungen in Budapest im Zusammenhang mit Istvan Koko Kovacs und Zsolt Erdei, den beiden ungarischen Weltklasseboxern und Weltmeistern selbst erleben. Auch die Weltmeister Dariusz Michalczewski in Polen und Michael Löwe in Rumänien hatten den gleichen Status. Aber besonders krass war das in Kiew.

Ein besonders drastisches Beispiel ist mir in Erinnerung geblieben.

Einige Trainer, Offizielle und Pressevertreter und ich waren an einem Abend von einem deutschen Inhaber eines Restaurants zum Essen eingeladen. Ein sehr schönes Lokal mit typisch ukrainischer, aber auch deutscher Küche.

Wir fuhren eine halbe Stunde durch den noch dichten Berufsverkehr, bis wir das Restaurant erreichten.

Beim Hineingehen bemerkten wir einen uniformierten Polizisten vor der Tür.

Es war sehr voll und wir setzten uns an den reservierten Tisch. Der Inhaber des Restaurants kam zu uns und begrüßte uns herzlich. Wir aßen ein köstliches Menü mit ukrainischen Speisen.

Im Laufe des feuchtfröhlichen Abends setzte sich der Inhaber des Restaurants zu uns, und wir erfuhren, was wir soeben gegessen hatten.

Dann sprachen wir über das Boxen, aber auch über das Leben in Kiew und den uniformierten Polizisten vor der Tür. Das sei, so erklärte der deutsche Inhaber des Restaurants, schon ganz wichtig für die Sicherheit. Auf die Uniform angesprochen wurde uns erklärt, dass in der Ukraine die Polizisten sehr wenig verdienen und daher neben ihrem Job auch private Wachdienste in Polizeiuniform übernehmen.

Es wurde viel getrunken und gelacht, und wir erfuhren viele interessante Details über Kiew und das Leben in dieser schönen Stadt. Irgendwann geht auch mal der schönste Abend zu Ende und die Rückfahrt ins Hotel stand an.

Wir waren acht Personen, die in bester Stimmung waren. Wir hatten einen vorzüglich funktionierenden Fahrdienst, der uns in Kiew überallhin brachte und auch abholte. Doch an diesem Abend waren verschiedene Gruppen an verschiedenen Orten unterwegs.

Und so stand nur ein Fahrzeug vor der Tür.

Es war ein größerer PKW, wenn ich mich richtig erinnere, wohl sowjetischer Bauart, mit Platz für 4 Personen.

Also was tun.

Das Lokal lag etwas außerhalb des Stadtzentrums, die Hinfahrt hatte über 30 Minuten gedauert. Also mussten wohl einige von uns 1 Stunde auf die Rückfahrt warten. Aber reichlicher Alkoholgenuss macht unter anderem auch kreativ und man kommt auf abenteuerliche Gedanken.

Ein Ringrichter des BDB kam auf eine glorreiche und mit Gelächter begleitete Idee, er sagte:

„Da passen wir doch locker alle rein". Es folgte eine kurze, sehr lustige Diskussion. Es wurde gewitzelt, wer mit wem, wie, wo und warum sitzen könne. Intensiv wurde über das Für und Wider diskutiert, so mancher Witz, der zu diesem Thema passte, wurde erzählt. Wir hatten viel Spaß.

Dann beendete der Ideengeber die Diskussion mit dem Satz.

„Wenn sie uns schnappen, landen wir eben im Gefängnis und da die Veranstaltung morgen ohne uns nicht stattfinden kann, werden sie uns schon wieder herauslassen".

Die, die den starken Wodka reichlich genossen hatten, fanden das sehr lustig. Ich war nüchtern und war mir da nicht ganz so sicher. Aber jetzt Spielverderber sein, nein da musste ich durch.

Wir hatten einen sehr lockeren und lässigen Fahrer, der glücklicherweise Englisch sprach. Nach einer kurzen Diskussion fand auch er die Idee der verrückten Deutschen gut.

Also gesagt, getan.

Die innere Kofferraumabdeckung entfernen und somit Platz für 2 kleinere hockende Personen schaffen, auf der Rückbank, aus drei mach vier, und auf der Vorderbank, aus 1 mach 2.

Also in der Summe 8 Personen.

Wir hatten unsere Schwierigkeiten, die Idee in die Tat umzusetzen. Es musste viel bedacht werden.

3 größere, freundlich ausgedrückt kräftigere Männer waren in unserer Gruppe. Wo saßen oder hockten sie am besten? Es wurde viel diskutiert und auch ausprobiert. Die eisige Kälte sorgte aber dafür, dass wir relativ schnell eine zufriedenstellende Lösung fanden.

Der Fahrer schaute sich das Ganze grinsend an.

Ich fragte mich, was er wohl in diesem Moment dachte.

Da ich zu den größten Mitfahrern gehörte, durfte ich mir den Sitz vorne mit einem kleineren, schmächtigen Ringrichter teilen.

Alles klar, die wilde Fahrt ging los. Es war eine längere Fahrt mit zotigen Bemerkungen und Männerwitzen, ich habe selten so viel gelacht. Und kurz bevor wir am Hotel ankamen, plötzlich hinter uns eine Sirene und Blaulicht. Schlagartig wurden keine Witze mehr gemacht.

Es breitete sich eine bleierne Stille im Auto aus, nur die Sirene des Polizeiautos war zu hören. Was hatten wir nicht alles gehört über die strenge Polizei und die Gefängnisse in Kiew. Ich glaube, in diesem

Moment fand keiner mehr die Perspektive sehr prickelnd, die Nacht in einem Kiewer Gefängnis zu verbringen.

Immer noch atemlose Stille. Einige von uns sahen sich sicher schon in einer kleinen kalten und schmutzigen Einzelzelle bei Wasser und Brot.

Der Fahrer sagte, wir sollten alle mal ruhig bleiben, er klärt die Situation. Wir hielten an, der Fahrer stieg und die Spannung und Unsicherheit im Auto waren mit Händen zu greifen. Das Polizeifahrzeug hatte direkt vor uns gehalten.

Wir sahen, wie die Polizisten ausstiegen und etwas länger mit dem Fahrer sprachen. Wurde da nicht auch gelacht. Und dann schauten sie alle zu uns und tatsächlich lachten sie. Was die wohl gerade über uns sagen und was die denken?

Aber, so beruhigte ich mich, Lachen ist ein gutes Zeichen. Schließlich salutierten Sie, stiegen in Ihr Fahrzeug und fuhren davon. Unser Fahrer stieg grinsend ein und fuhr los.

Sofort wurde er gefragt, was denn passiert sei, ob er den Polizisten Geld zugesteckt hätte, dann würden wir ihm das natürlich ersetzen. „Nein", sagte der Fahrer, „ich musste gar nichts machen, ich habe nur gesagt, dass ihr zum Team Klitschko gehört, das war alles".

Nach einer ersten Verwunderung stieg die Stimmung dann wieder und wir fuhren bester Laune in unser Hotel.

23.   Eine Niederlage schockiert eine Nation.

Wie schon berichtet, hatten die Kämpfe der Klitschkos einen sehr hohen Stellenwert in der Ukraine.

In der großen Olympiahalle war daher sehr viel Prominenz vertreten, bis hin zum Staatsoberhaupt. Daher sollten auch vor Beginn der Veranstaltungen einige Begrüßungsworte, unter anderem durch den Bürgermeister und Klaus Peter Kohl, gehalten werden.

Davon war in den verschiedenen Vorgesprächen nie die Rede gewesen. Nun sollte es losgehen und Klaus Peter Kohl war nicht zu sehen. Ich musste ihn daher dringend finden und zur Bühne begleiten.

Ich nahm an, dass er bei den Klitschkos in der Kabine war. Glücklicherweise hatte ich durch meinen „All Areas" Ausweis eine Zutrittsberechtigung zu allen Bereichen der Halle, also auch zu den Kabinen der Boxer. Auf dem Weg zu den Kabinen kam mir Klaus Peter Kohl schon entgegen.

Eine kurze Information und schon machten wir uns schnell auf den Weg zur Bühne, auf der schon alle auf den Universum-Chef warteten.

Die Vorfreude der Zuschauer auf die Kämpfe der Brüder Klitschko war mit Händen zu greifen.

***

Wie bei allen meinen Auftritten als Ringsprecher im Ausland hatte ich einen Kollegen aus dem entsprechenden Land an meiner Seite.

In Kiew war es einer der bekanntesten und renommiertesten ukrainischen Schauspieler des Landes, eine Tatsache, die noch einmal die Bedeutung dieses Kampfabends unterstrich. Wie immer erarbeitete ich die Texte für die Ansagen und die jeweiligen Zuordnungen der Texte für den Kollegen und für mich.

Er war ein großer, sehr kräftig gebauter Mann, der mich mit meinen 1,90 noch etwas überragte und vor allen Dingen hatte er eine bühnenerprobte, kräftige, tiefe und sehr angenehme Stimme.

Es war eine sehr freundliche und vom gegenseitigen Respekt geprägte Vorbereitung und Veranstaltung.

Er hatte keinerlei Erfahrung als Ringsprecher, aber anhand der Absprachen und seiner Bühnenerfahrung lief alles reibungslos und fehlerfrei über die Bühne. Glücklicherweise sprach er Englisch, sodass er sich sofort bereit erklärte, meinen Begrüßungstext, den ich bei

Auslandseinsätzen immer zu Beginn in der Sprache des Landes ans Publikum richtete, ins Ukrainische zu übersetzen.

„Meine Damen und Herren, liebe Boxsportfreunde. Herzlich willkommen hier in der Olympiahalle in der wunderschönen Stadt Kiew. Ich freue mich sehr, Sie auch im Namen von Universum Box Promotion herzlich begrüßen zu dürfen".

Und wie immer probten wir alles am Tag vor der Veranstaltung.

Da wir beide gute und kräftige Stimmen hatten, die auch zueinander passten, machte ich den Vorschlag, dass wir den Namen der Klitschkos vor dem Walk-In im Ring gemeinsam ausrufen sollten.

Auch das probten wir hinter verschlossenen Türen. Es war zugegeben ein etwas gewagtes Unterfangen, wenn es funktionieren würde, eine eindrucksvolle stimmliche Vorführung, wenn es nicht funktionieren sollte, sehr peinlich.

Daher stimmten wir das auch nicht mit dem Fernsehen ab, denn wir waren sicher es funktioniert. Und es funktionierte dann auch sehr gut am darauffolgenden Abend. Was mir ein „gute Idee Gerhard", des Regisseurs einbrachte.

Natürlich durfte dann der Hinweis nicht fehlen „aber das nächste Mal stimmst Du das mit uns ab".

***

Was damals im Ring geschah, wissen alle Boxsportfreunde.

Es war bekannt, dass Ross Puritty, der Gegner von Wladimir, mit 39 Kämpfen sehr erfahren war und nur 1 x k. o. gegangen war. Er konnte also viel einstecken, also viele Schläge wirkungslos ertragen.

Das war auch hier der Fall. Wladimir schlug und traf unermüdlich, aber ohne große Wirkung, eine neue Erfahrung für Wladimir und für uns im Team.

Während der ersten Runden waren wir alle, die am Ring saßen, begeistert, immer wieder landete Wladimir schwere Treffer. Er bestimmte eindeutig den Kampf.

Aber mit der Dauer des Kampfes machte sich so etwas wie Besorgnis unter uns breit. Die Bewegungsabläufe bei Wladimir wirkten zunehmend unkoordiniert. Nun musste er schwere Treffer von Ross Purity einstecken.

In der 10 Runde ging Wladimir Klitschko zweimal zu Boden. Zu Beginn der 11 Runde musste er weitere schwere Treffer einstecken.

Dann warf Fritz Sdunek als Zeichen der Aufgabe das berühmte Handtuch in den Ring. Der Kampf war verloren.

In den ersten Runden hatten die vielen Zuschauer noch mit einer außergewöhnlichen Lautstärke Wladimir angefeuert. Und dann dieser Schock. Es war totenstill in der eben noch so lauten Halle.

Alle waren fassungslos.

Im Publikum flossen zum zweiten Mal Tränen. Waren es während der ukrainischen Nationalhymne vor dem Kampf noch Tränen des Stolzes und der Rührung, waren es jetzt Tränen der Enttäuschung.

Als nach der Verkündung des Urteils Wladimir, gestützt von seinen Trainern, den Ring verließ, brandete dann doch wieder Beifall und Wladimir Rufe auf.

Was keiner der Fans wusste, Wladimir wurde sofort in ein Krankenhaus gefahren.

„Auf der Plattform YouTube kann man derzeit unter Eingabe des Suchbegriffs [Wladimir Klitschko vs Ross Purity. Universum. Deutsch. HD 720p60] Videomaterial zu dieser Geschichte finden."

Nach dem Sieg traf ich Ross Purity kurz vor der Pressekonferenz und konnte mit ihm reden. Ich gratulierte ihm zu seinem Sieg.

Er bedankte sich freundlich und sagte, dass er selbst völlig überrascht war, dass Wladimir in den späteren Runden so sehr abbaute.

Er sagte aber auch lächelnd, dass er diesmal mehrere Kopfschmerztabletten bräuchte als bei anderen Kämpfen.

Dass Wladimir zur Beobachtung in das Krankenhaus eingeliefert wurde, wusste auch sein Bruder, der im nächsten Kampf antreten musste. Allen in unserem Team war klar, er wollte so schnell wie möglich zu seinem Bruder ins Krankenhaus, denn niemand wusste, wie sein gesundheitlicher Zustand war.

Kurzfristig tauchte die Frage auf, ob Vitali noch zu seinem Kampf antreten würde oder ob er sofort ins Krankenhaus fahren würde. Ich überlegte schon mit meinem Ringsprecherkollegen, wie wir das dem Publikum erklären könnten. Doch trotz aller Sorge war Vitali ein Profi und er trat natürlich zu seinem Kampf an.

Vitali machte schnellen Prozess, um so schnell wie möglich zu seinem Bruder ins Krankenhaus zu fahren. Er beendete den letzten Kampf des Abends gegen den Italiener Francesko Spinelli schnell und vorzeitig durch TKO und verteidigte so seinen Europameistertitel, den er im Kampf davor gegen Mario Schießer gewonnen hatte.

„Auf der Plattform YouTube kann man derzeit unter Eingabe des Suchbegriffs [Vitali Klitschko vs Francesco Spinelli Full Fight] Videomaterial zu dieser Geschichte finden."

Anschließend fuhr Vitali dann zu seinem Bruder ins Krankenhaus.

***

Die Pressekonferenz, ohne die beiden Klitschkos, kannte daher nur zwei Themen, wie geht es Wladimir und wie konnte das passieren. Über den Gesundheitszustand von Wladimir gab es keine Erkenntnisse.

Es wurde viel spekuliert, sein Trainer Fritz Sdunek mit Fragen zum Kampfausgang bombardiert. Aber wie immer gibt es sehr selten nur einen Grund für derartige Ereignisse. Als Gründe wurde die Tatsache diskutiert, dass es sich um ein „Heimspiel" gehandelt hat.

Alle hatten mitbekommen, wie viele Termine Wladimir noch in der Woche direkt vor dem Kampf in Kiew hatte, was nicht gerade förderlich für eine konzentrierte Vorbereitung war. Wahrscheinlich habe er sich von seinem enthusiastischen Publikum auch nach vorne treiben lassen, wurde argumentiert, und dadurch in den ersten Runden zu viel Kraft gelassen.

Auch wurde die Frage diskutiert, ob Wladimir in den Ringpausen genug getrunken hatte, denn in der Olympiahalle in Kiew war es sehr heiß.

Eine endgültige, schlüssige Erklärung wurde nicht gefunden.

24. Frauenboxen oder die 2 wichtigsten Räume

Regina Halmich war nicht nur eine der weltbesten Boxerinnen ihrer Zeit, sondern hat auch sehr viel für das Profiboxen in Deutschland und weltweit getan. Sie war und ist die bedeutendste Profiboxerin in Deutschland, wenn nicht sogar weltweit.

Im Laufe ihrer Karriere hat sie nur einen ihrer 56 Kämpfe verloren. Sie wurde am 10.6.1995 WIBF-Weltmeisterin im Fliegengewicht. Am 18.4. 1998 wurde sie auch gleichzeitig WIBF-Weltmeisterin im Super-Fliegengewicht. Sie war 12 Jahre durchgehend Weltmeisterin und hat Ihre Titel 44-mal verteidigt. Dieser Rekord ist noch heute unerreicht.

Nach ihrer letzten Titelverteidigung am 30.11.2007 in ihrer Heimatstadt Karlsruhe trat sie als ungeschlagene Weltmeisterin zurück.

Um ihre große sportliche Einstellung zu unterstreichen, kann man u.a. Folgendes anführen.

Am 11.9.2004 boxte sie in Karlsruhe gegen die sehr starke und gefährliche USA-Boxerin Elena Reid, die später, nach dem Rücktritt von Regina, Weltmeisterin wurde. Der Kampf war sehr eng und ausgeglichen. Es war Reginas einziger Kampf, der unentschieden ausging.

Viele Experten hatten Elena als Siegerin gesehen. Der Kampfausgang und die Kritik der Medien und der Experten störte und ärgerte Regina sehr.

Sie wollte unbedingt einen Rückkampf. Das Management war dagegen, denn man sah das Risiko einer Niederlage. Regina aber wollte diesen Kampf unbedingt.

Aber sie war und ist eine starke Frau, und sie setzte sich durch.

Am 3.12.2005 war es so weit, der Rückkampf gegen Elena Reid in der ausverkauften Bördelandhalle in Magdeburg. Es war ein harter und guter Kampf und Regina verteidigte Ihre Weltmeisterschaft mit einem einstimmigen Punktsieg.

„Auf der Plattform YouTube kann man derzeit unter Eingabe des Suchbegriffs [Regina Halmich | Elena Reid II 4/4] Videomaterial zu dieser Geschichte finden.“

Sie war nicht nur im Ring technisch versiert, sondern sie hatte auch die Härte, sich im Ring und im Leben durchzusetzen. Für mich war und ist sie eine charmante, eloquente, im Umgang mit den Medien und Sponsoren erfahrene sportliche Freundin.

Als sie 1995 Teil unseres Box-Teams wurde, gab es viele kritische Stimmen, was das Frauenboxen betraf. Einige unserer Trainer wollten keine Frau trainieren, was sich schon nach kurzer Zeit änderte, als alle im Gym Ihre hervorragende Technik, Ihren unendlichen disziplinierten Trainingsfleiß und Ihre Härte sahen.

Auch hier hatte Klaus Peter Kohl das richtige Bauchgefühl, als er Regina verpflichtete.

Es begann eine sehr erfolgreiche Zusammenarbeit. Regina ebnete den Weg für die Boxerinnen, die später in unserem Team auch sehr erfolgreich werden sollten.

Gerne machte sie auch Sparring mit männlichen Boxern. Sie erzielte Einschaltquoten, die damals und heute die meisten männlichen Boxer vor Neid erblassen lassen.

Und diese schon damals sehr erfolgreiche Sportlerin sollte beim Boxkampf in Kiew auf einen Bürgermeister treffen, der von Frauenboxen nun gar nichts hielt.

Natürlich standen die Klitschkos im Mittelpunkt der Veranstaltung in Kiew, aber es gab, wie bei allen Veranstaltungen, auch weitere Kämpfe.

Die Idee von Klaus Peter Kohl war es auch, Regina in Kiew boxen zu lassen, was dem Bürgermeister gar nicht gefiel. Nach etlichen Gesprächen, mit dem Argument, dass das Fernsehen diesen Kampf will, war das Thema geklärt, und Regina trat mit dem Universum-Team die Reise nach Kiew an.

Sie gewann ihren Titelkampf gegen Viktoria Pataki aus Ungarn einstimmig nach Punkten.

Regina war auf Betreiben des Bürgermeisters nicht zur Pressekonferenz eingeladen worden, was ich schon empörend fand, denn wie kann man auf die Idee kommen, eine Weltmeisterin so zu brüskieren.

Ich musste Regina dieses mitteilen und machte ihr den Vorschlag, zur Mitte der Pressekonferenz einfach auf der PK zu erscheinen und sich zu den Journalisten zu setzen. Da ich die Pressekonferenz leitete, konnte ich sie so begrüßen und vorstellen.

Gesagt, getan.

Die Pressekonferenz neigt sich schon dem Ende zu, als Regina erschien und ich sie begrüßte und ihr zur Titelverteidigung gratulierte. Sofort kamen einige Fragen der Pressevertreter, die sie in gewohnt souveräner Weise beantwortete. Da die deutschen Journalisten die Einstellung des Bürgermeisters zum Frauenboxen kannten, kam die Frage, die kommen musste.

„Herr Bürgermeister, was sagen sie zum Kampf von Regina und was halten Sie im Allgemeinen vom Frauenboxen?". Zum Verständnis der dann folgenden Situation muss man wissen, dass der Dolmetscher während der gesamten Zeit sofort nach einer Frage oder einer Antwort, ohne zu zögern übersetzt hat.

Der Bürgermeister sagte etwas.

Und da der Bürgermeister wohl zu seiner Einstellung zum Frauenboxen nichts gesagt hatte, beugte sich der Dolmetscher zu ihm rüber, sagte etwas zu ihm und der Bürgermeister sprach weiter. Diese Antwort des Bürgermeisters löste unter den ukrainischen Journalisten Heiterkeit aus. Ich war gespannt auf die Übersetzung des Dolmetschers.

Er hatte schon mit der Übersetzung begonnen. „Der Bürgermeister gratuliert Regina Halmich zur Titelverteidigung".

Als er merklich zögerte.

Er überlegte offensichtlich, wie er das vom Bürgermeister Gesagte nun übersetzen sollte. Dann sagte er, „der Bürgermeister hält es für angebrachter, dass sich Frauen um die Familie, den Mann und die Kinder kümmern".

Regina war klug genug, dies nicht öffentlich zu kommentieren, sagte aber dann in einem privaten Gespräch, wie sehr sie das getroffen und geärgert hätte.

Am Ende der Pressekonferenz hatte ich die Möglichkeit, den Dolmetscher, der immer noch neben mir saß, auf diese zweite

Übersetzung anzusprechen, denn ich hatte das Gefühl, dass er nicht alles übersetzt hatte. Er zögerte etwas, lächelte dann leicht und sagte,

„Er hat gesagt, Frauen gehören in 2 Räume in der Wohnung, in die Küche und mit dem zweiten Raum hat er nicht das Wohnzimmer gemeint."

25. Der Papst in Sölden und der Blick in den Abgrund

Das Unternehmen war immer auf der Suche nach neuen Veranstaltungsorten und örtlichen Ausrichtern, die in den entsprechenden Orten die notwendigen Kontakte, Beziehungen und Erfahrungen hatten.

Und, das ist besonders wichtig, auch bereit waren, einen Teil der Kosten und/oder des Risikos zu übernehmen.

Auch der Gesichtspunkt des Lokalmatadors spielt bei diesen Überlegungen eine große Rolle. Er ist der Boxer, der im Austragungsort und optimalerweise auch in der Region bekannt und beliebt ist. Der Boxer, der die Zuschauer in die Halle lockt und so den Kartenverkauf wesentlich ankurbelt. Im Idealfall verkauft er auch persönlich an seine Fans.

Es gibt auch heute noch Boxer, die 300 bis 400 Karten in ihrem Umfeld verkaufen und so zur Finanzierung und zum Gelingen einer Veranstaltung wesentlich beitragen.

Diese Boxer sind bei den Veranstaltern gerne gesehen und bekommen auch immer wieder gute Einsätze. Eine Möglichkeit ist es, den Boxer in den Kartenverkauf einzubinden und einen Teil seiner Gage durch seine Verkäufe so zu finanzieren. Er bekommt eine bestimmte Anzahl von Eintrittskarten, die er dann in Freundes- und Fankreisen verkaufen muss.

Für die Auswahl eines Veranstaltungsortes kann es aber auch sein, dass noch andere Vorteile eine Rolle spielen.

Und so kam Sölden ins Gespräch.

Der Chef des Fremdenverkehrsvereines und ein Unternehmer aus der Nähe von Sölden waren boxbegeistert, und so kamen wir zusammen. In den Gesprächen ergab sich eine Win-win-Situation. Sölden hatte eine weitere Attraktion mit einer TV – Liveübertragung. Wir hatten einen sehr exklusiven und schönen Austragungsort für unsere Veranstaltungen.

Ausgerichtet wurden die Veranstaltungen durch die inzwischen gegründete Tochterfirma von UBP, der Spotlight GmbH. Dort war das junge Management, u.a. der Schwiegersohn von Klaus Peter Kohl, dabei, die Welt des Profiboxens zu erkunden und „neu zu gestalten". Spotlight Boxing war für die jungen aufstrebenden Talente zuständig, die gefördert und verbessert werden sollten.

Und was war besser dafür geeignet als Boxkämpfe.

***

Sölden ist einer der exklusivsten Wintersportorte in Österreich.

Die Werbung sagt: Das Skigebiet Sölden hat alles. Und davon reichlich. 144 Pistenkilometer, 2 Gletscher, 31 moderne Liftanlagen, 3 per Lift erschlossene 3.000er-Gipfel, inkl. Aussichtsplattformen, oder die einzigartige „James Bond Erlebniswelt 007 ELEMENTS".

Besonders der Blick auf die Gipfel der 3 Dreitausender, Gaislachkogl (3.058 m), Tiefenbachkogl (3.250 m) und die Schwarze Schneid (3.340 m), hat mich als Mensch aus dem flachen Norddeutschland immer wieder fasziniert.

Sölden ist Österreichs einziger Skiort, der drei Dreitausender mit modernsten Seilbahn-Anlagen erschlossen hat, und glücklicherweise hatte ich, oft gemeinsam mit meiner Frau, während meiner Aufenthalte in Sölden Zeit und Gelegenheit, diese Seilbahnen zu nutzen.

Der Ausblick von der Bergstation, atemberaubend.

Sölden ist auch ein wunderschöner, in einem langen Tal gelegener Ort, mit nur einer Zufahrtsstraße und einer Durchgangsstraße, die zum Gletscher führt. Da es keine Zugverbindung gibt, ist die Straße die einzige Verbindung zur Außenwelt. Diese Abhängigkeit von der einen Zufahrtsstraße führte, wie man mir erzählte, schon mehrmals dazu, dass durch starke Schneefälle und Lawinenabgänge diese Straße unbefahrbar war. Dadurch war Sölden dann von der Außenwelt abgeschnitten.

Ich habe zwar mehrere Aufenthalte mit starkem Schneefall genießen dürfen, jedoch glücklicherweise, ohne von der Außenwelt abgeschnitten zu sein.

Seit vielen Jahren findet auch die erste Veranstaltung des Ski-Alpin Weltcups in Sölden statt. Sölden ist dadurch vielen Menschen in Europa auch aus dem Fernsehen bekannt. Daher sind die Gäste in Sölden ein buntes Gemisch aus sehr vielen Ländern.

In der Skisaison ist der Ort Sölden am Tage sehr leer, man findet hier fast nur Einheimische, denn die Besucher sind auf den Pisten. Das ändert sich, wie in fast allen Wintersportorten weltweit, jedoch am Abend und in der Nacht. Après-Ski ist angesagt.

Einheimische erzählten mir mehrmals, dass sie den Eindruck hätten, dass viele Gäste nicht wegen des Skifahrens in ihren Ort kämen, sondern wegen der Nachtaktivitäten. Entsprechend geräuschvoll ging es auf den Straßen zu.

Das führte dazu, dass ich in den Hotels immer ein Zimmer bekam, was zur Rückseite des Hauses lag und nicht zur Straßenseite.

Für mich als Mensch aus dem norddeutschen Flachland, wo man schon Tage vorhersehen konnte, wer einen besuchen wird, war die Bergwelt immer wieder eindrucksvoll. Es war immer etwas Besonderes, im schönen Hotel in Sölden aufzuwachen und auf die riesigen Berge zu schauen.

***

Diese imposanten Gipfel waren auch im Sommer mit Schnee bedeckt.

Aber ein besonderer optischer Genuss waren für mich die Veranstaltungen in den kalten Wintertagen. Überall lag hoher Schnee, es war bitterkalt, aber die Luft war klar und sehr sauber.

Ich hatte zwar Termine und Arbeit zu erledigen, aber glücklicherweise blieben immer mal einige Stunden Freizeit übrig. Ich hatte mir dann angewöhnt, dick verpackt, einen längeren Spaziergang an dem kleinen Gaisbach zu unternehmen. Direkt am Bach gab es einen idyllischen Pfad, der auf- und abgehend dem Bachlauf folgte. Für diesen Zweck hatte ich immer gefütterte, rutschfeste Stiefel dabei.

Eines Nachmittags ging ich in mein Lieblingsrestaurant zum Mittagessen und hatte nicht vor, eine Wanderung zu unternehmen. Als ich satt und zufrieden vor dem Restaurant stand, schien mir die herrliche Wintersonne direkt ins Gesicht. Ich sah den Weg am Gaisbach direkt vor mir.

Da hatte ich spontan die Idee eines Verdauungsspazierganges. Eine Idee, die mich in große Schwierigkeiten bringen sollte.

Diesmal nur mit normalen Halbschuhen versehen, ging ich einen Teil des Weges bergauf, es war sehr eisig und rutschig. Eigentlich sollte man wissen, wo man hinaufgeht, muss man auch wieder runter. Und so wurde der Rückweg, was Schnee und Eis betraf, eine sehr rutschige Angelegenheit.

Ein kurzes Stück des Weges war steil und besonders glatt, und ich sah sehr skeptisch den Hügel hinunter.

Ich gebe zu, ich hatte ein sehr ungutes Gefühl, als ich an meine rutschigen Schuhe dachte. Aber es gab keinen anderen Weg zurück, also Augen zu und durch.

Ich balancierte sehr wackelig, immer rutschend auf meinen Beinen, mich immer an irgendwelchen Ästen festhaltend. Ich sah das Ende des kleinen, steilen Weges schon vor mir. Vielleicht wurde ich dadurch etwas unvorsichtig.

Denn ziemlich zum Ende des kleinen Hügels passierte es dann. Ich legte mich der Länge nach hin und rutschte unaufhörlich Richtung Bach, der links unter mir wild dahinfloss. Ich erlebte fast wie in Zeitlupe, wie der tieferliegende Bach bedrohlich immer näherkam.

Verzweifelt versuchte ich mich irgendwo festzuhalten. Aber kein Zweig oder Ast waren zu erreichen. Meine Beine schwebten schon in der Luft. Es kam mir vor wie in Zeitlupe, als ich im letzten Moment eine Eisenstange der Wegbegrenzung zu fassen bekam und mich festhalten konnte.

Sekundenlang hatte ich das Gefühl, dass mich die Schwerkraft in die Tiefe zog, es waren immerhin so ca. 3 Meter. Die Sekunden kamen mir wie Minuten vor. Ich spürte wie meine kalten Hände weh taten und ich Mühe hatte meine 87 kg festzuhalten.

Und dann schoss mir durch den Kopf, wenn ich jetzt in den Bach stürzen würde, mir vielleicht noch den Kopf anschlagen würde an den Steinbrocken im Bach, nicht auszudenken. Ich war allein, niemand in der Nähe, der mir helfen könnte oder mich finden würde.

Sekundenlang hatte ich Todesangst.

Ich nahm alle Kraft zusammen, und es gelang mir mich langsam hochzuziehen und mich auf den kalten gefrorenen Boden zu setzen.

Trotz der Kälte spürte ich den Schweiß auf meinem Gesicht, und ehrlich gesagt war es überwiegend Angstschweiß. Einige Stellen an meinem Körper taten sehr weh, aber offensichtlich war nichts gebrochen.

Drei- viermal kurz durchatmen und dann konnte ich mit einiger Mühe aufstehen. Ein paar blaue Flecken, sonst nichts geschehen. Ich schaute auf das eisige Wasser und den stark fließenden Bach hinab.

Ich war allein, kein Mensch weit und breit.

Was wäre geschehen, wenn ich mich nicht festgehalten hätte? Ich erinnere mich genau. Ich bekam weiche Knie bei dem Gedanken.

Ich hatte den bekannten Strom in den Beinen, wie man sagt, wenn ein Boxer angeschlagen ist und weiche Knie bekommt, so muss sich das anfühlen, dachte ich damals.

Glücklicherweise kam ich unfallfrei zurück ins Hotel und legte mich ins warme Bett.

***

Aber egal ob Winter oder Sommer, das Offiziellenessen fand in Sölden immer in einer Berghütte hoch über dem Ort statt. Die Fahrt zur Berghütte war schon sehr abenteuerlich, über gewundene, schmale, kaum befestigte Straßen, oft am Abgrund entlang.

Oben bei der Berghütte angekommen, hatte man dann einen fantastischen Ausblick.

Offiziellenessen

Hier gab es die Möglichkeit, vor jedem Kampfabend völlig ungezwungen mit den Offiziellen, z. B. mit den Trainern und Managern, mit den Ringrichtern und Punktrichtern, den Delegierten der internationalen Verbände zu plaudern und Erfahrungen und Informationen auszutauschen.

Hier konnte man die so sehr wichtigen persönlichen Kontakte knüpfen.

Es wurde immer ein lockerer Abend, es wurde viel erzählt und gelacht. Es gab gutes deftiges Essen und Wein und Spirituosen, vor allen Dingen heimische Spirituosen.

Da ich am nächsten Tag mit den Gesprächen und Proben mit den Fernsehsendern beginnen musste, verließ ich immer als einer der Ersten das Essen. Wie ich später jedes Mal hörte, hatte ich immer viele „Höhepunkte" der verschiedensten Art verpasst.

***

Die Anreise erwies sich zwar als sehr zeitaufwendig und etwas schwierig, aber der Weg lohnte sich jedes Mal. Mit dem Flieger ging es bis München und dann mehrere Stunden lang per Bus über viele Serpentinen nach Sölden.

An eine Veranstaltung kann ich mich besonders gut erinnern.

Es war in den Tagen der Papstwahl, und alle katholischen Menschen weltweit, und damit natürlich auch in Sölden, warteten auf den weißen Rauch als Zeichen, dass ein neuer Papst gefunden war. Doch das zog sich hin.

Ich, als Protestant, war dabei nicht involviert, doch verfolgte ich das Geschehen mit Interesse.

Es kam der Abend der Veranstaltung.

Die Veranstaltung begann wie immer mit der Begrüßung der Gäste. Ich saß auch dieses Mal zwischen den Zeitnehmern und dem Delegierten am Tisch direkt am Ring, rechts vor mir die rote Ecke mit unseren Boxern. Der Kampfabend begann, die ersten Boxkämpfe fanden statt. Da ich mich auf die Kämpfe und meine Auftritte konzentrieren musste, dachte ich nicht mehr an die Papstwahl.

Und dann hörte ich neben mir am Tisch Getuschel.

Ja, es ist gerade passiert, es gibt einen neuen Papst, es ist ein Deutscher und so konnte ich nach der Urteilsverkündung eines Vorkampfes als protestantischer Norddeutscher in Österreich verkünden, dass gerade ein Deutscher zum Papst gewählt worden war.

26. Die geteilte Stadt und ein Kieferbruch

Berufsmäßig in den verschiedensten Städten Deutschlands und Europas tätig zu sein hat den großen Vorteil, viele neue Menschen kennenzulernen.

Da ich trotz der Arbeit immer wieder freie Stunden hatte, konnte ich auch die Sehenswürdigkeiten der jeweiligen Stadt genießen. An Aachen erinnere ich mich daher besonders gerne. Eine kleinere, 245.000 Einwohner, übersichtliche und schöne Stadt. Aachen, das sind der Dom, die Altstadt und der Elisenbrunnen, das sind Traditionscafés und moderne Boutique-Cafés.

In den ersten Jahren haben wir mehrere Veranstaltungen in Aachen durchgeführt. Das lag auch daran, dass der spätere Geschäftsführer Peter Hanraths in Aachen einen Autohandel betrieb und über beste Kontakte in Aachen und zum Amateurboxbereich in Deutschland verfügte.

Darüber hinaus, und das war im Hinblick auf den Lokalmatador Faktor sehr wichtig, wohnte Mario Guedes in Aachen. Er betrieb dort eine sehr bekannte Eisdiele, in der wir immer wieder gerne das fantastische Eis genossen.

Als Profi bestritt er 21 Profikämpfe, von denen er nur 2 verlor, gegen Knut Blin in Hamburg und gegen Mario Schießer in Berlin. Er war Deutscher Meister im Schwergewicht. Und er war eine bekannte sportliche Größe in Aachen, was uns viele Zuschauer garantierte.

***

Veranstaltet man zum ersten Mal in einer Stadt und kann die Zuschauerzahlen nicht richtig einschätzen, entscheidet man sich am besten für eine kleinere Halle. In Aachen bot sich der wunderschöne Saal Geulen an. Später veranstalteten wir auch in der Eissporthalle, was immer eine kalte Angelegenheit war, denn unter dem extra verlegten Holzfußboden war das blanke Eis.

Der Saal Geulen war eine Veranstaltungsstätte, die es heute leider nicht mehr gibt.

Er zeichnete sich dadurch aus, dass die Sitzreihen, wie in einem Zirkus, übereinander angebracht waren und man daher von jedem Platz eine gute Sicht hatte.

Eigentlich war der Saal Geulen für die leichte Muse gedacht. Viele nationale und internationale Künstler sind damals dort aufgetreten.

Es bedurfte einiger Überzeugungskraft, bis der Besitzer Hubert Geulen, dank guter privater Kontakte von Peter Hanraths, einlenkte und das immer noch etwas anrüchige Profiboxen in seinem Traditionssaal genehmigte. Darum konnten wir in den folgenden Jahren einige sehr schöne Veranstaltungen durchführen.

Ich erinnere mich noch recht genau an den Moment, als ich das erste Mal den Saal Geulen von außen und dann von innen sah. Ich konnte mir nicht vorstellen, hier einen Boxkampfabend auszurichten. Von außen ein eher unscheinbares, fast schmuddelig wirkendes Gebäude.

Und innen sehr wenig Platz. Für den Boxring war nur eine sehr kleine Fläche in der Mitte zwischen den Tribünen frei. Also das Maßband herausgeholt und die freie Fläche nachgemessen. Allgemeines aufatmen, rein rechnerisch musste es passen.

Dann kam der Tag der Wahrheit. Reichte der Platz tatsächlich für unseren Ring. Ich wusste aus eigener Erfahrung, dass es manchmal auf den Zentimeter ankommt.

Der Ring wurde aufgebaut und es passt auf den Zentimeter genau.

***

Es waren außergewöhnliche Veranstaltungen in diesem Saal. Die Zuschauer saßen steil aufsteigend direkt am Ring. Dadurch ergab sich eine einmalige, sehr intensive Stimmung.

„Auf der Plattform YouTube kann man derzeit unter Eingabe des Suchbegriffs [Dariusz Michalczewski vs Willie McDonald] Videomaterial zu dieser Geschichte finden."´

Im Zusammenhang mit dem Saal Geulen ist mir noch ein Ereignis in Erinnerung geblieben. Ich muss gestehen, ich weiß nicht mehr, wie der farbige amerikanische Schwergewichtler hieß, um den es hier geht. Er war ein großer, starker, sehr freundlicher Mann, immer höflich und zuvorkommend.

Er verlor seinen Kampf und kam mit einem gebrochenen Kiefer aus dem Ring.

Nach Ende des Kampfabends saßen wir alle bei der kleinen VIP-Party im Gaststättenbereich des Saales Geulen. Da kam der Ringarzt zu mir und sagte, dass der Kieferbruch des Boxers so schlimm ist, dass er ins Krankenhaus müsse. Ich erklärte das dem Boxer. Er wollte das nicht, sondern sagte, „das ist nicht so schlimm, ich kenne das schon und das heilt wieder. Außerdem muss ich morgen früh zurückfliegen".

Es kostete mich einige Überzeugungskraft, auch mithilfe des Arztes, und er willigte endlich ein.

Das Universitätsklinikum Aachen ist ein großes renommiertes Krankenhaus, es befindet sich in einem der größten Krankenhausgebäude Europas.

Zu unseren Veranstaltungen musste immer ein Notarztwagen mit dem entsprechenden Notarzt anwesend sein und das nächstgelegene Krankenhaus musste über die Veranstaltung informiert sein.

Ich hatte sicherheitshalber unsere Ankunft telefonisch angekündigt, und daher verlief alles schnell und reibungslos. Die Untersuchung durch einen jungen, sehr netten und freundlichen Arzt bestätigte die Diagnose unseres Ringarztes. Der Arzt erklärte dem Boxer, dass er operiert werden und einige Tage im Krankenhaus bleiben müsse.

Der Boxer schaute mich an und sagte, "ich muss doch morgen früh zurückfliegen." Ich konnte ihn beruhigen und versprach einen neuen Flug zu buchen.

Nun sollte er sich mit seinen Personalien eintragen.

Er stand einige Minuten vor dem in Deutsch und Englisch geschriebenen Formular. Ich versuchte ihm zu sagen, wo er etwas hinschreiben sollte. Dann, nach einiger Zeit, schaute er mir in die Augen und sagte, mich sehr traurig anschauend, „ich kann nicht lesen und nicht schreiben". Ich war im ersten Moment verblüfft und schockiert, ein erwachsener Mann aus Amerika und konnte nicht schreiben.

Heute weiß ich, dass es auch in Deutschland 6,2 Millionen Menschen gibt, die nicht richtig lesen oder schreiben können. Übrigens, für einen wohlhabenden Staat wie die Bundesrepublik eine sehr beschämende Zahl.

Ich hatte damals schnell meine Verblüffung überwunden und für ihn, dem es sichtbar unangenehm war, das Formular ausgefüllt.

Ich ging damit zum Arzt und fragte, ob er nicht noch etwas für den armen Jungen tun könnte. In einem fremden Land, der Sprache nicht mächtig, mit anderen Patienten in einem Raum, das wollte ich ihm nicht antun.

Er überlegte und sagte dann: „Das können wir intern regeln. Wir haben hier einige Betten, die wir für Forschungszwecke freihalten, das sind Einzelzimmer, und an einem Profiboxer können wir doch gut forschen", sagte er augenzwinkernd. Ich atmete tief durch, denn der Boxer tat mir sehr leid.

Ich erklärte die Situation und sagte ihm, dass er sich über den Rückflug wirklich keine Sorgen machen müsse. Ich bedankte mich herzlich beim Arzt, verabschiedete mich von dem Boxer und wünschte ihm alles Gute.

Er verbrachte 1 Woche im Krankenhaus und flog gesund zurück in seine Heimat.

Einige Zeit später erhielt ich eine Ansichtskarte aus den Staaten mit dem einzigen leicht gekritzelten Wort, thanks.

***

Für einen Kampf gingen wir doch in die Aachener Eissporthalle, denn es wurden viele Zuschauer erwartet. Es war der Kampf zwischen zwei Aachener Urgesteinen, Mario Guedes und Klaus Galwe.

Als Amateur boxte Klaus Galwe gemeinsam mit Mario Guedes für den Postsportverein 1925 Aachen und wurde 1983 Deutscher Meister im Schwergewicht. Er hatte nach seiner erfolgreichen Amateurkarriere 2 Profiboxkämpfe erfolgreich bestritten und dann seine aktive Laufbahn beendet.

Warum auch immer waren beide vorsichtig ausgedrückt „nicht die besten Freunde". Man ging sich aus dem Weg und „schätzte sich nicht."

Um bei einer Boxveranstaltung viele Menschen in die Halle zu locken, ist so eine „Feindschaft" von zwei Boxern aus einer Stadt sehr hilfreich. Es war ein Kampf, auf den die Stadt und die Fans jahrelang gewartet hatten.

Darauf steigt die Lokalpresse sofort ein.

Es bedurfte keiner längeren Gespräche, um den 42-jährigen Klaus Galwe zu überzeugen, gegen den um 8 Jahre jünger Mario Guedes noch einmal die Handschuhe anzuziehen.

Mario Guedes war internationaler Deutscher Meister, hat 21 Kämpfe bestritten, 18 gewonnen, dadurch 13 durch k. o. Damals war er auf dem Höhepunkt seiner Karriere, er war der Favorit.

Aber Klaus Galwe wollte es noch mal wissen und bereitete sich professionell und gewissenhaft vor.

Am 28.8.1992 war es so weit.

Die Aachener Eissporthalle war ausverkauft. Beide Boxer hatten Ihre Fans mitgebracht. Es wurde ein riesiges Spektakel, die Stadt war geteilt in Galwe und Guedes Fans. Es wurde aber auch ein sehr hochemotionaler und mit allen Mitteln geführter Kampf in einer sehr aufgeheizten Atmosphäre.

Klaus Galwe versuchte alles, kämpfte verbissen und couragiert, musste sich aber dem jüngeren Mario Guedes, auch aufgrund seiner Erfahrung aus den bisherigen 16 Profikämpfen, durch technischen K. O. in der 7. Runde geschlagen geben.

***

8 Monate später boxte Mario wieder im Saal Geulen gegen Eddy Taylor und gewann durch ko. Wir hatten Klaus Galwe eingeladen.

Vor dem Kampf bin ich zu Klaus Galwe gegangen und habe ihn gebeten, nach dem Kampf von Mario in den Ring zu kommen, damit sie sich in aller Öffentlichkeit die Hand geben können, so wie es faire Sportler machen. Klaus zögerte kurz und stimmte dann zu.

Nach der Urteilsverkündung habe ich Mario, der von nichts wusste, gebeten, kurz im Ring zu bleiben und rief unter dem tosenden Applaus der Zuschauer Klaus Galwe in den Ring. Beide zögerten einen kleinen Moment, doch dann wurde sich die Hand gereicht.

Auch hieran kann man wieder erkennen, dass Sport verbindet.

27. Hollywood in Hamburg

Als Klaus Peter Kohl mit seinem ersten Kampftag in Hamburg versuchte, das Profiboxen in Deutschland wieder populär zu machen, spielte diese Sportart in der Öffentlichkeit und auch in der Presse keine große Rolle.

Es war viel „Klinkenarbeit" erforderlich, viele Gespräche mussten erfolgen, um die Pressevertreter für das Thema Profiboxen wieder zu begeistern. Nach und nach gelang es mir, zu den Sportredakteuren der 3 wichtigsten Hamburger Tageszeitungen Bild, Morgenpost und Hamburger Abendblatt, einen positiven Kontakt aufzubauen.

Als Folge wurde zunehmend mehr Positives aus dem Profiboxbereich und auch über unsere Veranstaltungen berichtet. Das betraf auch mehrere gute Veranstaltungen und gute Boxer, aber was fehlte, war ein Knaller, über den in allen Medien gesprochen und berichtet wurde.

Wichtig war es hierbei nicht nur auf die Berichterstattung in den Sportmedien zu zielen, sondern ein breites Pressespektrum und damit ein breites Publikum anzusprechen. Denn wir wollten ein Publikum erreichen, das normalerweise mit dem Profiboxen nichts zu tun hatte.

Ein sehr schwieriges Unterfangen. Also schauten wir uns um. Wer oder was könnte dieses breite Spektrum der Medienlandschaft so interessieren, dass darüber berichtet wird?

Viele Namen und Ideen tauchten auf wie die Bläschen in einer Flasche Sprudelwasser und verschwanden auch genauso schnell wieder.

Ein interessanter Mann oder eine attraktive Frau, aus Deutschland oder aus dem Ausland, die das erreichen konnten, Fehlanzeige. Vieles wurde diskutiert und verworfen und dann hatte, wie so oft, Klaus Peter Kohl eine Idee.

„Wir holen Hollywood nach Hamburg".

Hollywood ist immer gut, dachte ich, aber wer kommt da infrage? Der erste und auch einzige Einwand, dass dies sicherlich sehr teuer werden würde, wischte er vom Tisch, denn der Erfolg in der Öffentlichkeitsarbeit, bei der Presse und den Sponsoren wäre das wert. Wie Recht er behalten sollte, was die Gage und den Erfolg betraf.

Er nannte den Namen, der ihm eingefallen war: Ich war im ersten Moment sehr erstaunt. OK, er war ein bekannter internationaler Schauspieler, aber wo war der Bezug zum Boxen? Wir hatten schon Presseaktionen mit verschiedenen Prominenten gemacht, z.B. mit Howard Carpendale, aber der interessierte sich bekanntermaßen sehr für das Boxen.

Aber Mickey Rourke?

Also machte ich erst einmal eine Hintergrundrecherche. Dadurch erfuhren wir, dass Mickey Rourke, der große Hollywoodstar, mit seinen

37 Jahren nicht nur boxinteressiert war, sondern schon 5 Kämpfe bestritten hatte, 4 Siege, 1 unentschieden. Wir erfuhren, dass der erfolgreiche Rourke 1991 aus dem Hollywood-Rummel ausstieg:

„Profiboxen sei doch eh viel cooler als die Schauspielerei" wird er gerne zitiert.

Eine Entscheidung, die ihm, wie zu lesen war, zertrümmerte Wangenknochen sowie mehrfache Nasenbrüche bescherte und ein angegriffenes Nervensystem. Es wird berichtet, dass Schönheitschirurgen in diversen Operationen versuchten, einen annehmbaren Gesichtsausdruck wieder hinzubekommen.

Alle waren von der Idee begeistert, also nahm ich Kontakt mit dem Management auf.

Klaus Peter Kohl führte die Verhandlungen, die dazu führten, dass für eine außergewöhnlich hohe Gage Mr. Rourke bereit war, in Hamburg zu boxen und vorher diverse Termine, u.a. Pressetermine, wahrzunehmen.

Mickey sollte im Rahmen eines Boxevents in der Alsterdorfer Sporthalle boxen. Der Hauptkampf war die IBF Interconty Championship, in dem Dariusz Michalczewski seinen Titel gegen Sergio Daniel Merani aus Argentinien verteidigen sollte.

Alles lief im Geheimen ab, niemand durfte vorab etwas erfahren.

50 % der Gage wurde vorab überwiesen.

Wir hofften alle, dass der als sehr exzentrisch bezeichnete Star aus Hollywood, wie besprochen, pünktlich in Hamburg eintreffen würde.

***

Die Flüge und die größte Suite im Atlantik Hotel und diverse Zimmer für die 10 Begleiter und Begleiterinnen wurden gebucht. Alle Absprachen mit Sponsoren und der Presse waren getätigt. Die Absprachen im Vorfeld mit der Presse waren von mir als persönliche

Hintergrundgespräche deklariert worden. Das bedeutete, dass die Presse vor der Ankunft von Mickey in Hamburg nichts berichtet wurde.

Alles war vorbereitet und das Abenteuer mit dem Hollywoodstar konnte beginnen. Ich war schon sehr gespannt auf den Mann aus Hollywood, den ich während seines Aufenthaltes bei diversen Terminen begleiten und betreuen durfte. Aber trotz aller negativen Vorhersagen war ich sehr zuversichtlich, dass alles reibungslos ablaufen würde.

Ich hatte in meinem beruflichen Leben schon häufig Kontakt und gemeinsame Termine mit den sogenannten VIPs. In meiner Tätigkeit als Kongressorganisator mit Spitzenpolitikern, Wissenschaftlern etc. und im Sportbereich auch mit Prominenten aus dem Sport- und Showbereich.

Ich wusste also, dass die wirklichen VIPs und Stars in der Regel sehr professionell und freundlich waren, das Problem aber prinzipiell bei den mitgereisten Mitarbeitern lag.

Und das würde sich auch in diesem Fall bewahrheiten.

***

Wir holten den gesamten Tross vom Flughafen ab und brachten sie in das renommierte Hotel Atlantik.

Es fiel mir schon auf dem Flughafen auf, dass Mickey Rourke nach einer freundlichen Begrüßung und Vorstellung ganz entspannt in unser Auto stieg. Er war einem netten Gespräch nicht abgeneigt und insgesamt sehr freundlich und aufgeschlossen.

Aber der gesamte mitgereiste Stab des Stars war sehr angespannt, leicht aufgeregt und nahm sich sehr wichtig.

Zwei Stunden nach Ankunft im Hotel hatten Klaus Peter Kohl und ich das erste Gespräch mit dem Stab des Stars, um Details über die vorher fest abgestimmten Termine im Vorfeld des Boxkampfes zu besprechen.

Wie ich es erwartet hatte, kamen die ersten Einwände, "das ist ja viel zu viel für Mickey, so könne man das nicht durchziehen, etc. etc."

Entgegen der entspannten und freundlichen Atmosphäre mit dem Hollywoodstar im Auto herrschte hier im Besprechungsraum des Atlantikhotels eine sehr angespannte, ja sogar etwas kühle, fast feindliche Stimmung, ausgehend von den Begleitern des Stars. Man konnte das Gesprächsklima als etwas eisig und das Auftreten dieser Begleiter als sehr arrogant bezeichnen.

Es war eine sehr heikle Situation, denn wir hatten die uns vertraglich zugesicherten Termine mit den Betroffenen abgesprochen und entsprechende Einladungen verschickt. Ich war von vielen „sehr wichtigen Leuten" umgeben, die sich auch alle selbst sehr wichtig nahmen.

Freundlichkeit, Sachlichkeit, Bestimmtheit und der Ansatz von Unfreundlichkeit, nichts half, der Stab blieb bei seiner Meinung.

Als das Gespräch endgültig ins Stocken geriet und ich überlegte, ob es nicht besser sei, erst einmal aufzustehen und den Raum zu verlassen, ging die Tür auf.

Micky Rourke erschien ganz entspannt im Raum.

Ein kurzes Hallo und die Frage „gibt es Probleme?" er kannte sein Team wohl ganz genau. Ich schilderte die Situation und verwies freundlich, aber bestimmt auf die bereits vorher abgesprochenen Termine.

Sein kurzer Kommentar: "Ok, das machen wir so wie besprochen."

Dann verschwand er wieder in seiner Suite.

***

Ich begleitete ihn zu allen Terminen, und es gab glücklicherweise immer wieder Zeit für persönliche Gespräche. So auch bei einer Trainingseinheit auf der Reeperbahn in unserem Gym unter der Ritze.

Er war beeindruckt und sagte: „Das ist ja wie in den Staaten, ein kleines Gym mit viel Tradition."

Nach dem Training nahm er sich dann, in der noch leeren Bar, Zeit für einen Drink und ein sehr entspanntes Gespräch. Es schien ihm hier zu gefallen.

Auch in der persönlichen Zusammenarbeit der nächsten Tage, bei den gemeinsamen Presseterminen, dem Pressetraining, seinem persönlichen Training in der Ritze etc. bis hin zum Kampfabend habe ich ihn als freundlichen, völlig entspannten und sehr kooperativen Menschen kennen und schätzen gelernt, der sehr professionell arbeitete. Er beantwortete bereitwillig alle auch persönlichen Fragen der Journalisten und gab geduldig Autogramme.

 *Foto Mickey Rourke und Chuck Talhami , Fotograf H. Becker*

Die Resonanz in allen Bereichen der Medien war wie erhofft überwältigend.

Sogar die TAZ berichtete:

Schmuddeln-Macho Mickey Rourke im Ring „Boxen ist etwas Ehrliches"

Hamburg (taz) –

Der alterslose B-Boy mit dem goldenen Schneidezahn versteckt sich. Ein dicker Ledermantel umhüllt seinen Luxus-Körper.

180 Fotografen und Reporter drängeln, fragen und blitzen auf ihn ein. Grund der Aufregung: Hollywood-Macho Mickey Rourke, 37 und höchstbezahlter Hobby-Boxer, wird im Rahmen der Faustkampf-WM in Hamburg seinen sechsten Profikampf bestreiten.

Gegen den New Yorker Nobody Thomas McCoy. Rourkes Chancen stehen dabei nicht schlecht. Vier Kämpfe gewann er durch technischen K.o., einer ging unentschieden aus."

Rundfunk, Fernsehen und alle Bereiche der schreibenden Presse berichteten über diesen Coup. Wir hatten das erreicht, was wir wollten, bundesweite Aufmerksamkeit. Klaus Peter Kohl hatte mal wieder recht behalten.

Ich durfte Mickey dann als Ringsprecher im Ring ankündigen. Er kam in den Ring und grüßte das Publikum. Dabei kam er bei mir vorbei und zwinkerte mir freundlich zu.

Der Kampf, na ja, er endete mit einem TKO - Sieg für Mickey, wobei der Kampf nicht als sportliches Highlight in die Boxsportgeschichte eingegangen ist.

„Auf der Plattform YouTube kann man derzeit unter Eingabe des Suchbegriffs [Mickey Rourke vs Thomas McCoy Boxing Match] Videomaterial zu dieser Geschichte finden."

28. Wie der Tiger zum Tiger wurde

Spitz- oder Kampfnamen werden nicht nur in der Sportwelt gerne benutzt. Das geht schon in der Schule los und endet nicht im Berufsleben.

Einige Namen sind schmeichelhaft, andere nicht.

In der Sportwelt erfüllen diese Spitznamen aber einen Sinn, sie sollen den Sportler charakterisieren, aus der Menge der anderen Sportler herausheben.

Bei Gerd Müller war das „der Bomber der Nation", bei Uwe Seeler hanseatisch, kurz „uns Uwe." Dabei ist es wichtig, die richtigen Spitznamen zu finden, die zum Sportler passen. So war bei Henry

Maske der Spitzname Gentleman passend, denn z.B. „Mr. Knockout"
wäre sicherlich nicht zu vermitteln gewesen.

Wichtig ist es auch nicht nur den Kampfnamen zu initiieren, sondern
auch dafür zu sorgen, dass er vom Sportler akzeptiert und von den Fans
und der Presse übernommen wird. Der Kampfname muss also passen,
kurz und präzise sein.

So war Juan Carlos Gomes „the black Panther" aufgrund seines
Kampfstiles, seiner Stärke und Geschmeidigkeit. Artur Grigoryan war
„König Artur" der jahrelange König seiner Gewichtsklasse. Markus
Bott hatte immer einen flotten Spruch auf den Lippen und man nannte
ihn daher, Markus „Cassius" Bott.

Wie kommt es zu einer Namensgebung und wie wird sie durchgesetzt?
Am besten mit einer optischen Darstellung.

Leider kann man nicht alle guten Ideen durchsetzen. So hatten wir
geplant beim Walk-In von Juan Carlos Gomes einen jungen schwarzen
Panther an einer Leine an seiner Seite zu haben. Entsprechende Berichte
in den Medien wären garantiert gewesen, der Kampfname wäre in aller
Munde gewesen. Dies wurde von der entsprechenden Behörde jedoch
nicht genehmigt.

Ebenso ein Versuch beim Walk In mit Dariusz und einem jungen Tiger
an der Leine.

Also musste im Fall von Dariusz ein anderer Weg beschritten werden.

***

Dariusz Michalczewski hatte schon die ersten Erfolge als Profiboxer
erzielt, als wir uns im Management zusammensetzten, um einen
Kampfnamen zu finden.

Foto Dariusz Michalczewski
Fotograf Enno Friedrich

Am besten macht man das gemeinsam mit einer auflagenstarken Zeitung. Uns kam entgegen, dass die Chefredaktion und auch die Sportredaktion der Bildzeitung damals in Hamburg angesiedelt waren. Außerdem gab es zu den Sportjournalisten, die dort zwischenzeitlich vermehrt über Boxen berichteten, einen sehr guten persönlichen Kontakt.

Also wurde, gemeinsam mit dem Bild-Redakteur Wolfgang Weggen, der Tiger geboren und die Bildzeitung verwendete den Kampfnamen „der Tiger" bei Ihrer Berichterstattung.

Wichtig ist es aber auch, dass der Sportler zu seinem Kampfnamen steht und ihn, wenn möglich, interpretiert. Dariusz tat das durch das Fauchen in die Kameras und Fotolinsen.

Das Bild ist allen Fans sicherlich noch in Erinnerung.

***

Nun hieß es aber auch den Spitznamen ins Bild zu setzen. Für die Presse mussten spektakuläre Bilder erstellt werden und auch die Autogrammkarten mussten neugestaltet werden.

Also was tun?

Die erste Idee Dariusz vor dem Freigehege der Tiger im Tierpark Hagenbeck zu fotografieren war schnell vom Tisch. Nicht spektakulär genug.

Fotos mit einem Stofftiger erfüllten ebenfalls nicht ihren Zweck. Dariusz mit einem kleinen Babytiger, süß, aber auch nicht das, was wir wollten.

Ich habe damals bundesweit viel herumtelefoniert und einige Möglichkeiten gefunden und auch gleich wieder verworfen. Natürlich haben wir Dariusz aus allen diesen Bemühungen herausgehalten, um ihn in seiner Vorbereitung auf den nächsten Kampf nicht zu stören.

Die Zeit drängte und ich hatte keine Lösung. Wie so oft im Leben brachte ein Zufall die Lösung.

Eines Morgens las ich in der Zeitung, dass ein Zirkus in der Stadt war. Dieser Zirkus hatte eine Hauptattraktion, eine Tierdressur.

Ein dressierter, noch nicht ganz ausgewachsener Tiger, das könnte die Lösung sein. Vor meinem geistigen Auge erschien ein Tiger, der sich fauchend vor Dariusz aufrichtete. Was wären das für spektakuläre Bilder.

Aber so schön dieser Gedanke war, unmöglich, wer würde sich schon auf so ein Risiko einlassen.

Trotzdem setzte ich mich spontan ins Auto, fuhr zu dem Zirkus, der seine Zelte gerade aufbaute und sprach erst mit dem Zirkusdirektor. Der hörte sich meinen Wunsch an und sagte, das sei eine Frage für den Dompteur, der könne einschätzen, welcher Tiger infrage käme und ob dies überhaupt möglich sei.

Also auf zum Dompteur.

Ich fand ihn in der Nähe einiger Zirkuswagen. Als ich ihn ansprach, hörte ich das wilde Fauchen einiger Tiger im Hintergrund. Auch bei dieser Aktion würde eine Win-win-Situation entstehen. Ich hatte trotzdem damit gerechnet, mir eine Absage einzuhandeln.

Aber es kam anders.

Ich konnte den Dompteur überzeugen und er sagte: "Da habe ich schon eine Idee. Ich habe einen jüngeren Tiger, der käme dafür infrage."

Wir machten uns also auf den Weg zur Vorderseite der Zirkuswagen. Als wir am ersten Wagen vorbeikamen, blieb ich stehen und sah mir die niedlichen kleinen Tiger an. Sie hatten ungefähr die Größe unseres Schäferhundes und sahen dennoch gefährlich aus.

Wenn sie schon dressiert waren, konnte nicht viel passieren, dachte ich gerade, als ich die Stimme des Dompteurs hörte „nicht stehen bleiben, kommen Sie hier her zu mir."

Verblüfft ging ich einige Schritte weiter zum nächsten Wagen. Dann blickte ich völlig überrascht in den zweiten Käfig, in große gelbliche Augen, die mich anstarrten. Ich habe den Namen des Tigers leider vergessen, aber der Dompteur sagte voller Stolz und Liebe:

„Das ist mein Lieblingstiger", während ich immer noch in die großen Augen des Tigers schaute.

Und dann öffnete sich mein Blick und ich sah ihn in seiner ganzen Größe und Schönheit direkt vor mir, sich am Gitter reibend.

Es bot sich mir ein faszinierender Anblick.

Ich hatte mich zwar vorher informiert und gelesen, dass männliche erwachsene Tiger zwischen 2,50 und 3,90 lang sein können und zwischen 90 und 310 kg wiegen können. Dieser Tiger war nicht wie erwartet klein und sah schon sehr gefährlich aus.

Aber einen, wie ich später erfuhr, fast ausgewachsenen Tiger in der Wirklichkeit vor mir zu sehen, nur durch die Gitterstäbe getrennt, ließ mir den Atem stocken. Er fauchte wild und ich spürte seinen Atem.

Ein wunderschönes Tier, das mit dem typischen geschmeidigen Gang jetzt immer am Gitter entlang spazierte, mich nie aus den Augen lassend. Ich hatte das Gefühl, dass er dachte, wie der wohl schmeckt.

Der Dompteur sah wohl meinen etwas furchtsamen Blick und sagte lachend: „Dann muss ich ihm wohl mal was zu beißen geben".

Und schon bekam er einen großen fleischigen Knochen in den Käfig geschoben. Mein neuer Freund biss hinein und es war das Geräusch zersplitternder Knochen zu hören. Und ich war froh, dass es die Gitterstäbe gab.

Immer wieder blickte mich der Tiger an.

„Ich glaube, er mag Sie", sagte der Dompteur lachend, ich war mir da nicht so sicher. „Er ist zwar noch nicht ganz ausgewachsen, aber er ist lammfromm, wir könnten den doch fürs Foto nehmen".

Lammfromm, na ja, die Botschaft hörte ich wohl, allein mir fehlte in diesem Moment der Glaube. Auch sein Hinweis, er werde den Tiger vor dem Termin füttern und er bekommt sein Lieblingsfleisch, konnte mich nur bedingt beruhigen. Denn vielleicht gab es auch bei einem Tiger den Unterschied zwischen Appetit und Hunger.

Dann wurden wir uns schnell einig. Ich glaube, heute hätte ich dieses Angebot abgelehnt, denn heute wäre mir das Risiko zu groß. Aber damals, 1992, vor fast 30 Jahren, habe ich das wesentlich lockerer gesehen.

Nachdem mir der Dompteur versichert hatte, dass die ganze Aktion unter bestimmten Bedingungen völlig ungefährlich wäre, habe ich nach Rücksprache mit meinem Chef, zugesagt.

Die Bedingungen waren folgende:

Nur ein Fotograf und ich etwas vom Käfig entfernt. Völlige Ruhe. Anweisungen an Dariusz nur mit ruhiger Stimme, in und außerhalb des Käfigs, der im Zirkuszelt stand, keine hektischen Gesten.

Dariusz sollte im Käfig in Boxerpose im Ring stehen, davor der Tiger auf den Hinterbeinen aufgerichtet. Dariusz muss ruhig stehen, keine schnellen Bewegungen, kein Wort. Dann konnte nichts passieren.

Der Trubel mit vielen Pressefotografen wäre, sagen wir mal, „kontraproduktiv" gewesen. Daher habe ich mich entschieden, den Absprachen folgend, nur einen freien Fotografen mitzunehmen, der die Fotos an die Medien verkaufen sollte. Ich buchte Eduard Pawelczyk, einen mir gut bekannten älteren und sehr ruhigen Fotografen, der schon viel mitgemacht und erlebt hatte.
***

Am Tag darauf war der Fotograf bestellt und die Presse über die bald eingehenden Fotos informiert.

Ich holte Dariusz, wie immer bei offiziellen Terminen, von zu Hause ab. Ich glaube, er wohnte mit seiner Familie damals noch im Gartenhaus auf dem Grundstück von Klaus Peter Kohl in Stellingen.

Auf der Fahrt zum Zirkus erklärte ich Dariusz, was passieren würde und welche Absprachen es gibt. Ich erwähnte noch einmal den kleinen Tiger.

Man muss wissen, dass auch wir oft gegenseitig ein Späßchen machten und uns ein bisschen auf die Schippe nahmen.

Dariusz hatte am Vortag das, in einem anderen Zusammenhang, auch bei mir versucht.

Was war passiert?

Bei Presseterminen, in diesem Fall im Fernsehstudio, gab ich genaue Anweisungen, welche Kleidung getragen werden sollte. Das hatte auch damals schon mit dem Ausrüster für die Trainingskleidung und Sponsoren zu tun. Er wusste genau, dass ich in diesem Punkt sehr genau war und es sehr genau nahm, denn wir wollten ja niemanden verärgern. Und ich wusste, dass genau dies meine Boxer nervte.

Dariusz stieg bei mir im Auto ein und hatte nicht das angezogen, was er sollte. Da ich unsere Spielchen kannte, unterdrückte ich meine spontane Reaktion und tat erst einmal so, als sei nichts geschehen. Ich blieb ruhig und reagierte nicht so, wie von Dariusz gewünscht und erwartet.

Als er merkte, dass ich nicht reagierte, zog er seine Tasche heran und sagte grinsend: „Keine Panik, die Klamotten sind da drin". So ging das immer mal hin und her. Wir lachten immer gemeinsam über unsere Späße.

***

Ich hatte alles getan, ihn vorzubereiten, alle Absprachen weitergegeben.

Wir fuhren direkt zum Zirkus.

Dariusz zog sich um, der Dompteur begrüßte ihn und sagte: "Du weißt Bescheid? Er erklärte ihm noch einmal, ruhig stehen bleiben, Boxpose einnehmen und was auch geschieht, nicht bewegen oder reden.

Aus späteren Gesprächen weiß ich, dass er mir das mit dem kleinen Tiger bis zum ersten Blickkontakt mit dem Tiger geglaubt hat.

Da er also immer noch davon ausging, dass mein Hinweis „es ist ein kleiner Tiger" richtig war, stand er völlig entspannt in Boxerhaltung im Tierkäfig.

Dann kam der Dompteur mit dem Tiger in den Käfig.

Der Tiger schritt langsam, geschmeidig und gemessenen Schrittes durch den Käfig. Man sah den schleichenden, lauernden Gang des Tigers, der, so hatte ich den Eindruck, Dariusz fest im Blick hatte.

Ich gebe zu, mein Herz schlug schneller und mir wurde doch etwas mulmig. Ich dachte noch, hoffentlich hat der Dompteur daran gedacht, dem Tiger sein Lieblingsessen zu geben, damit er satt und zufrieden ist.

Aber jetzt war es zu spät, da hieß es einfach Nerven bewahren.

Besonders für Dariusz, aber der wusste ja noch nicht, wer da gleich vor ihm stehen würde.

Wir waren durch das Gitter des Käfigs gut geschützt, aber Dariusz nicht.

Und dann passierte es.

Der Tiger war im Rücken von Dariusz in den Ring gekommen und erschien nun im Blickfeld von Dariusz. Und genau in diesem Moment konnte ich an seinem Gesichtsausdruck sehen, dass ihm schlagartig klar wurde, dass das mit dem kleinen Tiger ein Scherz von mir war. Ich sah das, während neben mir der Verschluss der Kamera klickte.

Sekundenlang blieb mir das Herz stehen, während der Dompteur beruhigend auf den Tiger einsprach. Doch Dariusz bewahrte Ruhe, machte das, was wir abgesprochen hatten.

Der Dompteur gab einen Befehl und der große Tiger richtete sich auf den Hinterbeinen auf, ca. 1 Meter vor Dariusz. Ich glaubte die Schweißperlen auf der Stirn von Dariusz sehen zu können, doch der blieb ruhig in Boxerpose stehen.

Ich hatte das Gefühl, dass wir so rund 10 Minuten vor dem Käfig standen. Aber es waren wohl nur 2 Minuten. Immer noch hatte ich die Befürchtung, dass irgendetwas passieren würde.
Und es passierte wirklich etwas.
***
Der Dompteur gab einen zweiten Befehl und der Tiger riss das Maul auf und fauchte in Richtung von Dariusz.
Das Lächeln verließ das Gesicht von Dariusz und er fauchte zurück, sowie er es später in alle Kameras gemacht hat. Nur später stand niemals ein großer Tiger einen Meter vor ihm.
Mit stockte der Atem, ich hatte kurz das Gefühl, der Tiger war etwas irritiert. Wahrscheinlich dachte er, wer faucht da in meiner unmittelbaren Nähe.
Dariusz beschrieb diese Szene in seinem Buch" Der Tiger bin ich" wie folgt:

Aug in Aug mit dem Tiger

Gerd Müller hat nicht nur fast alle meine 41 Kämpfe angesagt, der Ringsprecher war auch mein PR-Mann. In dieser Zeit habe ich einiges von Ihm gelernt, was den Umgang mit der Presse angeht, aber uns verbindet vor allem ein Erlebnis, das ich nie vergessen werde.
Gerd nahm mich mit zu einem Wanderzirkus.
„Da sind kleine Tiger, Dariusz, da können wir schöne Fotos machen".
Der Tiger mit dem Tiger, „klar" denke ich und klettere in den Käfig-da kommt doch ein 250kg schwerer Bengalen-Tiger auf mich zu.
Er und ich, wir beide allein im Käfig ohne Dompteur.

„Mach auf, hol mich hier raus". Keine Reaktion von Gerd.
Der zuckte mit den Schultern „ich habe den Schlüssel nicht"
Mensch hatte ich Schiss. Tierische Angst. In meiner Verzweiflung habe
ich Ihn durch die Gitterstäbe angebrüllt " ich bringe Dich um".
Naja, ich habs überlebt und Gerd auch.

Neben mir sagte der erfahrene Fotograf leise: „Sensationelle Fotos, ich habe alles im Kasten". Ich gab dem Dompteur das vereinbarte Zeichen und er gab einen kurzen Befehl.

Daraufhin verschwand der Tiger hinter Dariusz und trottete, jetzt wieder auf 4 Beinen, langsam, geschmeidig und mit einer gewissen Lässigkeit aus dem Käfig. Nicht ohne noch einmal einen Blick auf Dariusz zu werfen, so, als wolle er sagen, was war das denn für ein komischer Kerl.

Kurz bevor der Tiger aus dem Käfig verschwand, schaute Dariusz sich noch einmal vorsichtig um und ich glaube, er verabschiedete sich mit einem Nicken von seinem neuen Freund.

Ich bewundere noch heute Dariusz für diese guten Nerven und seine Professionalität.

Als Dariusz dann auf mich zukam, sah ich, obwohl es nicht gerade heiß war, die Schweißperlen auf seiner Stirn, und er sagte lachend, „das zahle ich Dir heim."

29. Ein unwürdiger Abschied

Jede Sportlerkarriere endet einmal, und so auch die von Dariusz. Wenn der Boxer und die Fans auf so eine große erfolgreiche Karriere zurückblicken können, ist der Abschied aus dem Ring ein, für die Fans und den Sportler wichtiger, emotionaler Faktor. Ein Moment, an den sich alle zurückerinnern, die letzte Möglichkeit des Sportlers, sich seinen Fans zu zeigen.

Es ist die letzte Möglichkeit der Fans, Ihren Liebling zu feiern.

Ich meine damit nicht die Frage, ob man mit einem Sieg oder einer Niederlage aufhört. Ich meine damit den Respekt, den man einem großen Champion entgegenbringen muss.

Daher muss von allen Beteiligten alles getan werden, dem Boxer einen würdigen Abschied zu gestalten. Denn für den Boxer und die Fans ist das ein letztes Zusammentreffen und ein sehr emotionaler Moment. Es ist der letzte fast intime Moment, in dem der Fan seinem Idol nahe sein kann. Die letzte Möglichkeit, ihm zu zeigen, wie sehr man ihn verehrt.

Dariusz war schon damals ein Ausnahmeboxer, etwas ganz Besonderes.

Er hat in seiner Profiboxlaufbahn 50 Kämpfe bestritten, davon 48 gewonnen, 38 durch k. o. Er begann seine Karriere am 16.09.1991 im Legien Center Hamburg. War internationaler Deutscher Meister, IBF Intercontinental Champion, Am 10.9.1994 wurde er WBO-Weltmeister im Halbschwergewicht und am 13.6.1997 gegen Vigil Hill Weltmeister im Halbschwergewicht der drei Verbände WBO, WBA, IBF.

Gleichzeitig war er auch WBO-Weltmeister im Cruisergewicht. Er verteidigte seinen WBO-Titel 25 x und war von 1994 bis 2003 Weltmeister.

Nur seine letzten 2 Kämpfe verlor er.

Eine Titelverteidigung gegen Julio Cesar Gonzales aus Argentinien und seinen Abschiedskampf gegen den Weltmeister Fabrice Tiozzo.

***

Sportfans kennen diesen Abschied aus den verschiedensten Sportarten.

Ich habe bei mir im Büro immer noch den Wimpel des Abschied-Spiels von Uwe Seeler hängen und erinnere mich noch gut an diese einzigartige Atmosphäre im Stadion.

Es war der 1. Mai 1972, das Stadion war ausverkauft. Nicht nur die einfachen Fans waren gekommen, sondern auf viele Künstler, Sänger, Politiker etc.

Direkt vor mir saß Vicky Leandros mit ihrem Vater.

Als der Schlusspfiff ertönte, würdigte der Stadionsprecher noch einmal die Leistungen von "uns Uwe." Alle Zuschauer standen auf, um ihm durch Ihren Applaus und Uwe Uwe Rufe zu zeigen, dass er ihr Idol ist.

Viele hatten Tränen in den Augen. Gänsehaut pur.

Jeder Fan ging davon aus, dass es, wenn es an der Zeit ist, bei Dariusz genauso sein würde.

Und es war an der Zeit.

***

Nachdem Dariusz am 18.10.2003, vor heimischem Publikum, seinen WM-Titel gegen Julio Cesar Gonzalez aus Argentinien nach Punkten verloren hatte, wollte er unbedingt noch einmal vor seinem Publikum in Hamburg um die WM boxen.

Nicht nur das Management, sondern auch viele Freunde rieten davon ab, aber wer Dariusz kennt, weiß, er setzt seinen Willen durch. Und wie sagt man, steter Tropfen hüllt den Stein.

Schließlich war auch sein Förderer und väterlicher Freund Klaus Peter Kohl bereit, ihm diesen Wunsch zu erfüllen.

Es hätte auch ein Kampf gegen einen namhaften, aber schlagbaren Gegner sein können.

Aber das wollte Dariusz nicht.

Er wollte noch einmal die Herausforderung, noch einmal um die Weltmeisterschaft boxen, um sich so von seinen Fans zu verabschieden. Es musste nur noch ein namhafter Gegner gefunden werden, der Weltmeister war.

Der Gegner wurde gefunden.

Die WBA gab Dariusz aufgrund seiner herausragenden sportlichen Leistungen die Chance als Herausforderer, nach 16 Monaten Kampfpause, um die Weltmeisterschaft zu boxen. Dariusz traf auf den WBA-Weltmeister, den starken Franzosen Fabrice Tiozzo.

Es ging, wie gewünscht, um die WBA-Weltmeisterschaft.

Tiozzo war der von Dariusz gewünschte starke Gegner, der bis zu diesem Kampf nur einmal verloren hatte und 32 seiner 48 Siege durch k. o. gewonnen hatte.

Es war eine super Stimmung in der fast ausverkauften Halle. Gänsehautstimmung.

Dariusz und Tiger Schlachtrufe hallten erwartungsfroh durch die Halle, und wie ich wusste, waren die Rufe auch in den Kabinen zu hören.

Ein letztes Mal die totale Motivation für den Tiger.

***

Nun gab es besonders für diesen Kampf besondere Szenarien, die den Ausgang des Kampfes betrafen.

Gewann er, war er wieder im Geschäft und es würde weitergehen. Verlor er, war das sicherlich, nach dann zwei Niederlagen, sein letzter Kampf. Freundschaftlich ausgedrückt standen die Chancen 50 /50. Die meisten Experten sahen aber Tiozzo als klaren Favoriten.

Nach dem sich die Fernsehsender entschieden hatten Schauspieler, Moderatoren oder andere Mitarbeiter bei den Hauptkämpfen als Ringsprecher einzusetzen, habe ich bei Kämpfen, die von unserem damaligen Fernsehpartner übertragen wurden, von Ausnahmen abgesehen nur noch bei den Vorkämpfen als Ringsprecher fungiert.

Ich gebe zu, dass ich diesen, wahrscheinlichen letzten Kampf des Tigers gerne als Ringsprecher begleitet hätte, da ich Dariusz in vielen Kämpfen als Ringsprecher und den gesamten Zeitraum seiner Karriere sportlich und freundschaftlich begleiten durfte.

Aber der damalige Fernsehsender und Vertragspartner von Universum Box Promotion hatten sich entschieden, auch zu diesem Hauptkampf einen eigenen Ringsprecher einzusetzen.

Meine langjährige Zusammenarbeit mit dem ZDF, mein stets faires Verhalten meine Hilfe und viele Ratschläge in der der Vergangenheit spielten keine Rolle. Man erklärte mir, dass man davon auch nicht abweichen wolle.

Ich gebe zu das mich diese Entscheidung sehr traurig gemacht hat.

***

Nun hätte man sich als Ringsprecher und vor allen Dingen als Redakteur oder Regisseur des übertragenden Fernsehsenders über das Verhalten bei einer Niederlage Gedanken machen können, ja ich finde, machen müssen.

Denn eines war klar, es wird keine „Buhrufe" oder ähnliche Unmutsbekundungen seiner vielen Fans geben, es würde sich Traurigkeit breit machen.

Es ist bekannt, was geschah, Dariusz verlor durch technischen k. o. In der 6. Runde, nach 2 Minuten und 5 Sekunden, war die Karriere von Dariusz endgültig beendet.

Ich hatte Tränen in den Augen, meinen Freund so zu sehen.

Sie werden in diesem Buch keine negativen Kommentare von mir über Ringsprecherkollegen oder Fernsehpartner lesen, aber in diesem Fall geht es um Dariusz, meinen Freund, der einen würdigen Abschied verdient hatte.

In der Halle hatte sich nach den euphorischen Anfeuerungsrufen lähmendes Entsetzen und totale Stille breitgemacht.

Nur der Jubel der Anhänger von Tiozzo war zu hören.

Die Fans von Dariusz waren traurig und niedergeschlagen.

Tiozzo nahm Dariusz in den Arm und hob, als Anerkennung seiner Leistung und Erfolge, den Arm von Dariusz in die Höhe.

Jetzt war die Stunde des Ringsprechers gekommen. Er musste die Stimmung in der Halle aufnehmen. Musste die richtigen Worte für die Würdigung eines großen Sportlers finden und die Trauer der Fans auffangen. Und er musste dafür sorgen, dass Dariusz mit tosendem Applaus und „Standing Ovation" den Ring und die Halle verlassen konnte.

Aber der Ringsprecher verkündigte in seiner bekannten sachlichen Art das Urteil, und das war es.

Keine Würdigung des Boxers, kein Auffangen der Trauer der Zuschauer.

Ich empfand in diesem Moment eine grenzenlose Traurigkeit. Wahrscheinlich ging es den meisten Zuschauern genauso.

Nun will ich dem Kollegen nicht die alleinige Schuld am unwürdigen Abschied vom Tiger geben. Wenn man sich nur als Vermittler von Zahlen und Fakten versteht, kein Herzblut für diese Sportart hat und emotional dem Boxer nicht nahesteht, dann ist das eben ein normales Verhalten.

Die Hauptschuld an diesem Geschehen gebe ich dem Sender ZDF, dem Regisseur und der Redaktion, die den Ringsprecher nicht entsprechend vorbereitet hatten. Vor dem Hintergrund, dass besonders der Regisseur immer emotionale Bilder haben wollte, Bilder, die Gänsehaut erzeugen etc. verstehe ich dieses Verhalten absolut nicht.

Es war nicht nur unprofessionell, sondern auch unwürdig diesem Moment gegenüber.

Hätte der Ringsprecher nach der Urteilsverkündung noch einige emotionale Worte über Dariusz, seine Karriere und diesen letzten Kampf gefunden, dann hätte er ihn würdevoll verabschiedet.

Dann wäre die Halle aus der Erstarrung gerissen worden, die Zuschauer hätten applaudiert, man wäre aufgestanden, hätte „Dariusz Dariusz" oder „Tiger Tiger" gerufen.

Dariusz hätte den Abgang gehabt, den er als großer erfolgreicher Sportler verdient hätte, und das Fernsehen hätte außergewöhnliche emotionale Bilder einfangen können, von denen andere Regisseure nicht zu träumen gewagt hätten.

Aber so ging er als geschlagener Boxer einsam aus dem Ring. Begleitet von anfänglich zaghaften „Tiger Tiger" rufen, die dann, als er fast die Halle verlassen hatte, immer lauter wurden.

Ein Bild, das ich in seiner Traurigkeit nie vergessen werde.

„Auf der Plattform YouTube kann man derzeit unter Eingabe des Suchbegriffs [Fabrice Tiozzo vs Dariusz Michalczewski] Videomaterial zu dieser Geschichte finden."

30. Nikotini, der schwangere Trainer und der Lichtschalter

Wer auf Veranstaltungen, im Fernsehen oder Hörfunk als Sprecher oder Moderator live tätig ist, kennt die peinlichen und oder auch lustigen Momente der Versprecher.

Auch ich bin davon nicht verschont worden.

In der Regel merkt man den Fehler in dem Moment, wenn die Worte den Mund verlassen. Meistens aber Sekunden zu spät, um es zu verhindern.

Sind es belanglose Versprecher heißt es Nerven bewahren und einfach weitermachen. Sind es substanzielle Fehler, bedarf es einer sofortigen Korrektur. Es gibt Fehler vor einem großen Publikum und Fehler im sehr kleinen Kreis.

Es gibt aber auch Situationen, in denen man den Fehler nicht bemerkt. Und es gibt ärgerliche, peinliche, aber auch lustige Fehler.

Ein Fehler in einem persönlichen Gespräch gehörte zu den lustigen Fehlern.

Einer von unseren vielen Weltklassetrainern kam aus den USA, aus Miami, Mr. Chuck Talhami ein Mann, der schon bei Muhammed Ali in der Ecke gestanden hatte.

Nachdem wir Graciano Rocchigiani unter Vertrag genommen hatten, wünschte er sich Chuck als Trainer. Ich schätzte Graciano als Mensch und Boxer sehr, doch er war auch manchmal sehr spontan in seine Entscheidungen. Nachdem ich Chuck in Berlin vom Flugplatz abgeholt hatte, änderte Graciano seine Meinung.

Ich nahm Chuck mit nach Hamburg und er wurde Bestandteil unseres Trainerteams und ein guter, leider zwischenzeitlich verstorbener Freund. Chuck hatte viele gute Eigenschaften als Mensch und als Trainer, aber er hasste öffentliche Auftritte, besonders vor der Presse. Das lag sicherlich nicht nur an der fremden Sprache, die er nicht beherrschte.

Es geschah nach einer Pressekonferenz im Theater König der Löwen an der Elbe. Er kam zu mir und fragte, wie ich seinen Auftritt vor der Presse fand. Es war sehr hektisch um uns herum und viele Fragen prasselten auf mich nieder. Auch der argentinische Manager Nicolini, Manager des Gegners im Hauptkampf, wartete auf Antworten auf seine vielen Fragen.

Und dann Chuck mit dieser Frage, die wir eigentlich auch später hätten klären können.

Aber da ich Chuck sehr mochte, wollte ich seine Frage gleich beantworten. Ich nahm ihn zur Seite und sagte, ohne lange nachzudenken „Short und pregnant". Ich wollte damit sagen - kurz und prägnant.

Glücklicherweise hat niemand dieses kurze Gespräch mitbekommen, aber Chuck konnte sich kaum halten vor Lachen. Ich aber hatte immer noch nicht begriffen, warum er lachte.

Dann machte er mit seiner Hand einen Halbkreis vor seinem Bauch und da wurde selbst mir klar, was ich da verbockt hatte, und wir lachten gemeinsam.

***

Aber so etwas passiert natürlich leider auch vor Publikum.

Vor den Titelkämpfen stelle ich im Ring immer die Boxer und die Betreuer in der Ecke vor. Wir hatten einen sehr guten und langjährigen Masseur im Team, Christoph Busch und an dem Abend am Ring den Ringarzt Dr. Christof Götz. Beide kannte ich persönlich sehr gut.

Beide musste ich vor dem Hauptkampf vorstellen, beide standen richtig geschrieben auf meiner Moderationskarte. Und doch machte ich an diesem Abend Dr. Christoph Götz zum Masseur in der roten Ecke.

Menschen, die es gut mit mir meinten, nahmen diesen Versprecher mit einem Lächeln wahr, so auch die beiden Beteiligten. Andere meinten mir noch während meiner laufenden Moderation laut mitteilen zu müssen, dass ich da einen falschen Namen genannt habe.

Und wieder andere grinsten vor sich hin und freuten sich, dass ich mal wieder einen Fehler gemacht habe.

So ist das Leben.

***

Mein Lieblingsversprecher passierte mir während einer Pressekonferenz.

Vor einem Kampf fand immer eine Abschlusspressekonferenz mit Klaus Peter Kohl, den Hauptkämpfern, Ihren Trainern und Managern statt.

Wir hatten damals oft mit dem argentinischen Manager Nicolini zusammengearbeitet. Wenn wir starke Kämpfer brauchten, war der Manager Nicolini ein guter Ansprechpartner, da die argentinischen Boxer in der Regel stark waren und immer einen guten Kampf ablieferten. Daher hatte ich mit Herrn Nicolini schon mehrere unfallfreie Pressekonferenzen absolviert.

Er war Inhaber einer Lotteriegesellschaft und neben seiner Tätigkeit als Manager war er auch Veranstalter, hat also auch selbst Veranstaltungen in Argentinien durchgeführt.

Außerdem muss man wissen, dass er Kettenraucher war.

Also ich stellte auch diesmal Herrn Nicolini offiziell vor, nur diesmal als Herrn Nicotini, was zu Heiterkeitsausbrüchen bei den Journalisten, aber glücklicherweise auch beim Betroffenen führte.

***

Dieser Manager führte mir aber auch die unterschiedliche Mentalität und Denkweise der Südamerikaner vor Augen.

Wir führten damals mehrere Veranstaltungen in der Alsterdorfer Sporthalle durch. Das Fernsehen hatte, auch durch die massive Beleuchtung des Ringes, einen hohen Strombedarf. Aus Sicherheitsgründen hatten wir daher prinzipiell ein Stromaggregat zusätzlich vor der Halle. Das sprang an, wenn es durch eine Überlastung des Netzes zum Stromausfall kommen sollte.

Es passierte in einem sehr engen Kampfgeschehen im Ring, als unser Boxer gegen einen Boxer des Managers Nicolini in Schwierigkeiten geriet und es plötzlich in der Halle dunkel wurde, Stromausfall.

Die Halle war nur in das diffuse gelbliche Licht der Notbeleuchtung getaucht. Die Boxer gingen in die neutralen Ecken.

Ich wusste aus Vorgesprächen mit den Technikern der Halle, dass es ungefähr 30 bis 40 Sekunden dauern würde, bis das Notstromaggregat hochgefahren war. Nach 30 Sekunden ging das Licht wieder an.

Unserem Boxer hatte diese Pause gutgetan, er fand in den Kampf zurück und gewann nach Punkten.

Auf der VIP-Party nach dem Kampfabend sprach mich der Manager Nicolini an. „Respekt, gut gemacht, dass kam genau zur richtigen Zeit für Euch". Er sagte das ohne Groll, nahezu anerkennend als fairer Verlierer.

Ich habe damals nicht verstanden, wie er das gemeint hatte.
Er merkte, dass ich nicht verstanden hatte, was er damit aussagen wollte. Er klärte mich dann wohlwollend auf.

Er sagte, er kenne diese Situation, dass der eigene Boxer in Schwierigkeiten ist, doch ganz genau. Ich erfuhr, dass er in seiner Heimatstadt ein größeres Gym mit Tribünen hatte, in dem er auch veranstaltete. Und immer wenn einer seiner Boxer in Not war, und die Gefahr bestand, dass er den Kampf verliert, handelte er.

Denn es gäbe dort, im hinteren Bereich der Halle, einen kleinen Lichtschalter und den würde er dann betätigen, und es würde dunkel werden und ...

Also brauchte ich jetzt auch nichts mehr dazu zu sagen, er kennt das.
Ich versuchte ihn dann zu überzeugen, dass wir das hier in Deutschland so nicht machen, obwohl ich es eigentlich für eine gute Idee hielt.

Aber ich glaube, er ist auch heute immer noch der Meinung, da hat einer das Licht ausgeschaltet.

31.   The Black Panther Walk- in und sechs Wochen der Qual.

Einmal davon abgesehen, dass ein Boxer möglichst 365 Tage des Jahres eine entsprechende Fitness haben sollte, sind die letzten 6 – 8 Wochen vor dem Kampf die Leidenszeit eines Boxers.

Hier wird er besonders gefordert, physisch sowie auch psychisch. In dieser Phase muss er sehr fixiert sein auf sein Training und den bevorstehenden Kampf. Auch die richtige Ernährung spielt besonders in dieser Zeit eine große Rolle.

Das Publikum sieht immer nur die 10 oder 12 Runden eines Titelkampfes, aber nicht die Schinderei im Vorfeld.

Das betrifft nicht nur Boxer, die vor einem Titelkampf stehen, sondern auch alle Boxer im normalen Rahmenprogramm. In dieser Zeit der Vorbereitungsphase wird neben der Konditionsarbeit im Wesentlichen an der Schlaghärte und der Verbesserung der Technik gefeilt, das defensive Verhalten verbessert, und die Beinarbeit intensiviert.

Das heißt täglich eine längere Strecke, zum Teil mit Steigerungsläufen, absolvieren. Beliebt, bei den Trainern, sind hier Steigerungsläufe z.B. auf Stadiontreppen und hügelige Laufstrecken. Auch das Laufen mit Gewichten am Körper wird häufig eingesetzt.

Am Sandsack werden die Schlaghärte, aber auch die einzelnen Schlagvariationen geübt. Die Maisbirne dient zur Übung der schnellen Koordination der Hände und des Auges. Ich habe das mit der Maisbirne sehr oft versucht, trotz vieler Tipps und Hinweise habe ich das jedoch nie zufriedenstellend hinbekommen.

Die Beinarbeit, die „schnellen Füße" werden mit verschiedenen Übungen an Springseil optimiert. Dadurch wird die Möglichkeit trainiert, durch schnelle Beinarbeit gefährliche Situationen zu verhindern.

Außerdem werden immer wieder die sogenannten Meidbewegungen trainiert, das Vermeiden von Schlägen durch Ausweichbewegungen des Körpers.

Wichtig ist es auch, bei den Schlägen richtig zu stehen. Damit ist gemeint, dass der Boxer beim Schlag mit beiden Füßen fest auf dem Boden steht und nicht in den Schlag hineinspringt. Nur dann kann die volle Schlaghärte erzielt werden.

Tägliche Arbeit mit dem Trainer im Ring ist äußerst wichtig.

Dazu gehört auch die Pratzenarbeit.

Pratzen

Ist ein großer stabiler Handschuh, vergleichbar dem Handschuh beim Baseball, den der Trainer an einer Hand trägt.

Durch variierende Haltungen des Handschuhs wird der Boxer aufgefordert verschiedene Schlagtechniken anzuwenden, die der Trainer mit dem Handschuh auffängt.

Wer schon mal bei einem Training dabei war, kennt die Situation, wenn die Hand des Boxers auf die Pratze trifft. Was man aber nur erahnen kann, ist die Wucht, die die Schulter des Trainers absorbieren muss.

Ich habe mir einmal so zum Spaß die Pratzen übergestreift und einen, sicherlich nicht mit Kraft, ausgeführten Schlag unseres Leichtgewicht Weltmeisters Artur Grigoryan mit dem Handschuh aufgefangen. Ich war auf den Schlag vorbereitet, wurde aber fast umgerissen. Daher kann ich erahnen, was es bedeutet, einen harten Schlag eines Schwergewichtlers mit der Schulter und dem Körper abzufangen.

Sparring und Übungseinheiten im Ring werden prinzipiell im Drei-Minutentakt durchgeführt, der Länge einer normalen Boxrunde bei Männern oder 2 Minuten bei den Frauen. Das betrifft auch alle Aktivitäten außerhalb des Boxringes.

In der Zeit direkt vor dem Titelkampf wird dann gezielt auf den Kampf hingearbeitet.

Es beginnt damit die Fitness auf den möglichst höchsten Stand zu bringen, denn es kann sein, dass der Kampf 12 Runden dauert. Um zu ermessen, welche Belastung ein 12-Rundenkampf bedeutet, kann jeder Leser einmal ein 3-minütiges Schattenboxen absolvieren, mit der entsprechenden Beinarbeit.

Was man nicht simulieren kann, sind die Schläge, die man im Laufe einer Runde einstecken muss.

Natürlich spielt in der Vorbereitung auch der Gegner eine große Rolle.

Der Trainer hat sich schon mit den Stärken und Schwächen des Gegners vertraut gemacht.

Und nun kommt es auf den jeweiligen Boxer an.

Ich kenne Boxer, die sich akribisch jedes Video des Gegners gemeinsam mit dem Trainer anschauen, um den Gegner zu studieren.

Ich kenne aber auch Boxer, die sich kein Video des Gegners anschauen und sich ganz auf die Taktik und die Hinweise des Trainers verlassen.

Viele Boxer studieren den Gegner in den ersten Runden, um seine Schwächen instinktiv wahrzunehmen.

Natürlich bedarf es einer Taktik des Trainers, um den Gegner zu besiegen. Hierbei ist die Analyse des gegnerischen Boxers sehr wichtig. Können Schwächen des Boxers herausgefiltert werden, so fließen diese in die Taktik mit ein.

Diese wird vom Trainer erarbeitet, zugeschnitten auf die Fähigkeiten seines Boxers. Im Training wird diese Taktik geübt. Und da spielen in den 4 Wochen vor dem Kampf die Sparringspartner eine große Rolle.

Sie werden nach dem jeweiligen Gegner ausgesucht. Ist er groß und schlagstark, ist der Sparringspartner es auch. Ist er klein, wendig und schnell oder klammert oft und boxt unsauber, macht das der Sparringspartner auch.

In der Regel ist das für den Hauptkämpfer und den Sparringspartner eine Win-win-Situation, denn beide profitieren durch das Training. Sehr oft bekommt der Sparringspartner auch einen Kampf während der Veranstaltung. Vor großen Kämpfen gibt es mehrere Sparringspartner, die sich abwechseln, sodass der Hauptkämpfer z.B. 12 Runden boxen muss, die Sparringspartner sich aber alle 3 Runden abwechseln.

Mal abgesehen vom Schwergewicht müssen auch die meisten Boxer „Gewicht machen." Das heißt, durch das Training und entsprechende Diät mehrere Kilos abzunehmen, um in das geforderte Kampfgewicht zu kommen.

Denn es ist für den Boxer ein Vorteil in der Gewichtsklasse unter seinem Normalgewicht zu boxen.

In den meisten Weltverbänden wird 1 Tag vor dem Kampf gewogen, sodass bis zum Kampf wieder Gewicht zugelegt wird, was sich auf die Physis positiv auswirkt.

Gewichtsklassen

Beim BDB und bei den meisten internationalen Verbänden gibt es 14 Gewichtsklassen, vom Fliegengewicht mit 50,82 kg bis hin zum Schwergewicht ab 90,719 kg. Da die Gewichte ursprünglich in englischen Pfund angegeben wurden, gibt es diese ungeraden Zahlen.

Bei den Damen sind es 16 Gewichtsklassen, vom Strohgewicht bis 47,627 Kg bis hin zum Schwergewicht ab 80,148 kg.

Wichtig ist neben der Ernährung auch die mentale Verfassung des Boxers.

Große Boxställe haben daher Ernährungsberater und Psychologen, die sich um die Boxer kümmern.

***

Der Walk-In eines Boxers ist besonders beim Hauptkampf, abgesehen von den sportlichen Leistungen im Ring, für die Boxer, die Betreuer und das Publikum immer einer der Höhepunkte einer Veranstaltung.

Für den Boxer ist es der Walk-In, die allerletzte Etappe der Vorbereitung.

Während des Walk-In wird allen Beteiligten klar, jetzt geht es los. Es muss alles passen, es gibt keine Möglichkeit mehr nachzubessern. Der

Boxer muss in diesem Moment absolut sicher sein, dass er in der Vorbereitung alles getan hat, um zu gewinnen.

Und für das Publikum ist es die erste Möglichkeit vor dem Kampf Emotionen zu zeigen.

Viele Boxer sind schon bei Walk-In sehr fokussiert und haben den sogenannten Tunnelblick.

Aber alle Boxer haben mir nachträglich bestätigt, dass sie die Atmosphäre in der Halle, wenn auch oft nur im Unterbewusstsein, mitbekommen haben. Besonders für die „Heimboxer" gibt diese Atmosphäre und Lautstärke noch einmal den richtigen Push.

Ich kenne aber auch Boxer, die mir gesagt haben, „wenn ich auswärts boxe und die Zuschauer mich während des Walk-In auspfeifen, ist das auch eine Motivation für mich".

Rene Weller, Europameister im Leichtgewicht, hat mir mal seine Einstellung geschildert. Er sagte „ich bin immer motiviert, egal wo ich boxe und es ist mir egal, ob das Publikum für oder gegen mich ist, Hauptsache sie bezahlen Eintrittsgeld".

Aber auch für mich war der Walk-In unserer Boxer immer einer der Höhepunkte einer Veranstaltung. Man fiebert mit allen Boxern des Boxstalls mit. Aber es ist wie immer im Leben, zu einigen hat man ein engeres, sportlich freundschaftliches Verhältnis. Und bei diesen Boxern gibt es dann natürlich auch die „Gänsehautmomente".

Besonders die Walk-In Musik spielt hierbei eine große Rolle. Einerseits soll sie dem Boxer emotional noch einmal den letzten Schub geben. Andererseits soll sie besonders die Zuschauer in Schwingung versetzen und Emotionen wecken. Natürlich muss diese Musik zum Boxer passen. Dabei bleiben mir einige Walk In Musiken in ewiger Erinnerung.

Bei Dariusz, „Eye oft the Tiger."

Ein sehr besonderer Moment war der Walk-In von Dariusz am 20.09.1995. Die Band Survivor spielte den Titelsong von Rocky 3 „eye oft the tiger" live in der Sporthalle Hamburg.

Ins rechte Licht gesetzt wurde das Ganze durch eine 100.000 Watt Illumination, der Sound kann aus zusätzlichen Boxen mit 30.000 Watt Leistung.

Besonders motiviert besiegte Dariusz seinen Gegner Paul Carlo aus den USA durch K. O. in der 4. Runde.

Der entscheidende Schlag war wieder einmal „der beste linke Haken der Welt".

Bei den Klitschkos war es, „simply the best" oder bei Regina Halmich das von Doro gesungene „All wer are." Stimmungsmäßig war der Walk-In unserer Boxer immer etwas Außergewöhnliches.

Besonders emotional war das bei den Boxern, die in ihren Heimatländern Titelkämpfe austrugen. Dariusz Michalczewski in Danzig, Koko Kovac, Karoly Balzsay und Zsolt Erdei in Budapest, die Klitschkos in Kiew und Stipe Drews in Pula.

***

Es gibt aber einen Walk-In, der das Publikum und auch mich immer wieder begeisterte, und das lag nicht nur an der lateinamerikanischen Walk- In Musik.

Juan Carlos Gomez. The Black Panther.

Er war ein sehr erfolgreicher Amateurboxer. 1990 wurde er in Lima Juniorenweltmeister im Mittelgewicht. 1994 und 1995 erreichte er jeweils das Finale im Halbschwergewicht im Chemiepokal in Leipzig und verlor gegen Sven Ottke und Thomas Ulrich. Nach dem Chemiepokal in Leipzig setzte er sich von der kubanischen Mannschaft ab. Er wurde dann, wie geplant, Mitglied des Universum-Teams.

Gomez war sehr lange Zeit Weltmeister im Cruisergewicht und hat diese Gewichtsklasse viele Jahre weltweit dominiert. Am 26. Juli 1973 in Havanna geboren, brachte er die kubanische Lebensfreude bei seinem Walk In mit in die Halle.

Er begann seine Profikarriere am 20.5.1995 in der Sporthalle Hamburg. Von seinen 59 Kämpfen gewann er 55, davon 40 durch k. o. Im August 1996 wurde er WBO-Cruisergewichts-Weltmeister und auch WBC-Cruisergewichts-Weltmeister.

Dann wechselte er ins Schwergicht. Er wurde WBC-Latino-Champion und WBC-International Champion.

Er gewann den WBC-Titel Eliminator Kampf, der ihn berechtigte, Vitali Klitschko herauszufordern.

Diesen Kampf verlor er durch technischen K.o.

Es lag an der Art und Weise, wie „the black Panther" Juan Carlos Gomez tänzelnd in den Ring kam. Die Atmosphäre bei seinem Walk-in ist nicht zu beschreiben.

Das Publikum „stand auf den Stühlen", man hatte das Gefühl, dass die kubanische Lebensfreude des Boxers direkt auf das Publikum einwirkte. Jeder hatte das bekannte „Gänsehautgefühl".

„Auf der Plattform YouTube kann man derzeit unter Eingabe des Suchbegriffs [Juan Carlos Gomez-Mike Robinson highlights] Videomaterial zu dieser Geschichte finden."

Dazu kam sein geschmeidiger und doch kraftvoller Boxstil, der fast jeden begeisterte, den Gegner natürlich ausgenommen.

32.   Der Tod ist auch keine Lösung.

Wenn man, wie ich, fast 50 Jahre verheiratet ist und 55 Jahre überwiegend selbständig berufstätig war, könnte man meinen, man hat privat und beruflich schon alles erlebt, erfahren und gesehen.

Aber weit gefehlt.

Das Leben hält immer neue und ungeahnte Überraschungen für einen bereit. So auch in der Geschichte, die ich jetzt erzählen möchte.

Ich muss vorausschicken, dass ich prinzipiell erst einmal einem Menschen glaube und erschwerend in manchen Situationen kommt hinzu, dass ich auch an das Gute im Menschen glaube. Meine Erfahrung lehrt mich zwar, dass das nicht immer der Fall ist, aber ich habe mich von dieser Grundeinstellung nicht abbringen lassen. Auch wenn mich das, in einigen Fällen, viel Geld und Nerven gekostet hat.

Ich war schon lange aus dem Managementbereich von Universum Boxpromotion ausgestiegen, aber noch sehr oft bei verschiedenen Veranstaltern als Ringsprecher tätig.

Da bekam ich über Facebook eine persönliche Anfrage.

Ich wurde gefragt, ob ich Lust hätte, die Beratung eines aufstrebenden Boxstalls zu übernehmen.

Mein Puls fing an heftiger zu schlagen. Das war etwas, was ich gerne noch mal gemacht hätte. Ich wollte spontan ja sagen, dachte mir aber, schau doch erst mal nach, wer das denn schreibt.

Der Name sagte mir im ersten Moment nichts, aber der Vorteil von Facebook sind ja die Bilder im Profil. Ich sah einen korpulenten Mann in den besten Jahren mit einer Lederweste von einem bekannten Motorradclub.

Und da fiel der Groschen.

Ich hatte mich mit ihm während vieler Veranstaltungen, die er als Zuschauer besucht hat, über das Profiboxen unterhalten. Ich hatte gehört, er verdient sein Geld mit dem Vermieten von Zimmern und Wohnungen, die von Damen täglich bezahlt wurden und die dort Ihrem Gewerbe nachgingen. Heute kennt man für Tätigkeiten zu Hause den Begriff Heimarbeit.

Wie schon erwähnt, hatte ich keine Berührungsängste mit dem Milieu und hatte in diesem Bereich überwiegend gute Erfahrungen gemacht. Das sollte sich später bei ihm ändern, aber das wusste ich zu diesem Zeitpunkt natürlich noch nicht. Mein zukünftiger Kunde wohnte mit seiner Frau in der Nähe von Lübeck. Wir trafen und für ein erstes Gespräch in Hamburg und später dann auf halber Strecke auf einer Autobahnraststätte. Es war ein sehr offenes und gutes Gespräch, wir klärten die finanziellen Dinge und es konnte losgehen.

Ich war begeistert, meine Erfahrungen und Fähigkeiten noch einmal einbringen zu können, um einen erfolgreichen Boxstall aufzubauen.

***

Er wollte einige guten Boxer unter Vertrag nehmen und eine Veranstaltung organisieren. Also wurde von mir ein Managementvertrag erarbeitet.

Dann wurde die erste kleine Veranstaltung in Schönberg geplant und erfolgreich mit rund 600 Zuschauern durchgeführt. Da ich sehr vorsichtig und sparsam kalkuliert hatte und mein Kunde sich an diese Vorgaben gehalten hatte, ging die Veranstaltung ohne Verluste über die Bühne.

Wir vereinbarten 5 Monate später eine weitere Veranstaltung, wieder in Schönberg. Der Plan sah vor, noch 3 – 4 dieser Veranstaltungen durchzuführen, bevor man sich in größere Hallen wagen könnte. Wir wollten uns 2 Monate vor Veranstaltungsbeginn zusammensetzen, um alle weiteren Maßnahmen zu besprechen.

Aber es kam alles anders.

***

Ich ging im Büro meinen anderen Aufgaben nach, als mich nach einigen Wochen mein Kunde anrief. Er erklärte mir, "in 3 Wochen veranstalte ich eine Box-Gala in der Hansehalle in Lübeck".

Ich hielt das zuerst für einen Scherz. Denn in nur 3 Wochen eine Veranstaltung zu organisieren, in einer Halle mit rund 4.000 Plätzen bei Boxveranstaltungen, war seriös nicht zu schaffen. Dazu kam, dass es keine namhaften und bekannten Boxer im Programm gab, die die Halle annähernd füllen konnten. Erschwerend kam noch dazu, dass an diesem Abend auch live im TV ein Boxkampf von Wladimir Klitschko zu sehen war.

In der Kürze der Zeit gab so gut wie keine Chance Sponsoren zu finden, die Presse einzubeziehen und dadurch den Kartenverkauf anzukurbeln.

Also alles sprach gegen diese Veranstaltung.

In mehreren Gesprächen versuchte ich deutlich zu machen, dass nach nur einem Kampfabend, in einer kleinen Halle der Sprung in eine große Halle völlig unsinnig und finanziell gefährlich war. Er sagte mir: „Ich weiß, es ist sehr kurzfristig, aber die Halle war nur an diesem Termin frei".

Was für ein schlüssiges Argument.

Es nützte nichts, ich ließ mich breitschlagen, ihm dennoch weiterhin beratend zur Seite zu stehen. Aus heutiger Sicht war das ein sehr großer Fehler, denn er ignorierte in der Folgezeit alle meine Ratschläge.

In den nächsten 3 Wochen stellte sich heraus, dass er völlig beratungsresistent war. Ich sprach ihn mehrmals auf das enorme finanzielle Risiko an, ohne Erfolg. Er handelte entgegen meinen Ratschlägen.

Dann seine Bitte, auch bei dieser Veranstaltung als Ringsprecher aufzutreten. Ich hatte mir vorgenommen, bei diesem Himmelfahrtskommando im Hintergrund zu bleiben, um zu versuchen, zu retten, was zu retten war.

Und nun sollte ich an die Front.

Ich überlegte etwas länger und wollte ihn aber nicht im Regen stehen lassen und sagte zu. Meine Bedingung war, dass ich bis Donnerstag vor der Veranstaltung mein schon sehr reduziertes Honorar als Ringsprecher auf meinem Konto haben musste. Das war prinzipiell eine gute Idee.

Aber zum abgesprochenen Termin, kein Geldeingang.

Telefonisch teilte er mir mit, dass ein Sponsor zum Wiegen kommt, um ihm Geld zu übergeben. Da ich wusste, in welcher Szene er tätig war, hörte sich das noch recht plausibel an. Trotzdem hätte ich auf mein Bauchgefühl hören müssen, das mir sagte, da stimmt etwas nicht.

Ich erklärte ihm noch einmal meine Bedenken, die Veranstaltung durchzuführen. Ich machte ihn noch einmal auf die Möglichkeit aufmerksam, die Veranstaltung abzusagen, um so einen Teil der Kosten zu sparen. Nichts half.

Beim Offiziellen Wiegen war klar, ein Vorverkauf der Tickets hatte, wie von mir vorhergesagt, so gut wie nicht stattgefunden. Die Presse hatte fast nichts berichtet und das Boxprogramm war, freundlich ausgedrückt, sehr dürftig. Er hatte, wie von mir empfohlen, mit einigen Managern gesprochen, damit diese einige Kämpfe Ihrer Boxer finanzieren.

Das entlastete das Budget, denn der Manager brachte für seinen Boxer einen Gegner mit, den er auch bezahlte.

Noch gab es, bevor die Boxer über die Waage gegangen waren, als allerletzte Chance die Möglichkeit, die Veranstaltung abzusagen, um mindestens einen Teil der Kosten zu sparen.

Die Regeln beim Profiboxen besagen, dass dem Boxer seine Gage zusteht, wenn er nach der ärztlichen Untersuchung über die Waage gegangen ist. Man hätte mit allen Beteiligten ein offenes und faires Gespräch führen können und sicherlich eine Regelung finden können. Der Imageschaden wäre zwar groß gewesen, aber man hätte nach einiger Zeit weiter veranstalten können.

Die Boxer wurden untersucht und das Offizielle Wiegen stand bevor. Ich schaute ein letztes Mal den Veranstalter fragend an. Dieser letzte Ausweg wurde mit dem Hinweis verworfen „dann würde ich als Veranstalter ja mein Gesicht verlieren".

Aber als alle Boxer gewogen waren, gab es kein Zurück mehr.

Es war die letzte Chance, mich aus diesem Chaos zurückzuziehen, was ich auch vorhatte. Doch der Veranstalter bat mich händeringend, ihn nicht im Stich zu lassen, denn das Geld sei auf dem Weg und ich würde sicher meine Gage bekommen, und er könne sicher alle Forderungen anderer begleichen.

Da ich mir nicht vorstellen konnte, dass ein erwachsener Mensch freiwillig in sein finanzielles und auch persönliches Verderben rennen würde, versprach ich, als Ringsprecher aufzutreten.

Es kam, wie es kommen musste.

Ich habe die genaue Zahl nicht mehr im Kopf. Aber es müssen so um die 100 Zuschauer gewesen sein, die sich in der großen Halle versammelt hatten.

Das von mir vorhergesagte Fiasko war eingetreten.

***

Die Menschen, die eigentlich vor der Veranstaltung Ihr Geld bekommen sollten, wurden vom Veranstalter, mit dem mir schon bekannten Hinweis vertröstet: „Da ist ein Sponsor auf dem Weg nach Lübeck, der das nötige Geld mitbringt". Man nahm diese Aussage zur Kenntnis.

Die Manager wollten, dass ihre Boxer boxen konnten, der kleine Verband wollte eine weitere Veranstaltung auf seiner Liste haben, die Technik hatte schon alles aufgebaut. Und wir alle vertrauten darauf, dass ein neuer Veranstalter nicht schon die 2. Veranstaltung in den Sand setzen würde, was sein endgültiges Aus in der Szene bedeuten würde.

Also ließen sich alle darauf ein.

Mein dritter Fehler, aber zu mindestens befand ich mich in guter Gesellschaft.

***

Ich ging in den Ring, begrüßte die wenigen Zuschauer und sagte den ersten Kampf an. Alles lief seinen normalen Gang, Kampf für Kampf wurde abgewickelt.

Während einer Pause sprach ich mit dem Delegierten neben mir über die weitere Vorgehensweise, da tippte der Veranstalter mir auf die Schulter und sagte ganz hastig „ich fahre jetzt los, das Geld zu holen". Beruhigt setzte ich das Gespräch mit dem Delegieren fort.

Eigentlich hätte ich mir die Frage stellen müssen, wieso Geld holen, denn ich ging davon aus, dass der Sponsor wie zugesagt zur Veranstaltung kommt. Aber ich war so in den Ablauf der Veranstaltung vertieft, dass mir diese Frage nicht in den Sinn kam.

Wir alle warteten auf die Rückkehr des Veranstalters, alle wollten jetzt, bevor die Veranstaltung zu Ende ging, Geld sehen. Nichts passierte. Mehrere Betroffene kamen zu mir mit der Frage, was denn nun mit dem Geld sei. Ich wies darauf hin, dass ich bei dieser Veranstaltung nur Ringsprecher sei und mit den finanziellen Dingen nichts zu tun hätte.

Ich versprach aber, auch im eigenen Interesse, mich über den Stand der Dinge zu erkundigen.

Und so nahm das Unheil seinen Lauf.

***

Vor dem Hauptkampf gab es eine längere Pause. Vom Veranstalter war weder was zu sehen noch zu hören. Was sollte ich tun? Es gab nur eine Person, die etwas wissen konnte, die Frau des Veranstalters.

Also ging ich hinauf ins Foyer in den Kassenbereich, wo sich die Frau des Veranstalters gemeinsam mit einer Freundin aufhielt, um die schmale Kasse abzurechnen. Das Foyer war menschenleer, und so hörte ich schon auf der Treppe nach oben ein heftiges Weinen.

Die Frau des Veranstalters lag in den Armen ihrer Freundin und rief immer wieder, „warum hat er das getan". Ich war ratlos und bezog das erst einmal auf die Tatsache, dass mein Kunde, Ihr Mann, diese Veranstaltung gegen alle guten Ratschläge und Warnungen durchgeführt hat.

Aber es sollte anders kommen.

Ich hatte plötzlich ein sehr ungutes Bauchgefühl, mir schwante Böses, aber mit dem, was mir dann erklärt wurde, hatte ich nun wirklich nicht gerechnet. Die Frau des Veranstalters klärte mich unter Tränen auf. Ich war völlig verblüfft und geschockt, ich konnte nicht glauben, was ich da hörte.

Es seien Polizisten gekommen und hätten ihnen gesagt, dass ihr Mann gegen einen Brückenpfeiler gerast sei und dabei tödlich verletzt wurde. Die Polizei gehe davon aus, dass es sich um einen Selbstmord handeln würde, da keine Bremsspuren vorhanden waren.

Ich war geschockt und zutiefst getroffen. Es herrschte mindestens eine Minute betroffenes Schweigen. Warum hatte dieser Mensch nicht mit mir gesprochen, ging mir durch den Kopf.

Ich wusste aus eigener Erfahrung, einmal vom Tod abgesehen, gibt es für jedes Problem eine Lösung.

So sicherlich auch in diesem Fall. Ich stammelte so etwas wie „mein herzliches Beileid" und ließ die Frauen im Foyer zurück.

Beim Weg zurück in die Halle schossen mir viele Gedanken durch den Kopf. Natürlich tat mir dieser Mann leid, der offensichtlich keinen Ausweg mehr gesehen hatte. Ich erinnere mich gut, wie ich ganz langsam die Treppe zum Parkett herunterging und händeringend überlegte, was ich tun und sagen sollte. Ich hatte in diesem Moment keine Ahnung, wie ich mich verhalten sollte. Es musste eine Lösung für dieses verdammte Problem geben.

Ich rief alle Betroffenen am Ring zusammen. Auf dem Weg zu den Gesprächspartnern waren alle Augen auf mich gerichtet. Jeder rechnete damit, dass es von mir die frohe Botschaft gab, jetzt gibt es das Geld.

Ich holte tief Luft und versuchte noch etwas Zeit zu schinden, denn ich wusste immer noch nicht, wie ich die Situation klären konnte. Ich versuchte dann in aller Ruhe die Situation zu schildern und gab wieder, was die Frau des Veranstalters geschildert hatte. Alle waren geschockt.

Aber dann wurde heftig und hitzig diskutiert. Wie sollte es weiter gehen, bekamen wir unser Geld oder Teile davon, etc. Wir versuchten, eine Lösung zu finden.

Ich erklärte mich bereit, noch einmal mit der jetzt zur Witwe gewordenen Ehefrau zu sprechen, um die Angelegenheit zu klären.

Also wieder ab ins Foyer.

Die Situation hatte sich scheinbar etwas beruhigt und ich bekam die Zusicherung, dass die offenen Rechnungen innerhalb von 3 Monaten beglichen werden könnten, denn „es gäbe ja regelmäßige Einnahmen aus der Vermietung der Wohnungen". Der Hinweis auf die regelmäßigen Einnahmen war für mich ein schlüssiges Argument.

Zurück zu den Betroffenen, kurze Diskussion und unter dem Motto – die Hoffnung stirbt zuletzt –stimmten schließlich auch die anwesenden Personen zu. Nachdem ich mich etwas gefasst hatte, ging ich in den Ring, informierte die Zuschauer und erklärte die Situation.

Betroffenes Schweigen.

Dann folgte noch eine Gedenkminute mit dem mehrmaligen Schlagen der Ringglocke.

Alle waren bestürzt und tief betroffen. Die Veranstaltung wurde abgebrochen.

Ich ging noch einmal zu der Witwe und bot meine Hilfe an. Ich stieg ins Auto und fuhr durch die Dunkelheit der Nacht nach Hause. Damit könnte die Geschichte, schlimm genug war ja alles, eigentlich zu Ende sein.

Aber das Leben hält so viele Überraschungen und Wendungen bereit, so auch dieses Mal.

***

Nichts deutete vor dem Anruf, den ich am zweiten Tag nach der Veranstaltung erhielt, darauf hin, dass die Geschichte noch eine völlig verblüffende und unfassbare Wendung erhalten sollte.

Ich hatte am Morgen nach der Veranstaltung Anrufe von mehreren Journalisten verschiedener Tageszeitungen, die alle ganz genau wissen wollten, was geschehen sei. Arglos schilderte ich die Vorgänge wahrheitsgemäß, nicht ahnend, dass sich am nächsten Tag alles ändern sollte.

In dem besagten Anruf eines mir gut bekannten Sportjournalisten der Bildzeitung wurde ich gefragt, woher ich denn genau die Informationen über den Tod des Veranstalters hätte. Wahrheitsgemäß berichtete ich noch einmal über die Vorfälle des Abends.

„Du hast dem Publikum erklärt, dass der Veranstalter tödlich verunglückt ist und Du hast eine Gedenkminute abgehalten?" wurde ich von ihm gefragt. Jetzt bekam ich ein etwas ungutes Bauchgefühl. Warum fragt er, schoss mir durch den Kopf, denn es musste einen Grund für diese Frage geben.

Und es kam, wie es kommen musste.

Als ob ich das in den letzten Sekunden geahnt hätte. Es kam Satz, „da hast Du wohl einen Fehler gemacht".

Ich habe einen Fehler gemacht?

Es war üblich, einem Verstorbenen aus dem Kreis des Profiboxens im Ring eine Gedenkminute zu widmen. Was sollte daran falsch sein, dachte ich noch und kam nicht auf das Naheliegendste.

Der entscheidende Begriff war der Verstorbene.

Aber das sollte mir erst in den nächsten Sekunden klar werden, denn dann erfuhr ich es. Jemand hatte den PKW des angeblich Verstorbenen unbeschädigt vor einer Pension in der Nähe von Lübeck gesehen und die Bild Zeitung darüber informiert.

Nach den bis dahin vorliegenden Informationen konnte das nicht sein. Ein Reporter wurde dann sofort losgeschickt, um die mysteriöse Angelegenheit vor Ort zu klären. Er fand den Wagen offensichtlich unbeschädigt vor.

Immer noch beeindruckt durch die weinende und trauernde Witwe sagte ich „das kann ich mir nicht vorstellen, die Polizei hat doch die Witwe informiert und von einem Unfall gesprochen, also muss der Wagen sehr beschädigt worden sein." „Warst Du dabei, als die Polizei die Nachricht überbrachte?" war die nächste Frage.

Jetzt schwante mir fürchterliches.

„Nein, das habe ich von der Witwe erfahren", war meine jetzt schon sehr vorsichtige Antwort, denn ich kannte das Vorgehen der Bildzeitung bei solchen spektakulären Vorgängen. Und dann kam die Information, die mich völlig fassungslos machte, er sagte „ich habe bei der Polizei nachgefragt, die hat keine Informationen über einen Unfall und hat daher auch niemanden benachrichtigt".

Mein K.o. in der ersten Runde. Der Veranstalter lebte offensichtlich noch. Ich war fassungslos. Einerseits war ich froh, dass er noch lebt, andererseits war ich mächtig sauer auf ihn, uns alle so vorgeführt und belogen zu haben.

Das konnte doch nicht wahr sein, habe ich mich so täuschen lassen.

Hatte die „Witwe" mir nur etwas vorgespielt oder wusste sie nicht, was gespielt wurde.

Wer weiß das schon.

Am nächsten Tag konnte man in der Bildzeitung lesen:

„Der falsche Tod eines Boxpromoters

Seine Frau verkündete während des Kampfes seinen Tod.

Dabei lebt er".

Die Recherchen ergaben, dass mein Veranstalter sich in einer Pension nahe Lübeck versteckt hatte und erst als sein Auto und dann er entdeckt wurde, ist er wieder nach Hause gefahren.

Ich fühlte mich schändlich, betrogen und hintergangen. Ich schickte ihm meine Rechnung mit dem Hinweis auf die Zusagen auch den anderen Partnern gegenüber. Mehrfach versuchte ich, mich mit ihm zu treffen, um alles zu klären. Vergeblich.

Daher gibt es eine zweite Rechnung, im Zusammenhang mit dem Profiboxen, die bei mir im Ordner auch heute noch als offene Forderung zu finden ist.

In den nächsten Tagen stürmten viele Fragen vieler Menschen auf mich ein, die das einfach nicht glauben konnten. Denn ich hatte einen Lebenden als Ringsprecher im Ring für tot erklärt und eine Gedenkminute für ihn abgehalten.

Das Leben schreibt eben die seltsamsten Geschichten, und ich war um eine persönliche Enttäuschung reicher.

33. Die Ohrfeige und das soziale Engagement

Ich möchte jetzt über einen angesehenen englischen Trainer, Manager und Promoter und über eine niederländische Weltmeisterin berichten.

Neben sportlichen Erfolgen zeichneten sich beide durch ihr soziales Engagement aus.

Beginnen möchte ich mit Brendan Ingle.

Er war ein geschätztes erfolgreiches Mitglied der weltweiten großen Boxfamilie. In Neudeutsch sollte ich wohl besser Boxcommunity sagen, aber ich finde, Familie ist für die damalige Zeit der bessere Ausdruck. Im Boxgeschäft, wie auch in einer Familie kommt es sicherlich oft zu Streit, zu Auseinandersetzungen. Man wird auch mal persönlich verletzen, oder greift zu unfairen Mitteln, um sein Vorhaben durchzusetzen. Aber wenn man ein richtiges Mitglied einer Familie ist, dann gibt es immer einen Weg der Versöhnung, so ist es überwiegend auch im Boxgeschäft.

Brendan Ingle, in Dublin geboren, hat als Trainer 4 Spitzenboxer zur Weltmeisterschaft geführt, Johnny Nelson, Naseem Hamed, Junior Witter und Kell Brook. Er hat wie viele andere erfolgreiche Trainer auch als Profi erfolgreich geboxt und hatte in Sheffield, England sein Boxgym.

Er hat mehrmals mit seinen Boxern auf unseren Veranstaltungen geboxt und war vor und nach den Kämpfen immer ein freundlicher und sportlich fairer Gesprächspartner. Einfach ein sehr angenehmer Mensch.

Aber es gab auch den resoluten Trainer Ingle.

An eine Szene in einem Kampf um die Europameisterschaft kann ich mich noch gut erinnern. Es war im Dezember 1990 in der Europahalle in Karlsruhe. Es war ein Kampf zwischen Markus Bott und Jonny Nelson.

Im zweiten Teil dieses Titelkampfes lag Markus nach Punkten in Führung. Ich weiß nicht mehr, in welcher Pause es war, als ich hochsah, um die nächste Runde anzukündigen. Ich blickte in die blaue Ecke von Jonny Nelson und sah, wie Brendan Ingle auf Nelson einredete, der frustriert zu Boden sah und offensichtlich auf das, was der Trainer sagte, nicht reagierte.

Der Trainer war offensichtlich mit der Leistung seines Boxers nicht zufrieden, um es mal vorsichtig auszudrücken.

Ich dachte ok, der Kampf ist gelaufen.

Ich sagte 10 Sekunden vor Rundenbeginn wie immer die nächste Runde an „Seconds out" Genau in diesem Moment gab Brendan seinem Boxer rechts und links eine leichte Ohrfeige und schrie ihn an.

Ein anderer Jonny Nelson kann aus der Ecke, dominierte Markus und siegte durch TKO.

Ich wusste, welches Vertrauensverhältnis zwischen Brendan und seinen Boxern herrschte und befragte ihn nach dem Kampf zu dieser Szene. Seine Antwort: „Er war nicht wach, nicht im Kampf, ich habe verbal alles versucht, aber es gab nur diese eine Möglichkeit, ihn aufzuwecken. Ich habe es nicht gerne getan, aber der Erfolg gibt mir doch recht".

„Auf der Plattform YouTube kann man derzeit unter Eingabe des Suchbegriffs [Jonny Nelson vs Markus Bott] Videomaterial zu dieser Geschichte finden."

Ich habe Jonny Nelson später auf mehreren Veranstaltungen gesehen. Er war immer höflich und freundlich und zu einem kurzen Gespräch bereit. Auf diese Szene angesprochen, sagte er lächelnd: „Es musste wohl sein".

Brendan zeichnete sich auch durch sein soziales Engagement aus. Viele Boxer, Manager, Trainer und Veranstalter zeigen soziales Engagement, unterstützen z.B. wohltätige Organisationen oder gründen selbst welche.

Brendan hat sich für den persönlichen Einsatz entschieden. In seinem Boxgym in Sheffield kümmerte er sich um Jugendliche aus Problemfamilien, denen er half, durch die Disziplin beim Boxtraining den richtigen Weg in die Gesellschaft zu finden.

***

Dieses Anliegen, dieses soziale Engagement hat auch eine englische Weltmeisterin im Super-Bantamgewicht, Michele Aboro. Sie war nicht nur Weltmeisterin im Profiboxen, sondern auch im Kickboxen. In England geboren, lebte sie damals in Amsterdam.

Sie unterschrieb einen Vertrag bei Universum Box Promotion, weil sie keine Möglichkeit hatte, als Profiboxerin in England zu boxen. Sie war ein eher maskuliner Typ, auch in ihrer privaten Lebensgestaltung, was sich auch in ihrem Kampfstil ausdrückte.

Ich erinnere mich noch gerne an eine Veranstaltung in den Satori-Sälen in Köln. Die Satori-Säle in Köln haben, wie man mir damals als norddeutscher Karnevalsmuffel erklärt hat, eine lange Tradition als Ort der vielen berühmten Karnevalssitzungen in Köln. Es war eine unserer wenigen Veranstaltungen auf denen nur Frauen boxten.

Neben Michele boxten ebenfalls noch Regina Halmich, Daisy Lang, die alle drei einen Weltmeisterschaftskampf bestritten. Auch Silke Weickenmeier boxte auf dieser Veranstaltung.

Es war ein kleiner schmaler Saal, in dem der Boxring in der Mitte schon viel Platz einnahm. Ich kann mich gut an die ausgelassene Stimmung im Saal erinnern, denn Michelle Aboro hatte viele Ihrer Freundinnen aus Amsterdam mitgebracht, die nicht nur im Kampf von Michelle für eine außergewöhnlich gute Stimmung sorgten. Es war ein sehr „buntes Völkchen" das uns die freie Amsterdamer Lebensfreude vor Augen führte.

Heute lebt Michelle in Shanghai und gründete hier 2014 die Michelle Aboro Akademie und bildet Boxer und Boxerinnen aus. Sie kümmert sich hier auch mit vielem sozialen Engagement um gefährdete Jugendliche.

***

Ich komme noch einmal auf Brendan Ingle zurück.

Da wir uns nach einigen Veranstaltungen gut verstanden, lud mich Brendan in sein Gym in Sheffield ein. Ich habe diese Einladung gerne angenommen. Wir besprachen, dass ich zu einem Box Event nach England fliegen kann, bei dem ein Boxer von Brendan boxte, um dann mit ihm und dem Team nach Sheffield zu fahren, um dort zwei oder drei Tage zu bleiben.

Ich könnte jetzt sagen, ich habe nie Zeit dafür gefunden, Familie, Beruf etc. aber das wäre keine Entschuldigung dafür, nicht das getan zu haben, was ich gerne wollte. Ich habe es einfach immer wieder aufgeschoben und mich damit getröstet, bei der nächsten Möglichkeit bestimmt.

In den folgenden Jahren habe ich ihn einige Male bei Boxveranstaltungen im Fernsehen in der Ringecke bei seinen Boxern gesehen. Ich habe immer gedacht, so jetzt musst Du das endlich mal machen.

Doch ich schob es doch immer wieder auf. Im Mai 2018 starb Brendan im Alter von 77 Jahren.

Während ich dieses schreibe, fällt mir ein, dass ich meinen 4 Enkelkindern, wenn Sie groß genug sind, unbedingt eine Lebensweisheit mit auf den Weg geben muss.

Wenn man etwas wirklich möchte, sollte man es, wenn sich die Gelegenheit ergibt, möglichst sofort tun, denn man weiß nie, was das Schicksal noch so mit sich bringt.

34. Es kommt doch auf die Größe an

In dieser Episode habe ich diese Überschrift in Abwandlung eines Spruches aus einem anderen Lebensbereich gewählt. Obwohl es auch in diesem Zusammenhang um „sportliche Leistungen" geht, sind beide Bereiche natürlich nicht direkt vergleichbar.

Diese folgende kleine Episode beweist, wie wichtig Erfahrungen sind und die Tatsache in schwierigen Momenten ruhiges Blut und klaren Kopf zu behalten. Eine wichtige Rolle in diesem Zusammenhang spielt der britische Boxer Chris Eubank. Sein Kampfname „simply the best" sagt viel über seine Selbsteinschätzung aus, hatte aber auch einen sachlichen Bezug.

Profi von 1985 bis 1998, war er mit einer kurzen Unterbrechung von 1989 bis Ende 1994 WBO-Weltmeister im Super Mittelgewicht.

Er war auf den ersten Blick ein sehr arrogant erscheinender Boxer. Immer außerordentlich modisch gekleidet.

Sein Sohn Chris Eubank Jr. wurde später ebenfalls ein erfolgreicher Boxer.

Nachdem wir Graciano Rocchigiani unter Vertrag genommen hatten, stand die Frage eines Titelkampfes im Raum. Gesucht wurde ein attraktiver Gegner in der Gewichtsklasse von Graciano. So kamen unser Matchmaker Hedi Taouab und Klaus Peter Kohl auf Chris Eubank.

Nun hatte ich schon von Chris Eubank gehört und ihn in einigen Kämpfen gesehen. Ihm ging der Ruf voraus, ein introvertierter, arroganter, immer stylish gekleideter Boxer mit großem Potenzial zu sein. Der Manager von Chris Eubank war Barry Hearn, mit dem wir schon seit einiger Zeit zusammenarbeiteten.

***

Zu Beginn dieser Zusammenarbeit hatte ich das Vergnügen, Barry Hearn und sein Team in London kennenlernen zu dürfen, um mit ihm über Details einer Zusammenarbeit zu sprechen. In diesem

Zusammenhang besuchte ich mit Barry auch sein Gym in London, in dem auch Chris Eubak trainierte. Abends war ich zum gemeinsamen Essen mit einigen Sportlern und dem Hearn Management eingeladen.

Dabei war auch Chris Eubank. Wie immer modisch gekleidet.

Und es zeigte sich mal wieder, dass man nichts auf die Einschätzung durch andere Menschen geben sollte. In unseren Gesprächen erwies sich Chris als freundlicher, offener und sehr witziger Gesprächspartner, den ich nun wirklich nicht als arrogant oder extrovertiert bezeichnen konnte. Mir wurde klar, Chris pflegte dieses Image nach außen hin und verkaufte sich dadurch sehr gut und teuer.

Was er aber wirklich liebte, war seine modische Kleidung, die ich auch später bei den gemeinsamen Pressekonferenzen und sonstigen Terminen bewundern konnte.

***

Später, Ende 1993 kam es dann zu Verhandlungen mit Barry Hearn über einen WM - Kampf mit Graciano.

Aufgrund der guten Kontakte zur World Boxing Organisation hatte die WBO diesen Kampf sanktioniert, und zwar aufgrund der von Graciano in seiner Karriere gezeigten Leistungen und der bis dahin erkämpften Titel.

Die Verhandlungen waren fast beendet, man hatte sich über den Austragungsort geeinigt, die Börsen waren ausverhandelt, die Marke der Boxhandschuhe festgelegt, es gab nur noch das „kleine" Problem mit der Größe des Boxringes.

Wie auch die Marke des Boxhandschuhes, es gibt da weichere und härtere Polsterungen, kann auch die Größe des Boxringes von großer Bedeutung für den Ausgang des Kampfes sein. In den Regularien der WBO und auch der anderen Weltverbände gibt es eine Vorgabe über die Größe des Ringes innerhalb der Seile, die mit - von bis - angegeben waren. Hieraus ergibt sich dann die Länge der 4 übereinander, an 4 Eckpfosten mit Ketten angebrachten Seile.

Hat man einen Boxer, der gerne in den Infight geht, es bevorzugt Fuß an Fuß zu kämpfen und sich nicht durch schnelle Beine auszeichnet, bevorzugt man das kleinste Innenmaß. Zeichnet sich der eigene Boxer z. B. durch schnelle Beine aus, weicht er Schlägen gerne durch Rückwärts- oder Seitwärtsbewegung aus, so ist die größtmögliche Abmessung der Seile von Vorteil.

Diesen zweiten Kampfstil bevorzugte Chris Eubank. Also war unser Ziel einen möglichst kleinen Ring zu vereinbaren. Das Eubank Team war da natürlich entgegengesetzter Meinung.

Die Verhandlungen zogen sich hin und drohten an diesem Detail zu scheitern. Da Graciano und wir diesen Kampf aber unbedingt wollten, gaben wir nach, und die größtmögliche Abmessung wurde vertraglich festgeschrieben.

***

Wie immer vor Veranstaltungen setzte sich das gesamte Team in Hamburg zusammen und besprach die Details, natürlich auch die Kollegen, die für den Aufbau des Ringes zuständig waren.

Alles wurde in Hamburg, wie immer nach den besprochenen Vorgaben vorbereitet, auf den Universum-LKW verladen und nach Berlin geschafft.

Nach dem offiziellen Wiegen und dem Rulesmeeting ging ich wie immer mit Klaus Peter Kohl in die Halle, um zu sehen wir die Vorbereitungen voranagingen.

Rulesmeeting

Hier sitzen bei Titelkämpfen die Manager und Trainer der beiden Boxer zusammen an einem Tisch.

Ebenso anwesend der Veranstalter, der Technische Leiter, die Ringärzte, der Ringrichter, die 3 Punktrichter sowie der Supervisor des austragenden Verbandes, der die Regeln des Verbandes vorliest und erklärt. Das war sehr wichtig, denn es gibt doch einige Unterschiede im Regelwerk der verschiedenen Verbände.

Anschließend wurden die Handschuhe den Trainern überreicht, versehen mit der Unterschrift des Supervisors am oberen Teil des Handschuhes. Damit will man verhindern, dass die Handschuhe ausgetauscht wurden.

Alles sah wie immer gut aus, also fuhr ich zurück ins Hotel, um mich auf meinen Einsatz am nächsten Tag vorzubereiten.

Es war Freitagnachmittag, gegen 16 Uhr klingelte das Telefon, ich nahm nichts Böses ahnend ab, und hörte die Stimme meines Bosses, mit der Frage, wie es denn sein könne, dass der Ring zu klein sei. Mir stockte der Atem, denn ich wusste, was das bedeuten könnte, und ich kannte zwischenzeitlich Chris Eubank und Barry Hearn als harte Verhandlungspartner.

Mir war schlagartig klar, die sagen den Kampf ab. „Lassen Sie sich was einfallen" waren die letzten Worte, die ich von Klaus Peter Kohl hörte. Was war passiert.

Kurz nachdem wir die Halle verlassen hatten, ist Chris Eubank mit seinem Team erschienen, und man hatte nachgemessen. Chris Eubank hatte verkündet, in diesem Ring tritt er nicht an, der ist nicht vertragsgemäß, Er war um einige Zentimeter zu klein. Eigentlich von der Abweichung her eher unbedeutend, aber Vertrag ist Vertrag.

Eine Katastrophe bahnte sich an. Die Halle ausverkauft, das Fernsehen war vor Ort, Satellitenzeiten waren gebucht, etc. Nun ist es heute müßig, darüber nachzudenken, wer den Fehler damals gemacht hat. Wie immer gibt es mehrere „Schuldige". Es ist nicht nur der Schuld, der den direkten Fehler gemacht hat. Sondern es ist auch der Schuld, der es nicht gemerkt bzw. nachgeprüft hat.

Und im Nachhinein muss ich mir auch eine Mitschuld geben, denn beim Verladen des Ringes in Hamburg und bei der Besichtigung der Halle ist es mir nicht in den Sinn gekommen, die Maße noch mal zu überprüfen oder zu mindestens nachzufragen. Ich habe mir damals gemerkt, man soll alles noch einmal überprüfen, auch wenn bei 100 Veranstaltungen vorher alles korrekt verlaufen war.

Der Teufel steckt schließlich im Detail.

***

Wie immer im Leben ist in einer derartigen Situation, privat oder beruflich, die erste Pflicht Ruhe bewahren.

Dabei hilft es sehr, wenn man in seinem bisherigen Privat – und Berufsleben schon Erfahrungen mit ähnlichen „Katastrophen" gemacht hat.

Man kann viele Bücher lesen oder viele Vorträge hören, aber die persönliche Erfahrung im Umgang mit derartigen Stresssituationen ist für den weiteren Lebensweg sehr hilfreich. Aus eigener Erfahrung weiß man dann, es gibt immer irgendeine Lösung.

Man muss nur darauf kommen.

Ich setzte mich also erst einmal hin, holte tief Luft und dachte angestrengt nach.

Was war zu tun?

Nach dem ersten Schreck wurde ich dann auch wieder schnell ruhig, denn die Lösung lag auf der Hand. Wir hatten in Hamburg einen Partner, der unsere Seile herstellte und entsprechend anpasste. Also anrufen, um das Problem zu besprechen. Hamburg war nicht so weit weg und unsere Partner war immer schnell und flexibel.

Was ich dann nach mehreren Klingeltönen hörte, war die freundliche Aufforderung doch am Montag nach 8.00 Uhr wieder anzurufen. Auch das beunruhigte mich nicht wirklich, denn für Notfälle hatte ich die Privatnummer des Chefs der Firma.

Ich bekam auch sehr schnell seine Frau an den Apparat, die mir dann aber verkündete, dass Ihr Mann mit den Kollegen zum Fischen nach Dänemark unterwegs sei und sie ihn nicht erreichen könne.

Nun fiel es mir schon etwas schwieriger, ruhig zu bleiben und zu überlegen, was zu tun ist: Keine Lösung finden war keine Option.

Im ersten Moment schloss ich Berlin, weit entfernt von jedem großen Gewässer, als Ort eines Seilmachers aus. Aber je länger ich überlegte, blieb mir nur der Versuch, einen Seilmacher in Berlin zu finden.

Damals gab es noch Branchentelefonbücher. Also ein Branchenbuch besorgt und nachgeschlagen. Zum Glück und zu meiner Überraschung gab es im Großraum Berlin 3 Firmen, die infrage kamen.

Ich wählte, zwischenzeitlich war es halb fünf, die erste Nummer, der Anrufbeantworter. Ich wählte die zweite Nummer, der Anrufbeantworter. Jetzt wurde es eng und ich zugegebenermaßen etwas unruhig. Es war nur ein sehr kleiner Eintrag, den ich fast übersehen hätte.

Ich glaube, ich hatte dann doch einige Schweißperlen auf der Stirn, als ich die Nummer wählte. Quälende Sekunden und die Erwartungshaltung auf eine Bandansage. Und das Wunder geschah, es meldete sich eine menschliche, männliche Stimme.

Wie sagte schon meine Großmutter, das Glück ist mit den Tüchtigen.

Meine Erfahrung hat mir schon damals gezeigt, dass die sachliche Art in derartigen Gesprächen nicht förderlich ist.

Also begann ich das Gespräch damit, dass er meine letzte Hoffnung sei und ich dringend auf seine Hilfe angewiesen bin. Ich schilderte ihm ausführlich die gesamte Situation, auch mit den Konsequenzen für die gesamte Veranstaltung. Nach kurzem Zögern sagte er zu, mir zu helfen.

Ich solle mit den Seilen vorbeikommen, er würde zwischenzeitlich 2 Mitarbeitern Bescheid sagen und die Sache regeln. Wir vereinbarten einen angemessenen Preis, ich nahm das entsprechende Bargeld und sechs Ehrenkarten als Dank für die Hilfe mit.

Ich erinnere mich, dass die kleine Werkstatt im östlichen Außenbereich von Berlin lag, und ich einige Mühe hatte, die Adresse zu finden. Immer wieder auf den Stadtplan schauend, ein Navigationsgerät, gab es damals noch nicht, hatte ich die Werkstatt endlich gefunden.

Vor Ort stellten wir noch eine „kleine" Schwierigkeit fest. Unsere Seile waren je zur Hälfte mit rotem bzw. blauem und weißem weichem Plastik bezogen, jeweils zur roten, blauen und weißen Ecke hin farblich angepasst. Der Farbwechsel musste immer genau mittig sein und die Farben musste direkt in der Ecke enden. Verlängert man nun die Seile, funktioniert das so nicht mehr.

Der Chef beratschlagte sich mit seinen Mitarbeitern. Die Zeit ging dahin, ich schaute immer wieder auf die Uhr. Was sollte ich machen, wenn keine Lösung gefunden wurde?

Doch dann fielen die entscheidenden Worte „fahren Sie beruhigt ins Hotel, bis morgen früh 10 Uhr haben wir eine Lösung". Ich bedankte mich sehr und versprach, die Bezahlung noch einmal zu erhöhen.

***

Am nächsten Morgen um 10 Uhr, nach einer zugegeben etwas unruhigen Nacht, holte ich die Seile ab, es war alles geregelt. Ich bezahlte und fuhr zurück in die Halle.

Unser Aufbauteam war vollständig anwesend und um 11.30 waren die Seile wieder angebracht, und ein Mitarbeiter von Barry Hearn kam vorbei, um nachzumessen.

Ich ließ mir kurz schriftlich bestätigen, dass alles in Ordnung und vertragsgemäß sei und die Veranstaltung beginnen konnte.

Chris Eubank gewann den Kampf mit einem einstimmigen Punktsieg, aber auch ich fühlte mich ein wenig als Sieger.

„Auf der Plattform YouTube kann man derzeit unter Eingabe des Suchbegriffs [graciano rocchigiani vs chris eubank] Videomaterial zu dieser Geschichte finden."

35. Heimspiele und ein Weltrekord

Sportler freuen sich, wenn sie zu Hause, in Ihrer Heimatstadt, Ihrem Sport nachgehen können. Das trifft auch auf die Profiboxer zu. Auch für den Veranstalter ist es immer sehr wichtig, einen Boxer boxen zu lassen, der in der Stadt der Veranstaltung zu Hause ist. Das ist gut bis entscheidend für den Kartenverkauf. Daher haben wir auch des Öfteren gezielt in Städten veranstaltet, in denen die Hauptkämpfer heimisch waren.

Das Boxen „zu Hause" birgt aber auch für die Boxer viele Risiken und Gefahren. Besonders dann, wenn sie der Versuchung erliegen, die Vorbereitung nicht so ernst zu nehmen wie sonst, wenn sie sich ablenken lassen. Denn viele Freunde, Bekannte, die Pressevertreter wollen etwas vom Boxer.

So obliegt es dem Management, dieses zu verhindern, was einem aber nicht immer 100 % gelingen kann. Besonders wenn der Boxer nicht nein sagen kann und sich auch noch im Ring von seinem Publikum beeinflussen lässt.

Es gibt viele Beispiele.

***

Wladimir Klitschko in Kiew.

Als wir zu der Veranstaltung in Kiew ankamen, sahen und spürten wir schon den Trubel und die Begeisterung rund um die Klitschkos herum.

Wladimir hatte in der Woche vor dem Kampftag noch sehr viele Termine.

Als der Boxkampf begann, fing die Halle sofort an zu toben, um Wladimir nach vorne zu treiben, und sie forderten einen schnellen k.o.

Sein Gegner, Ross Purity, war aber als harter Hund bekannt, der unheimlich viel einstecken konnte. Fritz Sdunek, Wladimirs Trainer, versuchte ihn in den Pausen immer wieder zu beruhigen.

Er forderte ihn immer wieder auf, mit Kopf und klarem Verstand zu boxen und etwas zu trinken, aber die Zuschauer standen auf den Stühlen und peitschten ihn immer wieder nach vorne.

Und es kam, wie es kommen musste, Wladimir verlor.

***

Tanz KoKo, tanz

Als zweites Beispiel kann man den Kampf von Istvan Koko Kovac heranziehen. Er wurde am 27.1. 2001 Weltmeister im Federgewicht.

In seiner ersten Titelverteidigung am 16. Juni 2001 in Budapest verlor er jedoch durch TKO in der sechsten Runde gegen Pablo Chacón.

Wie konnte das geschehen?

Auch hier war wieder der sogenannte Heimvorteil mit Schuld am Ergebnis. Koko hatte in den Tagen vor der Titelverteidigung sehr viel um die Ohren. Pressetermine, Sponsorengespräche, Fans, die ihn überall ansprachen, etc. etc.

Es gab aber einen entscheidenden Aspekt.

Die Fans in der Halle standen auf den Stühlen, sie feuerten ihn immer wieder an und schrien „tanz, koko tanz", wie ich mir von meinem ungarischen Ringsprecherkollegen, mit dem ich gemeinsam die Kämpfe ansagte, übersetzen ließ. Und Koko tanzte mit schnellen Beinen durch den Ring.

Und so war es auch in der 6. Runde. Das Publikum schrie wieder „tanz koko, tanz" und genau in diesem Moment passierte es. Koko hatte, wie so oft, die Fäuste sinken lassen, um den Gegner zu provozieren.

Das hatte der generische Trainer als Schwäche erkannt. Koko war in diesen Situationen immer voll konzentriert und durch seine sehr guten Reflexe bisher nie in der Gefahr, getroffen zu werden.

Doch diesmal war er augenscheinlich einige Sekunden unkonzentriert. Das reichte seinem Gegner, Koko wurde hart getroffen, ging zu Boden und verlor durch k. o. seinen Titel.

„Auf der Plattform YouTube kann man derzeit unter Eingabe des Suchbegriffs [Koko Kovacs - Julio Pablo Chacon] Videomaterial zu dieser Geschichte finden."

Niederlage in der Marzipan Stadt

Auch Christian Honhold boxte zu Hause in Lübeck. Er kam aus einer Boxerfamilie, sein Vater Karsten war ein sehr erfolgreicher Boxer mit mehreren Titeln. Christian war ein guter Boxer und ein sehr sympathischer, eher stiller Mensch. Seine Bilanz: 150 Amateurkämpfe und 9 Profikämpfe.

Im Mai 1994 wurde er gegen Bernd Friedrich Deutscher Meister. Auch er wollte unbedingt in seiner Heimatstadt boxen.

In seiner ersten Titelverteidigung im Oktober 1994 in Lübeck unterlag er Steffen Wiesenthal. Wer Christian in den Kämpfen davor im Ring gesehen hatte, erkannte ihn an diesem Abend nicht wieder, nervös und ungestüm agierend verlor er seinen Titel.

Auch hier spielten alle bereits erwähnten Faktoren eine entscheidende Rolle.

***

Ein unrühmlicher Weltrekord

Und dann ist da natürlich noch Harry Geier zu erwähnen. Auch er ist ein Beispiel dafür, wie es gehen kann, wenn man zu Hause boxt und ungewollt einen Weltrekord aufstellt.

Harry war, wie er mir erzählte, ein sehr guter Fußballer, ist dann aber, seinem Vater und Trainer folgend, Profiboxer geworden.

Ich dachte bis zur Zeit des Managementvertrages mit dem Team Geier, dass Wiener Neustadt, die Heimatstadt der Geiers, ein Teil Wiens sei, wurde dann aber eines Besseren belehrt. Die Stadt Wiener Neustadt war eine schöne kleinere Stadt, 64 Kilometer von Wien entfernt.

Und die Stadt hatte eine wunderschöne, abends angestrahlte Kathedrale.

Und vor dieser Kathedrale war am Abend des 3. September 1994 der Boxring unter freiem Himmel aufgebaut.

Harry Geier hatte zwanzig Siege in Folge erzielt und erhielt nun einen Kampf um den Weltmeistertitel des Verbandes WBO im Superbantamgewicht. Der puerto-ricanische Titelträger Daniel Jiménez hatte 17 Siege, drei Niederlagen und einen wertungslosen Kampf (*No Contest*) in seinem Profirekord. Gegen Geier bestritt er seine vierte Titelverteidigung. Also ein schlagstarker, guter und erfahrener Gegner.

Es war ein lauer Herbstabend, Open Air, eine fantastische Atmosphäre und ein unwahrscheinlich schönes Bild mit der angestrahlten Kathedrale in unmittelbarer Nachbarschaft des Ringes. Die Vorkämpfe waren erledigt.

Pause vor dem Hauptkampf. Wie immer ging ich in die Kabine unseres Boxers. Es wunderte mich, denn Harry war nicht, wie bei Boxern durch das Warmmachen üblich, nassgeschwitzt. Aber ich dachte, Chuck Talhami, sein Trainer, wird schon wissen, was er macht, denn der hat ja Erfahrung.

Dann stand ich im Ring und rief den Herausforderer Harry Geier in den Ring. Er kam mit seinem Trainer Chuck Talhami durch die Zuschauermassen auf den Ring zu.

Da ich schon viele Walk-ins gesehen hatte, war ich sehr überrascht, dass Harry immer noch völlig trocken war. Es war keine Schweißperle zu sehen. Er kam in den Ring und winkte ganz locker und entspannt seinem Publikum zu.

Ich dachte mir nichts weiter dabei und machte meinen Job als Ringsprecher.

Ich ging wie immer aus dem Ring, wartete auf das Zeichen des Ringrichters, dass er bereit war. Schaute nach, ob alle Trainer und die Kameraleute den Ring verlassen hatten und wartete auf das Go des Regisseurs.

Ich sagte, „Ring frei, Runde 1", setzte mich hin, begann wie üblich meine Sprecherkarten abzulegen und hörte einen Aufschrei des Publikums.

Als ich aufblickte, sah ich Harry auf dem Ringbogen liegen und den Ringrichter zählen, 8. 9, aus. Es war nach 17 Sekunden, wie der Fernsehkommentator sagte, der damals schnellste K. O. in der Geschichte des Profiboxens.

„Auf der Plattform YouTube kann man derzeit unter Eingabe des Suchbegriffs [Recordando a Daniel La Cobra Jimenez (Camuyano)] Videomaterial zu dieser Geschichte finden."

Nach dem Kampfende ging ich in den Ü-Wagen und ließ mir von den Kollegen die Szene noch mal vorspielen, denn ich hatte ja nichts gesehen. Es war der allererste Schlag des Kampfes, und der streckte Harry sofort nieder.

36. Hinter schwedischen Gardinen

Die schwere, mit Stahlstreben versehene Tür fiel hinter mir krachend ins Schloss. Der Schall hallte wider von den Wänden des langen schmalen Ganges vor mir. Dann ging es links einer Treppe hinauf. Wieder eine Tür mit Gitterstäben.

Es herrschte, wie ich empfand, eine drückende und lähmende Atmosphäre in den Räumen. Ein Gefühl der Beklemmung stieg in mir hoch. Ich spürte den Schweiß auf meiner Stirn. Ich fühlte mich eingezwängt zwischen Wänden und Gitterstäben Ich folgte dem Gefängniswärter. Dann eine letzte Tür, und ich war da.

Der Gefängniswärter sagte grinsend zu mir: „Beim Händewaschen den Stempel nicht abwischen und den Zettel nicht verlieren, denn dann kommen Sie hier nicht mehr raus." Danke auch, das war genau die beruhigende Information, die ich jetzt brauchte.

Ich schaute mich um und suchte den mir zugewiesenen Tisch. Ich befand mich in der Kapelle des berüchtigten Hamburger Zuchthauses Fuhlsbüttel. Und dann sah ich ihn. Von der anderen Seite wurde er, locker mit dem Wärter plaudernd, hereingeführt. Er blickte auf, sah mich und kam mit weit geöffneten Armen auf mich zu.

***

In diesem Moment fiel mir auf, dass man im Boxsport die verschiedensten Menschen kennenlernen kann. Das ist sicherlich in anderen Sportarten auch der Fall, aber beim Profiboxen ist mir das besonders aufgefallen. Um den Ring herum und in der Halle trifft man einen Querschnitt der breiten Bevölkerung. Männer, Frauen und wie ich in der heutigen Zeit wohl gerade lernen muss, es waren bestimmt auch einige * dabei.

Ehrliche und unehrliche, ein Querschnitt durch alle seriösen und unseriösen Berufe. Und der Mann, der damals auf mich zukam, hatte einen wahrlich „unseriösen" Beruf, der Ihn zum zweiten Mal in seinem Leben hierhergebracht hat.

Vor mir stand in voller Pracht und Arroganz Milliarden Mike, wegen Betrugs 2 x verurteilt. Er war nicht der einfache Betrüger, sondern eher ein Hochstapler, ein Menschenfänger, und wie er immer sagte, ein Geschichtenerzähler.

In einem Morgenpostinterview sagte er 2013:

> *„Ich bin kein Betrüger.*
>
> *Denn das sind die Banker, die armen alten Damen riskante Anlagen andrehen. Ich habe immer nur Betrüger übers Ohr gehauen und ihnen ihr Schwarzgeld abgenommen."*

Nun ja, sicherlich eine sehr subjektive Selbstbeschreibung.

Mike war eine schillernde Person. Es mussten immer die teuersten und größten Autos sein, sehr oft mit dem Stern am Kühler. Schon als Kind von seinem Vater u.a. zu Teppichverkäufen an der Haustür mitgenommen, hatte er so seinen „Beruf" erlernt.

Da er 2001 eine Modellagentur gegründet hatte, kam ich erstmals bei einem Boxkampfabend 2001 mit ihm in Kontakt.

Zu meinen Aufgaben als Ringsprecher gehörte es auch, dass ich neben meinen Ansagen auch den Ablauf der Vorstellungszeremonie im Ring vorbereiten und kontrollieren musste. Mit dem Regisseur wurde abgesprochen, wer wo steht, der Boxer z.B. neben seiner Fahne und nicht in seiner Ecke. Und diese Absprachen betrafen auch die Nummerngirls.

Die Nummerngirls beim Profiboxen gehen, meist gut oder auch leicht bekleidet, durch den Ring. Sie zeigen den Zuschauern auf einem Schild, meistens mit einer Werbung versehen, die Nummer der nächsten Runde an. Da sie auch für die Fahnenzeremonie bei dem Abspielen der Nationalhymnen zuständig waren, musste das geübt werden.

Ich habe schnell begriffen, dass ein gutes Aussehen, ja sogar Schönheit bei einigen jungen Damen nichts damit zu tun hat, zu begreifen, wie das Nummernschild gehalten wird und dass man ständig freundlich lächeln muss. Ich habe damals begriffen, wie schwer es für einige junge Damen sein kann, sich zu merken, wie die Fahnenzeremonie abläuft.

Ganz einfach bei Beginn der entsprechenden Hymne die Fahne anheben, 3 Schritte nach vorne machen und dann die Fahne senken, ohne dass sie den Boden berührt. Analog dazu dann Fahne heben und 3 Schritte zurück und Fahnenstange neben sich abstellen.

Klingt einfach, führte aber in einigen Fällen zu einer längeren Probezeit und auch mal zu Tränen. Zur Ehrenrettung der Nummerngirls muss ich sagen, dass es sich dabei natürlich um Ausnahmen handelte.

Ich habe oft den Spruch gehört, ja, ja, Einweisung der Nummerngirls, nennst Du arbeiten. Ich gebe zu, mit jungen attraktiven Damen zu arbeiten ist in den allermeisten Fällen problemlos und ein Vergnügen, aber es gab auch Situationen, in denen ich mich sehr beherrschen musste, um immer freundlich und langmütig zu sein.

Glücklicherweise hat dann in den allermeisten Fällen bei der Liveübertragung im Ring alles funktioniert.

***

Mike machte mir ein Angebot, seine Damen als Nummerngirls einzusetzen.

Mike erhielt den Auftrag, uns über seine Agentur mit attraktiven Nummerngirls zu versorgen. Dadurch hatten wir immer wieder Kontakt und kamen auch außerhalb des Boxsports ins Gespräch.

Ich merkte schnell, dass es in persönlichen Gesprächen ohne Publikum, unter vier Augen oder im Beisein seiner Lebenspartnerin hinter der Fassade des Milliarden Mike eine andere Person zu entdecken gab. Ein oft auch nachdenklicher Mann, der seine

Schwächen und seine Unsicherheit nach außen hin mit Glanz, Geld und schönen Frauen übertünchte.

Ein Mann, der geprägt war durch seine Lebensgeschichte. Mike war ein Menschenfänger, er konnte Menschen „lesen", Schwachstelle und Eitelkeiten erkennen.

Als Mike zu seiner Haftstrafe verurteilt wurde, rief mich nach einiger Zeit seine Lebenspartnerin an und sagte mir, dass Mike sich sehr freuen würde, wenn ich Ihn besuchen würde.

Ich überlegte etwas und sagte dann zu.

***

So stand ich also im Kirchensaal von Santa Fu, der auch als Besucherraum fungierte. Mike stellte mir einige seiner interessanten Mitinsassen vor.

Da gab es einen Notar, der Gelder seiner Kunden veruntreut hatte, einen Rechtsanwalt, der das Recht gebrochen hatte, einen Zahnarzt, der seine Frau umgebracht hat, also eine sehr honorige Gesellschaft.

Es wurde freundlich „hallo" gesagt. Einige kannten mich, denn Mike hat mit ihnen die Boxliveübertragungen im TV geschaut. Ich hatte einen Augenblick das Gefühl auf einer normalen Party zu sein und mit ganz normalen Menschen zu sprechen.

Ich befand mich aber im Zuchthaus und sprach mit Schwerverbrechern. Wir plauderten über dieses und jenes, über das Profiboxen und sein Leben im Zuchthaus.

Nach einiger Zeit wurde das Ende der Besuchszeit verkündet. Ich machte mich wieder auf den Weg durch die Gittertüren, bis ich endlich den Himmel wieder sah.

Ich war wieder in der Freiheit, fern von allen bedrückenden Gefühlen im Zuchthaus.

***

Ich saß gemütlich beim Frühstück und hörte nebenbei Radio.

Und dann hörte ich es: „Ein Hamburger Hochstapler ist während eines bewachten Freiganges in Lübeck über ein Toilettenfenster geflüchtet, um der Sicherungsverwahrung zu entkommen." Hochstapler, in Lübeck lebte doch die Schwester von Mike. Dabei konnte es sich also nur um Mike handeln.

In den nächsten Stunden wurde Folgendes bekannt.

Er war, da ihm Sicherheitsverwahrung angedroht wurde, kurz vor seiner Entlassung, bei einem Freigang anlässlich der Geburtstagsfeier seiner Schwester, durch das Toilettenfenster entflohen. Einige Tage später konnte man in der Bildzeitung lesen, dass Mike Wappler sich gemeldet hatte. „Es geht mir hier in Spanien sehr gut" wurde er zitiert.

Typisch Mike. Einige Zeit verging.

Dann gab es eine Gesetzesänderung, die bestimmte, dass Sicherheitsverwahrung nicht auf Betrugsfälle angewandt werden darf. Und so bekam ich völlig überraschend einen Anruf von Mike.

Fröhlich meldete er sich aus einem spanischen Gefängnis und erklärte mir Folgendes: „Die Presse versucht mich hier immer wieder zu erreichen. Ich bin hier aber verständlicherweise schlecht erreichbar. Ich habe den Jungs Deine Telefonnummer gegeben und gesagt, Du bist mein Pressesprecher".

Und so wurde ich ungefragt der Pressesprecher von Milliarden Mike.

***

Mike kam dann einige Tage später nach Hamburg zurück ins Zuchthaus Fuhlsbüttel.

Da eine Flucht aus dem Gefängnis keine Straftat darstellte, wurde Mike wenige Wochen später fristgemäß entlassen. Aus dem Zuchthaus heraus hatte er alles arrangiert. „Standesgemäß" fuhr eine

Stretchlimousine vor und brachte Ihn ins Marriott Hotel, wo die Fotografen schon warteten.

Ich hatte zum Anlass seiner Entlassung im Marriott Hotel in Hamburg eine Pressekonferenz organisiert.

***

Später wurde in gemeinsamen Gesprächen die Idee geboren, ein Buch über das Leben von Mike zu veröffentlichen. Ich stelle den Kontakt zu einem Journalisten her, der das Buch schreiben sollte.

Über eine Literaturagentin in Berlin wurde der Kontakt zum Dumont Verlag hergestellt, in dem dann 2013 das Buch über Milliarden Mike erschien.

37. MC - Master of ceremony

Die Frage, wie erkennt man einen guten Ringsprecher und was sind eigentlich seine Aufgaben, wurde mir während meiner aktiven Zeit, aber auch heute noch, oft gestellt.

Der Ringsprecher tritt 2 x öffentlich in Erscheinung.

Offizielles Wiegen

Das Offizielle Wiegen ist zwingender Bestandteil einer Veranstaltung, es findet nach der ärztlichen Untersuchung der Boxer statt. In der Regel am Tag vor dem Kampf.

Wird das Gewicht bei einem Titelkampf nicht eingehalten, so hat der Boxer die Möglichkeit, in den nächsten zwei Stunden „Gewicht zu machen". „Beliebt" sind hier die Sauna im Hotel oder dick eingepackt in der Hitze laufen, mit dem Ziel durch Schwitzen Flüssigkeit zu verlieren.

Dass ein Boxer sein Gewicht nicht bringt, kommt überraschenderweise immer mal wieder vor.

Wenn dies der Fall sein sollte, kann ein Titelkampf auch mal platzen. Bei großen Weltmeisterschaften wird in vielen Fällen ein guter Weltranglistenboxer in der entsprechenden Gewichtsklasse für einen anderen Kampf, verpflichtet. Dieser kann, im Fall der Fälle, dann einspringen und der Titelkampf kann, sehr wichtig bei Fernsehverträgen und für Sponsoren, doch noch ausgetragen werden.

Bei den Rahmenkämpfen sind diese Gewichtsklassen auch gültig und wichtig, es sei denn in den Verträgen wird im gegenseitigen Einvernehmen ein anderes Gewicht eingetragen. Wird das Gewichtslimit hier nicht eingehalten, kann nach Rücksprache mit dem Gegner, doch geboxt werden. Normalerweise hat das aber dann eine Gagenkürzung zur Folge, und der Gegner bekommt eine höhere Gage.

Vor großen Kämpfen findet das Offizielle Wiegen vor größerem Publikum statt. Beliebt sind hier z.B. große Einkaufszentren.

Das Offizielle Wiegen findet in den meisten Fällen in der Öffentlichkeit statt. Hier stellt der Ringsprecher die Offiziellen vor und ruft die Boxer den Kampfpaarungen entsprechend zur Waage.

Bei den Hauptkämpfen wird dann das sogenannte „face to face" Szenario geschaffen. Besonders wichtig für die Fotografen stehen sich die Boxer hier, sehr dicht voreinander, Gesicht gegen Gesicht gegenüber. Um einen zusätzlichen Effekt zu erzielen, kann man nach Absprache mit dem Gegner auch eine kleine Rangelei oder sonstige Provokationen inszenieren.

Sehr selten kommt es zu nicht geplanten emotionalen Reaktionen zwischen den Gegnern. Sollte es zu den vorstehend aufgeführten Schwierigkeiten kommen, oder etwas anderes Unvorhersehbares passieren, ist es natürlich wichtig, dass der Ringsprecher die Regeln kennt und über entsprechende Erfahrung verfügt, um die Situation zu regeln und dem Publikum zu erklären.

***

Die Arbeit am und im Ring.

Ich möchte jetzt nicht den Eindruck erwecken, den Ringsprecher als die wichtigste Person auf den Veranstaltungen dazustellen. Das ist er bei Weitem nicht der Fall. Er ist ein Rädchen im Getriebe.

Eine derartige komplexe Veranstaltung durchzuführen ist die Aufgabe eines eingespielten Teams, bei dem alle Rädchen ineinandergreifen müssen. Mitglieder dieses Teams sind:

Der Boxer, der die geforderte Leistung im Ring erbringen muss.

Die Trainer, die ihre Boxer vorbereiten und in der Ringecke betreuen müssen.

Der Ringrichter, der den Kampf leiten und überwachen muss.

Die Punktrichter müssen nach den jeweiligen Regeln des zuständigen Verbandes die Leistung der Boxer auf dem Punktzettel bewerten.

Die Ringärzte überwachen die Gesundheit der Boxer

Der Offizielle des Verbandes stellt sicher das alle Regeln des Verbandes befolgt werden.

Die Masseure und die Physiotherapeuten betreuen die Boxer im Vorfeld der Veranstaltung und sind in der Ecke ebenfalls anwesend.

Der Cutman, der sich um blutende Verletzungen kümmern muss.

Der Veranstalter, der die Gesamtverantwortung und das finanzielle Risiko trägt.

Der Technische Leiter mit seinen Mitarbeitern, der für die gesamte Organisation im Vorfeld und während der Veranstaltung verantwortlich ist.

Der Matchmaker, der nach Vorgaben des Veranstalters die Paarungen zusammenstellt.

Das Security-Team, das für die Sicherheit in der Halle zuständig ist.

Der Nummerngirls und Fahnenträgerinnen.

Die Kollegen, die für den Aufbau innerhalb der Halle und des Ringes zuständig sind.

Kollegen, die für die Pressearbeit, das Sponsoring, den Ticketverkauf etc. Verantwortung tragen.

Und neben vielen anderen, hier nicht aufgelisteten Personengruppen, auch der Ringsprecher.

Die sichtbare Hauptaufgabe des Ringsprechers ist sicherlich die Vermittlung von Informationen und Daten über die Boxer und die Veranstaltung für das Publikum in der Halle und vor den Fernsehgeräten.

Es gibt aber eine Situation, in der der Ringsprecher die einzige Person ist, die etwas regeln kann.

Es ist der Moment, wenn im Ring alle aufgestellt sind.

Die Boxer und Trainer neben Ihren Nationalflaggen.

Der Supervisor des Weltverbandes.

Der Technische Leiter.

Der Matchmaker.

Der Veranstalter.

Der Ringrichter.

Die Fahnenträgerinnen.

Der Ringsprecher

Dann dauert es erfahrungsgemäß noch einige Minuten, bevor es losgeht.

Für alle Beteiligten gibt es einen sehr detaillierten, mit dem Fernsehen abgestimmten Ablaufplan mit sämtlichen relevanten Informationen. Der Ringsprecher hat durch seine Erfahrung an diesem Plan mitgewirkt und den Ablauf daher im Kopf.

Der Ringsprecher ist dann der Einzige, der bei den Fernsehübertragungen über einen „Knopf in Ohr" mit dem Regisseur verbunden ist. Fällt dem Regisseur etwas auf oder hat er spontan noch organisatorische Wünsche, dann ist der Ringsprecher der Einzige, der das im Ring umsetzen kann.

Der Ringsprecher muss wissen, welche Details für die jeweilige Situation mit dem Regisseur besprochen wurden, damit das Fernsehen die geforderten Bilder einfangen kann.

Dann ist z. B. zu prüfen, ob die Fahnenträgerinnen die richtigen Fahnen tragen, die Boxer mit dem Gesicht zur Führungskamera neben ihren Fahnen stehen. Dass beim Stairdown die beteiligten Personen erst dann die Position einnehmen, wenn der Ringsprecher das ok des Regisseurs bekommt und der Ringrichter auch mit dem Gesicht zur Führungskamera steht. Das gilt auch für die Urteilsverkündigung.

Klappt das nicht, wie vorher mit den Beteiligten besprochen, muss der Ringsprecher das möglichst ruhig und unauffällig korrigieren, damit nicht der Eindruck der „Unordnung" entsteht. Auch ist es wichtig, dass der Ringsprecher sich an die Kommandos des Regisseurs hält und nicht nach eigener Entscheidung tätig wird.

Zum Beispiel bevor die Boxer in den Ring gerufen werden, ist die Information des Regisseurs wichtig, dass die Boxer bereitstehen. Denn nichts ist peinlicher, als wenn der Ringsprecher die Boxer aufruft, die Walk-In Musik beginnt und nichts passiert.

Die für den Zuschauer sichtbare Aufgabe ist z.B. den Titelkampf anzukündigen, die beiden Boxer in den Ring zu rufen, die Boxer und die Offiziellen vorzustellen, die einzelnen Runden aufzurufen und das Urteil zu verkünden. Hierbei kommt es nicht nur darauf an, die Daten und Fakten zu verlesen.

***

Die Stimmung

Ein guter Ringsprecher hat die Aufgabe und die Möglichkeit, etwas für die Stimmung in der Halle zu tun.

Für mich war es dabei immer sehr wichtig, unseren Boxern einen lauten und emotionalen Empfang in der Halle durch das Publikum zu initiieren. Denn die Boxer haben sich für diesen Moment wochenlang geschunden, und für viele ist dieser Moment der Höhepunkt ihrer bisherigen Karriere.

Und da zeigt es sich mal wieder, dass die deutsche Bezeichnung Ringsprecher nicht den Aufgaben gerecht wird. Die Bezeichnung im englischsprachigen Raum heißt MC, Master of Ceremony. Sie umschreibt die Aufgaben des Ringsprechers wesentlich besser.

***

Voraussetzungen

Es gibt, wie man heute auf Neudeutsch sagt, einige Basics, die der Ringsprecher mitbringen sollte.

Eine angenehme, laute Stimme, die Variationen der Stimmlage zulässt.

Ein sicheres Auftreten.

Erfahrungen mit dem Mikrofon.

Liveerfahrung

Fernseherfahrung

Fachkenntnisse und Regelkenntnisse

Ruhe und Gelassenheit

Und möglichst Charisma.

Und für mich sehr wichtig, Herzblut für diese Sportart.

Dieses Herzblut liegt auch in der Kenntnis, dass die Boxer in den Wochen der Vorbereitung körperlich und seelisch an ihre Grenzen oder darüber hinaus gegangen sind.

Jeder Ringsprecher sollte möglichst durch Anwesenheit bei einigen Trainingseinheiten und durch Gespräche mit den Boxern ein Gefühl dafür bekommen. Und dieses Herzblut sorgt dafür, im Ring alles zu geben, um das zu erreichen.

Um gewisse Details in der Vorstellung der Boxer, wie z.B. K.O-Siege oder Titel hervorzuheben, ist eine gehobene Lautstärke der Stimme und eine andere Tonart sehr hilfreich, ebenso kleine Pausen an den richtigen Stellen. Emotionen des Publikums können so erzeugt und gelenkt werden.

Besonders wichtig ist dies nicht nur beim Walk-In, sondern auch bei der Verkündung des Urteils.

Ist es ein K.O, so ist alles klar.

Ist es aber z.B. eine knappe 2:1 Entscheidung, dann kommt es auf die Erfahrung des Ringsprechers an, das Ergebnis spannend zu verkünden. Zuerst die Punkte des Punktrichters mit dem Punktvorsprung für den Heimboxer, Freude und Begeisterung kommen auf. Dann den Punktrichter mit dem Punktvorsprung für den Gegner, Enttäuschung und Angst vor der Niederlage kommt auf.

Zum Schluss der Punktrichter mit der entscheidenden Wertung - nach der Namensnennung des Punktrichters und der Nennung der Punkte, die kürzere oder längere Pause und dann erst der Name des Siegers.

Wichtig, aber auch fair ist es, diese Ansage zweisprachig zu machen, damit auch der Gegner über die Punktsituation informiert ist und leiden oder sich freuen kann.

Geschehen unvorhergesehene Dinge während des Kampfes im Ring, so muss der Ringsprecher das Erkennen und dem Publikum erklären können.

Wenn es sich um ein knappes oder überraschendes Urteil handelte, hatte ich immer mit den Regisseuren besprochen, dass ich mich bei der Urteilsverkündung neben den Sieger stelle, sodass der Regisseur rechtzeitig Bescheid wusste, wer gesiegt hat.

Wichtig war es für mich aber auch, durch meine Arbeit im Ring, den Verlierern den nötigen Respekt zu erweisen und für seinen Applaus des Publikums zu sorgen.

***

Daten
Aber es gibt auch Arbeit des Ringsprechers, die „hinter den Kulissen" stattfinden. Er ist für die Erarbeitung der Informationen, die er dem Publikum geben will, selbst verantwortlich. Er benutzt dazu Informationen des Veranstalters, u.a. auch die Informationen über Sponsoren oder anwesende VIPs, die genannt und vorgestellt werden müssen.

Die relevanten Daten über die Boxer entnimmt er heute der Boxplattform Boxrec, die alle Informationen über aktive und inzwischen passive Boxer auflistet. Diese erarbeiteten Daten werden für die vom Fernsehen übertragenen Kämpfe mit einem Redakteur des Senders abgestimmt, damit Aussagen des Ringsprechers mit den im Fernsehen gezeigten Informationen übereinstimmen. Dabei wird auch der Ablauf im Ring endgültig besprochen und festgelegt.

Bei Veranstaltungen mit Titelkämpfen nimmt der Ringsprecher, nach dem Wiegen, prinzipiell auch an dem Rulesmeeting des verantwortlichen Verbandes teil.

Für die Vernetzung des Ringsprechers und zur Anknüpfung neuer Kontakte ist die Teilnahme am Offiziellen Essen als Abschluss des Tages vor der Veranstaltung sehr wichtig.

Und dann kann man nur noch hoffen, dass alles gutgeht.

38. The One and only

Es ist wie immer im Leben. Irgendwann geschieht irgendwo etwas zum ersten Mal.

In vielen Fällen sind Menschen ausschlaggebend, die in einer eher zufälligen Situation bahnbrechende Entscheidungen fällen. Manchmal entstehen Wunder zufällig, oder gar durch eine kleine Schlamperei.

So ist in einem Geo Plus Bericht über die Entstehung des Penicillins Folgendes zu lesen:

> *„Ein Zufall führt dazu, dass Alexander Fleming am 28. September 1928 das Penicillin entwickelt. Die Ära der Antibiotika kann beginnen.*
>
> *So geschehen 1928 am St. Mary's Hospital in London.*
>
> *Im September 1928 kehrt der schottische Bakteriologe Alexander Fleming (1881–1955) aus den Sommerferien in sein Labor zurück.*
>
> *Dort stößt er auf eine Petrischale mit einer verschimmelten Bakterienkultur; vor seiner Abreise hat Fleming mit dem Krankheitserreger Staphylococcus aureus experimentiert, und das Gefäß ist ungewaschen auf einem Labortisch stehen geblieben.*
>
> *Staunend stellt er nun fest: Eine winzige Menge grüner Schimmelpilze hat die Bakterien zerstört.*
>
> *Es gelingt ihm, die bakterientötende Substanz aus dem Schimmel zu extrahieren, er nennt sie: Penicillin.".*

Er hat spontan die Entscheidung getroffen, die Petrischale nicht zu säubern, sondern sich mit dem Inhalt zu beschäftigen. Eine bahnbrechende Entscheidung.

Und über die Erfindung des Klettverschlusses war im Tagblatt zu lesen: *„Klettverschluss. Die Natur kapieren und kopieren*

„Wer hats erfunden? Ein Schweizer.

Das eine Klettband hat Widerhäkchen, das andere Schlaufen.

Das Prinzip des Klettverschlusses hat der Waadtländer Ingenieur Georges de Mestral der Natur abgekupfert.

De Mestral war leidenschaftlicher Jäger und wurde auf seinen Streifzügen stets von einem Hund begleitet.

Oft kam es vor, dass Kletten (Arctium lappa) – Pflanzen mit stachelborstigen Knospen – im Fell seines Vierbeiners hängen blieben.

Mit einem Mikroskop untersuchte er die Kletten und erkannte winzige elastische Häkchen.

Auch wenn man sie heftig aus Stoff, Fell oder Haaren los reist, brechen sie nicht ab. Er entwickelte den Klettverschluss und ließ seine Idee 1951 patentieren."

Auch er hat spontan entschieden, die Kletten von seinem Hund nicht wegzuwerfen, sondern sie sich unter dem Mikroskop anzusehen."

In einer ähnlichen Situation kam es, als ein Zufall zu einer Weltmarke im Boxen führte.

Ich möchte mit dem folgenden Beispiel nun keinen direkten Zusammenhang mit den geschilderten Erfindungen herstellen, die Situationen sind aber vergleichbar, ein Zufall führt zu einer Handlung, die zu einem Ergebnis führt.

So war es auch in den USA. 1982 saß in den USA ein Vater mit einem seiner Söhne vor dem Fernseher und sah die Übertragung eines Boxkampfes, bei dem der Ringsprecher seinen Auftritt verpatzte. „Das kannst Du auch", soll sein Sohn zu ihm gesagt haben und so bewarb er sich als Ringsprecher.

Zuerst erfolglos, aber ab März 1983 begann er sich als Ringsprecher zu etablieren.

Er brachte alles mit, was man als Ringsprecher braucht. Er war das Modell der Nobelmarke Gucci, hatte Charisma und Ausstrahlung. Sah gut aus und hatte eine kräftige wohlklingende Stimme, und er wollte nicht so sein wie andere.

Ein Mythos entstand, er wurde „the godfather aller Ringsprecher".

Seinen Ausruf zum Start des Boxkampfes „Let's get ready to rumble" ließ er sich in den USA patentieren. Im Laufe der Zeit entwickelte er seine so typische Art, diesen Satz auszusprechen. Er begann, die „R"s zu rollen und die „L"s und das „M" s in die Länge zu ziehen.

„Auf der Plattform YouTube kann man derzeit unter Eingabe des Suchbegriffs [Michael Buffer - Let's Get Ready To Rumble] Videomaterial zu dieser Geschichte finden."

Und dann hatte er es geschafft, mit seinem Schlachtruf die erwünschte elektrisierende Wirkung auf das Publikum zu erzielen. Seine sprachliche seriöse Art, den Ringsprecher zu interpretieren, setzte neue Maßstäbe.

Ich spreche von Mr. Michael Buffer.

Ich hatte das große Vergnügen, ihn bei einer Veranstaltung kennenzulernen und die Möglichkeit, mich sozusagen unter Kollegen mit ihm etwas länger zu unterhalten. Es war ein sehr offenes und schönes Gespräch, das mir auch einige neue Impulse in meiner Arbeit als Ringsprecher gegeben hat. Seine emotionale Art des Ansagens hat Generationen von Ringsprechern geprägt. Man muss jedoch sehr aufpassen, dass man nicht kopiert, sondern versuchen, einen eigenen Stil zu entwickeln.

Auch einen zweiten amerikanischen Ringsprecher der Spitzenklasse durfte ich persönlich kennenlernen. Ein Mann, der eher den britischen Stil pflegt.

Jimmy Lennon Jr.

Auch er zählt zu den Vorbildern vieler Ringsprecher und ist ein sehr freundlicher und kompetenter Gesprächspartner gewesen.

Sportbegeisterte kennen seinen Ruf: „It's showtime "

„Auf der Plattform YouTube kann man derzeit unter Eingabe des Suchbegriffs [Reflections: Jimmy Lennon, Jr. | SHOWTIME CHAMPIONSHIP BOXING 30th Anniversary] Videomaterial zu dieser Geschichte finden."

39.   Die Ladys, der geschenkte Stern und die traumhafte Aussicht

Neben Regina Halmich hatte ich in den erfolgreichen Jahren von Universum Box Promotion das große Vergnügen, mit weiteren sehr starken, selbstbewussten, erfolgreichen und charmanten jungen Frauen eng zusammenarbeiten zu dürfen, die ebenfalls viel für das Frauenboxen erreicht haben.

Sie waren Weltmeisterinnen und Trägerinnen anderer Titel.

Ina Menzer aus Mönchengladbach , Daisy Lang aus Sofia

Alesia Graf aus Stuttgart, Silke Weickenmeier aus Speyer

Susianna Kentikian aus Hamburg, Julia Shahin aus Köln

Michel Aboro aus Amsterdam

Zu Regina Halmich, Ina Menzer und Daisy Lang habe ich auch heute noch Kontakt.

Regina ist heute eine erfolgreiche Geschäftsfrau. Sie hält Vorträge vor Managern und ist u.a. auch als Fitness-Trainerin auf Kreuzfahrtschiffen engagiert. Sie ist auch ehrenamtliche Botschafterin des Deutschen Kinderhilfswerkes.

Es war mir eine besondere Freude, diese Boxerinnen auf dem Weg zum Erfolg begleiten zu dürfen, im Management und oder als Ringsprecher. Sie alle hatten es besonders schwer, denn sie mussten sich, mehr als Ihre männlichen Kollegen, erst einmal im Training und im Kampf beweisen. Es waren Zeiten, in denen sich das Frauenboxen noch nicht etabliert hatte.

Das wurde anders, als das Fernsehen begann, auch Frauenkämpfe zu übertragen. Und es wurde interessant, als es geschah, dass einige Frauenkämpfe mehr Einschaltquoten erzielten als so mancher Männerkampf. Regina Halmich, ihre Einschaltquoten, 8,8 Millionen Fernsehzuschauer bei ihrem letzten Kampf, lassen noch heute die männlichen Boxer, Manager und Promotor neidvoll erblassen.

Einer Boxerin muss man zugestehen, dass sie den Weg vieler nachfolgender Boxerinnen durch ihre langjährigen Erfolge und ihr Auftreten in der Öffentlichkeit geebnet hat, Regina Halmich.

Sie startete im März 1994 in Karlsruhe mit einem Punktsieg. Im Juni 1995 wurde sie in ihrer Heimatstadt Karlsruhe WIBF-Weltmeisterin. Bis 2007 verteidigte Sie ihren Titel 43-mal, bis sie nach ihrem letzten Kampf in Karlsruhe ungeschlagen zurücktrat. Sie war damit, unerreicht, 12 Jahre durchgehend Weltmeisterin, wurde 2014 in die „International Women's Boxing Hall of Fame" und 2021 in die „International Boxing Hall of Fame" aufgenommen.

***

Mit Regina Halmich war ich, auf Einladung ihres persönlichen Sponsors, gemeinsam mit meiner Frau in die Türkei geflogen. Es sollte eine Ehrung von Regina geben und einen Showkampf. Beide Veranstaltungen sollte ich moderieren.

Wir trafen uns alle im Hotel und besprachen die weiteren Abläufe. Am ersten Abend gab es einen kleinen Festakt des Sponsors. Hierbei wurde ihr, als Anerkennung ihrer herausragenden Verdienste um das

Profiboxen und die gute Zusammenarbeit mit dem Sponsor, eine Urkunde überreicht.

Das wusste Regina. Sie wusste aber nicht, was auf der Urkunde stand. Ein Stern war nach ihr benannt worden. Ich durfte die kleine Zeremonie moderieren und erinnere mich noch genau, wie überrascht und erfreut Regina war.

Und dann sollte es am nächsten Abend einen Showkampf mit Regina und einer spanischen Boxerin geben.

Es sollte ein außergewöhnlicher Abend werden, in jeder Hinsicht.

***

Es war herrliches Wetter, die Sonne schien und wir fuhren am Vormittag des nächsten Tages in ein Lokal mit einer Open-Air-Diskothek. Es lag auf einem Berg hoch über der Stadt. Der Ausblick war atemberaubend über die Stadt und das blaue Meer. Wie musste das am Abend unter sternklarem Himmel fantastisch aussehen. Regina und ich waren beeindruckt und begeistert.

Alles schien gut vorbereitet, der Ring, so sagte man uns, würde nachmittags aufgebaut und Regina könnte am Abend unbesorgt einen Showkampf bestreiten.

Ich kam ins Hotel zurück und erzählte meiner Frau von dieser außergewöhnlichen Location.

Abends kam der Fahrdienst und holte uns alle ab.

Und das, was ich dann sah, überstieg noch einmal meine Erwartungen. Es war nicht nur eine atemberaubende Atmosphäre, sondern auch ein spektakulärer Blick über die Lichter der Stadt, hinaus auf Meer. Festlich eingedeckte Tische mit Kerzenhalter auf den Tischen, dezent ausgeleuchtet unter sternklarem Himmel.

Und dann der Blick auf den Ring. Schlagartige Ernüchterung.

Die für den Ring zuständigen Menschen hatten wohl nicht richtig verstanden, was geschehen sollte, nämlich ein Boxkampf, wenn auch nur ein Showkampf. Voraussetzung ist hierfür, zu mindestens nach deutschen Gesichtspunkten, ein stabiler Boxring mit entsprechenden Boxseilen und ein stabiler Boden.

Was wir da sahen, waren einige Paletten, die mit einer Bodenplatte abgedeckt waren. Einen nur sehr schwer als Ringbodenbelag zu erkennender Bodenbelag und 4 etwas wackelige Pfosten zwischen denen traurig aussehend 3 Reihen Seile schlaff herunterhingen.

Da konnte niemals geboxt werden. Krisensitzung mit den Erbauern.

Klare Zielvorgabe wie das in ca. 3 Stunden auszusehen hat, und die Hoffnung auf die Kunst der Improvisation durch türkische Handwerker.

Die übrigen Gäste, alles leitende Mitarbeiter der Firma trafen ein, man setzte sich, und wir genossen ein wirklich opulentes Mahl. Die leise Musik im Hintergrund, die lauwarme Luft, der unbeschreiblich schöne Blick zogen alle in ihren Bann.

Zwischen den Gängen und auch mal zwischendurch schaute ich immer mal nach links, um zu sehen, was dort am Ring geschah. Ich gebe zu, ich hatte kein gutes Gefühl. Viele fleißige Helfer huschten um den Ring herum und waren wie auch immer tätig.

Mir schwante Böses. Ich überlegte, was ich sagen sollte, wenn der Showkampf nicht stattfinden könne.

Das Essen war vorbei, Regina und ihre Gegnerin zogen sich um und ich ging zum Ring.

Also gut, eine deutsche Behörde hätte dieses Konstrukt sicherlich nicht abgenommen, Aber wir waren in der Türkei, und was ich das sah, erinnerte schon sehr stark an einen richtigen Boxring.

Ich stieg hinein, um zu testen, ob alles hält, Test bestanden.

Ich konnte meiner Arbeit nachgehen, die diesmal darin bestand, nicht nur als Ringsprecher zu fungieren, sondern in diesem besonderen Fall auch viele Informationen über das Profiboxen dem Publikum zu vermitteln.

Anschließend wurde es dann ein schöner lockerer Abend und eine sehr lange Nacht.

Im Gegensatz zu den anderen Teilnehmern, die am nächsten Nachmittag zurück nach Deutschland flogen, blieben wir noch eine Woche in einem Strandhotel in der Türkei für einen Kurzurlaub in der Sonne.

40. Strom im Haar und Fähnchen schwenken

Man könnte denken, dass die Frisur von Herrn Trump ein Original ist. Aber diese Frisur ist nur eine misslungene Kopie einer anderen Frisur, die jemand schon seit Jahrzehnten trägt.

Wer sich je mit dem Profiboxen beschäftigt hat, kennt diese Starkstromfrisur. Bei öffentlichen Auftritten kommen dann noch mehrere kleine Fähnchen zum Einsatz, die der USA und interessanterweise immer des Landes, wo sich diese Person gerade präsentiert.

Bei der Begrüßung von Menschen, die ihm wichtig sind und deren Zusammenarbeit er braucht, ist man prinzipiell „my best friend", „my very best friend" oder als Steigerung „my best friend worldwide".

Wer ihn näher kennt, weiß diese Freundschaftsbekundungen richtig einzuschätzen. Andere fühlen sich immer noch besonders „geehrt".

Mit einem Showkampf von Muhammad Ali zur Rettung eines in Not gekommenen Krankenhauses begann die Karriere dieses Mannes als Boxpromotor und Manager. Er war kurz zuvor, nach 3 Jahren, durch eine Begnadigung aus dem Gefängnis entlassen worden und musste so seine fünfzehnjährige Haftstrafe nicht absitzen.

2008 bot er den Klitschkos 20 Millionen Dollar an, wenn sie gegeneinander boxen würden, was diese selbstverständlich ablehnten.

Er war Organisator der größten Box-Spektakel der Welt: 1974 rief den „Rumble in the Jungle" aus, 1975 folgte der „Thrilla in Manila" – beides Kämpfe von Muhammad Ali, erst gegen George Foreman, dann gegen Joe Frazier.

Einige seiner Boxer, Muhammad Ali, Evander Holyfield, Félix Trinidad, Mike Tyson, Larry Holmes, Wilfred Benitez, Wilfredo Gómez, Julio César Chávez, Oliver McCall, Hasim Rahman, Chris Byrd, Salvador Sánchez, John Ruiz, Hector Camacho, Aaron Pryor, Alexis Argüello, Andrzej Golota, James Toney und Lamon Brewster machte er zu Weltmeistern.

Wer im Boxbusiness tätig war, kam damals wie heute an diesem Mann nicht vorbei. Ich spreche von Donald „Don" King. Und so durfte auch ich ihn kennenlernen und einige Male live erleben.

Er pflegt sein Image als „durchgeknallt" bei jedem öffentlichen Auftritt. Das Bild eines etwas senilen Greises, der durch das Schwingen seiner Fähnchen seine Gegner und Verhandlungspartner nur in Sicherheit wiegen will, ist fast allen bekannt. In der Zusammenarbeit begeht man einen großen Fehler, wenn man ihn unterschätzt.

Ich habe ihn als knallharten, sehr kontrollierten Geschäftsmann erlebt, der versucht, mit allen Mitteln und ich betone allen Mitteln, seine Interessen durchzusetzen. Das liegt aber auch an seiner starken Persönlichkeit, er kann Dich umschmeicheln, Dir das Gefühl geben, Du bist wichtig für ihn, auch er ist eben der geborene Menschenfänger.

Bei einem Offiziellenessen mit seiner Beteiligung wurde seine Masche überdeutlich. Wir saßen an einem großen Tisch, Don King, mir schräg gegenüber.

Er redete gerade in seiner aufgesetzten und übertriebenen Art auf Klaus Peter Kohl ein, der die Masche natürlich kannte und es geduldig ertrug.

Dann klingelte sein Handy. Er nahm das Handy ans Ohr und schlagartig sah und hörte man einen anderen Don King. Konzentriert und mit ruhiger Stimme sprach er ins Handy, stand auf und ging in einen Nebenraum. Als er zurückkam, setzte er sich und wurde sofort wieder der aufgedrehte Gesprächspartner wie vor dem Handygespräch.

The Show must go on. Mir fiel sofort Dr. Jekyll und Mr. Hyde ein.

„Auf der Plattform YouTube kann man derzeit unter Eingabe des Suchbegriffs [Don King - Der Boxpate] Videomaterial zu dieser Geschichte finden."

Übrigens ist sein überaus sympathischer, ruhiger und freundlicher Sohn, Carl King, den ich während einer unserer Veranstaltungen kennenlernen durfte, im öffentlichen Auftreten der Gegenentwurf seines Vaters.

41. Der Panzer und die gebrochene Nase

Stefan Raab ist den Fernsehzuschauern als kreativer Entwickler von außergewöhnlichen Fernsehformaten bekannt, aber auch gerne mal provozierender Moderator und Gesprächspartner in Talkshows und ähnlichen Formaten. Er ist aber auch ein Mann, der flotten Sprüchen Taten folgen lässt, wenn es denn Quote bringt.

Aber ab und zu trifft er auf den oder in diesem Fall die Richtige oder je nach Blickwinkel auch die Falsche. So war es mit Regina Halmich.

Stefan Raab hatte sich, wie es seine Masche war, zu verschiedenen Anlässen sehr herablassend zum Thema Frauenboxen geäußert, auch in einem Gespräch mit Regina. Das Ergebnis des Wortwechsels war ein Kampf im Ring, um die Dinge richtigzustellen.

Ich lernte Stefan Raab persönlich kennen, anlässlich meiner Zusammenarbeit mit Pro 7, die mehrere Kampfabende unseres Boxstalls Spotlight Boxing live übertrugen. Ich war als Ringsprecher tätig und 1 x als Coach für Elton, der sich als Ringsprecher versuchte und dabei eine gute Figur abgab.

2001 war es dann das erste Mal so weit, die „Killerplautze" Stefan Raab gegen die Weltmeisterin Regina Halmich live übertragen aus dem Colosseum in Köln. Ergebnis, Punktsiegerin Regina Halmich und eine gebrochene Nase von Stefan Raab.

Im März 2007 kam es zum zweiten Aufeinandertreffen der beiden in der mit 19.500 Zuschauern völlig ausverkauften Köln Arena. Und bei Stefan Raab musste es immer noch etwas mehr sein. Nachdem er beim ersten Kampf „I feel good" singend seinen Walk - In begonnen hatte, gab es diesmal etwas Besonderes.

Ich hatte schon im Vorfeld der Veranstaltung aus der Redaktion des Senders die Information bekommen, dass der Walk-In von Stefan diesmal etwas ganz Besonderes sein würde. Daher war ich gespannt, was passieren würde.

Zuerst war nur ein dumpfes Grollen in der Halle zu hören. Nebelschwaden waberten durch den Bereich, in dem gleich Stefan auftauchen musste, und der Geruch von Diesel lag in der Luft.

Die Spannung stieg. Das dumpfe Grollen nahm zu und wurde ohrenbetäubend. Und dann tauchte er aus den Nebelschwaden auf.

„Auf der Plattform YouTube kann man derzeit unter Eingabe des Suchbegriffs [McFit Fight Night 2007 - Halmich vs. Raab - Part01] Videomaterial zu dieser Geschichte finden."

Ein mit Tarnnetzen drapierter Panzer mit Stefan oben auf dem Panzer sitzend. Ein unglaubliches Spektakel, eine Supershow. Aber er musste auch hier schmerzhaft lernen, eine gute Show ist nicht alles. Stefan Raab hielt tapfer, aber chancenlos, sechs Runden durch. Er verlor aber nach Punkten und blieb, wie er es bezeichnete, damit Vize - Weltmeisterin.

Vor diesem Kämpfen war Regina fast nur einer sportbegeisterten Öffentlichkeit bekannt. Nach diesen beiden Kämpfen gegen Stefan Raab jetzt einer sehr breiten Öffentlichkeit.

Ich hörte sie in Gesprächen im engsten Freundeskreis immer mal wieder sagen, „es stört mich schon ein bisschen, dass ich bundesweit die große Popularität erst nach den Kämpfen gegen Raab bekommen habe". Ich sagte dann immer zu ihr „freue Dich einfach über die bundesweite Anerkennung und über viele Sponsoren, die Dich weit über Deine boxerische Laufbahn hinausbegleiten werden.

Viele Menschen werden Dich lange in guter Erinnerung behalten als Boxerin, aber auch als Mensch".

Und so ist es auch gekommen.

42. Die Ringseile des Schreckens und die heilenden Hände

Einige Jahre nach Beginn meiner Zusammenarbeit mit UBP wurde es üblich, Boxringe mit 4 Ringseilen übereinander zu benutzen. Das hatte den großen Vorteil, dass auch große Boxer nicht über das obere Seil auf dem direkt am Ring stehenden Tisch fallen konnten.

Bei einem Ring mit nur 3 Seilen habe ich es persönlich erlebt, dass mit unwahrscheinlicher Geschwindigkeit ein großer Schwergewichtsboxer vor mir auf den Offiziellen-Tisch knallte. Ich sah das Kommen und konnte so gedankenschnell in Deckung gehen. Glücklicherweise ist niemandem ernsthaft etwas passiert.

Später wurden die 4 Ringseile auch in die Regeln der einzelnen Verbände übernommen.

***

In meinen jungen Jahren bin ich geschmeidig, schnell und elegant durch die obersten beiden Seile geglitten, um in den Ring zu gelangen. In späteren Jahren merkte ich schon, dass es an Eleganz und Geschmeidigkeit zunehmend fehlte.

Und als ich die 70 überschritten hatte, fiel mir diese Bewegung schon sehr schwer und ich war froh, unfallfrei in den Ring hinein und hinauszugelangen.

Da betrachtete ich die Ringseile als Ringseile des Schreckens.

Dabei muss man berücksichtigen, dass dieses bei den normalerweise 8 Kämpfen 16-mal geschehen musste. Ein Horrorszenarium ist dann ein Hexenschuss oder Ähnliches vor diesen sportlichen Betätigungen. Glücklicherweise ist mir das vor vielen Jahren nur 2x passiert.

Einmal sehr kurz vor Beginn der Veranstaltung.

Zum Glück waren die Ringärzte schon anwesend. Darunter der von mir sehr geschätzte und auch privat konsultierte Ringarzt Dr. Benkendorff aus Hamburg. Als Orthopäde und Sportarzt kannte er sich aus. Eine Spritze in den Rücken, eine kurze Ruhephase und ich war wieder einsatzbereit.

Beim zweiten Vorfall dieser Art war ich noch im Sportlerhotel. Leicht gebeugt ging ich zu unserem Physiotherapeuten und Masseur Christoph Busch und fragte nach den Ringärzten. Er schaute mich an und sagte Hexenschuss, leg Dich da mal aufs Bett. Es folgte eine 15-minütige Behandlung mit vielen Übungen, und der Schmerz war weg.

 **Foto Christoph Busch**
Fotograf Enno Friedrich

Auch unser Physiotherapeut und Masseur Matthias Böhme verblüffte mich mit einer Wunderheilung. Es war der Morgen vor einem Event. Ich wachte mit Kopfschmerzen auf und meine Nase war, wie man so schön sagt, dicht. Meine Nebenhöhlen meldeten sich mal wieder zu

Wort. Ich kannte das schon, es bedeutete Kopfschmerzen den ganzen Tag.

Keine schönen Aussichten.

In diesem Zustand abends in den Ring zu steigen und konzentriert und gut gelaunt den Abend zu moderieren, kein schöner Gedanke. Helfen konnten mir nur abschwellende Tabletten und Kopfschmerztabletten. In den Koffer geschaut, meistens hatte ich einen kleinen Beutel mit Arzneimitteln dabei.

So gehörte es sich auch für einen Hypochonder, der ich nun mal war. Aber wie meistens in diesen Situationen gab es diesmal keinen Beutel mit Arzneimitteln. Also was war zu tun?

Ich ging zu Mathias und wollte fragen, ob er derartige Tabletten hat. „Was ist denn los?", fragte er. Als ich ihm „meine Leiden" geschildert hatte, kam seine Aufforderung, mich auf das Bett zu legen.

An verschiedenen Stellen des Körpers gab es Akupressur, nicht nur im Nasenbereich. Nach 15 Minuten stand ich auf, die Kopfschmerzen waren verschwunden und die Nase frei. Ich konnte am Abend beschwerdefrei meiner Arbeit nachgehen.

43. Der Schneider der Hanseaten

Ich war zu einer unserer Veranstaltungen in Budapest gewesen und befand mich gerade im Landeanflug auf Hamburg. Es war wieder einmal ein schöner Aufenthalt in meiner zweiten Lieblingsstadt Budapest. Die Stimmung war gut, unsere Boxer hatten alle gewonnen, und es war eine rundweg zufriedenstellende Veranstaltung.

Ich war diesmal allein nach Budapest gereist. Als Kinderkrankenschwester musste meine Frau sich im Bezirk Harburg um die Neugeborenen und ihre Mütter kümmern, und sie hatte keinen Urlaub für eine Woche bekommen können.

Und so freute ich mich darauf, von meiner Tochter abgeholt zu werden.

Es war eine blitzsaubere Landung, ausnahmsweise ging es mal schnell mit dem Gepäck und schon konnte ich Katharina voller Vaterstolz in die Arme schließen. Sie war diejenige von unseren beiden Kindern, die meine Liebe zum Boxsport teilte. Sie hat mich, als stolzen Papa, zu einigen Boxgalas begleitet.

Ich musste ihr sofort berichten, was alles passiert war.

Sie fuhr mich in die Stadt, denn ich hatte gleich anschließend einen Termin bei einem Kunden und guten Freund, beim Herrenausstatter Staben am Rathausmarkt. Ich hatte ein Marketingkonzept mit PR und Werbemaßnahmen erarbeitet, die ich jetzt besprechen wollte. Mitbeteiligt daran war auch mein Sohn Moritz, mit dem ich, leider nur eine kurze Zeit, in meiner Firma zusammengearbeitet habe.

Wir bekamen überraschenderweise an der Seite der Straße Speersort einen Parkplatz, sodass wir nur einen kurzen Weg zum Rathausmarkt hatten.

Hier auf dem Domplatz, zwischen den Straßen Speersort und Schepenstehl war die Keimzelle Hamburgs. Dort hat die Hammaburg gestanden, Namensgeber der Stadt, 803 erstmals erwähnt. Der Platz hatte den Namen nach einem katholischen Dom, der dort bis zum großen Hamburger Brand 1842 gestanden hat.

Als wir an diesem Platz vorbeigingen, schauten wir auf eine schnöde Parkplatzfläche, die sich jetzt dort befand, wo früher der Dom gestanden hatte.

Rechts in die Bergstrasse hinein, vorbei an einer der 5 evangelischen Hauptkirchen Hamburgs, der St. Petrikirche und dann hinein ins Gewühl, links in die Mönckebergstraße, Hamburgs Haupteinkaufsstraße.

Ich hielt kurz inne, staunte und sagte zu meiner Tochter, siehst Du diesen gehetzten und griesgrämigen Gesichtsausdruck in dem Gesicht vieler dieser Frauen hier.

Sie wusste nicht, was ich meinte, denn für sie war dieser Anblick ganz normal und so erklärte ich es ihr. Ich erzählte von der faszinierenden Stadt Budapest, wo die Ungarinnen jeglichen Alters gut gestimmt und bester Laune durch die Stadt liefen.

Hat man als Mann eine dieser Damen angelächelt, so wurde zurückgelächelt. Der Unterschied war schon sehr augenscheinlich.

Wir gingen weiter und nach rund 100 Metern dann rechts auf den Rathausmarkt. Hier rechts, direkt an er Ecke der Hermannstraße, genau gegenüber von unserem wunderschönen Rathaus war der Eingang nebst Schaufenstern des Herrenausstatters Staben, beworben mit – the Gentlemans Taylor, gegründet 1919.

Der jetzige Inhaber, Jörg Staben, hatte das Geschäft von seinem Vater übernommen.

Staben war der Ausstatter für die richtig wohlhabenden Hanseaten. Die Bürgermeister wie Helmut Schmidt, Senatoren, Abgeordnete gingen gerne mal kurz über den Rathausmarkt zu Staben, um sich neu einzukleiden oder der Schneider von Staben ging über den Platz direkt ins Rathaus, um Maß zu nehmen.

Dieses Geschäft hatte hanseatische Tradition mit Blick aufs Rathaus.

***

Jörg Staben war eigentlich dem Golfspielen zugewandt, hatte aber auch ein Herz für das Profiboxen. Er war der Erste, der schon früh als Sponsor unsere Boxer mit einheitlichen Anzügen ausgestattet hatte.

Er war, solange es seine Zeit erlaubte, immer Gast bei den Veranstaltungen und pflegte auch Kontakt zu vielen unserer Boxer, die zum Teil auch seine Kunden waren. Für mich war er immer ein sehr geschätzter Gesprächspartner und nach einiger Zeit auch ein guter Freund.

Im unteren Bereich war alles holzgetäfelt, es war der eigentliche Verkaufsraum mit Teeküche und Sitzecke. Über eine große, sich nach rechtsdrehender Freitreppe kam man in die heiligen Hallen. Hier waren Anzüge das Thema, vor allen Dingen maßgeschneiderte Anzüge.

Ich lernte, dass es Maßschneiderei gibt und Maßkonfektion. Bei der Maßschneiderei wird alles von Grund auf nach den Maßen des Kunden neu gefertigt. Bei der Maßkonfektion wird ein vorhandener Anzug nach den Maßen des Kunden geändert.

Ich hatte mich in den hinteren Räumen des ersten Stockes mit Jörg Staben getroffen, über den Kampftag in Budapest erzählt und weitere Einzelheiten meiner Konzeption besprochen. Und dann wurde es spannend, ich bekam einen Smoking in Maßkonfektion, der immer noch in meinem Schrank hängt, mir aber ehrlicherweise über den Bauch herum etwas spannt.

Aber damals saß er wie angegossen, und ich habe mich bis heute in diesem Smoking sehr wohlgefühlt.

***

Aber im Keller wurde es dann wirklich beeindruckend. Dort erschloss sich damals für mich eine neue Welt.

Wenn ich mal neue Schuhe brauche, was für meine Frau viel zu selten geschieht, gehe ich mit ihr in ein Schuhgeschäft.

Einmal die Reihe mit der richtigen Schuhgröße durchgegangen, ein Paar herausgesucht, anprobiert und fertig.

Theoretisch. Aber meine Frau kommt prinzipiell mit einem Arm anderer Schuhe an, mit dem Hinweis, probiere die doch auch mal an. Szenen einer Ehe.

Als mir Jörg Staben bei meinem ersten Besuch in seinem Geschäft alles gezeigt hatte, verwies er auf die Kellertreppe und sagte, da unten kann man Schuhe kaufen. Ich war überrascht und erstaunt. In einem derart exklusiven Geschäft kann man Schuhe im Keller kaufen?

Ich stieg die Stufen hinab und hatte das Bild eines normalen Schuhgeschäfts vor Augen. Was ich dort sah, passte aber nicht zu dieser Vorstellung. Dort im Keller saß ein Schustermeister in seiner Werkstatt.

Alle Schuhe wurden hier nach Maß anfertigt.

Seine Schränke waren gefüllt mit Schuhspannern in der Größe jedes einzelnen Kunden, für den er jemals Schuhe maßangefertigt hatte, beschriftet mit den entsprechenden Namen.

Ich las die Namen von Bürgermeistern, Senatoren, Reedern, Schauspielern und sonstigen Menschen die 800 DM und wesentlich mehr für Ihre Schuhe ausgeben konnten.

Diesen Geruch aus einer Mischung von Leder und Klebstoff, der einem entgegenwaberte, wenn man die Treppen hinunterging, kann ich noch heute riechen, wenn ich an diesen Schuster denke.

44. Bikinis im Foyer

Es war unsere erste Veranstaltung in Budapest. Ich war ohne Frau nach Budapest gekommen, und wir hatten die Veranstaltung gut über die Bühne gebracht.

Es war Sonntagvormittag und ich saß, mit 4 jungen Kollegen unseres Fernsehsenders, im Foyer unseres Stadthotels.

Wir mussten etwas die Zeit totschlagen, denn wir warteten auf den Fahrdienst, der uns zum Flugplatz bringen sollte.

Um noch einmal durch die Stadt zu schlendern, war die Zeit zu knapp, andererseits konnte es noch 30 – 40 Minuten dauern, bis wir abgeholt wurden. Also ein Cappuccino bestellt und ein bisschen geplaudert.

Natürlich über den Ablauf der Veranstaltung und der Kämpfe, über die schöne Stadt und natürlich so ganz am Rande, ganz nebensächlich auch über die hübschen Frauen in Budapest.

Es wurde viel gelacht und die Stimmung war prächtig.

Um die Ereignisse der nächsten Minuten zu verstehen, muss man sich die Situation, in der wir uns befanden, vor seinem geistigen Auge erscheinen lassen. Wir saßen mit dem Rücken oder schräg zum Fenster und hatten die Hotelhalle vor uns. Wir schauten auf den Counter, an dem rege gearbeitet wurde, und links davon, einige Meter entfernt, auf eine geschlossene zweiflügelige Tür.

Aus Richtung der Tür war ein Stimmengewirr zu hören, eine einzelne Stimme, die auf Ungarisch immer wieder etwas sagte und ab und zu Beifall. Es musste sich also um eine sonntägliche Veranstaltung handeln.

Ich trank gerade einen Schluck aus der großen Tasse und hörte, wie das Stimmengewirr wesentlich lauter geworden war. Ich sah auf und bemerkte, dass die Menschen aus dem Raum herausströmten, um sich überwiegend ins Freie zu begaben. Es schien sich um eine Pause bei der Veranstaltung zu handeln.

Dann schaute ich, warum auch immer, in die Gesichter meiner 4 jungen Kollegen. Ich sah Ihren erstaunten Gesichtsausdruck, und es herrschte am Tisch schlagartig atemlose Stille.

Und dann sah ich sie auch.

Würde ich diese Situation prosaisch beschreiben, würde ich so formulieren:

Engeln gleich kamen majestätisch schreitend 4 Grazien von unendlicher Schönheit, mit einer makellosen Figur, auf High Heels, jeweils nur mit einem sehr knappen Bikini bekleidet, direkt auf uns zu.

Es war ein wunderschöner Anblick.

Nun muss ich natürlich anmerken, dass ein reifer, gestandener und erfahrener Mann wie ich natürlich diesen Anblick auch genoss. Doch mein genießerischer Blick war zu vergleichen mit dem eines Kunstliebhabers, der sich die Mona Lisa oder eine der atemberaubenden Skulpturen von Michelangelo anschaute.

Oder mit einem Autoliebhaber, der voller Genuss und staunend auf einen roten Ferrari oder einen wunderschön gestalteten Lamborghini hinabblickte.

Auf junge Männer aber, das wusste ich aus eigener Erfahrung, musste dieser Anblick eine ganz andere Wirkung haben. Man schien fast zu sehen oder zu spüren, wie das Testosteron, Serotonin, Dopamin, Noradrenalin oder wie die Hormone sonst noch so heißen, sich explosionsartig im Körper dieser armen jungen Männer verteilte.

Auch die Auswirkungen waren deutlich zu sehen. Bei dem einen war eine gewisse Blässe zu erkennen, bei einem anderen ein heftiger Schweißausbruch. Und eines hatten alle gemeinsam, sie waren sprachlos.

Und diese traumhaften Wesen kamen direkt auf uns zu und lächelten in unsere Richtung. Kurz bevor die jungen Damen nach rechts abbogen, um im angrenzenden Flur zu verschwinden, sagte ich, da ich ja ein wohlerzogener reifer Mann war, „Szia no' napot", hallo guten Tag.

Ich hatte mir vor meiner Reise so einige ungarische Vokabeln gemerkt, sodass ich damit jetzt glänzen konnte. Und tatsächlich antworteten die Damen und schenkten mir ein reizendes Lächeln.

Und schon waren die Damen verschwunden in Richtung Toiletten.

***

Es dauerte einen Moment, bis sich die Kollegen um mich herum etwas gefasst hatten und wieder etwas klarer denken konnten.

In ihrer männlichen Eitelkeit stellten sie etwas erschüttert fest, dass sie „den alten Mann" tatsächlich angelächelt hatten. Aber der Begriff

„diesen alten Mann" war nur als unausgesprochener Nebensatz zu erahnen.

Da musste ich doch noch eine draufsetzen. "Ist doch klar", sagte ich, "viele schöne junge Frauen wissen die Vorteile eines reifen, einfühlsamen und erfahrenen Mannes zu schätzen."

Schlagartig begann unter Ihnen eine eifrige Diskussion über Fähigkeiten und Funktionen, die in diesem Zusammenhang wichtig sind. Über Ausdauerwerte, Erfolgsquoten und Danksagungen der vielen Frauen, die sie schon beglückt hätten. Man konnte das Gefühl haben, hier sitzen die 4 größten Liebhaber aller Zeiten.

Interessanterweise wurde auch sofort diskutiert, ob es unter diesen Umständen nicht sehr sinnvoll sein könnte, in Budapest eine kleine Wohnung zu haben, die man sich auch teilen könnte.

Ich verfolgte diese gesamte Diskussion mit sehr großem Vergnügen. Dann kam unser Fahrdienst und wir fuhren zum Flughafen.

Um das Rätsel um die Bikinidamen im Foyer des Hotels zu lösen. Kurz vor Abfahrt haben wir erfahren, dass es sich hinter der zweiteiligen Flügeltür um eine Vorausscheidung zur Miss-Ungarn-Wahl gehandelt hatte.

45. Die Trainer und die Brücke

Die riesigen Erfolge in den über 25 Jahren Universum Box Promotion waren auch wesentlich den hervorragenden Trainern zu verdanken. Sie machten aus den erfolgreichen Amateurboxern ihrer Zeit noch erfolgreichere Profiboxer.

Wobei ich von ihnen lernen durfte, dass das Profiboxen nur in Ansätzen etwas mit dem Amateurboxen zu tun hat. In der Geschichte von Universum Box Promotion gibt es dafür nur einige wenige Beispiele, bei denen sehr erfolgreiche Amateurboxer den Sprung an die Weltspitze der Profis nicht geschafft haben.

Ich hatte das große Vergnügen, diese Trainer der internationalen Spitzenklasse alle kennenzulernen. In den ersten Jahren von Universum Box Promotion durfte ich eng mit ihnen zusammenarbeiten.

Es waren schöne, interessante und aufregende Zeiten, wie immer, wenn man sieht, dass etwas Großes entsteht und man daran einen kleinen Anteil hat.

Unsere sehr erfolgreichen Trainer waren im Laufe der Jahre:

Fritz Sdunek, unser Cheftrainer

Michael Timm

Thorsten Schmitz

Valentin Silaghi

Magomed Schaburow

Chuck Talhami

Enno Werle

Konny Mittermeier

Peter Tiepold

Dietmar Schnieber

Werner Papke

Eckhard Dagge

Wolfgang Wilke

Josef Baranowski und Frank Kiy

Außerdem gab es für einige Boxer auch Heimtrainer, die den Boxer vor Vertragsunterschrift schon betreut hatten, oder sie zu Beginn ihrer Tätigkeit für UBP betreuten.

Diese kamen zum Einsatz, wenn die Boxer nicht in Hamburg wohnten.

Sie arbeiteten dann im Heimatort nach den Vorgaben aus Hamburg und begleiteten in den meisten Fällen auch ihren Boxer nach Hamburg zum Abschlusstraining. Sie waren auch am Ring anwesend. Auch sie sind für die Erfolge des Boxstalls mitverantwortlich.

Später kamen dann, nach Ende ihrer Profikarriere, Artur Grigoryan und Owen Reece dazu.

Ich hoffe sehr, hier niemanden vergessen zu haben.

Ihre Titelsammlung ist legendär. Weltmeister, Interconti- und Internationaltitel, Juniorenweltmeister der großen Weltverbände. Europameisterschaften der EBU, Deutsche – und Internationale Deutsche Meisterschaften des Bundes Deutscher Berufsboxer.

Jeder hatte eine andere Art, mit den Boxern umzugehen, um sie zum Erfolg zu führen. Von väterlich freundschaftlich bis hin zu hart und gnadenlos, so wie es der jeweilige Boxer brauchte oder es die Situation erforderte.

Bei meinen regelmäßigen Besuchen im Gym war es für mich immer wieder schön, aber doch überraschend zu sehen, wie es unseren Trainern gelang, mit Boxern und Boxerinnen aus den verschiedensten Teilen der Welt erfolgreich zusammenzuarbeiten. Jeder brachte eine andere Mentalität aus seinem Heimatland mit. Es wurden die verschiedensten Sprachen gesprochen.

Es spielte unter den Boxern keine Rolle, ob jemand aus Albanien, dem Kosovo oder Serbien kam. Jeder versuchte sein Bestes zu geben und man ging in den allermeisten Fällen sportlich fair und freundschaftlich miteinander um.

Aber alle Trainer hatten gemeinsam die eiserne Disziplin, die sie von ihren Boxern auch verlangten.

Nun ja, nicht unbedingt alle.

***

Chuck Talhami war im Libanon aufgewachsen und lebte im sonnigen Florida, in Miami.

Foto Talhami – Sdunek
Fotograf Harald Becker

Er brachte eine etwas andere Einstellung im Umgang mit seinen Boxern mit ins Gym. Auf Neudeutsch würde man wohl sagen „Easy Going."

Chuck war mehrmals für jeweils einige Wochen in Hamburg. Bei einem Aufenthalt hatte er ein Zimmer im Gym bezogen. Und da konnte es schon mal vorkommen, dass er wie immer gut gelaunt im Bademantel erschien, um seinen Boxern erst Anweisungen zu geben.

Wenn er auch oft belächelt wurde, auch er hatte mit seiner Trainingsmethode Erfolg.

Ihnen allen, Trainern und Boxern, habe ich den Blick hinter die Kulissen des Boxerlebens und ein Stückchen in die Seele der Boxer zu verdanken. Sie haben mich den Stress der Boxer, den Schweiß und die Tränen, den Erfolg aber auch den Misserfolg miterleben lassen.

Durch sie konnte ich die Trainingsqualen mitfühlen, die jeder Boxer vor einem Kampf durchmachen muss.

Und durch sie habe ich den Respekt gelernt vor jedem, der zu einem Kampf in den Ring steigt.

***

Aber ich habe natürlich auch die kleinen Späße und Versuche mitbekommen, um im weiten Vorfeld vor einem Kampf die Leiden etwas zu mildern.

Die meisten Sportler, und auch mir ging es als Fußballer so, lieben das reine Konditionstraining wie z.B. das Laufen sehr wenig.

Das Gym in Wandsbek hatte den Vorteil, dass es in der Nähe den Eichtalpark gab. Durch diesen Park floss der kleine Fluss, die Wandse, die dem Stadtteil den Namen gegeben hat. Rechts und links der Wandse gab es einen schönen Wanderweg im Grünen, mitten in der Stadt. Sehr gut geeignet für einen langen kräftezehrenden Lauf die Wandse rauf und runter.

Die Trainer inspizierten die Strecke und schickten die Boxer los. Kondition bolzen war angesagt.

Natürlich wurde eine Zeit vorgegeben, nach der die Boxer wieder im Gym sein mussten. Ein sehr anstrengender Teil des Trainings.

Bekanntermaßen sind Sportler sehr erfinderisch, um die Qualen zu mindern. Und so machten Überlegungen unter den Boxern die Runde, ob es eine Möglichkeit gäbe, diese Strecke zu verkürzen. Lange wurde überlegt und dann endlich eine Lösung gefunden.

Es gab nach ungefähr zweidrittel des Hinweges eine sehr verführerische Brücke über die Wandse. Vielen Boxern war diese Brücke nicht aufgefallen oder man hatte ihr keine Bedeutung beigemessen.

Das änderte sich schlagartig als eine Idee geboren wurde. Diese Abkürzung nehmen, etwas langsamer und lockerer laufen und zur vorgegebenen Zeit wieder im Gym ankommen.

Gesagt, getan.

Das ging eine kurze Zeit gut, aber unsere Trainer waren natürlich sehr erfahren und kannten Ihre Boxer sehr genau. Also wurde beschlossen, dass sich ein Trainer kurz hinter der Brücke aufhalten sollte, um zu prüfen, ob die Boxer diese Abkürzung nahmen.

Es kam, wie es kommen musste.

Im leichten Trab, man hatte durch die Abkürzung viel Zeit gewonnen, überquerte die Gruppe gut gelaunt die Brücke. Und da stand er dann der Trainer. Erwischt.

Als „Strafe" wurde das Training in den nächsten Tagen noch etwas intensiver. Seit dieser Zeit ist sehr oft ein Trainer mit dem Fahrrad mitgefahren oder auch mitgelaufen.

 **Foto Trainer Michael Timm**
Fotograf Enno Friedrich

Dieser Einblick in die Welt des Profiboxens und in die Seele der Boxer haben mich dann zu meinem Wahlspruch gebracht:

Es ist im Leben nicht entscheidend, wie oft man am Boden liegt, entscheidend ist es immer wieder aufzustehen und weiterzukämpfen.

***

Eines Tages sah ich ein neues „Spielzeug" im Gym.

Es war ein großer LKW-Reifen. Ich war gespannt, was die Boxer daran trainieren sollten. Und dann sah ich es. Erste Übung, Reifen anheben und vorwärts rollen. Zweite Übung, mit einem Vorschlaghammer auf den Reifen schlagen.

Wie bei der Arbeit an der Maisbirne ging es bei einer anderen Übung auch um Feinmotorik und Reflexe. Für diese Übung brauchte man einen Tennisball. Der Trainer hielt den Tennisball in beiden Händen vor sich. Der Boxer seine Hände darunter ungefähr auf Hüftbreite.

Dann ließ der Trainer den Ball unvermittelt fallen und der Boxer musste diesen auffangen. Eine Übung, die man leicht zu Hause nachmachen kann.

Beim Profiboxen geht es auch um das Vermeiden von Schlägen. Daher sind die sogenannten Meidbewegungen aus den Beinen und dem Oberkörper sehr wichtig. Das bedeutet schnelle Beine, einen beweglichen Oberkörper und gute Reflexe.

Auch zu dieser Übung braucht man einen Tennisball. In einem angemessenen Abstand stellt sich der Boxer mit dem Gesicht zur Wand.

Hinter ihm steht der Trainer und wirft den Ball so gegen die Wand, dass er zurückprallend den Boxer treffen würde, wenn dieser nicht blitzschnell ausweichen würde.

Jeder Trainer brauchte eigene Trainingsideen mit. Das machte den Trainingsalltag für jeden Boxer spannender.

Dadurch lernte aber auch jeder Trainer regelmäßig etwas Neues.

46. Die rote Meile

Ich war wieder mal in einer anderen Stadt, um meinem Beruf nachzugehen. Eine Stadt, die ich immer wieder interessant fand und in der ich mich gerne aufhielt.

Wenn es da nur nicht diesen einen Verein geben würde, den ich nun wirklich nicht mochte, um dies einmal sehr vorsichtig auszudrücken.

Ich war mit der Lufthansa in der Businessklasse von Hamburg in diese Stadt, in „Norditalien" geflogen.

Ich wurde von einem Fahrer abgeholt, und während der Fahrt kamen wir am Olympiapark vorbei und ich dachte an ein denkwürdiges Spiel in diesem Stadion, welches mir immer wieder einfiel, wenn wir mal wieder gegen Bayern München verloren hatten.

Bundesliga 1981/82, 29 Spieltag. Mein HSV spielte in München gegen die Bayern. Durch das zweite Tor von Dieter Hoeneß führten Bayern in der 64. Minute mit 3:1.

Normalerweise war das Spiel gelaufen. Diesen Vorsprung ließen sich die Bayern normalerweise zu Hause nicht mehr nehmen. Namen wie Breitner, Beckenbauer etc. garantierten dieses.

Aber im Gegensatz zur heutigen Zeit, standen damals beim HSV noch Kerle auf dem Platz, Männer, die sich nicht so einfach ergaben. Es wurde zurückgefightet.

70 Minute 3 : 2 durch einen Sololauf, beginnend beim eigenen Strafraum, durch von Heesen. Und glücklicherweise gab es damals noch Mittelstürmer, die wussten, wo das Tor steht. Unser Mittelstürmer war das Kopfballungeheuer Horst Hrubesch.

77 Minute Querpass von Bastrup auf Hrubesch, der den Ball aus 16 Metern ins Tor hämmert. 3:3.

Das Spiel wogte hin und her, und dann die 90 Minute.

Foul an Hrubesch, ca. 20 Meter halb links vor dem Bayern Strafraum. Ein kurzes Gespräch zwischen Magath und Hrubesch, die Flanke flog wie besprochen in den Strafraum, Kopfball Hrubesch.... Tooooor.

Wir hatten gewonnen.

In Gedanken immer noch bei diesem Spiel kam ich gutgelaunt an meinem Hotel an.

2 Stunden später wurde ich wieder abgeholt.

***

Ich stand wieder mal in einem Boxring und war kurz davor, die beiden Boxer mit ihren jeweiligen Betreuern vorzustellen. Mit im Ring, ein mir gut bekannter Ringrichter.

Aber dieses Mal war alles anders. Ich schaute mich um. Keine Zuschauer waren zu sehen. Kein Beifall und keine Anfeuerungsrufe zu hören. Um den Ring herum herrschte hektisches Treiben, der Regisseur gab seine Anweisungen, die Kameraleute nahmen Ihre Positionen ein.

Wir waren in keiner Halle, sondern in einem Studio.

Die Boxer in den beiden Ecken waren keine Boxer und ihre Betreuer keine Betreuer. Und doch stand ich hier im Ring und würde gleich meine Arbeit beginnen.

*****

Rund 3 Wochen vorher saß ich wieder mal in meinem Büro und arbeitete. Ich war vor einiger Zeit aus dem Managementbereich von Universum Box Promotion ausgeschieden und arbeitete jetzt als Kongressorganisator in Hamburg.

Ich war dem Unternehmen aber weiterhin treu verbunden, arbeitet als Ringsprecher, als Moderator beim Offiziellem Wiegen und beim öffentlichen Pressetraining, leitete die meisten Pressekonferenzen und nahm auch an den jeweiligen Rulesmeetings teil.

Am anderen Ende der Leitung war Beate Pöske von Universum Box Promotion. Ich freute mich sehr, Ihre Stimme zu hören, denn wir waren ein gutes Team in den Anfangstagen des Unternehmens und es war immer eine Freude, mit ihr zusammenzuarbeiten.

Nach einigen privaten Worten kann Sie zur Sache. „Eine Produktionsgesellschaft von SAT 1 hat bei mir angefragt, ob ich einen versierten Ringsprecher kenne, da habe ich natürlich gleich an Dich gedacht. Ich gebe Dir mal die Telefonnummer. Wenn Du Lust hast, ruf da doch mal an." Ich bedankte mich herzlich und wählte die Nummer, die da bei mir auf meinem Zettel stand.

Das Ergebnis dieses Gespräches lag wenige Tage später vor mir auf meinem Schreibtisch. Ein Schauspielervertrag für eine Sprechrolle, gut dotiert, in der Fernsehserie „die rote Meile".

Das Abenteuer konnte beginnen.

***

Es war für mich schon sehr aufregend und ungewohnt, den Hinweisen des Regisseurs zu folgen.

Wie erwünscht konnte ich noch den einen oder anderen Tipp geben, damit der Boxkampf und das Ganze drumherum relativ originalgetreu abliefen.

Neben der ganzen ungewohnten Atmosphäre nahm ich wahr, dass ich, genau wie die anderen tatsächlichen Schauspieler, sehr gut und umfassend betreut wurde. 3 Tage lang ein leckeres Catering, einen eigenen Wohnwagen als Garderobe.

Aber besonders schön fand ich die Möglichkeit in den Drehpausen, und davon gab es viele, mit den Schauspielern zusammenzusitzen und zu plaudern. Leon Boden, Markus Majowski, Fabian Harloff, Ann-Cathrin Sudhoff und viele andere mehr. Es waren interessante Gespräche.

Ich konnte erzählen, wie es beim Profiboxen zugeht, und die Schauspieler erzählten mir Anekdoten aus ihrem Schauspielerleben.

Ich konnte auch davon erzählen, dass meine Schwiegermutter Inspizientin im Deutschen Schauspielhaus in Hamburg war, einige Schauspieler kannten Sie. Ich erzählte auch, wie ich als Statist mit 22 Jahren im Deutschen Schauspielhaus in Hamburg erste „Bühnenerfahrungen" sammeln konnte.

Abends an der Hotelbar wurden die Themen in geselliger Runde dann weiter besprochen.

14 Tage später wurde ich noch einmal für weitere Aufnahmen nach München eingeflogen.

Und dann war es so weit, im Fernsehen lief die Folge, für die ich gedreht hatte. Ich hatte mich schon sehr oft bei den vielen Auftritten im Fernsehen sehen können, aber das hier war noch etwas Anderes.

Und als ich im Abspann dann auch noch namentlich als Schauspieler genannt wurde, war das schon etwas sehr Besonderes für mich.

47.   Boxen in historischer Kulisse

Universum Box Promotion war immer auf der Suche nach ungewöhnlichen Austragungsorten, auch im Ausland. An eine Veranstaltung kann ich mich noch sehr gut erinnern.

Ich fuhr zu dieser Veranstaltung mit meinem Sohn Moritz, denn er war ein begeisterter Formel-1-Fan. Die Veranstaltung fand am Nürburgring statt, im damals neu erbauten Kongress- und Veranstaltungszentrum.

Nach dem Pressetraining bekamen wir Tickets für Sitzplätze genau gegenüber der Boxengasse. Es herrschte ein ohrenbetäubender Lärm während der Trainingsfahrten. Die Autos rasten an uns vorbei. Man konnte die Aktivitäten in der Boxengasse sehr genau beobachten. Alles war neu, spannend und aufregend. Aber der Höhepunkt des Tages stand meinem Sohn noch bevor.

Anschließend ging es zurück ins Hotel und im Fahrstuhl hinauf ins Zimmer. Wir betraten den Fahrstuhl und er stand direkt vor uns.

Vor zwei Stunden war er in seinem Rennauto mit einer unfassbaren Geschwindigkeit an uns vorbeigerast. Vor unseren Augen wurden bei seinem Wagen die Reifen gewechselt.

Und dann sahen wir ihn in diesem Fahrstuhl direkt vor uns, Michel Schumacher.

Ich sagte Hallo und mein Sohn brachte im Angesicht seines großen Idols keinen Ton heraus. Wir hörten ein Hallo und bekamen ein freundliches Lächeln geschenkt. Er hatte nicht die Aura eines Superstars, keine Arroganz oder Überheblichkeit. Er hatte eine natürliche Freundlichkeit.

Ein Klingeln im Fahrstuhl, die Tür öffnete sich, und schon war er verschwunden.

***

Für Veranstaltungen im Ausland war es sehr hilfreich, dass wir Boxer aus den verschiedensten Ländern im Team hatten. Zum Beispiel Stipe Drews aus Kroatien.

34 Kämpfe, 32 Siege, davon 13 durch k. o. Er war internationaler Deutscher Meister im Halbschwergewicht, IBF und WBO Intercontinental Champion, Europameister und WBA-Weltmeister.

Wie viele unserer ausländischen Boxer hatte er den Traum, in seinem Heimatland, um die Weltmeisterschaft zu boxen. Ein Gegner, Sponsoren und ein Organisator vor Ort wurden gesucht und mit seiner Hilfe gefunden. Alle Details mit dem Weltverband, in diesem Fall die WBO, wurden geklärt.

Dann gingen wir auf die Suche nach einem geeigneten Veranstaltungsort.

Und da bot sich eine spektakuläre Kulisse an, das Amphitheater in Pula. 81 nach Christi fertiggestellt, fasste es damals bis zu 26.000 Zuschauer. Es war ein beeindruckender, runder Bau, mit steil aufsteigenden Rängen.

 **Foto Amphitheater Pula**
Fotografin Marianne Müller

Alle waren begeistert und auch das ZDF freute sich auf außergewöhnliche stimmungsvolle Bilder.

Am 18.06.2005 war es so weit, drei internationale Titelkämpfe waren geplant.

Stipe Drews sollte um die WBO Intercontinental Championship im Halbschwergewicht boxen, Felix Sturm um den gleichen Titel im Mittelgewicht und Ante Bilic um die Junioren Weltmeisterschaft im Super Weltergewicht. Alle 3 Boxer gewannen Ihre Kämpfe.

Das ZDF hatte ihren eigenen Ringsprecher dabei.

Ich bin mitgekommen, um die Pressekonferenz sowie das offizielle Wiegen zu moderieren, die Nummerngirls einzuweisen und die Texte und die Aufteilung für die beiden Ringsprecher zu erarbeiten.

Dadurch hatte ich sehr viel Freizeit. Ich konnte die Schönheit der Stadt erkunden.

Bei Google kann man dazu lesen:

„Pula, eine Küstenstadt an der Spitze der kroatischen Halbinsel Istrien, ist für ihren geschützten Hafen, zahlreiche Strände und Ruinen aus der Römerzeit bekannt.

Das Stadtgebiet wurde bereits in prähistorischer Zeit besiedelt.

Im Laufe der Geschichte wurde Pula wegen seiner strategischen Lage mehrfach besetzt, zerstört und wiederaufgebaut.

Sowohl die Römer als auch die Ostgoten, die Venezianer und die Alliierten im 2. Weltkrieg regierten einst in der Stadt".

Man konnte herrliche Spaziergänge am Adriatischem Meer machen. Einmal auch mit der renommierten Sportfotografin Marianne Müller, die mir freundlicherweise einige Fotos zur Verfügung gestellt hat.

Ich habe den historischen Stadtkern besucht und das freie Leben in der Sonne Kroatiens genossen.

Nachmittags wurde wie üblich geprobt, und ich stand dem ZDF und den beiden Ringsprechern beratend zur Seite.

Und dann war es so weit, der Abend brach an und das Spektakel konnte beginnen. Der Abend war ein optischer Genuss. Hinter den Bögen, über der letzten Reihe des Ranges des Amphitheaters, ging die Sonne unter.

 **Foto ZDF-Technik und Rundbögen der Arena Fotografin Marianne Müller**

Die Scheinwerfer über dem Boxring gingen an und versprachen einen außergewöhnlichen Boxabend. Die Plätze im Parkett waren alle besetzt, die Stimmung großartig. Die Bögen des Amphitheaters waren angeleuchtet und bildeten einen herrlichen Kontrast zum schwarzen wolkenlosen Nachthimmel, der durch die Torbögen zu sehen war.

Es war eine sehr eigenartige, prickelnde Atmosphäre, als der erste Hauptkampf begann. Jeder spürte, das ist hier ein einmaliges Ambiente. Wo früher Gladiatorenkämpfe stattgefunden haben, 26.000 Menschen die Gladiatoren angefeuert oder ausgepfiffen haben. Dort wo früher der Boden mit dem Blut der Verlierer getränkt war, gab es heute Abend Boxkämpfe, die weit friedlicher ablaufen würden.

Das Wetter meinte es damals gut mit uns, während der Veranstaltung entwickelte sich ein sternenklarer Nachthimmel. Es war eine einmalige, bei unseren weiteren Veranstaltungen nie wiederkehrende Atmosphäre.

Für den Walk-in hatte man sich etwas Besonderes einfallen lassen. Von Innen waren die Wände mit warmem Licht angestrahlt. Man wurde in der Zeit der Gladiatoren zurückversetzt, man glaubte die 26.000 Zuschauer zu hören, die früher die Gladiatoren angefeuert haben.

Foto Walk-in Pula
Fotografin Marianne Müller

Dieser Walk-in versetzte die Zuschauer zurück in die Zeit der Gladiatoren. Die Boxer der Hauptkämpfe wurden von „Kriegern" in historischen Uniformen und Fackelträgerinnen beim Walk-In begleitet.

Auch akustisch bot die Arena einen besonderen Klang. Man konnte sich vorstellen, wie das vor vielen Hundert Jahren geklungen haben muss, mit 26.000 begeisterten Zuschauern.

Es waren sehr interessante und für den Boxstall sehr erfolgreiche Kämpfe. Auch für Stipe Drews, der später, am 28.4.2007 in der Arena Oberhausen gegen Silvio Branco den WM-Titel der WBA gewann, war dieser Auftritt in der Stadt, in der er lebte, ein Höhepunkt seiner Karriere.

„Auf der Plattform YouTube kann man derzeit unter Eingabe des Suchbegriffs [Stipe Drvis Highlights] Videomaterial zu dieser Geschichte finden."

Für mich sind das auch heute noch grandiose Bilder einer außergewöhnlichen Veranstaltung.

48. Die fliegende Untertasse

Wenn man einen Beruf ausübt, der mit Sport und Sportlern zu tun hat, dann hat man es mit jungen Menschen aus vielen Teilen der Welt zu tun und mit älteren erfahrenen Trainern und Managern.

Man lernt sehr viele verschiedene Temperamente und emotionale Gegebenheiten kennen, und man merkt, dass ein Vorurteil oder eine von anderen geprägt Meinung nicht richtig sein muss.

Ein Beispiel ist für mich persönlich Graciano Rocchigiani.

Foto Graciano Rocchigiani
Fotograf Harald Becker

Ich hatte bis zu dem hier gleich beschriebenen Ereignis von den Rocchigiani Brüdern gehört, von den sportlichen Erfolgen, aber auch von ihrem Auftreten in der Öffentlichkeit. Und ich hatte bis zu diesem Zeitpunkt auch nur einen Kontakt, der mir die Schilderungen Anderer zu bestätigen schien.

Es war bei meinem ersten Boxabend in der Sporthalle Wandsbek. Gegenüber der Tribüne gab es im ersten Stock einen zur Halle hin offenen Gang, von dem die Umkleidekabinen abgingen.

Bevor die Veranstaltung begann, war ich auf dem Weg in eine Kabine. Ich fand die beiden Brüder, locker am Geländer gelehnt und eine Zigarette rauchend.

Ich sagte Hallo und bat sie die Zigarette auszumachen, da wir uns in einer Sporthalle befanden, in der das Rauchen verboten war.

Ihr Blick signalisierte mir, wer bist Du denn, und die sehr schnippische und unfreundliche Antwort signalisierte mir, dass es besser ist, wenn ich mich um meine eigenen Sachen kümmern würde. Und schon hatte sich das, von Anderen geprägte Vorurteil bei mir bestätigt.

In den folgenden Jahren verfolgte ich die Kämpfe von Graciano und all die Geschichten, die mit seinem Namen verbunden waren. Er wurde als Enfant terrible des Deutschen Boxsports bezeichnet und als schwierig und unkalkulierbar im Umgang charakterisiert.

Das war das, was ich über ihn wusste, als er ein zweites Mal in mein Leben trat.

Klaus Peter Kohl kam in mein Büro und sagte wir verpflichten Graciano Rocchigiani, er ist ein Top Boxer und für die Presse und die Fans sehr interessant.

Ich glaube, das war mal wieder eine seine Bauchentscheidung, das untrügliche Gefühl, im richtigen Moment das Richtige zu tun. Graciano war nicht mehr an unseren Konkurrenten Sauerland vertraglich gebunden, also frei für neue Verträge.

Aber wie Graciano überzeugen, dass er bei uns unterschreiben soll?

Wir wussten, dass er seinem Trainer voll vertraute, also erst einmal nach Berlin fahren und mit dem Trainer sprechen. Wir trafen Wolfgang Wilke in seiner Wohnung in Berlin. Ich kannte ihn vorher nicht persönlich.

Er war ein etwas korpulenter, im Gespräch immer ein bisschen mürrisch dreinschauender Mann. Mit dem unterbreiteten Vorschlag konnte er sich zuerst nicht anfreunden. Er war sehr skeptisch und Klaus Peter Kohl musste all seine Überzeugungskunst anwenden.

Dann sagte endlich Wilke zu, ein erstes Gespräch mit Graciano zu führen. Wir waren sehr optimistisch und sicher, dass wir bald einen Anruf von Graciano erhalten würden.

Auf dem Rückweg geschah dann etwas Peinliches, was mir zum Glück nur dieses eine Mal passierte.

Klaus Peter Kohl musste anschließend an das Gespräch nach London fliegen, um mit Barry Hearn, einen bedeutenden und bekannten Manager und Promotor zu verhandeln. Ich hatte die Flugtickets bestellt und sie dem Chef gegeben.

Also setzte ich ihn vor dem Flughafen Tempelhof ab, wir verabschiedeten uns, und ich fuhr mit seinem Auto weiter nach Hamburg.

Was ich natürlich wusste, aber in dem Moment, als ich das Ticket kaufte, nicht bedachte, war die Tatsache, dass Berlin 2 Flughäfen hatte und ich Herrn Kohl natürlich vor dem falschen Flughafen abgesetzt hatte.

Später musste ich mir einige unfreundliche Sätze in dieser Angelegenheit anhören.

***

Der Anruf von Graciano kam, und schon saß ich mit Graciano und Klaus Peter Kohl im Besprechungsraum unseres Büros, um zu verhandeln. Es wurde, wie von uns befürchtet, eine sehr lange Verhandlung.

Sie dauerte einen ganzen Tag. Es gab immer wieder neue Forderungen von Graciano, die ausführlich diskutiert wurden. Mehrmals standen die Verhandlungen vor dem Abbruch.

Zwischendurch kam Frau Kohl in den Raum, brachte Kaffee und selbstgebackenen Kuchen mit, sodass ganz allmählich eine familiäre und zunehmend vertrauensvolle Atmosphäre entstand.

Das tat sie des Öfteren, was immer zu einer entspannten Atmosphäre im Büro führte, sodass wir den Stress für einige Zeit vergessen konnten.

Auch über die finanziellen Bedingungen wurde lange verhandelt, doch endlich, nachdem beide Seiten bereit waren Kompromisse einzugehen, wurde ein für Graciano finanziell sehr lukrativer Vertrag besiegelt.

Der Beginn meiner engen Zusammenarbeit mit Graciano.

Im Laufe der nächsten Wochen war ich mehrmals in Berlin, um weitere organisatorische Dinge zu klären. Und wie es eigentlich immer in der Zusammenarbeit von Menschen ist, es blieb nicht bei den geschäftlichen Themen.

Überwiegend bei seinem Lieblingsitaliener sitzend, lernte ich einen anderen Graciano kennen. Einen sympathischen Jungen, mit dem man freundlich und entspannt über die Dinge der Welt diskutieren konnte. Der in der Zusammenarbeit aufgeschlossen war und guten Argumenten zugänglich.

Aber er musste überzeugt werden. Dinge, die bei anderen Boxern zu keinen Diskussionen führten, wurden von Graciano kritisch hinterfragt. Das machte die Zusammenarbeit nicht leichter, war aber für mich ein sehr positiver Wesenszug.

Auch fiel mir auf, dass Graciano ein und durch und durch ehrlicher Mensch war. Er sagte geradeaus, was er meinte und dachte, auch wenn es mal persönlich wurde. Ich wusste das damals bei ihm sehr zu schätzen.

Auch heute schätze ich es noch immer, wenn mir jemand offen und ehrlich gegenübertritt und ich dabei weiß, woran ich bin.

Ich habe aber gewusst, dass es Menschen in seinem Umfeld und bei seinem Geschäftspartner gab, die damit gar nicht umgehen konnten.

Diese direkte Art, mit Menschen umzugehen, hat ihm einige Türen verschlossen. Das hat auch dazu geführt, dass er, wenn es mal notwendig war, fast keine Lobby hatte.

Es herrschte zwischen uns aber immer ein offener, sehr entspannter, ja fast freundschaftlicher Ton und wir fanden für alle Probleme einen gemeinsamen Lösungsansatz. Dieses war aber, wie ich schnell merken sollte, in gewissen Zeiträumen besonders schwierig.

Es gab für Graciano einen sehr entscheidenden Zeitraum für die Vorbereitung auf seine Kämpfe. Das waren immer die 4 – 5 Tage vor dem Kampf.

Für die abschließende Pressekonferenz und das Pressetraining zog er für diese letzten Tage, meistens mit seiner damaligen Lebenspartnerin in das Boxerhotel. So war es auch diesmal.

Wie immer hatte ich in der ruhigen Zeit, vor diesen kritischen 5 Tagen, die Abläufe vor dem Kampf mit ihm besprochen und mir sein Einverständnis geholt. Kritisch waren diese fünf Tage, weil sich Graciano völlig veränderte.

Ich will nicht sagen, dass es wie bei Dr. Jekyll und Mr. Hyde war, aber der Unterschied im Verhalten war schon atemberaubend. Graciano wurde aggressiv, guten Argumenten nicht mehr zugänglich und im persönlichen Umgang fast unerträglich.

Ich glaube heute, dass er diese Phase brauchte, um seine Aggressivität aufzubauen, um im Kampf seine Gegner zu besiegen. Graciano stand sehr im Mittelpunkt des Presseinteresses, was er gar nicht gerne hatte. Ich bin sicher, Pressegespräche oder Pressekonferenzen kurz vor dem Kampftag waren ihm ein Graus.

Einen derartigen Termin hatte ich mit ihm im Vorfeld abgesprochen.

Und dann war es so weit, die Presse stand bereit, aber Graciano war nicht zu sehen. Ich kannte das, also auf zum Zimmer von Graciano und angeklopft.

Er machte auf und sagte sehr unfreundlich "Was willst Du." Ich ging ins Zimmer, die Tür schloss sich hinter mir mit einem lauten unfreundlichen Geräusch. Den dann folgenden Wortwechsel will ich dem Leser hier ersparen. Aber es ist mir immer wieder gelungen, ihn zu beruhigen. Das geschah mit Ruhe, Argumenten und dem Hinweis, dass alles mit ihm abgesprochen war.

So war es auch dieses Mal, gerade hatte sich die Atmosphäre beruhigt und wir waren auf dem Weg zur Tür.

In den Raum trat seine Lebensgefährtin, die ich eigentlich sehr schätzte, da sie einen guten Einfluss auf Graciano hatte. Normalerweise.

Doch diesmal stellte sie die sehr aggressive Frage „was will der Typ denn hier?", eine Frage, die nicht zur Beruhigung der Situation beitrug. Aus der Richtung dieser unfreundlichen Frage flog auf einmal eine Untertasse in meine Richtung.

Durch jahrelanges Torwarttraining geschult, konnte ich der Untertasse geschickt ausweichen und mein Gespräch mit Graciano wieder aufnehmen. Es dauerte noch einige Minuten und weiterer ruhiger, überzeugender Worte, bis ich es endlich hörte: „Ja, ja, dann gehen wir eben runter".

Graciano kam mit mir mit und führte ein gutes Pressegespräch.

Der leider so früh verstorbene Graciano und sein Bruder Ralph werden mir als große Sportler und Fighter, als offene und ehrliche, wenn auch manchmal schwierige Freunde und Wegbegleiter in Erinnerung bleiben.

49.   Der Blitz schlägt ein, vor den Augen von Gregor Gysi.

Es war der 6.9.2003, als im IFCO Boxgym in Berlin die Boxwelt auf den Kopf gestellt wurde.

Die Chefin des IFCO Boxteams, Eva Rolle, veranstaltete zur damaligen Zeit einige interessante Boxkampfabende in ihrem Gym. Es waren 7 Boxkämpfe geplant, unter anderem mit ihrem Sohn Robert. Es war alles vorbereitet, der Boxring und die Bestuhlung im IFCO Boxgym waren aufgebaut.

Die Offiziellen und die meisten Boxer waren im Hotel angekommen. In Kürze sollte das Offizielle Wiegen, ausnahmsweise am Morgen des Kampftages, stattfinden.

Dann gab es die Hiobsbotschaft, das worst case, ein Boxer für den Hauptkampf fehlte.

Der Hauptkämpfer eine große polnische Hoffnung im Cruisergewicht war angereist, aber es war kein Gegner vorhanden.

Der Kampfrekord von Wlodek Kopec war sehr beeindruckend. 5 Kämpfe, 5 Siege alle durch TKO, 4 davon in der ersten Runde. Vielleicht, so wurde spekuliert, was das auch ein Grund für die spontane Erkrankung seines Gegners, aber vielleicht tun wir ihm damit Unrecht.

Sein Manager, Olaf Schröder, der diesen Kampf als Aufbaukampf für einen weitaus wichtigeren Kampf geplant hatte, legte großen Wert darauf, dass geboxt wurde.

Also was tun?

Zuerst wurde an einen Boxer aus Berlin gedacht. Einige Wenige kamen infrage, aber niemand war bereit, so kurzfristig ohne Vorbereitung gegen einen derart starken Boxer anzutreten. Auch verlockende Gagenangebote fruchteten nicht.

Also bundesweit umschauen. Aber da spielten Entfernungen eine große Rolle. Was blieb übrig, Hamburg und Umgebung.

Und da fiel mir ein, da gibt es doch einen Boxer im Alten Land, den ich sehr schätzte und der immer einen guten Kampf machte. Und, das war in diesem Fall entscheidend, der sich immer im Training befand, und wenn die Gage, stimmte gegen jeden Boxer, auch kurzfristig antrat.

Er war mutig und kampfstark.

Es war ein kurzes Gespräch, Gewichtsklasse, Rundenanzahl, Gegner und vor allen Dingen wichtig, die Gage.

Und schon saß er in seinem Auto auf dem Weg nach Berlin.

***

Glücklicherweise kann man heute über boxrec.com tief in die Materie eintauchen. Bei boxrec werden sämtliche Daten eines aktiven aber auch der inaktiven Boxer gespeichert.

Und das gibt die Möglichkeit, die Daten eines Boxers genauer zu betrachten. Gibt man den Namen eines Boxers ein, so erscheint eine Auflistung all seiner Kämpfe, mit Datum, Gegner, Ort der Veranstaltungen und Ergebnis der Kämpfe.

Der reine Kampfrekord, ist für einen Promotor oder Manager, zwar von großer Bedeutung aber nicht immer 100% aussagefähig.

Auf den ersten Blick sagt er zwar etwas aus über seine Erfolge, Gewinne, Niederlagen, Unentschieden, Ko's, seine Größe, sein Alter und über das Datum seines ersten Kampfes. Aber will man etwas über die wahre Stärke eines Boxers wissen, so ist der Blick auf die jeweiligen Gegner entscheidend.

Bei boxrec ist auch das sehr einfach, ein Klick auf den Namen des Jeweiligen Gegners und schon hat man über ihn alle Informationen.

Der Kampfrekord von Bruce – der Blitz – Özbek, der sich gerade auf dem Weg nach Berlin befand, ist ein Beispiel dafür, wie ein Rekord doch „lügen" kann.

Er wurde 1988 Weltmeister im Kickboxen und verteidigte diesen Titel 19 x. Er wurde so zu einer Legende im Kickboxsport und er holte sich dort seine Härte und Kondition. Dann kam er zu dem Schluss, dass er mit dem Profiboxen mehr Geld verdienen könne und begann seine Karriere im Profiboxen.

Sein Kampfrekord sagt aus, 38 Kämpfe, 10 Siege und 28 Niederlagen. Aber wenn man genau hinschaut, sieht man, dass er sehr oft gegen stärkere und wesentlich bessere Gegner geboxt hat. Daher täuscht sein Kampfrekord, was seine Stärken betrifft.

Das sollte auch unser polnischer Boxer am eigenen Leib erleben.

***

Diesen Kampfrekord sahen sich auch Manager und Boxer an, bevor sie diesem Kampf zustimmten. Der Boxer aus Polen war sich sicherlich seiner Stärke bewusst und sah daher diesem, vermeintlich leichten Kampf ruhig entgegen.

Es wurde Abend und die Ungewissheit bei Veranstalter und Gegner wuchs.

Würde Bruce pünktlich eintreffen? Ich versuchte alle zu beruhigen, denn ich kannte Bruce und war sicher, er würde wie besprochen rechtzeitig ankommen. Glücklicherweise traf Bruce pünktlich in Berlin ein.

Ein kurzes freundliches Hallo, eine Umarmung zur Begrüßung und schon brachte ich ihn zum Doktor und dann zur Waage. Dann ging es in die Kabine zum Umziehen und Vorbereiten.

Es war der letzte Kampf des Abends.

Der Kampf, angesetzt auf 6 Runden begann wie zu erwarten war. Der 6 cm größere und schwerere polnische Gegner setzte seine Reichweite geschickt ein und traf schon in der ersten Runde häufig und auch hart mit Körper- und Kopftreffern.

Schon in dieser Runde sah man, dass der polnische Boxer immer wieder erstaunt schaute, als selbst die härtesten Treffer Bruce nicht zu beeindrucken schienen und keine Wirkung hinterließen. Auch fühlte er sich durch den wilden Kampfstil von Bruce nicht besonders beeindruckt.

Er ließ des Öfteren die Fäuste sinken, um Bruce zu provozieren.

Die zweite Runde brach an, es ging weiter wie gehabt und alle Zuschauer dachten, wann geht Bruce k.o. Aber Bruce dachte nicht daran, ko zu gehen.

Bruce holte bei seinen Schlägen weit aus, in Hamburg würden wir sagen, die Schläge kommen von Bergedorf, über Rahlstedt und Billstedt, bis sie endlich im Ring bei seinem Gegner ankamen. Sein Gegner sah also die Schläge kommen und konnte darauf reagieren, um nicht getroffen zu werden.

Das machte ihn zu sicher nicht getroffen zu werden.

Ich drehte mich gerade zum neben mir sitzender Delegierten des BDB Axel Zielke um und saget, eine „Deckung wäre ganz gut, denn wenn so ein Schlag mal trifft, dann .."

Dann passierte das Unglaubliche, was niemand für möglich gehalten hatte. Ich sah aus den Augenwinkeln wie der Schlag mit voller Wucht das ungeschützte Kinn des polnischen Boxers traf. Wie vom Blitz getroffen, wie es schien in Zeitlupe, sank unser polnischer Freund zu Boden.

Ich sehe seinen überraschten Gesichtsausdruck noch heute vor mir.

8,9,10 aus, zählte der Ringrichter.

Entsetzen beim Manager und den polnischen Betreuern. Sekundenlang schaute Bruce ungläubig, um dann die Arme hochzureißen. Bruce hatte völlig überraschend durch ko gewonnen.

Er machte vor lauter Begeisterung den für Ihn so typischen Spagat im Ring.

Für seinen Gegner war diese Niederlage der Anfang vom Ende seiner Karriere. Er boxte anschließend noch sechsmal und beendete dann 2006, seine so verheißungsvoll begonnene Karriere.

Bruce boxte anschließend noch gegen zum Teil sehr gute Gegner, bevor er 2005, als Zweiundvierzigjähriger seine Boxhandschuhe an den berühmten Nagel hängte.

Er war auch als Sänger bekannt und hat einen Film über sich gedreht mit dem Titel: der Journeyman.

„Auf der Plattform YouTube kann man derzeit unter Eingabe des Suchbegriffs [Journeyman DVD-Teaser] Videomaterial zu dieser Geschichte finden."

Als Ehrengast war damals Gregor Gysi eingeladen, der sich mit großem Interesse die Kämpfe ansah.

Nach dem Kampf, bei der kleinen, aber feinen VIP-Party, hatte ich die Gelegenheit mit diesem charismatischen und interessanten Politiker, bei einem Gläschen Wein, zu plaudern.

Er zeigte sich vom Boxen sehr angetan und ich konnte ihm etliche Fragen zum Profiboxen beantworten.

Und ich als altgewordener ehemals linker Juso, hatte natürlich einige politische, aber auch private Fragen, die er ausführlich beantwortete.

Es war ein in allen Bereichen interessanter und unvergesslicher Abend für mich.

***

Damals wusste ich noch nicht, dass ich in den nächsten Jahren einem deutschen Spitzenpolitiker noch näherkommen sollte.

Ich bekam sehr kurzfristig den Auftrag, für den VW-Konzern in Wolfsburg den I.P.I. Congress, einen großen Internationalen Wirtschaftskongress, zu organisieren. Sechs Monate Vorbereitungszeit war sehr knapp bemessen, aber ich hatte Erfahrung und Kontakte.

Die Spitzen der Wirtschaft und der Politik hatten sich angemeldet. Willy Brand wurde mit großem Beifall begrüßt, Michail Gorbatschow reiste mit seiner Frau an. Es war sehr rührend mit anzusehen, wie vertraut sie, bewacht von Ihren Bodyguards, händchenhaltend durch das Kongresszentrum gingen.

Da auch der Bundespräsident und der Bundeskanzler angemeldet waren, gab es mehrere Begehungen der Räume des Kongresszentrums durch die jeweiligen nationalen und internationalen Sicherheitskräfte.

Bombenspürhunde wurden eingesetzt, und jede Einzelheit des Sicherheitsprotokolls mit mir durchgesprochen. Für das Personal und daher auch für mich als verantwortlicher PCO (Professional Congress Organiser) wurde eine Sicherheitsüberprüfung durchgeführt.

Auch bei dieser Veranstaltung sollte sich bewahrheiten, die wirklichen Prominenten sind freundlich und halten sich an Absprachen.

Der persönliche Kontakt zu diesen Spitzenpolitikern und den Führungskräften aus aller Welt war ein sehr besonderes und sehr beeindruckendes Erlebnis.

Doch einem Politiker sollte ich sehr nahekommen.

Es war ein sonniger Vormittag, als der Hubschrauber des Bundeskanzlers Kohl vor dem Kongresszentrum landete. Von seinen Bodyguards begleitet kam er auf mich zu.

Und nach einer formellen Begrüßung geleitete ich ihn in den VIP-Raum, in dem der Vorstand des VW-Konzerns bereits auf ihn wartete.

Ich muss hier anmerken, dass ich politisch dem Kanzler nicht nahestand, und mir die Begrüßung von Willy Brand sehr viel mehr gegeben, mich sehr berührt hat.

Ich muss aber zugestehen, dass der Bundeskanzler etwas ausstrahlte. Trotz seiner Position menschelte es um ihn herum. Er war sehr jovial und freundlich, ja fast liebenswürdig.

Mir war schon bei der Begrüßung vor dem Kongresszentrum aufgefallen, dass er die Anwesenden alle mit Namen begrüßte. Ich hatte wie alle anderen ein Namensschild an der Jacke, also war das mit dem Namen keine Schwierigkeit.

Im VIP-Raum ging er zuerst zu den Hostessen und dem sonstigen Personal und wieder freundliche Begrüßung mit dem jeweiligen Namen. Erst dann wurde die VW-Prominenz begrüßt.

Ich muss zugeben, ich war kurz davor ihn sympathisch zu finden und zu mögen. Aber nur kurz davor.

Dann kam einer seiner Sicherheitsbeamten zu mir mit der Frage nach der Toilette. Um dahin zu gelangen, musste man ein Stockwerk tiefer gehen. Wir machten uns auf den Weg, der Kanzler, zwei Sicherheitsbeamten und ich.

Der Kanzler betrat die Toilette und ich nutzte die einmalige Gelegenheit neben dem Kanzler stehend, mit den Sicherheitsbeamten im Vorraum, meine Blase zu entleeren. Es ergab sich ein kurzes Gespräch über den Kongress und meine Funktion.

Dann ging es zurück in den VIP-Raum.

Ich gebe es ungerne zu, ich war von Ihm beeindruckt.

50. Doro - Queen of Heavy Metall

Der Kampfabend war vorbei, die Anspannung bei allen Beteiligten ging zurück, und wir konnten zum entspannten Teil des Abends übergehen.

Auch dieses Mal war es ein interessanter und ungewöhnlicher Abend gewesen.

Interessant, weil Regina Halmich wieder gewonnen hatte und ungewöhnlich, weil dieses Mal Doro Pesch die Walk-in Musik für Regina mit ihren Musikern live gespielt hatte.

Ich wusste, dass Regina und Doro seit langer Zeit eng befreundet waren und Doro daher Reginas Wunsch nach diesem Liveact gerne entsprochen hatte.

Doro und Ihre Musiker, jung, gut gebaut und langhaarig und was vor allen Dingen wichtig war, sehr gute Musiker, hatten eine gute Show auf der Bühne gezeigt.

Als ich mit meiner Frau in den Bereich der After-Show-Party kam, waren schon einige Gäste anwesend. An drei nebeneinander aufgestellten Stehtischen standen Regina, Doro und Ihre Musiker.

Regina sah uns und winkte uns zu.

Nun kam es doch sehr oft vor, dass ich Regina nach einem Kampf auf der VIP-Party traf und mit Ihr sprach. Diesmal war das etwas anders.

Ehemänner wissen, man muss ab und zu seiner Frau etwas Gutes tun. Und wie ich so zu den Tischen hinsah, das freundliche Winken von Regina bemerkte, wurde mir klar, das war jetzt so ein Moment. Denn da standen sie, die gutaussehenden, gutgebauten Rockmusiker mit langen Haaren und ich wusste, die würden meiner Frau gefallen, also mal so ganz seriös ausgedrückt.

So ganz nebenbei, lange Haare bei mir, für meine Frau unvorstellbar.

***

Einmal in unserer langen Ehe hatte ich, was Haare und Aussehen betrifft, eine kurze „rebellische Phase".

Ich wollte mir im rechten Ohr einen kleinen Diamantohrring verpassen lassen und mir einen kleinen Zopf wachsen lassen. Bei meiner Frau stieß das auf Unverständnis, aber meine Tochter hat mich in meinem Vorhaben unterstützt.

Meine Tochter wusste natürlich, wo man sich ein Ohrloch stechen lassen konnte und einen Ohrstecker angepasst bekam. Und schon standen wir vor einem Geschäft mit dem Namen Bijou Brigitte. Normalerweise hätte ich in diesen „Frauenladen" alleine keinen Schritt hineingemacht.

Aber mit meiner Tochter an meiner Seite, was sollte mir da schon passieren.

Eine freundliche Mitarbeiterin begrüßte uns und meine Tochter erklärte meinen Wunsch, nach optischer Veränderung. „Dann kommen Sie mal her" hörte ich die Verkäuferin sagen.

„Ich nehme an, das rechte Ohr" hörte ich sie sagen und die Bedeutung dieser Frage wurde mir erst später bewusst. Sie schnappte sich mein rechtes Ohrläppchen und rieb etwas Desinfizierendes darauf. Der Geruch stieg in meine Nase und ich begriff, jetzt wird es ernst.

Mit der linken Hand mein Ohrläppchen nach unten ziehend und in der rechten Hand ein, wie mir schien, riesiges Bohrinstrument in der Hand, begann sie ihre Arbeit. „Keine Angst, es tut nicht weh" drang an mein Ohr.

"Die Botschaft höre ich wohl, allein mir fehlte der Glaube", um einen großen deutschen Dichter zu zitieren.

Und es tat wirklich nicht weh. Den Ohrstecker suchte meine Tochter aus und schon war es geschehen. Unterstützt von meiner Tochter, ging ich zurück zu meiner Frau.

Ein kurzer Kommentar von ihr, und schon war es überstanden.

In den nächsten Monaten wuchs mir auch tatsächlich ein kleiner Zopf. Bei der Premiere im Ring und allgemein in meiner Umgebung erzeugte ich eine unterschiedliche Beurteilung. Entweder es wurde gesagt, gut, dass du das gemacht hast, oder ich stieß auf Ablehnung und sogar auf Spott.

Aber ich hatte es für mich gemacht und die Zeit der „Rebellion" war dann auch schnell wieder vorbei.

***

Aber zurück zu Doro und Ihren Musikern.

Wir gingen auf den Tisch zu, und es wurde ein sehr kurzweiliger Abend. Die Musiker erzählten von Ihren Auftritten und was da alles passieren kann, was die Zuschauer nicht mitbekommen und Regina und ich berichteten über die Dinge, die uns so beim Boxen passiert waren.

Da es ein sehr schöner und sehr intensiver Abend war, entstand daraus eine freundschaftliche Verbindung zu Doro.

In den nächsten Jahren hatten wir dann das Glück, etliche Konzerte mit ihr zu erleben und hatten danach immer die Möglichkeit, mit ihr und den Musikern im Backstagebereich zu plaudern.

Foto Doro Pesch – G. Müller
Privatarchiv G. Müller

Im Herbst 2008 klingelte mal wieder das Telefon in meinem Büro, und zu meiner großen Freude war Doro am Apparat. Nach einigen persönlichen Worten beiderseits fragte Doro mich, ob ich nicht Lust hätte, mit meiner Familie zu Ihrem Jubiläumskonzert im Dezember in Düsseldorf zu kommen.

Die Flugtickets und 2 Hotelzimmer würde Sie buchen.

Ich sagte spontan und begeistert zu, denn Konzerte von Doro waren immer ein Erlebnis, vor allen Dingen, wenn es galt, ein 25-jähriges Bühnenjubiläum zu feiern. Abends informierte ich dann meine Familie, dass wir vor Weihnachten noch etwas Außergewöhnliches vorhatten.

Einige Tage später rief Doro noch einmal an und sagte, alles gebucht, Flugtickets schicke ich Euch.

Ihre Bitte, vor Beginn der Show einige Worte zum Publikum zu sagen und Regina Halmich auf die Bühne zu bitten, entsprach ich sehr gerne.

Dann war es so weit, ich flog mit meiner Frau und meinen beiden Kindern von Hamburg nach Düsseldorf und wir checkten im Hotel ein.

Abends gab es noch ein kurzes Ablaufgespräch mit allen an der Show Beteiligten, und dann ging es am nächsten Abend los.

Ich kann mich gut daran erinnern, dass ich großes Lampenfieber hatte. Ich war es aus dem Boxring heraus oder als Moderator im Umfeld des Boxens gewohnt, vor großen Zuschauermassen zu sprechen.

Aber hier, vor Tausenden von enthusiastischen Heavy Metall Fans, da hatte ich schon hohen Puls. Ich stand Backstage am Ende der kurzen Treppe, die zur Bühne führte. Hinter mir Regina und dann Doro mit ihren Jungs.

Wir wünschten uns Glück und dann machte ich mich auf den Weg. Der Weg zwischen den Instrumenten hindurch zum Bühnenrand dauerte in der Erinnerung eine ganze Weile.

Ich begrüßte die Zuschauer und nannte einige beeindruckende Zahlen über die Karriere von Doro, bis ich dann abschließend Regina vorstellte und auf die Bühne bat.

Aus der heutigen Zeit betrachtend hätte ich da auf der Bühne vor den Tausenden von Rockfans etwas mehr für Stimmung sorgen sollen. Aber ich gebe zu, die ganze außergewöhnliche Atmosphäre hatte mich schon sehr beeindruckt. Und daher habe ich nicht, wie es mir bei Profiboxveranstaltung regelmäßig gelang, das Publikum „in Stimmung" bringen können.

Ich ärgere mich sehr darüber, denn das war eine einmalige Chance, dieses zu tun und zu erleben.

Es war für die ganze Familie, aber besonders für mich, noch volles Adrenalin, mal wieder eine beeindruckende Bühnenshow von Doro. Aber ich wusste, der Höhepunkt für mich stand noch bevor.

Denn Doro hatte alle, die an der Show beteiligt waren, gebeten, beim letzten Song mit auf die Bühne zu kommen.

Und so kam es, Doro stimmte Ihren Hit „All we Are" an und ich ging mit den anderen zu ihr auf die Bühne.

„Auf der Plattform YouTube kann man derzeit unter Eingabe des Suchbegriffs [DORO - ALL WE ARE - 25 th ANNIVERSARY DVD] Videomaterial zu dieser Geschichte finden."

Wenn ich an diesen Moment denke, bekomme ich immer noch eine Gänsehaut. Es war die Atmosphäre auf der Bühne und die unbändige Emotion, die vom Publikum auf die Bühne waberte. Alle sangen aus voller Kehle den Refrain des Songs mit, und es kam tausendfach aus dem Publikum zurück.

Ich hatte schon bei Auftritten vor 15. oder 28.000 Zuschauern bei Boxkämpfen einen Eindruck davon bekommen, was der Spruch bedeutet, die Bühne macht süchtig. Aber das, hier auf der Bühne in Düsseldorf, toppte alles.

Ich gehörte für 12 Minuten zum Team Doro, mit all den Emotionen und der Kraft, die von ihr und ihrer Musik ausging und vom Publikum zurückkam.

Einerseits war es das Gemeinschaftserlebnis mit Doro, den eingeladenen anderen Sängern, Musikern und den anderen an der Show Beteiligten auf einer Bühne zu stehen und gemeinsam zu singen.

Andererseits wurde man vom Publikum getragen, Adrenalin und Glückshormone flossen durch den Körper, die Emotionen waren unbeschreiblich.

***

Wenn man, wie ich, viele Jahre selbstständig tätig ist, gibt es viele erfolgreiche Jahre, aber auch einige sehr schwierige, zum Teil existenzbedrohende Jahre. Meine Frau hat auch in den schwierigsten Zeiten immer zu mir gehalten, was ich ihr hoch anrechne.

Trotzdem stellte sie mir ab und zu die Frage, hättest Du nicht in Deinem Beruf als Werbeleiter oder später als Kongressorganisator weiter angestellt bleiben können? Musstest Du Dich unbedingt selbstständig machen?

Und ich sagte und sage auch heute noch: „Denn hätte ich diese speziellen Momente und die vielen schönen anderen emotionalen Momente, Erfahrungen, diese vielen schönen persönlichen Begegnungen mit Menschen aus verschiedenen Ländern und Kulturen, von denen ich in diesem Buch berichtet habe, nicht erleben können.

Und Du hättest nicht daran teilhaben können".

51. It's only Rock 'n roll but I like it

Es war ein besonderer Tag für mich, nicht nur das schöne Wetter hatte es mir angetan, sondern ich hatte auch einen aufregenden Termin.

Auf dem Weg zu diesem Termin dachte ich daran, wie wichtig zwischenzeitlich unsere guten Kontakte zu den Medien und den Kreativen dieser Stadt für die Pressearbeit waren. So auch zur Musikbranche.

Ich dachte da an einen Pressefototermin mit Howard Carpendale in unserem Gym.

Howard Carpendale stand nicht für meine Musik, und ich hatte von Kollegen schon sehr viel über die schwierigen und sehr extrovertierten Schlagerstars gehört, mit denen eine Zusammenarbeit sehr schwierig sein sollte.

Ich war also schon sehr gespannt, ob meine Zusammenarbeit mit einem „Schlagerstar" reibungslos ablaufen würde. Es sollte jedoch eine angenehme, sehr freundliche und professionelle Zusammenarbeit werden. Ich wurde wieder mal darin bestätigt, nichts auf die Meinung anderer zu geben.

Dann kam das Gespräch auf den von mir geplanten Ablauf des Pressetermins und er sagte lächelnd „sag wie Du es gerne hättest und ich mache es, so ist es am einfachsten und entspanntesten". Es lief alles reibungslos ab.

Fotos mit unseren Boxern im Ring, mit Boxhandschuhen und einem kurzen „Sparring". Fototermin mit Klaus Peter Kohl und dann die Fragen der Presse.

Anschließend noch ein kurzes Gespräch, in dem ich erfuhr, dass er in Jugendjahren auch selbst geboxt hat. Ich dankte ihm für die reibungslose Zusammenarbeit und er sagte „gerne geschehen, wenn alles so gut und professionell vorberietet ist und abläuft, macht es auch mir Spaß".

Ich gebe zu, ich fühlte mich geschmeichelt.

Auch die Zusammenarbeit mit den Tennislegenden Stich und Becker und vielen anderen Prominenten auf derartigen Veranstaltungen gestaltete sich immer sehr professionell und angenehm.

 **Foto Boris Becker, K.P.Kohl, DTB-Team und Universum Boxer Fotograf Harald Becker**

Aber bei meinem nächsten Termin handelte es sich um meine Musik.

Ich musste während der Fahrt an meine Begegnungen mit James Last, Udo Lindenberg, der Kelly Family, den Jungs von Man at war und Survivor, den Scorpions etc. denken.

Aber der bevorstehende Termin freute mich wirklich, es ging um meine Musik, der Musik nicht nur meiner Jugend.

***

Ich habe meine Jugendzeit in den so aufregenden 60ern und 70ern durchlebt. Starclub, Onkel Pö's etc. Die Hochzeit der Rockmusik, die meinen Musikgeschmack bis heute geprägt hat.

Es gab damals zwei Fraktionen, die Fans der Beatles und die der Rolling Stones, und die Stones machten meine Musik. Und so war es für mich sehr aufregend, Mick Jagger persönlich kennenlernen zu dürfen.

Ihm sollte eine goldene Schallplatte überreicht werden, und in diesem Zusammenhang war ein kurzes Treffen und ein Fototermin mit Dariusz Michalczewski geplant.

Im Saal des Musikverlages angekommen waren schon relativ viele Menschen da und alle waren sehr gespannt, was passieren würde. Wir wurden in einen abgetrennten Bereich auf die Bühne geführt. Dort warteten wir gespannt auf das, was gleich passieren würde.

Es dauerte etwas, aber dann ging die Tür auf. Und er kam herein.

Er kam mir, so in Natura, überraschend klein und schmächtig vor, aber von einer Aura des Superstars umweht.

Er hatte nichts Arrogantes oder Überhebliches an sich, als er zum abgetrennten Teil des Saales, gemeinsam mit dem Chef der Plattenfirma, geführt wurde, eher etwas Schüchternes, Zurückhaltendes. Er lächelte den Menschen zu, die begeistert klatschten.

Dann war es so weit, er kam auf die Bühne und bekam die goldene Schallplatte überreicht und stand sehr geduldig den Fotografen zur Verfügung.

Dann wurden wir ihm vorgestellt, Klaus Peter Kohl, Dariusz und dann ich, ein freundlicher kräftiger Händedruck und ein „hello", mit einem freundlichen Lächeln. Wir gingen in einen Nebenraum, es gab einige kurze Gespräche, entsprechende Pressefotos und dann war er, der „große" Mick Jagger wieder verschwunden.

Es war nicht so, dass ich mir nach diesem Ereignis tagelang nicht die Hände gewaschen habe, aber ich war doch sehr beeindruckt.

Ich war nie der Mensch, der sich zwanghaft mit Prominenten zusammen fotografieren ließ. Aber ich gebe zu, in diesem Fall habe ich später dieses Verhalten sehr bedauert.

52. Die Kugel auf den Lippen

Wie schon beschrieben, gab es im Legien Center, in der auch einige Boxveranstaltungen durchgeführt wurden, ein Billard- und Snookercenter.

Berry Hearn, ein britischer Promotor und Manager, war auch sehr erfolgreich im Snookersport tätig, einer Sportart, die sich in Großbritannien großer Beliebtheit erfreute.

Eines Tages erreichte uns ein Anruf von Barry, der fragte, ob wir nicht Lust hätten, in Hamburg die Mixed-Snooker-Weltmeisterschaft auszurichten. Wir waren guten Ideen gegenüber sehr aufgeschlossen und sagten sofort zu.

Wie heißt es so schön, eine Hand wäscht die andere, also taten wir Barry den Gefallen und gingen ans Werk.

Eine neue spannende Erfahrung, nicht nur in der Organisation, sondern auch als Sprecher der Veranstaltung.

Alles verlief reibungslos.

Die Veranstaltung war ausverkauft, die Presse reichlich vertreten. Allison Fisher und Steve Davis wurden Mixed Weltmeister.

 **Foto A. Fisher, S. Davis,
K. P. Kohl, G. Müller
Privatarchiv G. Müller**

Nach der Siegerehrung sprach mich der Weltmeister Steve Davis an. Er fragte, ob ich nicht Lust hätte, ihm bei einigen Kunststücken mit dem Kö zu attestieren.

Ich ahnte nichts Böses und sagte natürlich ja gerne.

Dazu musste ich mich, quer am Anfang des Tisches auf den Rücken legen. Zwischen den Zähnen die Billardkreide und darauf kam der schwarze Ball. „Ruhig liegen bleiben, ruhig atmen, nicht bewegen", sagte Steve zu mir.

Schlagartig wurde mir klar, was gleich geschehen würde. Der hat gut reden, dachte ich mir. Ich spürte die Billardkreide als kleinen Block zwischen meinen Zähnen. Glücklicherweise an fünf Seiten mit Papier versehen.

Dann erzählte Steve dem Publikum, was er jetzt vorhätte.

Ich hatte es schon geahnt und gebe zu, jetzt bekam ich ein etwas mulmiges Gefühl im Magen. Hoffentlich hat er eine ruhige Hand dachte ich, denn die Alternative hätte sicherlich meinen Zahnarzt noch reicher gemacht.

Und dann passierte es, ich wagte kaum zu atmen, mein Herz schlug schneller und schneller. Wie sagt man heute so schön, ich hatte Puls. Ich versuchte mich zu beruhigen und dachte, das macht er sicherlich nicht das erste Mal.

Aber konnte ich mir da sicher sein?

Auch in der Halle beim Publikum wurde es still.

Ich hatte das Gefühl, dass Stunden vergingen, bevor es geschah, aber wahrscheinlich war es nur 1 Minute.

Aus den Augenwinkeln sah ich, wie er ein zweites Stück Billardkreide auf den Rand des Tisches legte. Darauf platzierte er mit ruhiger Hand die weiße Kugel. Er ging in die Knie, um sich das Ganze noch einmal anzuschauen.

Foto S. Davis, G. Müller
Privatarchiv G. Müller

Er setzte seinen KÖ an und schoss die weiße Kugel ab. Ich hatte ein leichtes Klacken vernommen. Unmittelbar danach spürte ich einen leichten Stoß an den Zähnen, als die weiße Kugel auf die schwarze Kugel traf.

Er hatte mir tatsächlich die schwarze Kugel von den Lippen geschossen. Die schwarze Kugel landete, wie vorhergesagt, im hinteren rechten Loch.

Tosender Beifall.

Einen kleinen Teil des Applauses bezog ich auch auf mich und meinen „Mut". Ich hatte es überlebt und alle meine Zähne bei mir behalten.

53. Ein Lichtermeer in der Wüste

Aus dem Lautsprecher erklang die Stimme der Stewardess, bitte anschnallen, wir sind im Landeanflug. Ein Blick aus dem Fenster zeigte, es dämmerte schon. Unter uns die dunkle Einöde.

Und dann ganz hinten am Horizont ein kleiner Lichtpunkt. Im Laufe der nächsten Minuten wurde dieser Lichtpunkt immer größer, er breitete sich zu einer immer größer werdenden Fläche aus, die bunt beleuchtet war.

Es war fast surreal, aus der absoluten Dunkelheit in das Chaos eines unendlichen Lichtermeeres. Ein Lichtermeer in einer Wüste. Gleich hatten wir es geschafft.

Es war ein langer Flug mit einer Zwischenlandung in Boston. Wir, meine Frau und ich, waren dieses Mal nicht mit den Sportlern gereist.

Ich hatte auf der anstehenden Veranstaltung nichts zu tun, wir waren nur als Fans dabei.

Und nun waren wir gelandet.

Erst einmal anstehen, Einreisekontrolle. Eine mürrisch dreinblickende, korpulente farbige Beamtin fragte uns sehr unfreundlich nach dem Grund der Reise. Ein Blick auf unsere Pässe und auf unsere Gesichter, dann eine kurze Handbewegung.

Wir waren in Las Vegas.

Raus aus dem Flughafen und eine Taxe bestiegen. Der Taxifahrer war freundlich und entspannt und fragte uns, wo wir denn herkommen würden. Und schon war die kurze Taxifahrt vorbei und wir sahen vor uns, eindrucksvoll beleuchtet, unser Hotel.

 **Foto Außenansicht Mandalay Bay Hotel**

Privatarchiv G. Müller

Das berühmte Mandalay Bay Hotel. Mit über 4766 Zimmern und Suiten gehört es zu den weltweit größten Hotels. Charakteristisch ist die goldfarbene Fassadenverglasung.

Wir waren sehr beeindruckt, auch von dem sehr großen und opulenten Empfangsbereich. Erst einmal eingecheckt und dann ab aufs Zimmer, denn es war ja schon später Abend.

Wir öffneten die Zimmertür und waren wieder beeindruckt. Berufsbedingt und auch im Urlaub war ich bisher schon in vielen Hotels untergebracht, aber dieses Hotelzimmer war schon etwas Besonderes.

Vor uns links ein riesiges Bett für 2 Personen, dahinter 2 opulente Sessel mit einem kleinen Tisch. Rechts an der Wand ein großer Fernseher und darunter ein kleiner Schrank. Dazu der weiche, blaue Teppich.

Und dann der Blick aus dem Fenster auf den glitzernden und leuchtenden Strip, der Hauptstraße von Las Vegas. Atemberaubend.

Meine Frau atmete im Bett gleichmäßig und ruhig neben mir. Sie war nach diesem anstrengenden Tag gleich eingeschlafen.

Ich hatte, wie immer in der ersten Nacht in der Fremde, Mühe einzuschlafen.

Es gelang nicht. Ich zog mich leise an und ging ins Foyer des Hotels.

Es war zwischenzeitlich zwei Uhr in der Nacht und ich wunderte mich über die vielen Menschen, die durch das Foyer schwirrten. Offensichtlich alle in eine Richtung.

Ich folgte neugierig der Menschenmenge. Was ich dann vor mir sah, war gigantisch. Hell erleuchtet, von einem Stimmgewirr geleitet, sah ich die riesige Halle des Spielcasinos vor mir. Sie kam mir wie eine große Bahnhofshalle vor:

Ich ging hinein und wanderte durch die unzähligen Spielautomaten, sah die Baccara Tische, die Roulette Tische, sah wie große Geldmengen gesetzt wurden und war von der gesamten Atmosphäre überwältigt.

Natürlich wollte ich auch spielen.

Ein Automat wechselte mir meinen 10-Dollar-Schein in 25-Cent-Münzen und schon ging es los. Um mich herum klingelten laufend Automaten, die einen größeren Gewinn auszuschütten schienen.

Nur bei mir nicht, 10 Dollar waren verloren.

Später erfuhr ich, dass das Klingeln bei Automatengewinnen aus den Lautsprechern eingespielt wurde. Damit sollte den Spielern suggeriert werden, dass an anderen Automaten gerade große Gewinne erzielt wurden.

Willkommen in der Spielerstadt Las Vegas.

Wir waren mehrere Tage in Las Vegas.

Da Hotels nicht mit Frühstück gebucht werden konnten, gingen wir die ersten beiden Tage in andere kleine Hotels, die Frühstücksbuffets preiswert anboten.

Am dritten Morgen wollten wir uns etwas Gutes, aber nicht gerade Preiswertes, leisten.

Das berühmte Frühstücksbuffet in unserem Hotel.

Als wir in das Buffetrestaurant kamen, fiel unser erster Blick sofort auf das opulente Buffet. Es war riesig, typisch Amerika, es gab nichts, was es nicht gab. Obst aus aller Welt in sehr großer Auswahl,

Scampi, Hummer, Lachs in jedweder Form, Austern, Kaviar und vieles andere mehr. Wir saßen ungewöhnlich lange im Restaurant und versuchten alles zu kosten.

Dann der tägliche Verdauungsspaziergang.

Fast neben uns das Luxor Hotel, den Pyramiden nachempfunden. Vorbei am nachgebauten Eiffelturm, den Fontänen vor dem imposanten Bellagio Hotel und den anderen optischen Höhepunkten des Strips.

Ein besonderer Höhepunkt für uns war der Besuch des Venetian Resort Hotels. Wir hatten vor unserem Abflug so einiges gelesen über Las Vegas, so auch über dieses Hotel. Wir waren sehr gespannt, aber das, was wir sahen, übertraf unsere Erwartungen.

Vor dem Hotel sahen wir auf einem Gewässer schon die typischen Gondeln fahren. Im Hotel gingen wir Richtung Markusplatz, immer entlang an den für Venedig so typischen Kanälen.

Auf den Kanälen die Gondeln, die man mieten konnte, mit dem typischen Gondoliere am Heck, mit seinem steuerbordseitigen Ruder.

Die Decke erweckte den Eindruck eines Himmels. Morgen-, Mittag-, Abend- und Nachthimmel wechselten mehrmals stündlich. Alles täuschend echt.

Rechts der schmalen Wege neben den Kanälen waren Geschäfte für die teuersten Marken der Welt zu sehen. Und wenn man gerade noch gedacht hat, jetzt habe ich alles Beeindruckende schon gesehen, dann öffnet sich der Blick auf den original nachgebauten Markusplatz.

Foto Markusplatz mit
Gondel Venetien Hotel,
Privatarchiv G. Müller

Alle diese einzelnen Bereiche waren detailgenau Venedig nachempfunden.

Unsere spätere Reise nach Venedig hat diesen Eindruck bestätigt.

***

Gekommen waren wir aber hauptsächlich, um Wladimir boxen zu sehen. Es war, am 7. Dezember 2002 sein erster Kampf in den USA, und er sollte wegweisend sein für seine weitere Karriere.

Foto T-Shirt Kampf Las Vegas
Privatarchiv G. Müller

Der Kampf fand in der großen Eventhalle des Mandalay Bay Hotels statt. Wir bekamen von Universum Box Promotion 2 gute Karten auf der Tribüne, direkt auf Höhe des Ringes. Mit den anderen mitgereisten Fans konnten wir das Geschehen im Ring genau verfolgen.

Es war ein harter Kampf, den Wladimir durch TKO in der 10. Runde durch Aufgabe des Gegners in der Rundenpause gewann. Damit verteidigte er seinen WBO-Weltmeistergürtel.

Anschließend gab es eine sehr schöne Siegesfeier im kleinen Kreis. Alle waren guter Stimmung und feierten Wladimir und sein Team.

Ein T-Shirt hängt immer noch in meinem Büro und erinnert mich an diese schöne Zeit in Las Vegas.

54.   Schneesturm und Langlauf

Es war bitterkalt, viel Schnee fiel vom Himmel, und ich wartete vor dem Bahnhof in Freiburg auf meine Frau. Ich war auf einer Veranstaltung in Karlsruhe als Ringsprecher tätig gewesen.

Dann bin ich am Sonntagmorgen mit einigen anderen in den Schwarzwald gefahren. Das Ziel war Todtmoos, ein schöner Wintersportort.

Es waren zwar nur 183 km zu fahren, aber als ich mich am Sonntagnachmittag dem Schwarzwald mit meinem Auto näherte, begann es zu schneien. Aber über die Autobahn A5 war es doch noch ein gutes und sicheres Fahren.

Ein Geschäftsfreund von mir hatte sehr gute Kontakte zu Sponsoren und sonstigen sportinteressierten Geschäftsleuten. Und so hatte er uns einen gesponserten Kurzurlaub in einem sehr guten Hotel in Todtmoos organisiert.

Die Veranstaltung war sehr gut gelaufen, unsere Boxer hatten gewonnen, und so waren wir einige Tage in Urlaubslaune.

Da meine Frau als Kinderkrankenschwester bis einschließlich Sonntag arbeiten musste, konnte Sie erst Montag zu uns stoßen.

***

Der Zug kam an, meine Frau stieg bei mir ein, und ab ging es nach Todtmoos.

„Hast Du an die Schneeketten gedacht und Dich erkundigt, wie die angebracht werden?" Ich hätte wahrheitsgemäß ja, ich habe an die Schneeketten gedacht und nein, ich habe mich nicht erkundigt, wie es geht, antworten müssen.

Das „nein" wollte aber meinem Mund nicht entweichen, ich glaube, in diesem Moment versagte meine Stimme.

Glück gehabt, dachte ich noch. Da bin ich noch einmal einer längeren, unerfreulichen Diskussion aus dem Weg gegangen.

Ob ich mich erkundigt hatte, wie die Dinger angebracht werden müssen, war ja unerheblich, denn ich hatte nicht vor, sie zu benutzen.

Es fing immer heftiger an zu schneien. Als „Flachlandtiroler" waren diese Schneemengen doch etwas ungewöhnlich. Und ungefähr auf halber Strecke gab es eine Straßenkreuzung, links und rechts der Hinweis Todtmoos.

Also gebremst und in der Karte nachgeschaut. Etwas so Einfaches und Bequemes wie ein Navi gab es damals noch nicht.

Wie auf der Karte zu sehen, war die rechte Straße um einige Kilometer kürzer, führte aber über einen Bergrücken. Ein Blick durch die Windschutzscheibe bestätigte diese Information auf dem Hinweisschild. Wir waren jung und risikobereit, und Berge waren für Norddeutsche schon immer eine Herausforderung.

Also ab in die Berge.

Was wir vorfanden, war eine schmale Straße, die in Serpentinen, gefühlt stundenlang, nur steil aufwärts ging.

Durch den immer stärkeren Schneefall und den dichten hohen Baumbewuchs um uns herum wurde es immer dunkler. Ich gebe zu, mir wurde doch etwas mulmig zumute.

Aber Angst erkennen lassen und die geliebte Frau neben sich nicht noch zusätzlich verunsichern, keine Option.

Endlich waren wir oben angekommen. Und dann die ernüchternde Erkenntnis, wo es steil aufwärts geht, geht es auch steil wieder abwärts.

Und das bei einer Straße, die immer glatter wurde. Am Ende der Fahrt bergauf konnten wir die Ränder der Straße nicht mehr sehen.

Das stimmte uns auch nicht positiver.

Es waren nur noch die am Straßenrand angebrachten Holzstangen mit der roten Farbe am Ende der Stange sichtbar.

Ich stoppte den Wagen. Einmal ruhig durchschnaufen.

Dann sagte meine Frau den Satz, den ich schon die ganze Zeit befürchtet hatte. „Bringe doch endlich mal die Schneeketten an die Räder".

Erwischt, ich hatte keine Ahnung, wie das geht.

Ich ging raus in den Schnee und versuchte mein Glück mit den Schneeketten. Es dauerte und meine Flüche wurden immer deftiger.

Dann stieg meine Frau aus.

Dazu muss man wissen, im Gegensatz zu mir ist meine Frau technisch begabt. Sie ist daher bis heute für die technischen Dinge in Haus und Garten zuständig.

Das lag aber auch daran, dass ich dem Weisen Ratschlag eines älteren verheirateten Freundes gefolgt bin.

„Wenn Du für die vielen vor Dir liegenden Ehejahre mit Deiner Frau im Haushalt und im Garten Ruhe haben willst, dann stelle Dich bei derartigen Tätigkeiten gleich zu Beginn möglichst ungeschickt an".

Es hat funktioniert.

In meiner ganzen Familie gelte ich seit Jahrzehnten als ungeschickt und technisch unbegabt. Das half mir aber im Fall der Schneeketten gar nicht, denn ich sollte mich ja vorab informieren.

Nachdem meine Frau mir „vorsichtig ausgedrückt" ihre Meinung zu meinem Versagen erläutert hatte, nahm sie das Anbringen der Schneeketten selbst in die Hand. Ich durfte assistieren, und schon waren die Schneeketten auf den Rädern.

Es war eine schweigsame Abfahrt.

Ich wusste, alles, was ich jetzt sagen würde, könnte gegen mich verwendet werden. Doch irgendwann hatten wir es unfallfrei geschafft, und wir sahen das verschneite Ortsschild Todtmoos.

Die Gewitterwolken über unserer Ehe waren verflogen und wir hatten gemeinsam eine harmonische und schöne Zeit im verschneiten Schwarzwald.

***

René Weller war auch eingeladen.

 **Foto Rene Weller Pressekonferenz mit M. Bott und K. P. Kohl. Fotografie H. Becker**

Er hatte in der Europahalle in Karlsruhe gegen den Franzosen José Maillot um die ECK-Europameisterschaft geboxt und nach Punkten gewonnen.

René Weller hat 55 Kämpfe bestritten und 52 gewonnen, davon 24 durch k. o. Er war Deutscher Meister und Europameister.

Der schöne Rene', wie er genannte wurde, war als Boxer ein sehr extrovertierter Sportler. Überall wo er auftrat, goldene Markenuhr, Goldkettchen, braungebrannt. Für gut betuchte Mitmenschen hatte er immer einen Koffer mit Uhren und Schmuck dabei.

Bei seinen Kämpfen gab es Zuschauer, die ihn anfeuerten und andere, die ihn ausbuhten. In Erinnerung geblieben ist mir sein Ausspruch über die Zuschauer bei seinen Kämpfen:

„Mir ist es egal, ob die Menschen zu mir kommen, um mich siegen oder verlieren zu sehen, Hauptsache sie zahlen Eintritt".

Ich kannte René schon längere Zeit und wusste auch, wie fit er immer war.

Nach dem Frühstück fragte er mich, ob ich Lust auf eine Runde Langlauf hätte, denn hier gebe es eine schöne Loipe. Ich hatte in einem Winterurlaub eine erste Erfahrung im Langlauf machen dürfen.

Also sagte ich zu.

Wir starteten die Runde gemeinsam und kamen zur gleichen Zeit wieder an. Der guten Ordnung halber muss ich aber gestehen, dass ich eine Runde und er zwei Runden zur selben Zeit gedreht hatte.

Anschließend tranken wir in einem Kaffee noch eine Tasse Kaffee und plauderten über den Sport, die Politik und sonstige Themen. Hier am Kaffeetisch war er ein anderer Mensch. Entspannt, in sich ruhen, freundlich und in keiner Weise extrovertiert.

Er war ein Mensch wie du und ich.

Als aber eine junge Dame an unseren Tisch trat und sagte, „sind sie der Profiboxer René Weller" war er wieder der, den ich im Umfeld des Boxens kannte.

Auch er gehörte zu den Wenigen, die immer ihre Meinung sagten, auch wenn es für ihre Karriere besser gewesen wäre, dieses nicht immer zu tun.

Ein Mensch an den ich mich gerne als einen Sportsfreund erinnere.

55.   Die Wiederauferstehung

Als Ringsprecher saß ich am Tisch der Offiziellen unmittelbar am Boxring. Dadurch bekam ich alles aus nächster Nähe mit, was im Ring passiert. Ich hörte und sah alles direkt vor meinen Augen und hörte z.B. alle Kommandos des Ringrichters.

Ich konnte in die Augen der Boxer schauen und Zuversicht oder Furcht vor der Niederlage sehen.

Die Atmosphäre im Ring war förmlich zu spüren.

Da neben mir der Supervisor des entsprechenden Weltverbandes saß, hatte ich immer wieder die Möglichkeit auf den Punktzettel des Kampfes zu schauen.

Es war bei einem Kampf um die WBO-Weltmeisterschaft im Halbschwergewicht mit unserem Weltmeister Zsolt Erdei aus Ungarn.

Er bestritt insgesamt 35 Kämpfe, von denen er 34 gewann, davon 18 durch k. o. Seinen ersten Profikampf bestritt er im Dezember 2005 im Gym von Universum Box Promotion.

Er war WBO Intercontinental Champion, Europameister, WBO-Weltmeister im Halbschwergewicht und Weltmeister im Cruisergewicht. Er war der erste ungarische Boxer mit 2 Weltmeistertiteln.

Ich war ihm persönlich sehr verbunden, denn er war ein sehr freundlicher und offener Mensch.

Foto Zsolt Erdei
Fotograf Enno Friedrich

Aber Zsolt Erdei war ein ganz besonderer Boxer, ein ganz besonderer Mensch. Im persönlichen Umgang freundlich, zurückhaltend und zuvorkommend.

Im Ring ein guter technisch versierter Boxer, aber auch ein KO-Schläger, was seine KO-Quote beweist, über 50 % seiner Kämpfe hat er durch Ko gewonnen.

Und er war ein besonders liebevoller Familienmensch. In der Bildzeitung war am Anfang eines Artikels von Thomas Dierenga zu lesen:

Der Killer mit dem Kinderlied

Wenn Boxer wie Gladiatoren in die Halle einmarschieren, dann oft unter martialischen Klängen: Rammstein, AC/DC, Gangster-Rap.

Nicht so Halbschwer-Weltmeister Zsolt Erdei (32): Der WBO-Champ ist der „Killer mit dem Kinderlied".

„Szllj el kismad r" („Flieg, kleiner Feuervogel") ertönte es lustig und beschwingt, Erdei sang sogar lauthals mit.

Das Kinderlied, das er immer gerne seinen Kindern als Schlaflied vorsang, wurde zum Walk-In Song und begründete seinen Kampfnamen „Feuervogel",

Die Bezeichnung erwarb er sich als Schüler in einem Trainingslager in Ungarn. Ein Vogel hatte sich in sein Zimmer verirrt, und Erdei schaffte es mit seiner beharrlichen Art, diesen zu beruhigen und unversehrt in die Freiheit zu entlassen.

Als Nachfolger von Dariusz Michalczewski fand man den Kampfnamen des Ungarn auf seiner Kampfkleidung wieder.

Auch daher waren bei diesem Boxkampf meine Gefühle besonders bei unserem Boxer.

Er kämpfte 22. Oktober 2005 in Halle an der Saale gegen den ehemaligen Weltmeister Mehdi Sahnoune. Der Boxer aus Marseille war als harter, guter Fighter bekannt. Es war ein sehr enger und verbissener Kampf.

Es war, glaube ich, in der 6. oder 7. Runde, als Zsolt mehrere harte Treffer einstecken musste und 2-mal zu Boden ging. Immer wieder musste er harte Schläge einstecken.

Es sah sehr schlecht aus für ihn und ich befürchtete das Schlimmste. Ich bekam Angst um die Gesundheit unseres Boxers.

Es geschah das, was mir bei allen über 300 Kämpfen, die ich direkt am Ring erleben durfte, nur sehr selten passierte. Nach dem zweiten Niederschlag schaute ich die letzten Sekunden nicht mehr in den Ring, sondern auf meine Sprecherkarte, ohne von dem, was da zu lesen war, etwas wahrzunehmen.

Ich hörte nur noch die aufgeregten, fast besorgten und lauten Rufe der Zuschauer. Erdei, Erdei, Erdei war zu hören. Ich hörte den Trainer rufen, "Nimm die Fäuste hoch, Deckung, Deckung. Geh weg, klammere".

Ich konnte nicht mehr hinsehen und erwartete jeden Moment den dritten Niederschlag, der das Ende des Kampfes bedeutet hätte.

Die Zeit schien stehen zu bleiben.

Ich sah, dass der Zeitnehmer links neben mir den Hammer in die Hand nahm, mit dem er gleich 3 x auf eine Holzplatte auf dem Tisch schlagen würde. Das bedeutete Rundenende in 10 Sekunden.

Es folgten die ersehnten 3 Hammerschläge.

Dann nahm der Zeitnehmer, wie vor jedem Rundenende, den Klöppel in die Hand, mit dem er gleich auf die Glocke schlagen würde, um die Runde zu beenden. Ich zählte die Sekunden und hörte gleichzeitig auf die Geräusche aus dem Ring.

Und dann erklang die von mir, und ich glaube auch Zsolt, so sehr herbeigesehnte Glocke. Es war geschafft, die Runde war überstanden. Ich atmete einmal tief durch und schaute in den Ring.

Was ich da sah, war schlimmer als erwartet. Zsolt ging gesenkten Hauptes und wie ich zu sehen glaubte auch unsicheren Schrittes in seine, die rote Ecke. Er ließ sich auf den Hocker fallen und schaute dem Trainer, der gerade durch die Seile kletterte, mutlos entgegen.

Was in den nächsten 50 Sekunden geschah, konnte ich weder hören noch sehen, denn der Trainer stand direkt schräg vor dem Boxer und versperrte mir daher die Sicht.

Da die Glocke zu der nächsten Runde erst geschlagen wurde, wenn ich die Runde freigegeben hatte, gelang es meinem Boxer noch 5 Sekunden mehr Zeit zu geben, indem ich 5 Sekunden zu spät „Seconds Out, Ring frei Runde 8" ins Mikrofon rief.

Dann erklang die Glocke.

In der Halle war es still, und fast jeder Zuschauer erwartete das endgültige aus in dieser Runde.

Ich sah schon an der Art, wie Zsolt in die Ringmitte ging, dass etwas geschehen sein musste. Und es geschah das, was niemand für möglich gehalten hatte. Zsolt kam wie ausgewechselt aus der Ringecke, und es gelang ihm, seine alte Stärke wiederzufinden und in den Kampf zurückzufinden.

Aber gelang es ihm in den folgenden Runden, den Punktrückstand aufzuholen, der auch durch den Punktabzug wegen der Niederschläge entstanden war.

Nach jeder Runde schaute ich auf den Punktzettel des Supervisors. Zsolt holte tatsächlich auf, aber es war sehr knapp.

Nach der 11 Runde hatten 2 Punktrichter ein unentschieden und 1 Punktrichter hatte Zsolt 2 Punkte vorne. Ein Unentschieden hätte die Titelverteidigung bedeutet. Aber da die Punktrichter keine einzelnen Runden unentschieden werten durften, war ein Unentschieden im Endergebnis nicht mehr möglich.

Es war unwahrscheinlich spannend, ich fieberte mit, als ich wieder in den Ring schaute.

Die Stimmung in der Halle war unbeschreiblich. Zsolt kannte nur noch den Vorwärtsgang und traf unter dem Jubel des Publikums.

Dann passierte es in der 12 Runde, nach 2 Minuten und 15 Sekunden brach der Ringrichter den Kampf ab.

Und ich durfte verkünden: „Sieger durch TKO Zsolt Erdei".

Zsolt ging erschöpft in die Knie, fiel dann seinem Trainer Fritz Sdunek in die Arme und bekam von seiner Frau im Ring das „Siegerküsschen".

Er hatte es tatsächlich noch geschafft.

Mein Freund Zsolt Erdei blieb Weltmeister.

„Auf der Plattform YouTube kann man derzeit unter Eingabe des Suchbegriffs [Erdei vs. Sahnoune] Videomaterial zu dieser Geschichte finden."

56.   Es gibt keinen Weg zurück

Die Tür fällt ins Schloss. Es ist immer ein einzelner Raum. Mal ist er kleiner, manchmal größer. Es hängt immer ein leichter Geruch nach Schweiß in der Luft. Der Raum ist meistens spartanisch eingerichtet, Holzbänke an der Wand. Über den Bänken befinden sich Kleiderhaken.

Hinter einer Tür sind Duschen zu erahnen, und es ist auch die Toilette untergebracht.

Wenn man als neues schulpflichtiges Kind das erste Mal die Tür öffnet und in diesen Raum kommt, dann ist das meistens der Beginn eines neuen Lebensabschnitts.

Als erfolgreicher Sportler ist es oft das Ende einer langen Vorbereitungszeit, mit dem Blick in eine sonnige sportliche Zukunft, aber auch mit der Möglichkeit des Versagens.

Oft hat er ein Fenster nach draußen, mit dem Blick in die Unbeschwertheit des normalen Lebens.

Aber hier ist nichts normal.

Vor der Tür steht ein Securitymitarbeiter, der nur einer ganz kleinen Zahl von ausgewählten Personen den Zutritt zu diesem Raum gewährt. Zuschauer. Pressevertreter, Fans wird der Zutritt nicht gestattet.

Ich hatte als Ringsprecher das Privileg, zu den wenigen Auserwählten zu gehören, die, in der Stunde vor dem Kampf, in die Umkleidekabine der Boxer hineingelassen wurden.

***

Der Boxer weiß, wenn er diesen Raum betritt, dann gibt es kein Zurück mehr. Er ist hier nur mit seinem Trainer und seinen Betreuern zusammen. Er kann in vielen Fällen die begeisterten und lauten Zuschauer hören. Ist er der Hauptkämpfer, kann er oft den rhythmischen Ruf seines Namens hören.

Aber in Wahrheit ist er hier allein mit seinen Hoffnungen und seinen Ängsten und Zweifeln.

Die Boxer reagieren in dieser letzten Phase der Vorbereitung alle sehr unterschiedlich auf den Druck und die Angespanntheit.

Es gibt die, nach außen hin, entspannten und zu jedem Scherz aufgelegten Typen, die so ihre Anspannung überspielen und verarbeiten. Es gibt die schweigsamen und in sich gekehrten Boxer.

Einige sind offensichtlich nervös und aufgeregt und gehen mehrmals auf die Toilette. Und es gibt auch einige wenige Boxer, die sich vor dem Kampf übergeben.

Aber allen ist in dieser letzten Stunde vor dem Kampf klar, es gibt keinen Weg zurück.

Fast alle Boxer haben in der letzten Stunde der Vorbereitung immer wieder das gleiche Ritual, den gleichen Ablauf. Das gibt Ruhe, Sicherheit und Zuversicht.

Bald wird er einem Boxer gegenüberstehen, der alles versuchen wird, um zu siegen. Es werden Runden der Schmerzen und der totalen Erschöpfung werden. Und es gibt in dieser Stunde auch bei vielen Boxern die Angst vor Verletzungen und bleibenden gesundheitlichen Schäden. Es kommt die Angst auf, vor seinen Fans zu verlieren oder sogar K. O. zu gehen.

All diese Gefühle muss der Boxer verarbeiten. Denn er weiß, dass er nur eine Chance hat, wenn er sich selbstbewusst und siegessicher auf den Weg in den Ring begibt.

Und in dieser Situation kommt es besonders auf den Trainer an. Er weiß, wie der Boxer sich fühlt, was zu tun ist, um ihn zu beruhigen, aber auch zu motivieren.

Sehr oft beginnt diese Endphase der Vorbereitung 1 Stunde vor Kampfbeginn.

Da ich auch bei den Vorkämpfen als Ringsprecher im Einsatz war, blieb nur in der Pause Zeit für einen Kabinenbesuch bei den Hauptkämpfern, bei denen es sehr oft um nationale und internationale Titel ging.

Es war für mich und die Boxer ein Ritual, ihnen viel Erfolg zu wünschen. Bei vielen war es nur dieser verbale Wunsch und ein Schulterklopfen. Bei anderen war Zeit für eine kurze Umarmung und bei einigen wenigen auch Zeit für einen Scherz oder ein kurzes Gespräch.

Mir ist bei allen Besuchen in der Kabine die besondere Atmosphäre aufgefallen. Eine Atmosphäre der Angespanntheit und in den meisten Fällen der Zuversicht und des Siegeswillens.

Durch das Öffnen der Tür hatte ich immer das Gefühl, eine andere, abgeschirmte Welt zu betreten. In diesem Raum waren alle fixiert auf den Boxer.

In einigen Kabinen war es still. Der Boxer bereitete sich mit Schattenboxen auf den kommenden Kampf vor. Er war konzentriert und ganz bei sich.

In anderen Kabinen war es wieder laut. Der Boxer wurde in den letzten Minuten vor dem Kampf noch einmal laut motiviert und angefeuert.

Oder der Boxer ist in den letzten Minuten noch einmal vertieft im Gespräch mit seinem Trainer, seinem Vertrauten, der jetzt sein einziger Vertrauter ist, auf seinem schweren Weg in den Ring.

Eine Atmosphäre, die mich immer wieder in ihren Bann gezogen hat.

Mir wurde in diesen Momenten immer klar, wie viel diese Boxer in den Wochen vor diesem Moment investiert und geleistet hatten. Wie er sich im Training gequält hatte, über seine Grenzen gehen musste, um den inneren Schweinehund zu besiegen.

****

Eine sehr wichtige Tätigkeit des Trainers oder auch des zuständigen Betreuers ist das Bandagieren der Hände. Hierdurch werden die Hände, besonders die Knöchel und Gelenke, vor Verletzungen geschützt.

Daher gibt es sehr klare Vorschriften für die Vorgehensweise.

Beim Rulesmeeting wird abgesprochen, wann getapt wird. Dadurch kann das gegnerische Team einen Beauftragten entsenden, der das Tapen überwacht.

In den Regeln des BDB ist dafür Folgendes festgeschrieben:

Bandagen

Als Bandagen dürfen nur neue, weiche Gaze-Binden in beliebiger Länge verwendet werden.

Es wird den Boxern gestattet, zum Schutze der Hand ein anliegendes Gewebe (Leukoplast), das nicht gerollt auf jede Hand (Handrücken) flach angelegt wird, zu verwenden.

Die Schlagknöchelpartie darf nicht bewickelt werden.

Die entsprechenden Regeln der Weltverbände sind hier fast gleichlautend.

Ebenfalls beim Rulesmeeting wird der Zeitpunkt abgesprochen, an dem die Handschuhe angezogen werden. Bei den meisten Weltverbänden und auch beim BDB geschieht dies in der jeweiligen Kabine.

Hierbei ist der Supervisor des Verbandes oder ein Beauftragter anwesend. Er stellt sicher, dass es sich bei den Handschuhen auch um die Handschuhe handelt, die beim Rulesmeeting ausgesucht wurden, vom Supervisor am Bund unterschrieben.

Außerdem wird überprüft, ob die Hände regelkonform getaped worden sind.

****

Anschließend ist es besonders wichtig, in den Minuten vor dem Walk-In den Boxer auch körperlich vorzubereiten. Dieses geschieht durch Schattenboxen oder Pratzenarbeit des Trainers.

Dann kommt die Information des technischen Leiters, noch 5 Minuten bis zum Walk-in.

Ich bin dann schon mit den Offiziellen im Ring und warte auf das „go" des Regisseurs.

Der Boxer zieht seinen in vielen Fällen gesponsorten Kampfmantel an.

Ein letztes Gespräch mit dem Trainer und wenn alles in der Vorbereitung bis hierher gestimmt hat, kommt dann der viel besprochene Tunnelblick.

Es gibt Boxer, die in diesen letzten Sekunden beten, sich bekreuzigen oder einfach nur noch einmal tief durchatmen. Der Boxer ist voll konzentriert auf das, was kommen wird.

Die Tür öffnet sich, der Boxer blickt in das helle Licht der Handscheinwerfer und in die Kamera, die ihn auf dem Weg in den Ring begleitet. Sehr oft hört er noch das aufmunternde „Go Go" seiner Betreuer und dann macht er sich auf den Weg.

Gemeinsam geht man den endlos erscheinenden Gang bis zur Halle. Die Anfeuerungsrufe seiner Fans werden immer lauter, die Anspannung immer größer. Der Boxer steht hinter der geschlossenen Tür und wartet darauf, dass es endlich losgeht.

Sekunden, gefühlt Minuten, vergehen.

Ich stehe im Ring und warte auf das „go" des Regisseurs. Dann rufe ich den Boxer in den Ring. Die Walk-in Musik startet.

Dann endlich wird die Tür zur Halle geöffnet, und der Boxer taucht ein in die faszinierende Lichterwelt der Halle, in den unbeschreiblichen Lärm, den seine Freunde und Fans, aber auch seine Gegner im Publikum verursachen.

Jetzt ist es endgültig so weit, es gibt keinen Weg zurück.

57.   Machtstrukturen

Natürlich steht der Sportler mit seinem Auftreten, seiner Leistung und, wenn alles gut geht, seinen Siegen und Titeln im Vordergrund des Geschehens. Ohne ihn gäbe es den Sport und den wirtschaftlichen Erfolg nicht.

Und da sind wir schon bei einem sehr wichtigen Thema, dem wirtschaftlichen Erfolg.

In den ersten Jahren, in denen der Profiboxsport wieder an Ansehen gewann, war es noch nötig zu investieren. Gutsituierte Männer konnten sich den Luxus, einen Boxstall aufzubauen, finanziell leisten.

Sehr förderlich war damals auch die Situation, dass zwei erfolgreiche Geschäftsleute um die Führung im Profiboxsport in Deutschland und europaweit rangen.

Klaus Peter Kohl und Wilfried Sauerland.

Von Klaus Peter Kohl ist hier in meinen Erinnerungen oft die Rede, denn er hat Universum Box Promotion zum führenden Boxstall Europas gemacht.

Wilfried Sauerland war früher gestartet und früher erfolgreich. Er war als Kaufmann u.a. in mehreren afrikanischen Staaten sehr erfolgreich. Auf Bitten der Regierung Sambias betreute er ab Mitte der 70er Jahre den sambischen Boxer Lottie Mwale.

Am 30.7.1978 führte Sauerland in Lusaka seine erste Profiboxveranstaltung durch, vor 70.000 Zuschauern.

Er betreute weitere Boxer aus Afrika, u.a. John Mugabi, der 1986 gegen Marvin Hagler um die WM im Mittelgewicht boxte, aber verlor.

Zu seinen Boxern in Deutschland gehörten Manfred Jassmann, Ralf und Graciano Rocchigiani. Später kam Henry Maske, Axel Schulz, Sven

Ottke, Markus Beyer und Artur Abraham dazu, um nur einige zu nennen.

Schon vor Universum Box Promotion hatte Sauerland einen Fernsehvertrag mit RTL, dann mit der ARD.

Und so stritten in den Jahren nach der Gründung von Universum Box Promotion zwei gutsituierte Herren um die Vorherrschaft, wobei sicher auch persönliche Eitelkeiten eine Rolle spielten.

Wichtig war die Anzahl der Veranstaltungen, die Zuschauerzahlen, die Einschaltquoten, die Titel und später auch der wirtschaftliche Erfolg.

***

Wie in anderen Sportarten auch, spielen Verbände eine entscheidende Rolle.

Besonders aber beim Profiboxen.

Ranglisten und Titelverteidigungen

Auch im Profiboxsport sind die Ranglisten in den verschiedenen Gewichtsklassen von entscheidender Bedeutung.

Das betrifft besonders die ersten 15 Plätze der jeweiligen Ranglisten.

Der erste Platz ist besonders wichtig.

Der erste einer Rangliste darf den Weltmeister herausfordern, der dann gegen Ihn antreten muss.

Das nennt sich „Pflichtverteidigung".

Die Plätze 2 – 15 sind wichtig, da sich der Weltmeister hier Gegner für eine freiwillige Titelverteidigung aussuchen darf.

Diese Freiwilligen Titelverteidigungen geben dem Weltmeister die Möglichkeit, zwischen den Pflichtverteidigungen Geld zu verdienen und sich kalkulierbaren Herausforderungen zu stellen.

Beim Profiboxen ergibt sich die Reihenfolge nicht automatisch aus den Ergebnissen.

Die Rangliste wird aufgrund von Ergebnissen, mehrheitlich von einer Kommission festgelegt. Dadurch spielen auch persönliche Einschätzungen eine Rolle sowie mögliche Absprachen unter den Managern.

Das Ranking ist daher ein entscheidender Punkt bei der Vergabe von Weltmeisterschaften.

Ein entscheidender Vorteil, der die Machtposition der Verbände unterstreicht.

Aber auch die der wichtigen und daher mächtigen Manager.

So war es entscheidend für interne Informationen, persönliche Kontakte etc., dass Klaus Peter Kohl von 1984 bis 1989 Präsident des Bundes Deutscher Berufsboxer war und 2 Jahre Vizepräsident der Europäischen Box Union. Außerdem hatte er großen Einfluss auf die späteren Besetzungen der Position des Präsidenten des BDB. Ein Einfluss, den Wilfried Sauerland stets beklagte.

Trotzdem haben beide Boxställe in den folgenden Jahren mehrfach gemeinsam veranstaltet.

***

In vielen Fällen ist der Manager auch gleichzeitig Veranstalter. Häufige Veranstaltungen mit möglichst vielen internationalen Titelkämpfen stärken die Bedeutung eines Managers/Veranstalters im jeweiligen Weltverband. Darum bemüht sich das Management eines Boxstalls, möglichst viele Weltmeisterkämpfe bei einem Verband durchzuführen.

Denn jeder Weltmeisterschaftskampf bringt durch die Sactionfees (Gebühren) Geld in die Kasse des Verbandes und stärkt so den Einfluss des Managers/Promoters.

Dieser Einfluss in einem Weltverband ist in vielerlei Hinsicht entscheidend. Bei der Mitsprache beim Ranking des eigenen Boxers.

Beim indirekten Einfluss auf die Benennung der Ring- und Punktrichter bei wichtigen Titelkämpfen.

Es hält sich auch hartnäckig das „Gerücht", dass diese große Bedeutung für einen Verband auch Einfluss haben kann, wenn Titelkämpfe vergeben oder versteigert werden.

Jeder Verband veranstaltet jedes Jahr, in den schönsten Teilen der Welt, einen Kongress. Hier können bei einem Glas Wein und Kaviar neue Kontakte geknüpft werden oder alte Kontakte genutzt werden, um einen Vorteil für seine Boxer zu erzielen.

Auf diesen Veranstaltungen werden Regeländerungen beschlossen, Ausschüsse und das Präsidium neu besetzt, oder wie meistens üblich Personen in Ihrem Amt bestätigt. Hier wird auch über das Ranking gesprochen.

Es soll schon vorgekommen sein, dass man hierbei nicht nur die Erfolge eines Boxers berücksichtigt, sondern auch die speziellen Interessen der Manager.

So hat zum Beispiel der eine Manager Interesse daran, in einer Gewichtsklasse seinen Boxer etwas besser zu platzieren und ein anderer Boxer hat das gleiche Interesse, aber in einer anderen Gewichtsklasse. Also was liegt näher, als sich zu arrangieren und entsprechend abzustimmen.

Die Geldsummen, die für die Übertragungsrechte gezahlt werden, sind ein weiterer Machtfaktor der übertragenden Fernsehsender. Um hohe Einschaltquoten zu erhalten, bestehen diese Sender auf attraktive Kämpfe und namhafte Boxer.

Diese hohen Einschaltquoten sind wiederum wichtig für die Werbepartner und Sponsoren. Und auch hier wird wieder sichtbar, Geld regiert die Welt, auch im Profiboxsport.

58. Die weiße Krawatte – die Gladow Bande in Berlin -

Im Laufe meiner 37-jährigen Tätigkeit im Profiboxen habe ich viele Personen aus den verschiedensten Bevölkerungsgruppen kennengelernt. Aber bei einer Person habe ich seine „interessante" Vergangenheit erst nach Jahren erfahren.

Werner Papke war ein sehr guter und erfolgreicher Boxtrainer in Berlin, mit dem ich viele interessante Gespräche über das Boxen führen durfte. Er hat mir sehr interessante Einblicke in das Leben eines Profiboxers gegeben. Für mich war er immer ein sehr freundlich auftretender, sehr entspannter und kompetenter Gesprächspartner.

Sehr in sich ruhend mit einem, wie ich es damals empfand, sehr freundschaftlichen, aber auch konsequenten Verhältnis zu seinen Boxern.

Im Rahmen der Betreuung seiner Boxer habe ich ihn immer wieder gerne in seinem Berliner Gym besucht.

Es war für mich immer wieder interessant, seinem Training zuzuschauen.

1931 in Berlin geboren, boxte er nach einer Lehre als Glasbläser, in Berlin-Weißensee und war Trainingspartner von Erwin Sahm und Gustav „Bubi" Scholz. Als Profitrainer führte er u.a. Michel Trabant auf den Weg des Erfolgs.

1995 wurde Michel Trabant mit 16 Jahren der jüngste deutsche Profiboxer. Papke trainierte Michel bis zum Jahr 2000. Danach wurde Michel Europameister und hat viel erfolgreiche Kämpfe bestritt.

***

Ich lernte Werner Papke Anfang der 90er Jahre in Rahmen unserer Profiboxveranstaltungen kennen. Oft saßen wir vor und auch nach den Kämpfen zusammen, um über das Boxen, das Leben etc. zu sprechen.

Ich hatte damals noch nichts über die berüchtigte Gladow Bande gehört, als ein Gesprächsteilnehmer Werner Papke aufforderte, über diese Bande und über sich zu erzählen. Ich weiß noch, wie überrascht ich damals war, als ich die Geschichte hörte.

Vor mir saß ein von mir sehr geschätzter Mann, der eine Seite von sich präsentierte, die ich nicht fassen konnte.

Seiner Erzählung konnte ich entnehmen, dass die Gladow Bande eine berüchtigte Verbrecherbande im sowjetischen Sektor in Berlin und später in der DDR war. Und zu meinem großen Erstaunen erzählte er ganz offen und emotionslos, dass er nicht nur Mitglied dieser Bande war, sondern sogar ein Gründungsmitglied. Im Jugendgefängnis Plötzensee hatte er, den späteren Namensgeber der Bande, Werner Gladow kennengelernt.

In Bericht des Spiegels vom 16.05.2019 hat das, was ich im Laufe des Abends erfuhr, so zusammengefasst:

Der Mörder mit dem Milchgesicht

Er war brutal, skrupellos - und fast noch ein Kind. 1948 gründete der 17-jährige Werner Gladow Berlins größte Verbrecherorganisation. Zwei Jahre jagte ihn die Polizei. Dann brachte ihn ein Racheakt aufs Schafott.

Werner Gladow hatte ein Ziel: Er wollte der Al Capone von Berlin werden.

Und der Siebzehnjährige meinte es ernst.

Immer wieder las er die Biografie seines großen Vorbilds, ließ im Kino keinen Gangsterfilm aus, schulte sich selbst zum Ganoven

Nach einer Auseinandersetzung mit der Polizei landete Gladow im Jugendgefängnis Plötzensee.

Ein Glücksfall, denn dort lernte er seinen wichtigsten Partner kennen: Werner Papke.

Im Knast fabulierten sie von einer Verbrecherkarriere großen Stils.

Als sie wieder draußen waren, überließ ihm Papke eine Pistole, die er im elterlichen Keller versteckt hatte.

Jetzt konnte es losgehen."

Werner erzählte aus seinem Leben, er tat dies nicht emotional, sondern sachlich, so als berichtete er von einer anderen Person.

Es ging, wie er erzählte, erst einmal um das Beschaffen von Waffen. Die Vopos waren damals unbeliebt und schlecht ausgebildet, also die perfekten Opfer.

Am Sektorübergang Bernauer Straße näherte sich Gladow und Papke zwei Volkspolizisten und entwaffneten sie. Bei mehreren Überfällen dieser Art erbeuteten sie über 30 Schusswaffen.

Nun ging es daran, Bandenmitglieder zu werben. Werner erzählte, dass man sich damals bei den zahlreichen Jugendbanden bedienen konnte.

So wurde auch der Scharfrichtergeselle Gustav Völpel Mitglied der Bande, der angeblich in der sowjetischen Zone noch Todesurteile mit dem Handbeil vollstreckte.

Er wurde der Hehler der Bande.

Bei der Recherche zu diesem Buch konnte ich nachlesen, dass insgesamt 352 Verbrechen auf das Konto der Gladow- Bande gingen.

Werner erzählte, dass sich, wie in Zeiten von Al Capone, die Bande durch einen „Dresscode" kenntlich machen wollte. Ich kannte das bisher nur aus meinem Berufsleben, bei der Kongressorganisation war ein Anzug mit Schlips selbstverständlich. Bei meinen Auftritten im Ring ein Smoking, ein schwarzes Hemd und eine große rote Krawatte.

Aber ein „Dresscode" bei einer Verbrecherbande?

Werner erklärte uns auch, dass sie sich damals als Elite verstanden, ein sehr hohes Selbstwertgefühl hatten. Daher kamen nur Maßanzug, Budapester Schuhe, dunkles Hemd und weißer Schlips infrage.

Daher hieß die Bande im Volksmund bald „Die weiße Krawatte".

Es wurden Pelzgeschäfte, Banken, Geldtransporte etc. ausgeraubt. Wir erfuhren, dass sie immer wieder fliehen konnten, oft erst nach wilden Schießereien mit der Polizei.

Werner Papke, mit einer Waffe in der Hand, schießend auf Polizisten. Das übertraf meine Vorstellungskraft, entsprach aber der historischen Wahrheit. Immer wieder gab er Schilderungen von diesen Vorfällen, und ich war erstaunt, dass es sich um die gleiche Person handelte, der ich gegenübersaß.

Ich erlebte ihn als freundlichen, ausgeglichenen Menschen, der seine Arbeit als Trainer liebte. In seinen Schilderungen jedoch war er ein eiskalter, skrupelloser Verbrecher.

Sie fühlten sich damals übermächtig, unantastbar und von der Polizei nicht zu fassen. Einmal, so hörte ich, hatten sie ein Auto gestohlen, mit russischen Kennzeichen. Da sie immer zwischen den Sektoren pendelten, fuhren Sie auch diesmal mit dem Wagen durch die westlichen Sektoren.

Wegen ihres Kennzeichens wurden sie von 20 Fahrzeugen der Alliierten verfolgt.

Auch diesmal konnten Sie entkommen.

Ich hörte, dass der Bandenboss mit wachsender Brutalität vorging. Das richtete sich auch gegen Werner Papke, der sich daraufhin von der Bande lossagte.

Über das Ende der Bande erzählte Werner immer wieder nur in Bruchstücken, da er sich schon von der Bande gelöst hatte.

Daher möchte ich hier noch einmal aus dem Bericht des Spiegels zitieren:

„Geteilte Stadt, vereinte Sonderkommission.

Schließlich rang sich die Polizei in Ost und West doch zur Zusammenarbeit durch. Eine sektorenübergreifende Sonderkommission nahm im Dezember 1948 ihre Arbeit auf.

Im April 1949 beging die Bande beim Überfall auf einen Hausverwalter ihren ersten schweren Fehler: Gustav Völpel wurde beim Schmierestehen erwischt. Die Bande konnte fliehen, aber Völpel wurde verhaftet. Gladow fürchtete, er könnte reden. Doch Völpel schwieg - und Gladow machte weiter.

Wenig später beging er bei einem Überfall auf einen Juwelier seinen ersten Mord, als er den Ladenbesitzer, der ihn auf der Flucht verfolgte, auf der Straße niederschoss.

Inzwischen lachte niemand mehr.

Gladow war einer der meistgesuchten Verbrecher Deutschlands. Eine Belohnung von 25.000 Mark wurde ausgesetzt, doch das Morden ging weiter. Ein Chauffeur wurde bei einem Raub aus seinem Auto gezogen und erschossen.

Mama hält die rutschende Hose

Dann endlich eine richtige Spur: Ein V-Mann berichtete, die Mörder des Chauffeurs könnten dieselben sein wie beim Überfall auf den Hausverwalter. Einer von ihnen werde "Doktorchen" genannt.

Die Polizei durchforstete ihre Spitznamenkartei.

Es gab acht Ganoven mit dieser Bezeichnung. Im Gefängnis wurde Völpel dazu befragt, er schwieg aber.

Anders seine Frau. Sie verübelte Gladow, dass ihr Mann im Gefängnis saß und der Bandenchef ihr zudem dessen Anteil an der Beute vorenthielt. Sie packte aus und verriet alle Details. Auch, wer der Kopf der Bande war und wo er wohnte - bei seinen Eltern.

Im Juni 1949 stürmten Polizisten die Wohnung, sie erwischten Werner Gladow im Bett. Er sprang sofort auf. Seine Mutter hielt ihm von hinten die rutschende Pyjamahose, damit er beidhändig um sich schießen konnte. Er leistete erbitterten Widerstand.

Festgenommen wurde er erst nach einem knapp einstündigen Feuergefecht mit zahlreichen Verletzten - darunter Gladow selbst, der auch verwundet noch weiterballerte.

Er legte ein umfassendes Geständnis ab. Die Bande war aufgeflogen, fast alle Mitglieder wurden festgenommen.

Dreimalige Todesstrafe gefordert

Im März 1950 begann der Prozess unter scharfer Bewachung durch eine Hundertschaft Volkspolizisten. 127 schwere Straftaten wurden verhandelt, darunter zwei Morde und 15 Mordversuche.

Die geforderten Strafen waren hart. In der Bundesrepublik Deutschland war die Todesstrafe durch Artikel 102 GG abgeschafft. Doch der Prozess fand im Osten und auf der Grundlage des DDR-Strafrechts statt.

DER SPIEGEL brachte es am 6. April 1950 süffisant auf den Punkt: "Gladow hat sich im falschen Sektor schnappen lassen. Piecks deutsche Demokraten haben die Todesstrafe noch nicht abgeschafft."

Trotz seines jungen Alters musste Gladow mit der Höchststrafe rechnen - Ost-Berlin wollte ein Exempel statuieren.

Dieses sollte, wie der Ost-Berliner "Nachtexpress" schrieb, "für jene Elemente eine Warnung sein, die aus Berlin ein Chicago machen wollen und ihre aus amerikanischer Schundliteratur erlernten Gangstermanieren gegen die Bevölkerung und die Volkspolizei in Anwendung zu bringen gedenken".

Für Gladow forderte der Staatsanwalt die dreimalige Todesstrafe, für zwei weitere Bandenmitglieder ebenfalls die Todesstrafe. Die Stimmung im Saal war dennoch übermütig. Keiner der Todeskandidaten glaubte ernsthaft, hingerichtet zu werden.

Wie Werner Papke sich in seinen Memoiren erinnerte, ließ Gladow sich gar zu der Bemerkung hinreißen: "Herr Oberstaatsanwalt, das erste

Mal habe ich nichts dagegen, wenn Sie mir die Rübe abhauen, aber das zweite und dritte Mal, würde ich sagen, ist Leichenschändung!"

Die Verteidiger gingen in Revision, bemühten sich, für Gladow die Anwendung des Jugendstrafrechts zu erwirken, das für ihn maximal zehn Jahre Gefängnis bedeutet hätte. Der Angeklagte scherzte derweil mit den Journalisten im Saal und gab freimütig Interviews. Er glaubte, wieder der Liebling der Berliner zu sein.

Doch trotz eines medizinischen Gutachtens, das Gladow bescheinigte, in der Pubertät stecken geblieben zu sein, wandte das DDR-Gericht kein Jugendstrafrecht an. Grundlage dafür war ein Gesetz aus der NS-Zeit, das es erlaubte, "jugendliche Schwerverbrecher" nach Erwachsenenstrafrecht zu verurteilen.

Gnadengesuche der Todeskandidaten wurden abgelehnt.

Am 8. April 1950 wurden Gladow und zwei seiner Komplizen endgültig verurteilt. Am 10. November 1950 starb er mit 19 Jahren in Frankfurt/Oder durch das Fallbeil.

Papke kam nach zehn Jahren frei und wurde Berufsboxer und Boxtrainer."

„Auf der Plattform YouTube kann man derzeit unter Eingabe des Suchbegriffs [Die großen Kriminalfälle I S01 E05 I Die Gladowbande Chicago in Berlin] Videomaterial zu dieser Geschichte finden."

59.   Die schmerzhafte Trennung

Es gibt im Leben immer wieder eigene Entscheidungen oder Entscheidungen anderer, die einen Lebensweg ändern oder ihn stark beeinflussen. So war ich, inklusive meiner kaufmännischen Lehre, bei der Kupferhütte Norddeutsche Affinerie – heute Aurubis- angestellt. In den letzten Jahren als Werbeleiter bei der Tochterfirma Pflanzenschutz Urania.

Nach 10 Jahren entschloss ich mich auszuscheiden und mich selbstständig zu machen.

Die erste falsche Entscheidung?

Da ich in der Folgezeit in der Veranstaltungsorganisation Erfahrungen sammeln konnte, erhielt ich eine befristete Anstellung für 2 Jahre im Congress Centrum Hamburg. Eine Mitarbeiterin bekam ein Kind und ich ersetzte Sie für 2 Jahre. Ich wurde ein PCO (professional congress organiser).

Ich durfte in dieser Zeit einige sehr große Kongresse organisieren, u.a. den Weltkongress der Anästhesisten etc. Es war eine sehr stressige Zeit mit sehr viel Arbeit, aber alles verlief gut und ohne Fehler. Die Arbeit machte mir viel Spaß, bedeutete aber auch viele Überstunden, um alles zu erledigen.

Und wie sich später herausstellen sollte, wurden Überstunden in Behörden anders beurteilt als in der freien Wirtschaft. Überstunden wurden in Behörden nicht als Ergebnis persönlichen Fleißes und starkem Arbeitsansatz gesehen. Auch bei vielen Dingen des täglichen Arbeitens war diese behördliche Struktur sehr hinderlich und führte auch zu längerer Arbeitszeit.

Am Ende dieser trotzdem schönen Zeit gab es ein Gespräch mit der Personalchefin, in dem mir mitgeteilt wurde, dass man sich eine weitere Zusammenarbeit gut vorstellen könnte.

Und dann kann der Satz, der das Gespräch kippte. „Und wenn sie denn ihre Arbeit richtig beherrschen, dann machen Sie auch nicht mehr so viele Überstunden".

Ich empfand diese Aussage damals als sehr beleidigend und durch nichts gerechtfertigt. Heute weiß ich, das war die Gedankenwelt einer Behördenmitarbeiterin. Nach einigen Tagen Bedenkzeit lehnte ich das Angebot einer weiteren Zusammenarbeit ab.

Eine zweite falsche Entscheidung?

Einige Wochen später nahm ich das Angebot an, in der Privatwirtschaft als PCO zu arbeiten.

Aber das war alles vor meinem Beginn der Mitarbeit bei Universum Box Promotion.

***

Ich bin in den letzten 35 Jahren oft gefragt worden, warum ich aus dem Management bei UBP ausgeschieden bin. Ich habe lange überlegt, ob ich in diesem Buch darüber berichten soll. Aber es gehört zur Geschichte meiner 35 Jahre im Profiboxbereich.

Daher zurück zu UBP, zur für mich sehr schmerzhaften Trennung.

Im Herbst 1991 kam Klaus Peter Kohl in mein Büro und erklärte mir, dass Peter Hanraths Geschäftsführer bei UBP werden würde. Der zweite Satz, „Sie können ihm dann ja zuarbeiten". Mit der Tätigkeit als Zuarbeiter, für die von mir bisher verantworteten Bereiche konnte, ich mich im ersten Moment nicht anfreunden.

Ich gebe zu, ich fühlte mich degradiert und vielleicht auch etwas verletzt. Aber meine Tätigkeit hatte mir bisher viel Spaß gemacht, also erst einmal abwarten.

Peter Hanraths hatte durch seine persönlichen Beziehungen Michael Löwe und Dariusz Michalczewski zu UBP gebracht, und ich hatte mit ihm in der Vergangenheit auch gut und problemlos zusammengearbeitet. Wir arbeiten die nächsten Monate gut zusammen, aber es blieb immer eine gewisse persönliche Distanz.

Es gab immer mehr Veranstaltungen, die Arbeit nahm zu und es wurde Zeit zusätzliches Personal einzustellen.

Zum Ende des Jahres bekam ich das Angebot, als selbstständiger PCO einen großen Kongress für VW zu organisieren. Eine Aufgabe, die mir viel Spaß machen würde und die sehr gut dotiert war.

Was sollte ich machen, dass von mir so geliebte Profiboxen aufgeben und einen Kongress organisieren? Zwei Tage lang beschäftigte mich das Problem, und ich wusste, dass ich zeitnah eine Entscheidung treffen musste. Ich versuchte ruhig zu bleiben und abzuwägen.

Wie so oft in meinem Leben sagte ich mir, es gibt immer eine Lösung.

Da ich damals sehr gutes Geld bei UBP verdiente, kam ich auf eine Lösung des Problems, die ich für eine gute Idee hielt.

Peter Hanraths hatte einen Teil meiner bisherigen Aufgaben übernommen. Die Idee war, meine Arbeitszeit zu halbieren. Mit der eingesparten Hälfte meines Gehaltes hätten 2 Mitarbeiter eingestellt werden können. Diese Regelung hätte die angestrebte Verteilung der Arbeit auf mehrere Schultern bedeutet.

Durch eine Teilung der Wochenarbeitszeit hätte ich die Möglichkeit gehabt, den Kongress zu organisieren und trotzdem meine Aufgaben bei UBP zu erfüllen und vor allen Dingen mein erworbenes Wissen und meine Erfahrungen weiterhin einbringen zu können.

Wie ich meinte, eine Win-win-Situation.

Ich hatte diese Vorgehensweise mit Peter Hanraths besprochen, und er war einverstanden. Er sagte mir zu, Klaus Peter Kohl von seiner Entscheidung zu informieren.

***

Am nächsten Morgen kam Klaus Peter Kohl mit Peter Hanraths in mein Büro. Ich kannte meinen Chef zwischenzeitlich sehr genau und merkte, dass er augenscheinlich sehr wütend war.

Auch nach den ersten Sätzen des Chefs war mir nicht klar, worum es ging, da ich alles einvernehmlich mit Peter Hanraths besprochen hatte.

Trotz dieser Absprache hatte Klaus Peter Kohl kein Verständnis für meinen Vorschlag und es kam zu einer „sehr emotionalen Aussprache" zwischen Klaus Peter Kohl und mir.

Meine Versuche, ihm meine Motivation für diesen Vorschlag zu erklären und meine Ausführungen, dass ich nicht vorhätte, mich endgültig von UBP zu trennen, änderte die emotionale aufgeheizte Stimmung nicht.

Eine Hilfe suchender Blick in Richtung Peter Hanraths brachte keine Unterstützung für mich.

Ich ging nachhause mit der von Klaus Peter Kohl festgesetzten Option, UBP ganz oder gar nicht. Ich erinnere mich noch genau, nach einem Gespräch mit meiner Frau hatte ich eine schlaflose Nacht.

Was sollte ich tun?

Ich wusste, ich konnte meine beste Leistung nur in einer vertrauensvollen und freundschaftlichen Atmosphäre erbringen. Die sehr emotionale Aussprache und die fehlende Unterstützung des Geschäftsführers kamen in meine Erinnerung.

Konnte ich mir auf dieser Basis eine weitere vertrauensvolle Zusammenarbeit in einer entspannten, freundschaftlichen Atmosphäre noch vorstellen?

Nein, nach diesem Gespräch konnte ich das nicht mehr. Also entschied ich mich für eine Trennung.

Meine dritte falsche Entscheidung?

Einige Tage später einigten wir uns darauf, dass ich 6 Monate, mit immer geringer werdender Arbeitszeit, meinen Nachfolger einarbeiten sollte.

Dieser Nachfolger wurde zu meiner großen Überraschung schon einige Tage später präsentiert. Es war ein ehemaliger Mitarbeiter von Peter Hanraths aus Aachen.

Vor dem nächsten Kampfabend einigten wir uns darauf, dass ich weiterhin die Bereiche um die Kampfabende moderieren sollte.

Ringsprecher sowie Pressetraining, Abschlusspressekonferenz, Offizielles Wiegen, Ringsprecher, VIP-Partys, sowie alle Pressekonferenzen des Unternehmens. Bis zur Auflösung von UBP

2011 nahm ich die meisten dieser Tätigkeiten wahr, anschließend dann bei kleineren Veranstaltern.

Ab und zu gibt es bei mir auch heute noch die Überlegung, was wäre gewesen, wenn.

Aber wer weiß, das schon.

60.   Die dunklen Seiten des Profiboxens

Alle meine bisherigen Erinnerungen an diese für mich sehr schöne Zeit waren mit überwiegend positiven und schönen Geschichten verbunden. Die Einsätze im In- und Ausland. Die unzähligen Kontakte zu Menschen aus allen Bereichen. Der Erfolg und das schöne Gefühl dazu zu gehören, ein Teil der großen Boxfamilie zu sein.

Das Gefühl ein Mitglied der freundschaftlich verbundenen großen „Boxfamilie" zu sein, verlor in den späteren Jahren der Kommerzialisierung seine Bedeutung und seinen Reiz. Irgendwann traten das Gewinnstreben und die Sucht nach Ruhm und öffentlicher Bedeutung in der Branche mehr und mehr in den Vordergrund.

„Geld verdirbt den Charakter" hat mein Vater immer gesagt, und Recht hatte er.

Gab es in den frühen Tagen den Handschlag, der eine Vereinbarung oder Absprache zu einer sicheren Sache machte, so waren später von Anwälten ausgearbeitet Verträge an der Tagesordnung. Das menschliche Klima in der Branche, auch im persönlichen Umgang miteinander, erkaltete.

Freundschaften waren nicht mehr Basis der Zusammenarbeit, ein gegenseitiges Misstrauen stellte sich ein. Auf mündliche Absprachen und Zusagen war oft kein Verlass mehr.

Und so bin ich sehr froh, dass ich die ersten Jahre des wieder erblühenden Profiboxens erleben, mitgestalten und genießen durfte.

Wir kennen es aus unserem persönlichen Umfeld oder aus Erzählungen Dritter, irgendwo gibt es fast immer ein „schwarzes Schaf" in einer Familie oder einer Branche. Dieses „schwarze Schaf" schädigt in den meisten Fällen nicht den Ruf der gesamten Familie oder Branche.

So ist es auch im Profiboxbereich.

Daher habe ich sehr lange überlegt, ob ich die nächsten Kapitel über die dunklen Seiten des Profiboxens in mein Buch aufnehmen soll.

Und so wie es kein Leben ohne den Tod gibt, gibt es auch keine schönen Seiten eines Berufslebens ohne die unschönen, bedrohlichen oder verletzenden Seiten. Und wie sagt man, jede Medaille hat seine zwei Seiten oder wo Licht ist, ist auch Schatten.

Da ich in diesem Buch so viel vom „Licht" berichte, habe ich mich entschlossen auch über einige Schattenseiten zu berichten.

61. Ein Trainer im Zwielicht

Ich habe lange überlegt, ob ich diese Geschichte in mein Buch aufnehme. Aber es ist eine Geschichte, die mich tief bewegt hat und bis heute bei mir Fragen offenlässt. Da die Geschichte Erwähnung in der Presse gefunden hat, und ein öffentlicher Prozess stattgefunden hat, kann ich sie hier erzählen.

Im Nachhinein musste ich feststellen, dass der Boxtrainer Werner Papke wahrscheinlich eine sehr vielschichtige Persönlichkeit war. Im persönlichen Umgang, wie geschildert, freundlich, höflich, eher zurückhaltend, und als Boxtrainer sehr kompetent. Er war aber auch ein Bandenmitglied und ein Mensch, der seine Strafe im Zuchthaus abgesessen hat.

Und wenn die Vorwürfe wahr sind, die gegen ihn erhoben wurden, dann gab es noch eine andere, für mich im Nachhinein sehr erschreckende Facette seiner Persönlichkeit.

Es wurden in der Boxszene intern immer wieder „lustige" Geschichten über das „sehr enge Verhältnis" zu seinen jungen Boxern erzählt. Wie er angeblich vor der Hoteltür geschlafen habe, um zu verhindern, dass seine Jungs auf die Piste gingen".

Jetzt, aus der Rückbetrachtung, bin ich mir nicht sicher, was die Geschichtenerzähler wirklich wussten oder evtl. andeuten wollten. Oder hat es tatsächlich niemand gewusst oder bemerkt?

Ich für meinen Teil habe die Geschichten nie hinterfragt, habe kräftig mitgelacht und mir keine weiteren Gedanken gemacht. Ich frage mich heute, hätte mir nicht etwas auffallen müssen, habe ich etwas nur nicht erkannt oder habe ich einfach weggeschaut? Ich kann diese Frage heute nicht mehr beantworten.

Und es bewahrheitet sich auch hier, dass viele Menschen eine dunkle erschreckende Seite haben, die sehr oft nicht wahrgenommen wird und sehr oft nur selten erkannt wird.

Aus einem Presseartikel kann man folgenden Sachverhalt entnehmen:

Ab November 2006 stand Papke in Berlin-Moabit vor Gericht, ihm wurde als Trainer sexueller Missbrauch von Minderjährigen in 178 Fällen vorgeworfen. Sein Boxer Michel Trabant trat in dem Verfahren als Nebenkläger auf. Drei seiner ehemaligen Boxer hatten Strafanzeigen gegen Papke gestellt.

Werner Papke bestritt die Vorwürfe, sprach von einem Komplott und forderte einen Freispruch.

In seinem 2013 erschienenen Buch „Ich kämpfe weiter!" schrieb Papke, er sei „Opfer falscher Beschuldigungen" geworden.

Im April 2008 wurde Papke zu einer Freiheitsstrafe in Höhe von drei Jahren und sechs Monaten verurteilt, nachdem das Gericht es als erwiesen angesehen hatte, dass er als Boxtrainer zwischen 1991 und Dezember 2002 vier Jugendliche zwischen elf und 13 Jahren in 47 Fällen sexuell missbraucht hatte.[1]

Papke legte Widerspruch gegen das Urteil ein, da seiner Ansicht nach Beweismittel nicht genügend in Betracht gezogen worden seien.

Der Bundesgerichtshof wies die Revision im April 2009 zurück.

Das Urteil gegen Papke wurde nie vollstreckt. Am 12. Dezember 2017 verstarb er in Berlin. Es ist bis heute nicht endgültig geklärt ob die Anschuldigungen berechtigt waren.

Aber wenn ich heute an diese Zeit zurückdenke, frage ich mich trotzdem, wie konnte es sein, dass ich mit einem Menschen während dieser Zeit vertrauensvoll, fast freundschaftlich zusammenarbeiten konnte, der derart abscheuliche Taten begangen haben soll.

Warum habe ich damals diese „lustigen Geschichten", die erzählt wurden, nie hinterfragt. Es war nie von Missbrauch die Rede, aber hätte ich nicht trotzdem stutzig werden müssen.

Ich habe auf diese Frage bis heute keine Antwort.

62. Die falschen Freunde

Freunde sind etwas Schönes und Wichtiges im Leben eines Menschen.

Auf seine Freunde kann man sich verlassen, seinen Freunden kann man trauen und ihnen die geheimsten und intimsten Dinge erzählen. Und wenn man Glück hat und diese Freundschaften pflegt, halten sie viele Jahrzehnte.

Freundschaften sind positiv zu bewerten und ein Teil eines erfüllten Lebens, aber auch hier gibt es schmerzvolle Ausnahmen.

Wir alle kennen dieses Phänomen der falschen Freunde in unserem privaten und beruflichen Umfeld. Besonders bei erfolgreichen Spitzensportlern, also auch bei Profiboxern, tauchen im Umfeld sehr schnell neue Freunde auf.

Menschen, die sich im Ruhm des Boxers sonnen, immer schulterklopfend an seiner Seite auftauchen und versuchen, ihm das Gefühl zu geben, er sei der Größte und Tollste.

Die meisten Boxer können mit diesem Phänomen gelassen umgehen und wissen das einzuschätzen. Sie machen „gute Miene zum bösen Spiel", denn Sie wissen, das gehört zum Geschäft dazu.

Bei einigen war das aber leider nicht der Fall. Sie ließen sich beeinflussen, hörten mehr auf diese Freunde als auf Trainer und Manager. Für einige dieser Boxer war das der Anfang vom Ende ihrer Karriere.

Es gibt aber auch Boxer, die durch falsche Freunde finanziellen Schaden erlitten. Bei einem unserer sehr erfolgreichen, mit mir bis heute freundschaftlich verbundenen Boxer, führte der „gute Rat" derartiger Freunde zum Totalverlust des Vermögens. Ein Vermögen das für die Zeit nach dem Karriereende als finanzielle Absicherung gedacht war.

Auch ein anderer Boxer der Spitzenklasse, den ich ebenfalls heute noch sehr schätze, wurde von mir und anderen wohlwollenden Menschen immer wieder aufgefordert, seine Gagen sinnvoll einzusetzen und sie nicht mit seinen „Freunden" zu verprassen. Nicht zu seinen Frauen, Kindern, Freunden und Familienmitgliedern zu großzügig zu sein. Er lebt heute in „sehr bescheidenen Verhältnissen" in Hamburg.

***

Auch ich hatte diese „falschen Freunde", die dazu neigten, mir auf die Schulter zu klopfen, zu lächeln und zu sagen „gut gemacht". War ich nicht dabei, wurde schlecht über mich geredet.

Ist man aber in der Szene gut vernetzt, hört man von wirklichen Freunden, wer da was wann gesagt und behauptet hat.

Ich kann diesen „falschen Freunden" nur meine tiefste Verachtung entgegenbringen.

63. Bestechung

Es wird immer wieder behauptet, dass einige Punkt- und oder Ringrichter, die in Deutschland tätig waren, bestochen worden sind.

Diese Gerüchte tauchten immer wieder auf, wenn es zu umstrittenen Entscheidungen gekommen ist. Aus meiner Erfahrung heraus kann ich diese Behauptung nicht bestätigen.

Man muss aber bei der Beurteilung von Ringrichter- und Punktrichterleistungen folgendes berücksichtigen. Bei internationalen Titelkämpfen werden vom zuständigen Weltverband, aus Neutralitätsgründen, Offizielle zugeteilt, die nicht aus dem Land des Veranstaltungslandes kommen.

Ich hörte von diesem Personenkreis immer wieder, wie gut sie sich von uns betreut fühlten. Wie viel Mühe wir uns geben würden, damit sie sich wohlfühlen und sie sich immer wieder freuen würden, in Deutschland eingesetzt zu werden. Und dass, so wurde immer wieder gesagt, sei in anderen Ländern nicht der Fall.

Die Veranstalter und Manager haben offiziell keinen Einfluss auf die Auswahl der Offiziellen. Der entsprechende Weltverband hat aber durch die Veranstaltungen eine interessante Verdienstmöglichkeit.

Und da soll es schon mal vorgekommen sein, dass entsprechende Wünsche des Managers oder Veranstalters zur Kenntnis genommen wurden. Dieses ist den Offiziellen bekannt.

Kommt es nun zu knappen Entscheidungen, so kann es schon mal zu den umstrittenen Entscheidungen kommen. Ob dieses am Bemühen liegt, dem Veranstalter einen Gefallen zu tun, um wieder eingeladen zu werden, oder an der eigenen Unfähigkeit, liegt im Bereich der Spekulation.

Dieses Phänomen ist aber nicht nur auf den Boxsport beschränkt, bei allen Sportarten bei den Menschen ein Urteil fällen, Turmspringen, Turnen etc. kommt es zu nicht nachvollziehbaren Urteilen.

Aufgaben des Ringrichters

Teilnahme am Rulesmeeting, gemeinsam mit den Punktrichtern.

In der Kabine überprüft er vor dem Kampf, ob die Bandagen an den Händen ordnungsgemäß angebracht sind und ob es sich bei den Handschuhen, um die auf dem Rulesmeeting unterschriebenen Exemplare handelt.

Vor Beginn des Kampfes geht er in die beiden Ecken des Ringes und überprüft, ob der Tiefschutz des Boxers sitzt und ob der Zahnschutz vorhanden ist. Außerdem lässt er sich die Flasche mit Adrenalin 1:1000 zeigen, die bei blutenden Wunden zum Einsatz kommt.

Einige Ringrichter riechen auch am Boxhandschuh, um zu prüfen, ob eine verbotene Substanz aufgebracht worden ist. Vor Beginn der ersten Runde ruft er beide Boxer in die Mitte des Ringes - stairdown- genannt und erklärt noch einmal die wichtigsten Regeln.

Geht ein Boxer durch eine Schlagwirkung zu Boden, schickt er den gegnerischen Boxer in die nächstgelegene neutrale weiße Ecke. Dann zählt er bis 8 und prüft dann, ob der angezählte Boxer wieder kampffähig und kampfbereit ist. Ist er es nicht, zählt der Ringrichter bis 10 weiter und beendet den Kampf.

Der Ringrichter überwacht die Einhaltung der sportlichen Regeln und erteilt Verwarnungen bei absichtlichem Tiefschlag, stetigem Klammern, unerlaubten Schlägen und sonstigen Unsportlichkeiten.

Er zeigt die Verwarnung den Punktrichtern an, die dann zwingend einen Punkt abziehen müssen.

Bei wiederholten Verstößen kann der Boxer auch disqualifiziert werden.

Außerdem kann der Ringrichter den Kampf beenden, wenn die Gesundheit eines Boxers gefährdet ist. Diese Entscheidung fällte er gewöhnlich nach Rücksprache mit dem zuständigen Ringarzt.

Der Ringrichter ist alleiniger Chef im Ring und nur dem Supervisor verantwortlich. Seine Einflussnahme auf das Ergebnis eines Kampfes ist sehr beschränkt.

Er kann im Falle eines Niederschlages durch langsameres Zählen von 1 bis 10, dem am Boden liegenden Boxer einen kleinen Zeitvorteil verschaffen.

Er kann einen Tiefschlag, einen Kopfstoß oder ständiges Klammern als strafwürdig beurteilen oder nicht.

Oder, wenn die Regeln des Verbandes es hergeben, bei einem angeschlagenen Boxer etwas vorzeitig den Kampf abbrechen.

Aber alles sichtbar für das Publikum.

***

Bei den Punktrichtern ist es anders.

Es gibt bei Titelkämpfen 3 Punktrichter, die an drei Seiten des Ringes, mittig und erhöht sitzen

Aufgab der Punktrichter

Unsichtbar für das Publikum ist das, was sich auf den Punktzetteln der Punktrichter in den einzelnen Runden abspielt. Nur das Gesamtergebnis nach maximal 12 Runden wird durch den Ringsprecher verkündet.

Der Punktrichter hat jede einzelne Runde gesondert zu bewerten. Bei den Profis spielen u.a. folgende Kriterien eine Rolle.

Die Anzahl der korrekten Schläge, vom Kopf bis zum Hosenbund. Die Härte der Treffer. Die Aktivität und Aggressivität. Wer diktiert das Geschehen im Ring. Wer lässt durch seine gute Deckung den Gegner wenige Treffer landen.

Die vier letzten Punkte obliegen der subjektiven Beurteilung durch den Punktrichter. Durch unterschiedliche Wahrnehmungen kann es hier

schon zu einer unterschiedlichen Beurteilung in ausgeglichenen Runden kommen.

Aus diesen Beobachtungen ergibt sich für jeden Punktrichter eine Bewertung der einzelnen Runde.

Diese wird in der Regel mit 10:9 Punkten für den Boxer bewertet, der diese Kriterien am besten erfüllt hat.

Ist die Überlegenheit eines Boxers sehr groß, hat es eine Verwarnung oder einen Niederschlag gegeben – der Gegner geht zu Boden oder hat mit einem Körperteil den Ringboden berührt - wird 10:8 gewertet.

Unentschiedene Runden 10:10. Bei Titelkämpfen darf keine Runde mit unentschieden bewertet werden.

Der Ringrichter sammelt in den Rundenpausen die Punktzettel der 3 Punktrichter ein und übergibt diese dem Supervisor.

Die Punktwertungen der einzelnen Runden werden nicht bekannt gegeben. Ausnahme ist hier die WBC, die nach der vierten und achten Runde den Zwischenstand öffentlich bekannt gibt.

Diese Ergebnisse werden in einem Protokoll pro Runde eingetragen und abschließend addiert.

Der Veranstalter sitzt oft neben dem Supervisor. Er hat dadurch die Möglichkeit, mit oder ohne Wissen des Supervisors, einen Blick auf den Punktestand zu werfen. Es soll schon mal vorgekommen sein, dass diese Information den Trainer in der Ecke erreicht hat. Ein wichtiger Vorteil bei engen Kämpfen.

Wer schon einmal in der Halle oder am Fernsehschirm im Familien- oder Freundeskreis versucht hat, eine Runde zu punkten, wird festgestellt haben, wie schwierig das ist. Besonders bei einem ausgeglichenen Kampfgeschehen wird man zu unterschiedlichen Beurteilungen der Runde kommen.

Daher ist der ironische Spruch, der Punktrichter hat wohl einen anderen Kampf gesehen, oft nicht gerechtfertigt.

64.   Ein "freundschaftlicher" Rat am Telefon

Unterschreibt ein Boxer einen Managervertrag, so darf nur der Manager Kampfverträge, Sponsoren- oder Werbeverträge abschließen. Hält der Boxer sich nicht an diese Vertragsbestandteile, kann der Manager den Vertrag vorzeitig kündigen, muss es aber nicht.

Es geschah in der Zeit, in der ich beratend für einen Manager und Promoter tätig war. Er hatte einen Boxer im Schwergewicht unter Vertrag, der selbst aktiv geworden war, ohne uns zu informieren. Entgegen den vertraglichen Vereinbarungen hatte er einen Kampfvertrag selbst verhandelt und unterschrieben.

Er wollte gegen einen in Deutschland lebenden Boxer boxen, der einen ausländischen Hintergrund hatte. Für diesen Gegner war der Kampf als Vorbereitung für einen Weltmeisterschaftskampf gedacht.

Wir erfuhren erst kurz vor dem Kampftag davon. Mein Auftraggeber wollte vor dem offiziellen Wiegen dort erscheinen um auf großer Bühne, vor der gesamten Presse, den Kampf platzen lassen und diesen Vorfall dem Verband melden. Dieses wäre rechtlich möglich gewesen.

Wir diskutierten lange und kamen dann zu Schluss, dass es sinnvoller sei, nicht einzugreifen und den Managervertrag nicht zu kündigen. Es war ein guter und enger Kampf zu erwarten, der den „Wert" unseres Boxers wesentlich gesteigert hätte. Damit wären dann zukünftig wesentlich höhere Kampfgagen möglich, an denen der Manager mit 30 % beteiligt war.

Am Donnerstag vor dem Kampfabend klingelte mein Telefon.

Man muss zur Beurteilung des Telefonats wissen, dass ich den Gegner unseres Boxers gut kannte und ihn schon oft im Ring angesagt hatte.

Ohne Nennung eines Namens wurde mir ein eindringlicher Rat gegeben, ich formuliere es hier mal recht freundlich, „es wäre meiner Gesundheit nicht förderlich, wenn wir den Kampf platzen lassen würden".

Ich sagte ihm, das hätten wir auch gar nicht vor. Er legte auf. Irritiert legte ich ebenfalls auf.

Am Akzent seiner Aussprache war mir klar, dass dieser Anruf aus dem Umfeld des Gegners unseres Boxers kommen musste.

***

Monate später traf ich diesen Boxer. Ich kannte ihn gut und hatte mit ihm aus meiner Sicht ein sportlich freundschaftliches Verhältnis.

Da ich der Meinung bin, dass man in einem Gespräch unter Männern derartige Vorkommnisse klären sollte, sprach ich ihn auf das Telefonat an. Er war nicht überrascht und erklärte mir, dass es sich dabei um einen Verwandten, einen Freund handelte, der ihm helfen wollte.

Denn da, wo er geboren war, hielt man fest zusammen, erklärte er mir. Es täte ihm leid. Aber von einem Unrechtsbewusstsein keine Spur. Andere Länder, andere Sitten.

Glücklicherweise habe ich derartige Drohungen während meiner Tätigkeit im Profiboxen, von einer Ausnahme abgesehen, nie wieder erhalten.

65.   Der aufgelöste Vertrag

Von dieser Ausnahme möchte ich jetzt berichten.

Einige Zeit nach dem Ausscheiden aus dem Management von UBP sprach mich ein Boxer mit an, den ich aus verschiedenen Kämpfen auf unseren Veranstaltungen kannte.

Er wurde von einem Verwandten betreut, das war in Herkunftsland des Boxers offensichtlich üblich. Er hatte als sportliches Ziel, einen Kampf um die Weltmeisterschaft.

Damals hatte er einen sehr guten Kampfrekord. Er hatte mehrere internationale Titel erkämpft, und daher auf dem Weg zur Weltmeisterschaft.

Ein technisch sehr guter Boxer mit guter Perspektive. Gutaussehend, vom Typ her gut zu vermarkten und für Sponsoren längerfristig interessant.

Ein Managervertrag wurde unterschrieben. Mit seinem Verwandten und mit ihm besprach ich die weitere Karriereplanung.

Das betraf die sportliche Seite aber auch den Bereich Medien und Sponsoring. Sportlich gesehen einigten wir uns darauf, dass die Trainingsarbeit intensiviert werden sollte.

Dann kam ein Gespräch, das ich mit vielen Boxern geführt habe, die auf dem Weg in die Weltspitze waren. Ist ein Boxer Weltmeister, steht er im sportlichen Mittelpunkt der Presse und der Öffentlichkeit, sein Leben wird sich grundlegend ändern. Privaträume gibt es nur noch hinter verschlossenen Türen seiner Wohnung. Jede Äußerung, jede Aktion findet öffentliches Interesse. Das betrifft auch sein engstes familiäres Umfeld.

Der Boxer darf nichts sagen oder unternehmen, was seinem Ruf oder seinem Image schadet. Der Boxer muss in allen Bereichen eng mit dem Manager zusammenarbeiten. Termine mit der Presse, Sponsoren oder Werbepartnern sind Pflicht und nicht vom Befinden des Boxers abhängig.

Zum Ende des Gespräches kommt die entscheidende Frage: „Bist Du dazu bereit" Mein Boxer war es und so konnte die Arbeit beginnen.

Wir waren uns einig, dass noch 2 bis 3 Aufbaukämpfe gegen stärkere Gegner notwendig waren, bevor es zu einem Titelkampf kommen könnte.

Denn nur durch Kämpfe bekommt man die Erfahrungen, die man in einem Titelkampf dringend braucht.

***

In meinem Büro wurde ich von einem Anruf des Verwandten meines Boxers überrascht.

Er teilte mir mit, dass er ein Angebot für einen Weltmeisterschaftskampf erhalten habe und wir uns daher dringend treffen müssten. Wir trafen uns noch am gleichen Tag.

Finanziell war das Angebot sehr verlockend, aber bei dem schlagstarken und erfahrenen Gegner sehr schwer zu gewinnen. Ich war der Meinung, der Kampf kommt zu früh.

Mein Argument, wir könnten auch später nach einigen Vorbereitungskämpfen gegen starke Gegner einen Kampf um die Weltmeisterschaft bekommen.

Mit der gewachsenen Erfahrung und einer ausreichenden Vorbereitungszeit mit der Chance zu gewinnen. Nach dem Titelgewinn würden einige Kämpfe mit hohen Gagen folgen.

Das Gegenargument war, dass die Höhe der Kampfbörse für diesen Kampf zu verlockend sei.

Das Angebot kam von einem Manager und Veranstalter. Es beinhaltete auch den Abschluss eines Managervertrags mit meinem Boxer. Damit war seine Beteiligung an den sich dann eventuell ergebenden Gagen gesichert.

Ich nahm an, dass der Verwandte meines Boxers und der Manager sich bereits einig waren und nur noch ich mit meinem Managervertrag im Wege stand.

Ich sprach noch einmal über meine Bedenken.

Doch nach einigen weiteren Gesprächen mit seinem Verwandten wollte mein Boxer diesen Kampf unbedingt. Ich wusste, dass der amtierende Weltmeister für einen Kampf in seiner neuen deutschen Heimat mehrere Gegner als Option hatte.

Normalerweise hätte ich über die finanziellen Bedingungen für eine Auflösung meines Vertrags mit ihm verhandeln müssen, oder auf meinen Vertrag bestehen müssen. Aber ich kannte den Manager, der den Kampf ins Gespräch gebracht hatte, und wusste daher, dass ein finanzielles Ablösegespräch sehr schwierig werden würde.

Daher musste ich befürchten, dass eine längere Verhandlung über die Auflösung meines Vertrags dazu führen könnte, dass der Kampf mit einem anderen Gegner stattfinden würde.

Ich überlegte einen Tag lang, wie ich mich verhalten sollte. Es gab mehrere Optionen. Mit dem Veranstalter eine Abfindung aushandeln, dem Kampf als Manager nicht zustimmen, die mir zustehenden 30 % der Gage vom Boxer einfordern oder den Vertrag bedingungslos auflösen.

Beim Frühstück am nächsten Morgen traf ich eine Entscheidung, die ich heute, auch aus finanzieller Sicht, für falsch halte.

***

Ich traf im Hotel ein, um meine Entscheidung mitzuteilen. Der Verwandte meines Boxers war noch nicht anwesend, daher konnte ich in aller Ruhe mit meinem Boxer sprechen.

Ich erklärte ihm meine Gründe für meine Entscheidung. Ich sagte ihm, dass ich ihn ohne finanzielle Forderungen aus dem Vertrag entlassen werde. Dadurch war der Weg frei für seinen Weltmeisterschaftskampf.

Der Boxer war sehr dankbar, und es folgte eine herzliche, freundschaftliche Umarmung.

Ich verließ das Hotel und traf im Eingangsbereich auf den Verwandten meines Boxers, der von meinem eben geführten Gespräch noch nichts wusste.

Wir begrüßten uns, und er flüsterte mir ins Ohr: „Wenn du dich zukünftig nicht immer umdrehen willst, um zu sehen, wer hinter dir steht, solltest du den Vertrag zerreißen".

Ich war verblüfft, denn eine derartige Aussage hatte ich nicht erwartet. Das musste ich als Drohung auffassen und sagte nur, „es ist alles geregelt, lasse mich in Ruhe".

Bis heute ist mir nicht klar, ob diese Drohung mit meinem Boxer angesprochen war.

Ich habe immer an das Gute im Menschen geglaubt, so auch bei meinem Boxer.

Daher bin ich fast sicher, dass er von der Drohung seines Verwandten nichts gewusst hat.

***

Ich ärgere mich noch heute, damals nicht auf die Auflösung meines Vertrages, mit einer finanziellen Vergütung verhandelt zu haben.

Ich hätte mindestens auf meinen mir zustehenden Anteil an der Gage bestehen müssen.

Aber das ist Schnee von gestern.

Übrigens, wie von mir befürchtet, verlor mein Boxer vorzeitig.

66.   Leere Versprechungen

Wie schon geschildert gab es neben den wenigen großen Veranstaltern in Deutschland auch mehrere kleine Veranstalter, die ohne das Fernsehgeld Ihre Veranstaltungen finanzieren mussten.

Die sogenannten Kleinringveranstaltungen. Diese Bezeichnung bezog sich nicht auf die Größe des Boxringes, die ist von den Verbänden verbindlich festgelegt. Der Begriff bezieht sich auf die Größe der Veranstaltung.

Diese Veranstalter führten sehr interessante Veranstaltungen im kleineren Rahmen durch. Dazu gehörten auch die Kleinringveranstaltungen von Universum Box Promotion und später von Spotlight Boxing im Gym in Hamburg Wandsbek. Sie fanden stets ausverkauft vor 800 Zuschauern statt und waren unter dem Namen Boxfrühschoppen bekannt und beliebt.

Bei allen Kleinringveranstaltungen wurde mir immer die besondere Atmosphäre bewusst. Die Zuschauer saßen oder standen dicht am Ring. Die Boxer mussten sich beim Walk-In einen Weg durch die Menge bahnen.

Trotz des sehr geringen Budgets für diese Veranstaltungen und die daraus resultierenden Gagen gab es oft guten Sport zu sehen. Mit Kämpfen, die ein größeres Publikum verdient hätten.

Einige dieser Veranstalter machten mir das Angebot, bei Ihnen als Ringsprecher aufzutreten. Die Gespräche liefen, kamen wir auf meine Gage zu sprechen, fast immer in der gleichen Form ab. „Eigentlich ist kein oder wenig Geld für Deine Gage vorhanden", wurde argumentiert.

Ich habe bei diesen kleineren Veranstaltern nicht auf meine normale Gage bestanden, die ich bei den großen bedeutenden Veranstaltern bekommen habe. Denn ich hielt und halte auch heute die Arbeit dieser Veranstalter und Manager für sehr wichtig und bedeutend für den Profiboxsport.

Da ich selbst viele Veranstaltungen organisiert und budgetiert habe konnte ich die Kosten und die Einnahmen der entsprechenden Veranstaltung jeweils gut abschätzen.

Daher war mir bei diesen Gesprächen bewusst, dass in einigen Fällen etwas zu viel gestöhnt wurde und die Darstellung der finanziellen

Situation der Veranstaltung sehr subjektiv war. Trotzdem habe ich auf viel Geld verzichtet und immer eine zumutbare Lösung gefunden.

Es gab aber immer eine vertrauliche Absprache.

Die Veranstalter sagten mir zu, dass ich auf zukünftigen größeren Veranstaltungen, die eine höhere Gage möglich machen, auch als Ringsprecher auftreten könnte. Von sehr wenigen Ausnahmen abgesehen, wurde diese Absprache nie eingehalten.

Für mich persönlich eine sehr schmerzhafte Erkenntnis, ein Entgegenkommen oder eine Gefälligkeit wird selten gedankt. Persönliche Zusagen und Absprachen haben heute in vielen Fällen auch im Boxsport keinen Wert mehr.

67. Im Atelier des Künstlers

Damals, im Sommer 1994, suchten wir einen ungewöhnlichen Veranstaltungsort in Hamburg. Wir schauten uns einige Möglichkeiten an. Dabei auch die alte Hamburger Schiller-Oper.

Bei NDR.de war zu lesen:

> *„Altona im Jahr 1891: Eisbären stampfen durch die Manege, Akrobaten fliegen durch die Luft. In Scharen strömen die Besucher in den runden Wellblech-Zirkus.*

> *Gleiches Gebäude, ein paar Jahre später: Wilhelm Tell trifft auf der Bühne ins Schwarze und Hans Albers hat seine ersten Auftritte. Dann schmettern Tenöre schmalzige Arien in der Rotunde. Die Schiller-Oper - erst Zirkus, dann Theater, später Opernhaus.*

Und heute? Ein Schrotthaufen unter Denkmalschutz, mitten in Hamburg. Schrotthaufen ist wohl etwas zu drastisch formuliert, aber im guten Zustand befand sich der runde Kuppelbau in der Mitte des Gebäudes wahrlich nicht.

Es war auch die Frage, ob man für eine Veranstaltung hier in der historischen Schiller Oper eine Genehmigung der Behörden bekommen würde.

Was aber die Diskussion endgültig beendete, war die Lage. Die Schiller-Oper lag im Schanzenviertel, schon damals eine Hochburg der alternativen Szene in Hamburg, der auch eine gewisse Gewaltbereitschaft nachgesagt wurde.

Also leider von der Liste gestrichen.

Und dann brachte jemand den Namen Bruno Bruni ins Spiel. Ein Künstler, den wir immer wieder gerne auf unseren Veranstaltungen begrüßen durften.

Bruno Bruni wurde 1935 in Gradara bei Pesaro (nahe Rimini) geboren. Seit über 40 Jahren lebt er in Hamburg.

Er ist ein weltberühmter Künstler, bekannt durch seine Ölbilder, Aquarelle, Bronzen, Kerzenleuchter, Marmorskulpturen etc.

So wurde sehr kurzfristig ein Gesprächstermin vereinbart und bei einer guten Tasse Cappuccino wurde über die Idee gesprochen in seinem Atelier eine Profiboxveranstaltung durchzuführen. Es war eine kleine, sehr exklusive Veranstaltung geplant. Überwiegend eingeladene Gäste, auch aus dem Bereich des Künstlers.

Einige Tage später fuhren wir zur ersten Besichtigung des Ateliers. Sein Atelier befand sich im historischen, ehemaligen Thedebad in Altona.

Der Bezirk Altona schreibt zu diesem Bad:

> *„Das halbrunde Backsteingebäude wurde 1880/81 von A. Petersen im Auftrag eines bürgerlichen Komitees als öffentliche Badeanstalt der überwiegend armen Bevölkerung der Altstadt errichtet.*

> *Nach Schließung des Bades wurde es in den 1980er Jahren umgebaut, jetzt sind im Inneren Ateliers und Büros untergebracht.*

Zusammen mit dem gegenüberliegenden neugotischen Gebäude der Schule Thedestraße von 1868 bildet es ein denkmalgeschütztes Backsteinensemble."

Ich musste damals zugeben, dass ich von diesem Bad noch nie etwas gehört hatte.

Wir gingen auf das halbrunde Backsteingebäude zu, öffneten eine Tür und bleiben dann fasziniert stehen. Vor uns öffnete sich ein großer Raum. Vor uns 3 hohe schmale Fenster, die an Kirchenfenster erinnerten.

Das herbstliche Vormittagslicht durchflutete den Raum vor uns. An den 3 verbleibenden Seiten gab es eine auf Pfeilern stehende Balustrade, mit einem schönen schmiedeeisernen Geländer versehen.

Das Dach bestand aus einer Trägerkonstruktion und darüber einem Glasdach, welches als Sonnenschutz mit Stoffbahnen abzudunkeln war.

In der Mitte des Raumes war deutlich der Umriss des ehemaligen Badebeckens zu sehen, abgedeckt mit Holzplanken. Im oberen hinteren rechten Bereich war ein mit Tuchbahnen abgehängter Bereich mit einem Bett und einem Schrank zu sehen.

In der Mitte des großen Raumes waren Sessel und Stühle zu sehen, sowie ein Tisch. Überall standen Skulpturen, hingen Bilder an den Wänden oder standen auf Staffeleien.

Es roch nach Farbe und Holz. Wir waren fasziniert vom Ambiente dieser kleinen Halle. Unsere Begeisterung wuchs, als Bruno Bruni uns erklärte, wie er sich den Aufbau für die Veranstaltung vorgestellt hatte.

Ich merkte, der Mann hat einen Plan. Aber war der wirklich umzusetzen?

Auf der Empore konnte man nur 1 Stuhlreihe direkt an das Gitter setzen. Im Foyer würde der Ring viel Platz einnehmen, sodass nur noch eine sehr begrenzte Anzahl von Zuschauern möglich war.

Genau dieses war der Plan, klein und sehr exklusiv.

Es wurde geprüft, ob die Deckelung des ehemaligen Schwimmbeckens dem Gewicht des Ringes standhalten würde und der Ring zwischen die Pfeiler passen würde.

Als das geklärt war, konnte es losgehen. Am 3.12.1994 kamen 200 geladene Gäste in das Atelier.

Foto Einladung „Boxart by Bruno Bruni"
Foto Harald Becker

Drei Kämpfe fanden mit Michael Löwe, Artur Grigoryan und Kim Weber statt. Dariusz Michalczewski machte einen Sparringskampf.

Es wurde wie geplant eine sehr exklusive und ungewöhnliche Veranstaltung. Ein sehr gutes Essen und der Gesang eines Tenors eingeschlossen.

„Auf der Plattform YouTube kann man derzeit unter Eingabe des Suchbegriffs [Der Künstler Bruno Bruni] Videomaterial zu dieser Geschichte finden."

68. Gefahren des Profiboxens.

Viele Profisportler sind sich den Gefahren Ihres Berufes sehr bewusst. Ski Alpine, Skispringen, Motorradsport mit der Gefahr zu stürzen und sich schwer zu verletzen. Profifußball mit der Gefahr durch die Kopfbälle.

Auch beim Profiboxen kommt es immer mal wieder zu schweren akuten Verletzungen oder einzelnen Langzeitschäden. Da ich kein

Fachmann zu diesem Thema oder Arzt bin, möchte ich mich fachlich über dieses Thema nicht weiter äußern.

In meiner Tätigkeit im Profiboxen bin ich glücklicherweise persönlich nur sehr wenig mit diesem Thema beschäftigt gewesen.

Es begann bei einer unseren ersten Veranstaltungen in einem Zelt in Bielefeld. Ich war dort Ringsprecher und ein Bruder eines damaligen Spielers des 1 FC. Köln boxte auf unserer Veranstaltung.

Er bekam sehr viele Kopftreffer. Plötzlich wurde er wieder getroffen und ging zu Boden. Es war wie immer, der Ringrichter begann zu zählen.

Dann geschah es, der Boxer begann zuerst an den Beinen, und dann am ganzen Körper zu zittern. Sofort stürmten die beiden Ringärzte in den Ring und zusätzlich kam der immer anwesende Notarzt dazu.

Minutenlang kümmerten sich die Ärzte um den offensichtlich schwer verletzten Boxer.

Im Zelt herrschte atemlose Stille. Die Ärzte stabilisierten den Boxer und 2 Sanitäter trugen ihn auf einer Bahre aus dem Ring.

Ich gebe zu, was ich da gesehen habe, hat mich sehr geschockt. Der Boxer tat mir leid, und ich dachte an seine Familie.

Aber es nützte nichts, ich musste wieder in den Ring. Auf dem Weg in den Ring sprach ich kurz mit dem Ringarzt, der wieder seinen Platz an der Ringecke eingenommen hatte.

Ich ging in den Ring, erklärte die Situation und informierte die Zuschauer über den Gesundheitszustand des Boxers und die Aussagen des Arztes.

Zum Glück ist mir das bei den folgenden über 400 Veranstaltungen, bei denen ich als Ringsprecher tätig war, nie wieder passiert.

***

Es kommt immer wieder mal vor, dass ein Hauptkämpfer im Vorfeld der Veranstaltung absagen muss. Oft handelt es sich um eine im Training zugezogene Verletzung, die für die Absage ursächlich ist. Gibt es eine Verletzung einige Zeit vor dem Kampf, kann ein Ersatzmann verpflichtet werden. Passiert dies kurz vor dem Kampf, ist das schon schwieriger.

Daher ist es zwischenzeitlich üblich geworden, bei Weltmeisterschaften einen Kämpfer im Vorprogramm zu haben, der in der Gewichtsklasse des WM-Kampfes boxt. Abgestimmt mit dem Weltverband kann dieser im Notfall einspringen und gegen den Weltmeister um die Weltmeisterschaft boxen.

Ganz dramatisch wird es aber, wenn es sich erst während einer laufenden Veranstaltung herausstellt, dass der Hauptkämpfer nicht antreten kann. Worst Case für Veranstalter, Manager und übertragenden Fernsehsender.

Glücklicherweise ist mir das nur ein einziges Mal passiert.

Alexander Dimitrenko bestritt in seiner Karriere 47 Kämpfe, von denen er 41 gewann. Er war IBF Junioren Weltmeister, IBF und WBO Intercontinental Champion und Europameister.

Diesen Europameisterschaftstitel sollte er 2010 in Schwerin verteidigen.

Die Veranstaltung lief ohne Probleme.

Gut eine halbe Stunde vor dem Hauptkampf kam ein Betreuer von Alexander zu uns geeilt, und das, was er uns sagte, verschlug allen die Sprache.

In der Sportbild war zu lesen:

> Der K.o. ereilte Alexander Dimitrenko schon vor dem Gong zur ersten Runde.

> Mit einem lauten Krachen ging der Zwei-Meter-Hüne in der Kabine zu Boden. Sein Geist war willig, der Körper schwach.

Statt in den Boxring, wo Dimitrenko seinen EM-Gürtel im Schwergewicht gegen den polnischen Herausforderer Albert Sosnowski verteidigen sollte, ging es in die Schweriner Helios Kliniken.

Nach ersten Untersuchungen gilt eine Lebensmittelvergiftung als wahrscheinlichste Ursache für den Kollaps des gebürtigen Ukrainers. Eine genaue Diagnose stand auch am Sonntagvormittag aus. „Ich habe mich umgedreht, um die Tapes zu holen, und auf einmal macht es 'klatsch', und er liegt am Boden.

Ich habe ihn sofort in die stabile Seitenlage gedreht und dann umgehend die Ärzte gerufen", sagte Dimitrenkos bestürzter Trainer Michael Timm: „Mir fehlen wirklich die Worte."

Natürlich machten Gerüchte die Runde. War er wirklich kollabiert. Wollte er nur nicht antreten.

Zum Glück gab es wie üblich eine Fernsehkamera in der Kabine, die den dramatischen Moment aufgezeichnet hat, um alle Zweifel zu beenden.

***

Viel schlimmer traf unseren Boxer Eduard Gutknecht bei einem Kampf in London.

Ich kannte und schätzte ihn aus einigen Jahren der Zusammenarbeit bei Universum Box Promotion.

In einem Kampf um die Europameisterschaft, am 18.11.2018, gegen den Briten George Groves ging es um die Verteidigung seines Europameisterschafts-Titels. Bis zu diesem Zeitpunkt hatte er 35 Kämpfe bestritten, davon 30 gewonnen. Er war Deutscher Meister, WBO-Intercontinental-Champion und Europameister.

In diesem Kampf in London erlitt er schwere Kopfverletzungen.

Er wurde sofort in ein Krankenhaus in London gebracht und auf der Intensivstation behandelt. Die Ärzte sagten später, es sei ein Wunder, dass er diese Verletzungen überlebt hat.

Als Pflegefall sitzt er im Rollstuhl, gepflegt von seiner Frau und seinen 3 Kindern, ohne Aussicht auf Besserung.

Wie ich das jetzt schreibe, überkommt mich immer noch eine große Traurigkeit und ein großes Mitgefühl mit seiner Familie.

Aber auch außerhalb des Boxringes kann es für einen Boxer gefährlich sein. So erging es auch Denis Boytsov. Er bestritt, bis zu den tragischen Ereignissen in Berlin, 37 Kämpfe, von denen er 36 gewann. Davon 27 durch k. o. Es wurde von Fachleuten schon als Nachfolger der Brüder Klitschko gefeiert.

Und dann geschah das Unfassbare.

In der Berliner Morgenpost war am 1.5.2016 zu lesen.

> *„Schwer verletzt im Gleisbett.*
>
> *Denis Boytsov schwerster Kampf.*
>
> *In der Nacht vom 2. auf den 3. Mai 2015 war der Mann, der im Schwergewichtsboxen als eine der großen Hoffnungen für die Zeit nach den Klitschko-Brüdern galt, im Gleisbett zwischen den Bahnhöfen Bismarckstraße und Wilmersdorfer Straße von einem U-Bahn-Fahrer entdeckt worden. Der Schädel zerschmettert, grotesk verformt.*
>
> *Sieben Wochen lang lag der Russe im Koma, und weil er auch nach dem Erwachen keinerlei Regung zeigte, befürchteten viele einen dauerhaften Schwebezustand zwischen Leben und Tod. Dass seine Karriere beendet sein würde, war nicht das Thema. Es ging einzig darum, Boytsovs Leben zu retten und es ein Stückchen lebenswert zu erhalten.*

Die Berliner Staatsanwaltschaft hat die Ermittlungen am 23. Juni 2015 aus Mangel an Hinweisen auf eine Straftat eingestellt. Aber sie glaubt nicht an einen Unfall."

Auch er wird von seiner Frau zu Hause gepflegt.

In der Berliner Morgenpost war weiterzulesen:

„Als ihre kleinen Hände sich seinem Gesicht nähern, zuckt es in seinem rechten Arm. Denis Boytsov legt das Körperteil, der ihm Millionen hätte bringen sollen, mit einem Ruck um die Hüfte seiner Tochter, die auf seiner Brust herumkrabbelt.

Ein sonores Brummen ist die hörbare Bestätigung dafür, dass er die Berührungen der fast zehn Monate alten Angelina als etwas Besonderes empfindet. Denis Boytsov sieht glücklich aus in diesem Moment, und das ist mehr, viel mehr, als alle zu hoffen gewagt hatten vor einem Jahr."

Zeilen, die mir auch heute noch sehr zu Herzen gehen.

Besonders wenn man ihn persönlich als freundlich und aufgeschlossenen kannte und als starken selbstbewussten Boxer im Ring.

69.   Die Glocke des Triumpfes oder der Erlösung

Der Klang der Glocke an einem Kampfabend kann verschiedene Bedeutungen haben. Wird an einen verstorbenen Boxer oder einen verstorbenen Funktionär durch eine Schweigeminute erinnert, wird die Glocke in die Stille hinein 10-mal angeschlagen. In diesen Fällen haben wir sehr oft die Glockenschläge vom Intro des Songs Hells Bells eingespielt. Sie waren wesentlich lauter und eindrucksvoller.

Der Beginn der einzelnen Runden, sowie das jeweilige Rundende, wird durch das Schlagen der Glocke angezeigt. In Ausnahmefällen signalisiert der Ringrichter dem Zeitnehmer die Unterbrechung der Runde, damit die Zeit angehalten wird. Dies geschieht auch, wenn nach einem unbeabsichtigten Tiefschlag der getroffene Boxer Zeit erhält, um sich von diesem Schlag zu erholen.

Der Zeitnehmer muss die gesamte Kampfzeit das Geschehen im Ring aufmerksam verfolgen, um entsprechend reagieren zu können. Er ist es auch, der mit dem Hammer, 10 Sekunden vor jedem Rundenbeginn, auf den Tisch schlägt.

Für die Boxer können die Glockenschläge verschiedene Bedeutungen haben.

Foto Ringglocke
Fotograf Enno Friedrich

Der Glockenschlag zur ersten Runde kann der Beginn zu dem langersehnten Kampf um eine Meisterschaft sein. Für einen unterlegenen Boxer aber auch der Beginn von schmerzvollen Minuten.

Der Glockenschlag zum Ende der letzten Runde ist für den einen Boxer der Beginn einer Meisterschaftsfeier oder für einen anderen Boxer die Erlösung nach qualvollen und schmerzhaften Runden.

Ich habe in den 35 Jahren als Ringsprecher mit den meisten Zeitnehmern gut zusammengearbeitet.

***

Der erste Zeitnehmer in dieser Zusammenarbeit war Ernie Kock. Ein für die damalige Zeit typischer Hamburger Taxifahrer. In sich ruhend, gemütlich und immer einen flotten Spruch auf den Lippen.

Er war auch der Mann, der den ersten Fahrdienst organisierte. Er war für den Transport unserer Boxer und der Offiziellen verantwortlich.

Ein Zeitnehmer, mit dem ich sehr lange und sehr gerne zusammengearbeitet habe, war Rolf Rohner. Mit ihm verbindet mich auch heute noch eine Freundschaft.

Wir waren am Ring ein sehr eingespieltes Team.

Bei den Liveübertragungen vom ZDF kam es immer mal wieder vor, dass die Werbeeinblendungen in den Pausen etwas zu lang waren. Ich bekam dann die Information des Regisseurs auf Ohr, „Gerhard uns fehlen 5 Sekunden". Ein Blick zu Rolf genügte, ich legte meine Hand auf seinen Unterarm und wir überzogen die Pause um 5 Sekunden.

Der Dank des ZDF schleicht uns heute noch nach, ohne uns jemals einzuholen.

Mit ihm waren meine Frau und ich in Las Vegas, um einen Boxkampf von Wladimir Klitschko anzuschauen. Wir nutzten die Zeit, um Las Vegas zu bestaunen.

Ich erinnere mich noch ganz genau an seinen knallroten Plüschtrainingsanzug mit der Aufschrift Cassius Clay.

Er trug ihn in der Hitze dieser faszinierenden Stadt.

Foto Rolf Rohner
Archiv R. Rohner

Immer wieder wurde er auf diesen Trainingsanzug angesprochen, besonders von farbigen Amerikanern.

Da seine Englischkenntnisse etwas rudimentär waren, ergab sich immer sehr interessante und lustige Gespräche, begleitet von Gesten mit Händen und Füßen.

Durch Rolf wurde es eine kurzweilige und sehr lustige gemeinsame Zeit in Las Vegas.

Es kam aber auch einmal zu einer etwas kritischen Situation, über die wie wir im Nachhinein herzlich gelacht haben. Als Zugang zu einem Hotel gab es auf der Straße ein sehr langes flaches Laufband, wie wir das auch in Flughäfen kennen. Viele Menschen nutzten diese, um ein bisschen zu verschnaufen und sich transportieren zu lassen.

Am Ende befand sich, wie auch bei einer Rolltreppe, ein roter Knopf für einen Notstopp. Wir nutzten dieses Laufband. Ich sah, wie Rolf, wie zufällig aussehend, aber natürlich sehr bewusst, kurz mit der Hand auf den roten Knopf schlug.

Ruckartig blieb das Laufband stehen.

Die Benutzer des Laufbandes wurden davon völlig überrascht. Man stolperte ineinander, es herrschte eine Minute Chaos auf dem Band.

Rolf schaute scheinbar völlig überrascht zurück und ging dann zügig weiter. Nach einer Schrecksekunde gingen auch wir zügig weiter, als hätten wir nichts bemerkt. Die anderen Menschen auf dem Laufband blieben zornig zurück, den Schuldigen suchend.

Da waren wir aber schon in der Menge vor dem Hotel untergetaucht und lachten herzlich über diesen Scherz.

70. Grenzenlose Macht

Ein Personenkreis des Profiboxens hat, wenn die Glocke zur ersten Runde erklingt, grenzenlose uneingeschränkte Macht innerhalb der Regeln des ausrichtenden Verbandes.

Es sind die Ringrichter, die über das Geschehen im Ring wachen. Als Ringsprecher habe ich mit vielen nationalen und internationalen Ringrichtern zusammenarbeiten dürfen. Besonders zu den deutschen Ringrichtern entwickelte sich, durch die vielen gemeinsamen Veranstaltungen, ein freundschaftliches Verhältnis.

Es gab immer wieder Wünsche des Fernsehsenders an die Ringrichter, z.B. prinzipiell das Gesicht zur Hauptkamera wenden, auch beim Stairdown und der Siegerehrung, möglichst wenig Aufenthalt im direkten Blickfeld der Hauptkamera etc.

Daher habe ich auf einer der Schulungstage für Ring- und Punktrichter des BDB hierüber referieren dürfen.

Anschließend wurden Kampfszenen eingespielt, die von den Ring- und Punktrichtern analysiert werden mussten, und es wurden Runden eingespielt, die gepunktet werden mussten. Und ich war mit einbezogen in die Diskussion und die Punktwertung.

Ich merkte sehr schnell, wie schwierig es ist, richtig zu punkten und alle Details zu berücksichtigen. Eine sehr interessante Erfahrung für mich.

***

Es gab viele schöne, aufregende und lustige Momente in der Zusammenarbeit. Aber es gab auch traurige Momente.

Joachim Jacobsen war ein nationaler sowie internationaler Deutscher Ringrichter. Als Schornsteinfeger war er als Chef mit seinem Team für den großen Bereich Geesthacht zuständig. Von ihm habe ich besonders viel von der Arbeit eines Ringrichters erfahren.

Auch nach den Boxkämpfen haben wir oft zusammengesessen und auch über unser Privatleben geplaudert. Im Laufe der Zeit entwickelte sich eine Freundschaft. Daher wusste ich, dass er mit Freunden immer wieder in den Urlaub fuhr.

Am liebsten weitab der Zivilisation, um das Land und deren Einwohner kennenzulernen. Bei einer Reise nach Thailand passierte es dann, im Alter von 55 Jahres erlitt er einen Herzinfarkt. Da er wieder einmal weitab von jeglicher ärztlichen Versorgung im Urlaub unterwegs war, konnte ihm nicht geholfen werden.

Er verstarb.

An dem darauffolgenden Boxabend musste ich in den Ring gehen und ein paar Worte über den Tod meines Freundes sagen.

Die Zuschauer erhoben sich von den Plätzen, es herrschte totale Stille, und der Zeitnehmer schlug 10-mal die Glocke.

Die eine Minute kam mir unendlich lang vor. Ich hatte „einen Kloß im Hals" und eine Gänsehaut, ein schwerer Moment für alle, die Ihn kannten und schätzten.

***

Aber es gab auch lustige Dinge zu erleben.

Wir waren in Wien bei einer Boxgala. Da alle Beteiligten früh anreisten, gab es genug Zeit für einen Stadtbummel und eine Droschken-Fahrt. Wir merkten bald, es war Feiertag in Wien. Nationalfeiertag. Einer der Punktrichter kannte sich aus und erklärte uns Folgendes.

Der 26. Oktober 1955 war der erste Tag, an dem laut Zusicherung im Staatsvertrag keine fremden Truppen mehr auf österreichischem Hoheitsgebiet stehen durften. An diesem Tag beschloss der österreichische Nationalrat in Form eines Verfassungsgesetzes rückwirkend ab null Uhr die immerwährende Neutralität.

Also gingen wir auf den Heldenplatz vor der Neuen Hofburg. Wir waren von tausenden von Österreichern umgeben, die auf dem Platz voller Stolz feierten. Das Militär hielt eine Truppenparade ab und es waren viele Stände aufgebaut.

Jürgen Langos, ein renommierter Ringrichter mit großer nationaler und internationaler Erfahrung war wie immer gut gelaunt. Er hatte mal wieder „den Schalk im Nacken" als er zu uns sagte " passt mal auf, jetzt bringe ich das Volk in Wallung". Keiner von uns wusste, was damit gemeint war.

Zur Erklärung muss ich darauf hinweisen, dass er groß gewachsen war und eine kräftige laute Stimme hatte. Er drehte sich um und schaute in Richtung der Neuen Hofburg.

Sehr laut rief er dann und zeigte mit seinem Finger auf den Balkon des Schlosses:

„Da hat er gestanden und seine Rede ans Volk gehalten, und alle haben ihm zugejubelt."

Schlagartig änderte sich die Stimmung um uns herum. Wo eben noch gefeiert wurde, trafen uns jetzt feindliche Blicke, und es wurde wild diskutiert. Wir sahen zu, dass wir schnell aus der Gefahrenzone entkommen konnten.

In einer Nebenstraße holten wir dann erst einmal tief Luft. Was hatte Jürgen mit dieser provokanten Aussage gemeint? Warum haben die Österreicher auf diesen Hinweis so reagiert?

Dann fiel es uns wieder ein, denn wir hatten alle davon gehört, was damals auf dem Balkon geschah. Ein aus Österreich stammender Deutscher Reichskanzler hat 1938, kurz nach der Besetzung Österreichs von diesem Balkon eine Rede an die jubelnden Österreicher gehalten.

***

Die Art als Ringrichter zu agieren, wurde von jedem Ringrichter anders interpretiert.

So war Heini Mühmert dafür bekannt, dass er nicht nur ein guter Ringrichter war, sondern auch gerne mal während des Kampfes mit den Boxern sprach.

Andere, besonders internationale Ringrichter, liebten den fast schon theatralischen Auftritt im Ring. Sie sorgten mit großer Geste und kräftiger Stimme für Ordnung im Ring. Da wurde „watch your head" gebrüllt. Das „break" ließ sogar die Zuschauer in den ersten Reihen erzittern.

Ein amerikanischer Ringrichter hat mir und vielen Zuschauern immer eine große Freude bereitet. Es war seine einzigartige Art zu agieren. Während der Runden tänzelte er einem Tänzer gleich mit fließenden Bewegungen durch den Ring. Man konnte fast den Eindruck haben, er schwebe mit grazilen Bewegungen um die Boxer herum.

Es hatte nichts Lächerliches an sich, es waren elegante Bewegungen.

Mit leiser Stimme, aber sehr bestimmt gab er seine Kommandos, die von den Boxern klaglos befolgt wurden.

Natürlich gab es auch national und international erfahrene Ringrichter, die den Kampf ohne große Gesten oder lautstarke Kommandos souverän leiteten, wie z. B. Axel Zielke, Jürgen Langos, Kurt Stroer, Artur Ellensohn oder Daniel van de Wiele.

71.   Back to the roots

Große Events in großen Hallen stehen im Mittelpunkt der Berichterstattung in den Medien. Gelder des Fernsehens finanzieren große Kämpfe.

Aber es ist wie im Fußball, es gibt auch eine 2. Liga. Und in dieser Liga gibt es des Öfteren bessere Spiele zu sehen als in der 1. Liga.

Und so ist es auch im Profiboxbereich.

Diese 2. Liga sind die sogenannten Kleinringveranstaltungen von „kleineren" Veranstaltern. Schon während meiner aktiven Zeit bei Universum Box Promotion habe ich mit diesen Veranstaltern und Managern gerne zusammengearbeitet.

Nach meinem Ausscheiden bei UBP war ich, bis zur Coronazeit, gerne Ringsprecher auf vielen dieser Veranstaltungen.

Für den Profiboxsport haben diese kleineren Events eine sehr große Bedeutung. Diese Veranstaltungen sind die Basis des Profiboxens und werden leider oft unterschätzt. Sie geben auch Boxern, die noch keinen „großen" Namen haben, die Möglichkeit zu kämpfen, sich weiterzuentwickeln und einen guten Kampfrekord zu bekommen.

Diese Veranstalter haben keine Fernseheinnahmen. Sie müssen für eine Fernsehübertragung oft sogar bezahlen. Daher ist es auch sehr schwer, Werbepartner und Sponsoren zu finden, um diese Veranstaltungen zu finanzieren.

Sehr oft gibt es herausragende Kämpfe bei diesen Events, die vor einem sehr kleinen Zuschauerkreis stattfinden und die ein großes Publikum verdient hätten.

Einige Boxer haben es auf die große Bühne der Großveranstaltungen geschafft. Andere sehr talentierte Boxer haben diese Chance nie bekommen.

Im Jahr 2023 haben unter der Aufsicht des BDB 110 Veranstaltungen stattgefunden, überwiegend Kleinringveranstaltungen. Zusätzlich fanden auch Veranstaltungen anderer deutschen Verbände statt.

Von den vielen Events, die ich von diesen Veranstaltern moderieren durfte, ist mir eine Veranstaltung in guter Erinnerung geblieben.

Angelo Frank ist ein talentierter Profiboxer, der aus einer Zirkusfamilie stammt. Nicht nur das, er ist auch aktives Mitglied im Zirkus Europa, der von seinem Vater Sandro als Familienunternehmen geführt wird.

Er ist erfolgreicher Profiboxer und Zirkusartist.

Der Kampfabend fand im Zelt des Zirkus Europa statt. Alle Plätze waren besetzt. Die Zuschauer und auch ich wurden in die Zirkuswelt unserer Kindheit zurückversetzt.

Der Ring stand mitten in der Manage.

Die Sitzplätze waren, wie im Zirkus üblich, rund um die Manage aufsteigend angebracht und boten beste Sicht auf das Geschehen.

Schon in den Vorkämpfen zeigte es sich, dass an diesem Abend eine sehr stimmungsvolle und elektrisierende Atmosphäre herrschen würde. Und das war auch der Fall, als der Hauptkampf begann.

Es ging um die Deutsche Meisterschaft im Weltergewicht.

Angelos Gegner war Andreas Reimer, ein Boxer, der für seine, einem Raubtier gleichenden, schleichenden Bewegungen im Ring bekannt war, aber auch für seine überfallartigen Schwinger. Ein Boxer, der hart schlagen konnte.

Der Kampf begann und die 500 Zuschauer peitschten Angelo nach vorne. Und dann passierte es, nach einer Serie harter Kopftreffer ging Angelo zu Boden. Atemlose Stille herrschte im Zirkuszelt, und Angelo rettete sich in die Rundenpause.

Die Art und Weise, wie er zurückkam, wie er seinen Gegner nicht mehr auf Schlagdistanz kommen ließ und ihn an den Seilen beschäftigte, war großes Boxen. Das Ergebnis nach 10 Runden:

99:91, 99:91, 98:94 und damit neuer Deutscher Meister, Angelo Frank.

Foto Angelo mit Ehefrau und Meistergürtel in der Manage Privatarchiv A. Frank.

72.   Der Blick in den Abgrund

Der größte deutsche Verband, Bund Deutscher Berufsboxer, war für unsere Veranstaltungen als nationaler Verband federführend.

Daher hatte ich auch immer wieder guten freundschaftlichen Kontakt zu den Präsidenten Dr. Bodo Eckmann und später Thomas Pütz, sowie dem Vizepräsidenten Sport Volker Grill. Es war eine partnerschaftliche und gute Zusammenarbeit.

Die war sehr wichtig, denn es mussten viele Dinge besprochen und realisiert werden.

Thomas Pütz ist auch Chef der Pütz Security. Daher war seine Firma auch für viele andere Events tätig.

So war sie auch für die Sicherheit der Ski Weltmeisterschaft in St. Anton zuständig.

Wir waren seit einiger Zeit im Gespräch für eine, über den Boxsport hinausgehende, Zusammenarbeit.

Da wir an dem Wochenende vor dem WM-Beginn in München eine Veranstaltung hatten, wurde meine Frau und ich von Thomas Pütz zur Ski-WM eingeladen. Nach der erfolgreichen Veranstaltung hatten wir eine Nacht in München geschlafen und waren dann mit dem Zug losgefahren, ins wunderschöne verschneite St. Anton.

Wir waren sehr gespannt.

Wir kannten St. Anton noch nicht und waren auch noch nie live auf einer Ski-Weltmeisterschaft.

Als wir eintrafen, lief gerade die Eröffnungszeremonie, wir ließen uns akkreditieren und bekamen einen „All Areas" Ausweis mit der Zugangsberechtigung für alle Bereiche.

Am nächsten Tag erlebten wir, von Österreichern umgeben, den Sieg einer Deutschen Skiläuferin. Wir Deutschen jubelten laut und sahen in die frustrieten Gesichter der österreichischen Besucher.

Doch das eindrucksvollste Erlebnis hatten wir an einem Nachmittag während einer Rennpause. Für Offizielle und Teilnehmer gab es zwei, hintereinander liegende Lifte den Berg hinauf. Da an diesem Nachmittag keine Abfahrten stattfanden, waren keine Offiziellen und Sportler anwesend.

Aber der Lift war besetzt, wir zeigten unsere Ausweise vor und fuhren los. An der Bergstation angekommen, sahen wir den nächsten Lift und versuchten unser Glück nochmal. Wieder fuhren wir bergauf.

Beim Verlassen des Liftes sagte der Mitarbeiter „in spätestens 10 Minuten müssen sie wieder hier sein, dann mache ich Schluss."

Wir machten ein paar Schritte und die absolute Stille nahm uns gefangen. Nur das Knirschen unserer Schritte im Schnee war zu hören. Es war eine klare saubere Luft, die wir genussvoll einatmeten.

„Das ist Idylle pur", sagte meine Frau begeistert. Und nach weiteren Schritten sahen wir das Starthäuschen für den Abfahrtslauf vor uns.

Bei Fernsehübertragungen vom Arlberg Kandahar Ski Alpine Abfahrtsrennen haben wir immer wieder den Kommentar gehört, dass sich die Skifahrer nach dem Start den Hang hinunterstürzen.

Ich hatte als Bewohner des flachen norddeutschen Landes keine Ahnung, was das zu bedeuten hatte. Also gingen wir auf das Zielhäuschen zu. Als wir direkt daneben auf der Bergkuppe standen und hinunterschauten, stockte uns der Atem.

Es ging steil bergab, und wenn ich steil sage, dann meine ich das wörtlich.

92% Gefälle.

Was bei den Fernsehübertragungen nicht so zu sehen war, hatten wir hier direkt vor uns. Beeindruckt vom Mut der Männer, die es wagten, sich dort hinunterzustürzen, gingen wir zurück.

Ich schaute zur Uhr, hatte der Mitarbeiter nicht gesagt 10 Minuten? Wir hatten beim Blick in den Abgrund völlig das Zeitgefühl verloren.

Waren mehr als 10 Minuten vergangen? Und dann schoss es mir durch den Kopf. Wir beide hier oben allein ohne Lift und Skier, und keiner würde wissen, wo wir sind.

Mir fuhr der Schreck in die Glieder.

Ein etwas ängstlicher Blick auf die Bergstation des Sesselliftes beruhigte mich auch nicht. Alles schien menschenleer zu sein.

Ich gebe zu, die nächsten 200 Meter bis zur Bergstation stieg die Angst bei mir von Schritt zu Schritt.

Endlich angekommen, schaute ich mich um, niemand war zu sehen. Und dann die Stimme aus dem Nichts: „Na, das wird auch Zeit, dann können wir ja losfahren."

Als ich im Lift saß, raste mein Herz immer noch, und das lag nicht nur an der Höhe und dem Spaziergang durch den Schnee.

73. Wenn das Gleiche nicht dasselbe ist.

Meine Auftritte im Ring, besonders bei Fernsehübertragungen von bedeutenden Kämpfen, war immer ein ganz körperliches Erleben.

Es war nicht nur die Stimme, die zum richtigen Zeitpunkt den perfekten Ton treffen musste, es war auch die Anspannung, die im ganzen Körper zu spüren war. Es war der Moment, in dem ich für 3 bis 4 Minuten im Mittelpunkt stand, der Moment, in dem ich, bei Musikern würde man sagen, zur Rampensau wurde.

Ich hörte immer wieder, was für eine gute und kräftige Stimme ich habe in einer sehr angenehmen Tonlage.

Und ab und zu kam auch der Hinweis, diese Stimme hört sich sicherlich auch gut an, wenn ich singen würde. Da wurde dann auch immer wieder ein „wunder Punkt" bei mir getroffen.

Singen, das war ein Wunsch, der mich ein Leben lang begleitet hat. Aus musikalischer Sicht hatte ich die Gnade der frühen Geburt.

Ich war als Jugendlicher mitten in der Zeit, als die Blues- und Rockmusik Hamburg erreichte. Theoretisch. Aufgewachsen in einem sozialdemokratisch geprägten Elternhaus war mein Vater aber in gewissen Bereichen sehr konservativ.

„Lange Haare kommen mir nicht ins Haus, und die Musik aus dem Urwald will ich hier auch nicht hören." Es war eben eine andere Zeit.

Dabei hätte ich meine Haare schon gerne etwas länger getragen, und die Rockmusik fand ich wirklich klasse.

Das mit den Haaren war also nicht möglich, aber die Musik. Zum Glück gab es einen Jungen, der direkt über uns wohnte und der durfte Elvis, die Stones etc. hören. Da ich mit ihm befreundet war, saßen wir oft in seinem Zimmer und hörten die Musik, die mich musikalisch fürs Leben prägen sollte.

Die Rolling Stones wurden damals meine Lieblingsband.

Und so war es mir in den Jahren meiner Beschäftigung im Profiboxen auch ein besonderes Vergnügen, wenn es die Möglichkeit gab, Musiker kennenzulernen.

Doro und Bandmitglieder, Mick Jagger, Man at war, Survivor, Klaus Meine von den Scorpions, etc.

Aber auch Musiker anderer Musikrichtungen wie die Kelly Family, James Last, Howard Carpendale, Mary Roos, etc.

Mein Wunsch in einer Band singen hat mich mein Leben lang begleitet. Es gab aber immer wichtigere Dinge, Arbeit, Geld verdienen, Familie etc. Aber waren sie wirklich wichtiger als die Erfüllung eines persönlichen Wunsches?

Im Nachhinein betrachtet wäre sicherlich der Gesang auch neben den anderen wichtigen Aufgaben möglich gewesen.

Gemacht habe ich es aber nie.

***

Nachdem ich das Rentenalter erreicht hatte, habe ich mich immer mehr aus dem Berufsleben zurückgezogen.

6 – 8 Auftritte als Ringsprecher bei kleinen Veranstaltungen befreundeter Veranstalter und unregelmäßige Einsätze als Tourguide bei Stadtrundfahrten bestimmten mein berufliches Leben.

Aber das füllte mich nicht aus, mir fehlte etwas die Arbeit, der Stress, die Anerkennung und immer noch der Gesang. Ich dachte immer wieder darüber nach.

Du hast doch eine gute kräftige Stimme, sagte ich mir. Du kannst mit dieser Stimme arbeiten vor Publikum, hast eine große Erfahrung damit. Warum hast Du nie eine Band gegründet und gesungen?

Und eines Tages als ich mal wieder etwas trübsinnig vor meinem Computer saß, hatte ich eine verrückte Idee.

Ich gründe eine Rockband.

Mit 66 Jahren eine Rockband gründen, welch eine irre Idee.

Man gründet eine Band in seiner Schulzeit, als junger Mann oder mit 50 in der Midlife-Crisis, aber mit 66 Jahren? Aber warum es nicht einfach mal versuchen.

Mit 66 anfangen zu singen bedeutet, man hat keine Erfahrung und weiß nicht, was das bedeutet.

Ich war der Meinung, dass eine gute kräftige Stimme ohne Probleme auch für den Gesang geeignet ist. Ohne Probleme? Wie falsch diese Meinung war, wurde mir wenig später bewusst.

Glücklicherweise habe ich einen Schwager, der seit seiner Schulzeit in einer Band sang und Gitarre spielte.

Luwi hat mich in meiner irren Idee bestärkt, und mir geraten Gesangsunterricht zu nehmen.

Gesagt, getan.

Der erste Tag des Gesangunterrichtes bei einer jungen Gesangslehrerin war schon sehr komisch, aber ich machte gute Fortschritte. Später ging ich zu einem Gesangslehrer, der selbst in einer Rockband sang.

Die Grundlage war gelegt, aber wie Bandmitglieder finden.

Da gab es doch das Internet mit vielen Foren und Möglichkeiten kostenlos Anzeigen zu schalten. Unter der Überschrift „66 und kein bisschen leise, wer hat Lust auf Spaß im Übungsraum" schaltete ich einige Anzeigen, ohne große Hoffnung auf Erfolg. Aber Du hast es wenigstens versucht, sagte ich mir.

Ich hatte keine große Erwartung, aber einige Tage später klingelte das Telefon. Ein Gitarrist meldete sich und zeigte Interesse. Wir trafen uns, redeten miteinander und waren uns sympathisch, eine gute Voraussetzung, etwas gemeinsam zu starten.

Es dauerte nur insgesamt 8 Wochen und wir hatten eine Rentnerbad zusammen, Gitarrist, Sologitarrist, Bassist, Drummer und Sänger. Eine neue Rockband war geboren.

Ein Bandmitglied hatte noch Kontakte zu einigen Behörden und so fanden wir, völlig unverhofft einen schönen Übungsraum in Hamburg im Erdgeschoss eines leerstehenden Bürogebäudes. Beheizt, mit Fenstern, in ausreichender Größe, zu erträglichen Konditionen, in er Nähe der Autobahnausfahrt Othmarschen, also für uns alle gut erreichbar. Ein Traum für einen Hamburger Band.

Ich hatte mir zwischenzeitlich eine Gesangsanlage mit Lautsprechern gekauft, sodass wir auch technisch in der Lage waren zu beginnen, und das taten wir auch. 2 x die Woche, dienstags und donnerstags, wurde abends geprobt.

Ich erinnere mich noch gut an die erste Probe. Ich hatte zu Hause einige Songs eingeübt und stand jetzt vor dem Mikrofon, und die Jungs begannen zu spielen.

Wir begannen mit „Honky Tonk Women" von den Rolling Stones. Ich war guter Dinge, ich hatte zu Hause gut geübt, kannte den Umgang mit dem Mikrofon. Was sollte mir denn schon passieren? Ich dachte an meine Erfahrungen als Ringsprecher.

Ich wartete auf meinen Einsatz und begann zu singen. Alle meine Selbstsicherheit, alle meine Mikrofonerfahrung war in diesem Moment verschwunden. Ich sang, das wurde mir sehr schnell klar, nicht besonders gut, denn ich war irgendwie gehemmt und unsicher.

Das besserte sich zwar im Laufe der nächsten Proben, aber für mich nie zufriedenstellend. Ich musste am eigenen Leib erfahren, zwischen Sprechen und Singen ist ein großer Unterschied.

Aber mir war schon beim Gesangsunterricht klar geworden, dass eine gute kräftige Stimme im Moderatorenbereich noch nichts aussagte über eine gute Gesangsstimme.

Die Voraussetzungen waren für beide Bereiche zwar völlig gleich, Stimmbänder, Rachenraum, Lippen etc. Aber das Gleiche ist nicht immer dasselbe.

Bei der Moderation waren eine klare Akzentuierung und Aussprache entscheidend. Die Anforderungen beim Gesang waren anders gelagert.

Und es kam für mich etwas Entscheidendes dazu, beim Gesang muss man loslassen, sich in die Musik fallen lassen und Gefühle ausdrücken.

Bei meinen Auftritten als Ringsprecher gelang mir das emotionale Loslassen und das Eingehen auf die Stimmung in der Halle ohne Probleme.

Beim Singen nicht. Ich hatte einfach Hemmungen.

Lag es daran, dass ich bei vielen Anlässen von meiner Frau hörte, ich könne nicht singen und wenn ich es versuchen würde, würde ich den Ton nicht treffen.

Oder daran, dass meine Bandmitglieder, die alle nach vielen Jahren neu begannen zu spielen, genug mit sich und ihren Instrumenten zu tun hatten.

Ein bisschen Aufmunterung hätte mir da sicherlich gutgetan, war aber sicherlich zu viel verlangt. Viele neue Stücke wurden eingeübt. Vielleicht gelang es mir auch daher nicht, mich zu entwickeln und für mich und die Band zufriedenstellend zu singen.

Aber für viel Spaß im Übungsraum langte es immer. Für mich war ein Traum in Erfüllung gegangen. Daher hat es 2 Jahre viel Spaß gemacht, denn wir hatten keine Ambitionen irgendwo öffentlich aufzutreten.

Es gab drei Momente, in denen mir gelang völlig loszulassen und frei aus voller Kehle zu singen.

Wir hatten den Song „Nothing else matters" von Metallica sehr lange geübt. Der Song hat ein langes Intro, bevor mein Einsatz als Sänger kam.

Und an diesem Abend geschah es, ich schloss die Augen und vergaß alles um mich herum. Ich ließ mich auf die Musik und den Text ein. Die Gitarrenklänge des Intros begannen mich zu tragen, ich hatte das Gefühl vom Boden abzuheben und war bereit mich einfach in die Musik fallen zu lassen. Ein wunderbarer Moment.

Ich sang fehlerlos, gefühlvoll in der richtigen Tonart den Song, ohne auf den Text zu schauen, sehr zum Erstaunen und Freude meiner Bandmitglieder.

Unser Drummer war wie ich ebenfalls Anfänger mit Unterricht an den Drums. Eines Abends besuchte uns sein Lehrer. Er hörte zu, gab uns einige wirksame Tipps und setzte sich auch für einen Song hinter die Drums.

Wir übten gerade „Paranoid von Black Sabbath", gesungen von ihrem Sänger Ozzy Osbourne.

Es war ein Song, bei dem der Sänger, wie bei vielen Rocksongs üblich, von den Drums gepuscht wurde. Ich hatte dieses bei unserem Drummer, der ja auch noch in der Lernphase war, nie richtig spüren können.

Unser Gitarrist begann mit dem Intro und dann setzten wir gewohnt die Drums ein, nur diesmal mit einer unbeschreiblichen Wucht durch den Profidrummer. Ich fühlte mich gepusht, vorangetrieben, gezwungen laut zu singen, ja fast zu schreien, was ja auch zu dem Songtext passte.

Ein unbeschreibliches Erlebnis für mich und die Bandmitglieder.

***

Ein drittes Mal passierte es mir bei einer der ersten Proben eines mir bis dahin unbekannten Song. „Juniors wailing" von Steamhammer, wir probten das in der Version von Status Quo.

In diesem Song ist ein Mann völlig am Boden zerstört und fleht seine große Liebe an, ihm trotzdem die Liebe zu geben, die er jetzt braucht.

„Love me wen I'am down". Ich erinnere mich noch gut daran. Ich hatte wie immer den Song zu Hause geübt. Emotional könnte ich mich sofort in diesen Song hineinfinden und dann die erste Probe im Übungsraum.

Ich fühlte mich eins mit dem Song, mit dem Protagonisten des Songs und begann zu singen. Der Song ist im Original maximal 5 Minuten lang, ich sang über 10 Minuten, immer wieder von den Bandmitgliedern erstaunt begleitet. Der Song hatte mich gepackt.

Ich hatte das erste Mal den vollen Respekt der Band. Ein unbeschreibliches Gefühl.

Ich glaube, dass das entspannte Umgehen mit den Songs und die Tatsache, dass wir keine „höheren Ziele" verfolgten, dazu beitrug, dass eine entspannte Atmosphäre herrschte.

Dann kamen 2 Auftritte vor Freunden und Familienmitgliedern, und die Band brauchte einen Namen. Wie zu erwarten, eine langwierige Prozedur, mit dem Ergebnis „old right now" angelehnt an den Songtitel „All right now" von Free.

Das Ergebnis für mich als Sänger, na ja, es waren nur Familie und Freunde anwesend. Aber die Band hatte Blut geleckt und strebte jetzt öffentliche Auftritte an.

Dafür brauchten wir, da waren sich alle einig, einen weiteren Sänger.

Der wurde gefunden und schnell integriert. Wir teilten uns die Songs auf. Aber durch den Druck des neuen Ziels änderte sich die Stimmung im Übungsraum.

Es war nicht mehr locker und zwanglos, sondern nur dem einen Ziel unterworfen. Der Spaß war, wie ich fand, vorbei.

Es folgte eine Aussprache, und ich entschloss mich schweren Herzens, die Band zu verlassen.

Leider löste sich die Band dann endgültig nach weiteren 2 Jahren durch den Tod unseres Drummers endgültig auf.

74. In der Kürze liegt die Würze

Unter dem Motto in der Kürze liegt die Würze habe ich folgende kleine und kürzere Geschichten zusammengefasst.

Normalerweise hätte ich sie nicht in mein Buch aufgenommen, da es keine großen Geschichten sind, die einige Buchseiten füllen.

Es sind kleine kurze Geschichten, die ich aber trotzdem erzählen möchte.

75.   Cutman / Adrenalin

Profiboxen ist ein gefährlicher Sport. Bei Boxkämpfen kommt es immer wieder zu Verletzungen. Eine Sportart in der auch Blut fließen kann.

Dieser Blutfluss kann einen Boxer sehr in seiner Sicht behindern, wenn der Cut zum Beispiel an der Augenbraue aufgetreten ist. Für die Versorgung der Wunden während des Kampfes ist ein speziell ausgebildeter Betreuer zuständig, der Cutman.

Es erfüllt einen sehr wichtigen Part. Er muss versuchen, in der einminütigen Ringpause die Blutung zu stillen. Zu diesem Zweck hat er eine vom Veranstalter zur Verfügung gestellte kleine Flasche Adrenalin 1:1000 bei sich. Damit wird die Wunde verklebt, sodass kein Blut mehr austreten kann.

Unsere Trainer hatten sehr oft in der DDR geboxt oder waren dort als Trainer tätig. Sie erzählten mir, dass damals am Ring auch Pattex als Wundklebstoff verwendet wurde.

Schwellungen behandelt der Cutman mit einem handlichen Rundeisen, das an die Schwellung gehalten wird.

Es gibt Boxer, die haben sehr empfindliche Augenbrauen, was sehr oft zu unangenehmen Verletzungen führt. Ist das dem Gegner bekannt, so ist oft zu beobachten, dass besonders häufig die Augenbrauen mit Schlägen traktiert werden.

In den vielen Gesprächen mit unseren Trainern und den Ringärzten konnte ich erfahren, dass Boxer mit einer dunklen Hautfarbe ein anderes, widerstandsfähigeres Bindegewebe haben. Daher kommt es bei diesen Boxern seltener zu Augenbraunverletzungen und Blutungen.

76. Kuba Klima in Leipzig

Gespräche mit ehemaligen Boxern oder mit nationalen und internationalen Trainern waren und sind für mich immer sehr interessant. Man erfährt viel von Trainingsmethoden, Boxtaktiken, Motivationsmöglichkeiten und die Mentalität von Boxern.

Oft wurde vom Sport in der ehemaligen DDR gesprochen. Vom großen Stellenwert des Sports und auch des Boxens. Und so erfuhr ich auch von den ungewöhnlichen Vorbereitungen der DDR-Boxer auf eine Weltmeisterschaft.

Im Jahr 1974 fand vom 17. bis 30. August die Weltmeisterschaft der Amateure in Kuba statt.

Bei einer unserer vielen Unterhaltungen hat mir Fritz Sdunek erzählt, wie akribisch sich die Sportführung der DDR auf diesen Termin vorbereitet hat. Es wurde wie immer im Vorfeld einer Weltmeisterschaft viel und hart trainiert.

Aber Weltmeisterschaften auf einem anderen Kontinent sind nicht mit derartigen Veranstaltungen in Europa vergleichbar. Viele Faktoren mussten berücksichtigt werden.

Die Zeitverschiebung von 6 Stunden. Das Klima. Die Mentalität der Zuschauer.

Es war bekannt, dass es zum Zeitpunkt der Weltmeisterschaft in Kuba sehr heiß sein würde. Das führt zu einer außergewöhnlichen Belastung des Körpers eines Spitzensportlers. Besonders wenn er diese Klimaverhältnisse nicht regelmäßig gewohnt ist.

Wie bereitet man seine Boxer darauf vor? Die Antwort war schnell gefunden.

Eine Halle im Bereich der Deutschen Hochschule für Körperkultur (DHFK), dem Leistungszentrum der DDR, wurde umgebaut. Diese Halle konnte voll klimatisiert werden. Dadurch gelang es, die Hitze und die Luftfeuchtigkeit zu simulieren, die in Kuba zu erwarten waren.

Auch wusste man, dass in der Halle eine sehr große und lautstarke Begeisterung herrschen würde. Um die Boxer daran zu gewöhnen, wurde über Lautsprecher die Originalatmosphäre aus einer der Halle in Kuba eingespielt.

Ergebnis 3 Bronzemedaillen für Boxer aus der DDR.

77. Von der Abschiebung zur Weltmeisterin

Eine Boxerin hat einen sehr schweren Weg hinter sich gebracht, bevor sie Boxweltmeisterin wurde. Mit 5 Jahren floh sie mit ihrer Familie aus Armenien.

Über Berlin, Moldawien und Russland fand sie dann endlich ein neues Zuhause in Hamburg. Sie wuchs in Hamburg auf und spürte, wie sie sagte, viel Wut und Zorn in sich. Dann brachte Sie das Boxen auf den richtigen Weg, auch diese Gefühle zu verarbeiten.

Mit ihrem Trainer Rieth wurde sie eine erfolgreiche Amateurboxerin. Sie durfte aber als geduldete Asylbewerberin nicht außerhalb Hamburgs boxen. Trotzdem wurde sie 4 x Hamburger und 2 x norddeutsche Meisterin.

In einem Bericht des NDR sagte ihr Trainer:

> *"Sie hat so ziemlich alles zerlegt, was man ihr vor die Nase setzte. Egal, ob schwerer oder erfahrener - sie hat alles aus dem Weg geräumt"*

Schon als junge Boxerin träumte sie davon, Nachfolgerin von Regina Halmich zu werden.

Und dann klopfte es morgens um vier an der Haustür.

In einem Bericht von NDR.de ist zu lesen:

> *Morgens um vier wird die Familie 2001 von der Polizei geweckt. Eine halbe Stunde Zeit lassen die Beamten den Kentikians, um die Sachen zu packen.*

> *"Bei mir ist Panik ausgebrochen", erinnert sich Kentikian, die damals verzweifelt fragt: "Warum wollt ihr uns abschieben?*

> *Ich gehe hier zur Schule, ich mache meinen Sport." Stundenlang warten Vater, Sohn und Tochter am Flughafen, aber die Mutter ist immer noch im Krankenhaus.*

> *"Ich konnte es nicht fassen. Ich habe zu ihnen gesagt: Ihr könnt uns nicht ohne unsere Mutter nach Armenien fliegen lassen. Gebt uns wenigstens unsere Mutter mit."*

> *Derweil setzt Trainer Rieth alle Hebel in Bewegung, um die Abschiebung zu verhindern.*

> *Schließlich erfolgreich. Der Coach wird die dramatischen Stunden nie vergessen:*

> *"Um zwölf ging der Flieger und um halb zwölf waren sie draußen."*

Diese 8 Stunden haben Susianna Kentikian geprägt und sie noch härter an sich arbeiten lassen.

2005 wendete sich dann das Blatt, sie unterschrieb einen Profiboxvertrag bei Spotlight Boxing, dem Tochterunternehmen von Universum Box Promotion.

Sie machte Ihren Realschulabschluss und wurde 2008 deutsche Staatsbürgerin. Mit 19 wird Sie zu Hamburgs Sportlerin des Jahres gewählt.

Ihr Rekord: 38 Kämpfe, 36 Siege, davon 17 durch k. o.

Sie war internationale Deutsche Meisterin, WIBF Interconti Campion, WIBF, WBO, GBU und WBA-Weltmeisterin.

„Auf der Plattform YouTube kann man derzeit unter Eingabe des Suchbegriffs [KILLER QUEEN | Elena Reid 1/4] Videomaterial zu dieser Geschichte finden."

78.   Die roten neuen Schuhe

Wie schon geschildert besteht die Vorbereitungsphase eines Boxers auf den Kampf aus mehreren Etappen. Die letzte Etappe in der Vorbereitung ist von entscheidender Bedeutung.

Die Basisarbeit wie Kondition, Koordination, Technik etc. ist erledigt.

Nun geht es hauptsächlich darum, sich auf den Gegner vorzubereiten und eine Taktik zu entwickeln und diese dem Boxer zu vermitteln.

In dieser letzten Phase sind Sparringspartner von großer Bedeutung. Vor allen Dingen Sparringspartner, die bereit sind, sich nach den Anweisungen des Trainers zu verhalten.

Der Sparringspartner wird nach den bekannten Stärken und Schwächen des Gegners ausgesucht und muss diesen im Sparring imitieren. Daher werden gerne Sparringspartner verpflichtet, die dem Trainer bekannt sind und bestenfalls schon mehrmals als Sparringspartner fungiert haben.

Wie damals bei uns üblich, boxte ein Sparringspartner auch in einem Rahmenkampf der Veranstaltung. Daher war dieser Einsatz auch für den Sparringspartner in mehrfacher Hinsicht von Bedeutung und Nutzen. Durch das Sparring konnte sich der Boxer weiterentwickeln und bekam die Chance gegen einen wesentlich stärkeren Boxer zu trainieren.

Er bekam eine Gage für den Kampf und eine Aufwandsentschädigung, sowie Essensgeld für die Zeit des Sparrings.

Als wir noch in der Ritze trainierten, waren die Sparringspartner in einem Hotel auf der Reeperbahn untergebracht. Daher haben wir das Tagesgeld den Boxern nicht in einer Summe ausgezahlt, sondern in mehreren Etappen. Denn die Versuchungen auf dem Kitz waren doch zu groß, und das Geld war dann sehr schnell aufgebraucht.

Das führte oft zu Diskussionen bei Boxern, die dieses Vorgehen noch nicht kannten.

Regelmäßig kam ein amerikanischer Schwergewichtler als Sparringspartner nach Hamburg. Er war der typische Schwergewichtsboxer, über 100 kg schwer und fast zwei Meter groß.

Ein sympathischer und sehr freundlicher Typ im persönlichen Gespräch sehr interessiert und aufgeschlossen.

Ich holte diesen Boxer wieder einmal vom Flughafen ab, brachte ihn ins Büro, um die formellen Dinge zu klären und das Geld für die ersten 3 Tage auszuzahlen.

Auf dem Weg ins Hotel merkte ich, dass er immer ruhiger wurde und etwas unsicher umherschaute. Das war nicht der Mann, mit dem ich auf dem Weg ins Büro noch sehr freundlich und launig geplaudert hatte.

Ich war irritiert und verblüfft. Ich fragte ihn, was denn los sei.

Zuerst wollte er nicht so richtig mit der Sprache heraus, aber dann fragte er, ob er nicht schon das Geld für die nächsten drei Tage bekommen könnte. Meine Frage, wieso er das Geld schon jetzt braucht, antwortete er nach kurzem Zögern mit dem lapidaren Satz „ich will mir neue rote Schuhe kaufen".

Ich war erstaunt, doch die Erklärung war simpel und einleuchtend.

„Hier gibt es so viele schöne Frauen und die achten zuerst immer auf die Schuhe eines Mannes". Ich war sehr überrascht über dieses

Argument, das ich bisher noch nicht gehört hatte. Ich konnte aber auch nichts Gegenteiliges beweisen.

Also bekam er aufgrund dieser Begründung das Geld von mir.

Ob er mit seinen neuen roten Schuhen Erfolg gehabt hat, habe ich nie erfahren.

79. Bitte recht freundlich

Frank Hanebuth, Besitzer einiger Bars in Hannover, bestritt zwischen 1991 und 1996 vier Profiboxkämpfe.

Er war Chef der Hannoveraner Hells Angels und gehörte zu den einflussreichsten Mitgliedern der Deutschen Sektion. Auch er, freundlich und offen, hat sich uns und auch mir gegenüber immer fair und korrekt verhalten.

Es war bei einem Boxkampf in der Stadionsporthalle in Hannover, im September 1995. Hauptkampf war eine Weltmeisterschaft mit Ralf Rocchigiani. Und auf Ralf warteten wir schon einige Zeit.

Dann bekamen wir die Information, dass in Hannover ein Verkehrschaos herrscht und sich Ralf dadurch um ca. 30 Minuten verspäten würde. Ich informierte alle Beteiligten. Da wir einen sehr milden, sonnigen Herbsttag hatten, ging ich nach draußen.

Vor der Halle stand Frank mit seinen Hells Angels. Ich hatte ihn noch nicht begrüßt, also ging ich zu ihm, begrüßte ihn und sagte den Jungs ein freundliches Moin.

In Hamburg sagt man tatsächlich nur Moin. Denn bei den etwas für wortkarg gehaltenen Hanseaten ist ein Moin Moin schon Gesabbel.

Nach einem ebenso freundlichem Moin bekam ich den Hinweis doch bitte freundlich zu lächeln. Ich schaute mich um, sah aber keinen Pressefotografen, für den sich ein professionelles Lächeln gelohnt hätte.

Man sah mir sicherlich meine leichte Verunsicherung und mein Unverständnis an und so klärten sie mich grinsend auf.

„Da hinter dem Baum stehen sie und fotografierten uns gerade.".Hinter dem Baum? Warum hinter einem Baum?

Unter dem Gelächter der Jungs fiel der Groschen bei mir dann pfennigweise. Mein erster Gedanke war falsch, sie meinten nicht die Pressefotografen. Sie meinten die Polizisten, die in Zivil dort standen, und uns fotografierten.

80. Das Küsschen im Ring

Die „Killer Queen" Susianna Kentikian, die mehrfache Weltmeisterin aus Hamburg, mit einer Ko-Quote von nahezu 50 %, bestritt in einer Pro 7 Produktion den Hauptkampf.

Schon in jungen Jahren hatte Sie, wie geschildert, ein bewegtes Leben hinter sich gebracht. Sie war bekannt für ihren aggressiven und überfallartigen Boxstil, der zu den vielen KO-Siegen geführt hatte.

Auch dieses Mal war es wieder ein sehr wildes mit Leidenschaft geführtes Gefecht, in dem Susianna Ihren Titel verteidigte. Das Publikum war begeistert und der Trainer war zufrieden.

Ich stieg wie immer in den Ring und wartete bis sich die Situation im Ring beruhigt hatte und beide Boxerinnen ihre Handschuhe ausgezogen hatten. Dann rief ich beide Boxerinnen zu mir und verkündete das Urteil.

Noch einmal große Begeisterung und riesiger Jubel in der Halle. Nach meiner Urteilsverkündung ging Susianna zu den Offiziellen, die noch im Ring standen und bedankte sich artig. Da ich an der Seite, an den Seilen, gerade im Weg stand, kam sie auch zu mir.

Sie war offensichtlich noch sehr euphorisch, aufgedreht und voller Glückshormone. Da sie nur 1,55 misst, beugte ich mich zu ihr herunter und sagte: „gut gemacht, herzlichen Glückwunsch" und schon gab sie mir ein Küsschen auf die Wange.

Bemerkung des Fernsehkommentators Mathias Preuss, „Gerhard ist der einzige Ringsprecher weltweit, der bisher im Ring geküsst wurde"

81. Der russische Bär

Wir waren in den ersten Jahren von Universum Box Promotion immer auf der Suche nach dem Außergewöhnlichen. Da erreichte uns ein Anruf vom Manager Mischnick mit der Information, er hätte da einen sehr interessanten Boxer für uns.

Und das, was wir hörten, war ganz gewiss außergewöhnlich. Nicolai Sergejewitsch Valuev war 2,13 Meter groß und 150 kg schwer.

Das war genau das, was wir für die Presse und die Öffentlichkeit suchten. Wir besorgten uns die notwendigen Bilder und Informationen über den Boxer. Schnell wurden wir uns handelseinig und Klaus Peter Kohl unterschrieb einen Promotorvertrag.

Nicolai würde einige Kämpfe für uns bestreiten.

***

Ich erinnere mich noch genau an die erste Pressekonferenz in Berlin und auf mein erstes Zusammentreffen mit ihm. Wir führten bei einer Tasse Kaffee das übliche Vorbereitungsgespräch vor einer Pressekonferenz.

Vor mir saß ein großer, breiter, freundlich lächelnder Mann, der mich mit meinen 1,89 noch um 24 cm überragte. Ruhig und entspannt beantwortete er alle meine Fragen, und wir besprachen den Ablauf der Pressekonferenz.

Zusammen gingen wir in den Raum, in dem die Pressekonferenz stattfinden sollte. Bewusst hatte ich dafür gesorgt, dass noch keine Journalisten im Raum waren, als wir eintraten. Als ich so neben ihm ging, kam ich mir mit meinen 1,89 und 89 kg sehr klein vor.

Wir nahmen mit Klaus Peter Kohl und seinem Manager Mischnick am vorbereiteten Tisch Platz. Ich eröffnete die Pressekonferenz und Klaus Peter Kohl informierte die Journalisten.

Als er zum Thema Größe und Gewicht kam, sah ich, dass die Journalisten nicht wirklich beeindruckt waren.

Also bat ich Nicolai aufzustehen. Ich sehe es noch wie heute vor mir. Ganz langsam, wie in Zeitlupe, stand er auf. Er wurde immer größer und immer breiter, bis er endlich aufrecht stand und die Journalisten freundlich anlächelte.

Ich werde diesen Moment und die ungläubig staunenden und beeindruckten Gesichter der Journalisten nie vergessen.

Er bestritt insgesamt 52 Kämpfe, von denen er 50 gewann. Er war russischer Meister, Pan Asia Champion, WBA Intercontinental Champion.

Später wurde er Weltmeister und hat seinen Titel gegen unseren Boxer Russlan Chagajev verloren.

Aber das wussten wir zu diesem Zeitpunkt natürlich noch nicht.

Er ist heute verheiratet und Vater von 3 Kindern. Seit 2011 ist er Abgeordneter der russischen Staatsduma für die Partei „Einiges Russland".

82. Das hätte ins Auge gehen können.

Als Ringsprecher ist man der Typ, der die guten oder auch schlechten Informationen verbreitet, das Urteil eines Kampfes. Es kam immer wieder einmal vor, dass ich ein Urteil verkünden musste, das ich nicht verstand.

Bei dem ich mich immer gefragt habe, bei welcher Veranstaltung in welcher Stadt die Punktrichter zu dieser Wertung des Kampfes gekommen sind. Dann fragte ich sicherheitshalber noch einmal nach und ließ mir die Punktwertung noch einmal bestätigen.

Aber dann musste ich in den Ring und das Urteil verkünden. Das konnte zu Unmutsbekundungen des unterlegenen Teams führen. Aber es kann auch anders kommen und zeigen, dass das Leben eines Ringsprechers auch gefährlich sein kann.

Und so geschah es bei einer Veranstaltung in Berlin.

Ich musste wieder mal ein Urteil verkünden, das vorsichtig ausgedrückt, umstritten war.

Beide Boxer waren aber als sehr emotional bekannt. Es war ein Vorkampf, die Boxer kamen nicht aus ihrer Ecke heraus, aber da es kein TV-Kampf war, verkündigte ich trotzdem das Urteil und benannte den als Sieger.

Ich sehe es noch heute vor mir. Ich sah aus den Augenwinkeln das der unterlegene Boxer mir wütend, mit funkelnden Augen, in meine Richtung schaute, und dann wutentbrannt auf mich zustürzte.

Wie in Zeitlupe sah ich ihn auf mich zukommen. Bevor ich reagieren konnte, hatte er mich fast erreicht. Ich rechnete mit einer „hitzigen Diskussion", um es einmal vorsichtig auszudrücken.

Dann aber, im letzten Moment, sah ich seinen Trainer hinter ihm, der ihn zurückhielt, beruhigte und mit in seine Ecke nahm.

Viele Jahre sind seither vergangen und ich nehme immer noch an, er wollte das Ergebnis nur mit mir diskutieren.

83.   Die große rote Fliege

Den Großteil meiner Jahre als Ringsprecher trug ich neben meinem Smoking, dem schwarzen Smoking-Hemd, auch eine große rote Fliege. Manche Boxfans bezeichneten diese als mein Erkennungszeichen.

Zu Beginn meiner Zeit als Ringsprecher hatte ich eine schwarze Fliege um und später eine normale rote Fliege.

Ich war einmal wieder mit meiner Frau in Berlin. Meine Frau packte mir meine Sachen zusammen, denn es war sehr heiß in Berlin und daher wollte ich mich erst in der Halle umziehen. Plötzlich sagte sie mehr oder weniger leicht vorwurfsvoll „Hast du nicht gesehen, dass deine Fliege kaputt ist?".

Oh Schreck, was tun.

Die normalen Geschäfte in der Stadt hatten schon zu, aber die Dame an der Rezeption hatte eine Idee.

Es gibt da einen kleinen Laden in einer Nebenstraße, der meistens etwas länger geöffnet hatte.

Sofort machten wir uns auf den Weg. Vor dem Laden angekommen, sah er schon sehr geschlossen aus. Aber wir hatten Glück, der Inhaber wollte gerade seinen Laden schließen, ließ uns aber doch noch eintreten.

Es war ein kleines recht altmodisch wirkendes Geschäft. Herrenausstatter stand an der Tür neben einem kleinen Schaufenster. Wir traten ein und erlebten den Charme früherer Jahre, den das Geschäft vermittelte.

Ich äußerte meinen Wusch nach einer roten Fliege. Zum Glück hatte er eine kleine Auswahl. Aber eine rote Fliege war nicht dabei. Wir wollten uns schon umdrehen, um das Geschäft zu verlassen, als er uns aufhielt.

„Einen kleinen Moment noch", sagte er und bückte sich. Er suchte offensichtlich etwas unter seinem Tresen. Nach einiger Zeit richtete er sich wieder auf und sagte „Glücklicherweise ist mir diese außergewöhnlich große Fliege noch eingefallen."

Und das war sie wirklich, außergewöhnlich groß in einer schönen dunkelroten Farbe.

Eine kurze Diskussion mit meiner Frau, und der Kauf wurde getätigt. So kam ich durch einen Zufall an meine große rote Fliege.

84. Aus dem Boxring zu den Stars in Hollywood.

Wie alle unsere weiblichen Boxerinnen gehörte sie neben Regina Halmich, Ina Menzer und Susianna Kentikian zu den Weltmeisterinnen und internationalen Titelträgerinnen von Universum Box Promotion, die viel für das Frauenboxen in Deutschland und Europa getan haben.

Die Siege und Titel dieser Boxerinnen waren wegweisend für die folgende Generation. Aber auch ihr Verhalten und ihr Auftreten innerhalb und außerhalb des Boxringes.

1995 in Sofia geboren wurde sie 1992 Europameisterin in Taekwondo, 1995 Weltmeisterin in Karate und Kickboxen.

Als Daisy Lang begann sie 1996 dann ihre erfolgreiche Laufbahn als Profiboxerin. Als Universum-Boxerin wurde sie im Juli 1999 WIBF-Weltmeisterin im Superfliegen-gewicht.

Sie errang ebenfalls die WIBF und GBU-Weltmeisterschaft im Super Bantamgewicht. Sie verteidigte Ihre Titel insgesamt 9-mal.

Ihr Kampfrekord, 23 Kämpfe, davon 19 Siege.

Sie war immer eine sehr positiv denkende und aufgeschlossene Boxerin und Gesprächspartnerin.

****

Zuerst hatte sie es sehr schwer sich im Boxstall Respekt zu verschaffen. Dann wurden Ihre Deutschkenntnisse besser.

„Auf der Plattform YouTube kann man derzeit unter Eingabe des Suchbegriffs [World Boxing Champion Daisy Lang won the fight against Michelle Sutcliffe (115lb)] Videomaterial zu dieser Geschichte finden."

Sie gewann Ihren ersten Titel und verschaffte sich auch durch ihr untadeliges Verhalten in allen Bereichen den Respekt der Boxer und des Managements.

Nach ihrem letzten Kampf am 16.10.2004, den Sie durch TKO gewann, verließ sie den Boxstall und ihre neue Heimat Hamburg. Sie siedelte nach Hollywood um und begann eine neue Karriere. Lange hatte ich leider keinen Kontakt zu Ihr. Aber dank Facebook sind wir seit einigen Jahren wieder im freundschaftlichen Kontakt. Dadurch habe ich erfahren das Sie als Personaltrainerin dafür sorgt das einige Hollywoodstars gesund leben und fit bleiben. Sie hat in mehreren Hollywood-Produktionen als Darstellerin und Stuntfrau mitgespielt und ist auch oft auf dem roten Teppich in Hollywood zu sehen. 2007 wurde Sie in die International Woman Boxing Hall of Fame aufgenommen.

Foto Daisy Lang
Fotograf Enno Friedrich

Foto D. Lang – S. Stallone,
Privatarchiv Lang

Foto D. Lang- M. Rourke
Privatarchiv Lang

In ihrer Heimat Bulgarien ist sie eine hochgeschätzte Profisportlerin und oft Gast bei Offiziellen Anlässen.

Sie zählt zu den Boxerinnen, zu denen ich per Facebook weiterhin regelmäßigen Kontakt habe und daher ein Besuch bei Ihr in Los Angeles, von mir und meiner Frau, fest eingeplant ist.

85. Das rote Sofa

In Essen gab es das legendäre Restaurant „Wirtshaus zum Purzelbaum". Nicht nur die wohlhabenden Essener Bürger, sondern auch Prominente aus allen Teilen der Republik ließen sich hier gastronomisch verwöhnen.

„Purzel", wie er allgemein genannt wurde, hörte eigentlich auf den bürgerlichen Namen Detlef Przybyla. Er ließ sich bei der Namensgebung seines Lokals von dem Namen seines Hundes „Purzel" inspirieren.

Er war ein offener, immer freundlich und aufgeschlossen auftretender Mansch. Oft sehr modisch und manchmal etwas exzentrisch gekleidet.

Ich lernte ihn während eines gemeinsamen Abendessens in seinem Restaurant persönlich kennen. Das Essen war köstlich, und es wurde ein sehr lustiger und langer Abend. Er erzählte uns von seiner Idee, auf einem roten Plüschsofa direkt am Ring zu sitzen.

Ich hielt diese Idee für sehr witzig, konnte mir das aber nicht vorstellen und hielt es für undurchführbar. Aber im Laufe des Abends nahm seine Idee immer konkretere Formen an.

Einige Wochen vergingen, es gab immer wieder Gespräche zu diesem Thema. Und dann stand es fest.

Purzel wurde örtlicher Ausrichter, also Mitveranstalter eines unserer Events. Und welche Halle bot sich als Austragungsort für einen Essener Promiwirt als Erstes an, die Grugahalle.

Nun ging es darum, den geeigneten Zeitpunkt herauszufinden und einen zugkräftigen Titelkampf für die große Grugahalle zu finden.

Da passte es gut, dass eine Titelverteidigung von Dariusz Michalczewski anstand.

Im Dezember 2000 war es dann so weit. Alle Vorbereitungen waren getroffen. Die Pressekonferenzen mit Purzel und den Hauptkämpfern waren erledigt.

Der Kampfabend konnte beginnen.

Und als ich dann im Ring stand und hinunter in die erste Reihe schaute, sah ich ihn.

Purzel, wie immer modisch auffällig gekleidet, lässig auf seinem roten Plüschsofa sitzend.

86. Wie aus Niederlagen Motivation entsteht

Ina Menzer hat Ihren ersten Kampf als Profiboxerin am 30.3.2004 im Saaltheater Geulen in Aachen bestritten.

32 Kämpfe, von denen Sie 31 gewann, sollten bis 2013 folgen.

Sie bestritt insgesamt 17 Weltmeisterschaftskämpfe für die Verbände WIBF, WBC und WBO.

In dieser Zeit hat Sie Ihre Gewichtsklasse im Federgewicht dominiert.

„Auf der Plattform YouTube kann man derzeit unter Eingabe des Suchbegriffs [Ina Menzer vs Jeannine Garside | Full Boxing Match] Videomaterial zu dieser Geschichte finden."

Sie trat am 24.8.2013 mit nur einer Niederlage zurück.

Auch Sie hat durch Ihre Erfolge und Ihr Auftreten im Ring und außerhalb des Ringes viel für das Frauenboxen getan.

Auch Sie war mir in meiner gesamten Zeit im Profiboxen eine sehr geschätzte Gesprächspartnerin.

Wie bei vielen Profiboxern stand Sie am Ende Ihrer Karriere vor der Frage, was jetzt folgt. Sie entschied sich, die Erkenntnisse aus Ihren vielen Siegen, aber auch aus einer schmerzlichen Niederlage weiterzugeben.

Erkenntnisse, die man besonders im beruflichen Bereich verwerten kann. Heute hält Sie Vorträge vor Mitarbeitern und Chefs großer Firmen und Verbände.

Themen sind z.B. wie Sie im Beruf zum Leistungssportler werden.

Souverän mit Drucksituationen umgehen, die eigenen Grenzen überschreiten.

Die Persönlichkeit weiterentwickeln und die gesetzten Ziele mit der nötigen Motivation erreichen und damit die eigene Karriere voranbringen.

Unter dem Motto: „Raus aus der Komfortzone", bietet Sie auch Boxtraining für Manager und deren Mitarbeiter an.

87.   Über den Köpfen von Schwarzbunten

Es war in den Anfangstagen des Boxstalls.

Wir hatten 4 Veranstaltungen in der Sporthalle Wandsbek durchgeführt und wollten uns das erste Mal in eine andere Stadt wagen. Die Stadt sollte in Norddeutschland sein.

Und dann bekamen wir einen Tipp aus Lübeck. „Schaut Euch doch einmal die Schwarzbuntarena in Lübeck an" wurde uns empfohlen.

Also ab ins Auto, und schon machten wir uns auf den Weg nach Lübeck. Die Halle, soviel hatten wir bereits erfahren, hörte auf den schönen Namen „Schwarzbunte". Während der Fahrt ging mir die Frage nicht aus dem Kopf" Schwarzbunte", ein sehr außergewöhnlicher Name für eine Veranstaltungshalle. Was kann das bedeuten".

Was das bedeutet, sollten wir sehr schnell sehen, riechen und hören.

Wir hatten die Halle schnell gefunden. Von außen machte die Halle keinen schönen Eindruck. Und als wir dann die Tür öffneten und die kleine Halle vor uns sahen, nahmen wir ihn wahr.

Es war der beißende Geruch, den wir aus Kuhställen kannten. Wir schauten uns um, keine Kühe, aber wo kam dieser Geruch her?

Dann hörten wir das vielstimmige „Muhen" von Kühen. Wir konnten aber keine Kühe sehen.

„Sehr mysteriös" dachte ich damals.

Die Aufklärung erfolgte dann wenig später durch den Vermieter der Halle. „Hier werden normalerweise Viehauktionen durchgeführt" erklärte er uns, und im Keller warten schon die Kühe auf die nächste Auktion.

Es wurde ein Termin gefunden, genau zwischen 2 Auktionsterminen.

„Während der Veranstaltung werden keine Kühe im Keller stehen" wurde uns erklärt und „wir werden einmal kräftig durchlüften"

Ich dachte noch „ob das wohl reichen wird", aber da waren wir schon wieder auf dem Rückweg nach Hamburg.

Am 16.6.1988 war es dann so weit.

Unsere Hauptkämpfer waren René Weller, Erwin Heiner und Mike Wissenbach. Es wurde eine erfolgreiche Veranstaltung, und der Geruch war immer noch als sehr ländlich zu beschreiben.

88. Die Doppelspitze im Ring

Lange bevor es in der Politik Mode wurde, mit einer Doppelspitze zu arbeiten, hatte ich dieses Vergnügen in Berlin. Es geschah völlig unerwartet und ungeplant auf einer IFCO-Boxveranstaltung.

Ich war damals sehr gerne in Berlin, da meine Tochter einige Monate in Berlin lebte, liiert mit Robert Rolle, Sohn der Veranstalterin Eva Rolle.

Neben meinen Aufgaben bei der Veranstaltung blieb immer noch Zeit für schöne gemeinsame Stunden mit meiner Tochter, die ich sehr genoss.

Bei den Veranstaltungen von Eva Rolle handelte es sich um kleinere, aber sehr schöne Events. Sehr oft mit prominenten Menschen unter den Zuschauern. So war es auch diesmal.

Ich hatte zwischenzeitlich festgestellt, dass Eva Rolle eine sehr spontane Person war. Immer neue und spontane Ideen im Kopf. Ich war daher nicht überrascht, während der Veranstaltung folgende Idee von ihr zu hören.

„Du hast es sicherlich schon gesehen, Katy Karrenbauer ist heute im Publikum", erklärte sie mir zwischen zwei Vorkämpfen. „Du kannst doch gemeinsam mit ihr den Hauptkampf ansagen".

Prinzipiell eine gute Idee, dachte ich, aber das hättest du mir auch früher sagen können. Dann wäre Zeit für ein ruhiges Gespräch mit Frau Karrenbauer gewesen, aber so?

Natürlich sagte ich zu und schon saß Frau Karrenbauer neben mir.

Mit ihrer sehr angenehmen, tiefen Stimme begrüßte sie mich und wir besprachen, während die Kämpfe im Ring weitergingen, den Ablauf des gemeinsamen Auftritts. Zum Glück war sie sehr professionell und stimmte meinen Vorschlägen für die gemeinsame Ansage zu.

Nach der Pause war es dann so weit.

Wir gingen gemeinsam in den Ring, ich stellte Frau Karrenbauer vor und wir riefen, wie abgesprochen, wechselweise die Boxer in den Ring und stellten sie vor.

Es war ein sehr angenehmer, fehlerfreier und erfolgreicher gemeinsamer Auftritt, den wir nach dem Ende der Veranstaltung mit einem Gläschen Sekt „feierten".

89.   Der Zahnarzt und die Zugspitze

Die Zugspitze ist mit 2962 Metern der höchste Berg Deutschlands. Und zu dieser Zugspitze sollte es diesmal gehen, genauer gesagt nach Garmisch-Partenkirchen.

Garmisch-Partenkirchen ist ein deutscher Skiort in Bayern. Die Stadt besteht aus zwei Orten, die im Jahr 1935 vereint wurden.

Garmisch-Partenkirchen ist ein bekanntes Reiseziel für Skifahrer, Eisläufer und Wanderer. Und dort sollte unsere nächste Veranstaltung stattfinden.

Garmisch-Partenkirchen im tiefsten Bayern, wie konnte diese Idee entstehen? Wie bereits erwähnt, waren 2 Punkte für die Ausrichtung einer Veranstaltung in Städten anderer Bundesländer ausschlaggebend.

Ein örtlicher Ausrichter und/oder ein Lokalmatador.

In diesem Falle war der örtliche Ausrichter ausschlaggebend, ein Zahnarzt, der das finanzielle Risiko übernahm. Er war auch, wie üblich, für die Organisation vor Ort verantwortlich. Die regionale Pressearbeit war gut verlaufen.

Wir waren auf dem Weg nach Garmisch-Partenkirchen zu der sehr wichtigen offiziellen Pressekonferenz vor Ort im Vorfeld der Veranstaltung.

Vormittags mit dem Flugzeug nach München und anschließend die 90 km mit dem Auto ins Eibsee Hotel, am Fuß der Zugspitze. Kurz aufs

Zimmer und sich etwas frisch machen. Dann der kurze Blick auf den wunderschönen Eibsee vor der Tür.

Und schon saßen wir wieder im Auto auf dem Weg zur Halle, dem Olympia-Eisstadion. Ich sah den schneebedeckten Gipfel der Zugspitze und fast direkt an der Straße die Talstation der Seilbahn. Hoffentlich haben wir Zeit, damit ich auf die Zugspitze fahren kann, dachte ich.

Wie sich herausstellen sollte, hatte ich die nicht, weder an diesem Tag noch während der Veranstaltungstage.

Nach der Begehung der Halle sowie der Umkleidekabinen und den Räumen für die VIP-Party und der Klärung aller wichtigen Fragen ging es für weitere Besprechungen in ein nahegelegenes Restaurant.

Spätabends waren wir zurück im Hotel.

Die Nacht war nicht lang, denn wir mussten sehr früh zurück nach Hamburg. Ich erinnere mich noch genau an den wunderschönen Anblick, als ich die Vorhänge öffnete und hinausschaute.

Der See direkt vor dem Hotel und dann der Berg, der in den frühen Sonnenstrahlen am Gipfel weiß glitzerte.

***

Am 2.11. 1996 fand die Veranstaltung statt, vor 2.700 Zuschauern. Unsere Boxer gewannen und wir waren mit der Veranstaltung sehr zufrieden.

Aber schon während der Veranstaltung wurde mir klar, der Veranstalter muss mit einem Minus abschließen. So war es auch.

Daher war es unsere einzige Veranstaltung in dieser schönen Stadt.

90.   Die kurzen Wege

In den Tagen vor einer Veranstaltung gibt es sehr viele Termine, die wahrgenommen werden müssen und viele Details sind noch zu klären.

Das ist besonders schwierig und aufwendig vor Veranstaltungen in anderen Städten oder Ländern.

Es hat sich daher als sehr angenehm herausgestellt, wenn sich das Hotel, in dem wir untergebracht waren, in der Nähe des Veranstaltungsortes befand. Kurze Wege, weniger Stress.

Optimal war es natürlich, wenn der Veranstaltungsort das Hotel war. Das war leider nur sehr selten der Fall.

***

Im Maritim Hotel in Stuttgart gab es die „Alte Reithalle". Ein Nebeneingang in die Halle befand sich an der Seite des Foyers des Hotels.

Die Alte Reithalle wurde 1885 erbaut und hatte für Boxkämpfe eine Kapazität von 1000 Plätzen. Es war eine längliche, an beiden Enden abgerundete wunderschöne Halle.

Im ersten Stock gab es einen schmalen Umlauf, geeignet für einige Stehplätze. Getragen durch viele Streben ergab sich ein fast rundes Kuppeldach. Eine beeindruckende Architektur, sehr gut geeignet für eine exklusive Profiboxgala.

Ich erinnere mich noch sehr genau an die erste Besichtigung.

Der Eindruck war fantastisch, ein sehr exklusiver Rahmen für eine Profiboxgala, auf den ersten Blick. Aber bekanntlich soll man immer zweimal hinschauen. Und als ich das tat, sah ich das Problem direkt vor meinen Augen.

Bis zu diesem Moment hatte ich noch gedacht, dass diese zwei wunderschönen großen Kronleuchter der Höhepunkt in der Architektur der Halle sei. Das stimmte zwar, aber sie waren auch das Problem.

Ein unüberwindbares Problem?

Die zwei wunderschönen sehr große Kronleuchter hingen mit einem Abstand von vier Metern hintereinander in der Mitte des Raumes. Das sah zwar fantastisch aus, aber wie nahe kämen ihnen unsere Boxer im hohen Boxring?

Abhängen oder höher hängen, das war sofort klar, ist keine Alternative. Einerseits schien es keine Lösung des Problems zu geben. Andererseits war der Raum genau das, was wir suchten.

Den Raum unter den Kronleuchtern ganz genau abzumessen, war die einzige denkbare Alternative. Ergebnis, der Ring passte genau zwischen die Kronleuchter. Der Luftraum über dem Ring war frei.

Auf Höhe der Seile wurde es etwas kritisch, aber das Risiko war überschaubar. Zum Glück ist nie etwas passiert.

Als Nächstes musste mit den Ton- und Lichttechnikern ein Gespräch vor Ort geführt werden, denn über dem Ring mussten die Lautsprecher und die Scheinwerfer angebracht werden. Auch hier kam es auf wenige Zentimeter an. Noch einmal Schweißperlen auf der Stirn. Aber auch sie gaben Ihr ok und die Planung konnte beginnen.

Wir führten mehrere erfolgreiche Veranstaltungen im Maritim Hotel durch.

Ich habe nicht nur das schöne Hotel genießen dürfen, sondern auch den Luxus der kurzen Wege.

91.   Wächter über die Gesundheit der Boxer

Die Gesundheit der Boxer steht im Mittelpunkt vieler Aktivitäten im Profiboxen.

Die Ringärzte sind daher von großer Bedeutung und tragen eine große Verantwortung. Sie werden vom Verband bestimmt, sodass immer unterschiedliche Ärzte bei einzelnen Veranstaltungen anwesend sind.

Vor dem Offiziellen Wiegen muss jeder Boxer einen Gesundheitscheck durch einen Ringarzt durchlaufen. Hierbei werden wichtige Körperfunktionen des Boxers überprüft, der allgemeine Gesundheitszustand ermittelt, und es werden entsprechende Gesundheitsfragen gestellt.

Außerdem muss durch den Supervisor bestätigt werden, dass der Boxer eine Startgenehmigung des Heimatverbandes hat. Dieser Punkt ist besonders wichtig, da nach einer KO- oder TKO-Niederlage automatisch eine Sperre verhängt wird und es keine Starterlaubnis des Heimatverbandes geben darf.

Diese Untersuchungen waren kein formeller Akt. Ich war mehrmals dabei, wenn ein Ringarzt dem Boxer den Kampf aus gesundheitlichen Gründen untersagte.

Der Ringarzt und der anwesende Supervisor/Delegierte mussten auch überprüfen, ob ein negativer Aidstest vorlag. War dieses nicht der Fall, musste der Boxer diesen sofort, in einem zuvor informierten Krankenhaus nachholen.

Ich war stets bei den ärztlichen Untersuchungen dabei. Meine Teilnahme war eine gute Möglichkeit von den Boxern persönlich die restlichen Daten zu erfragen, die ich bei meiner Ringmoderation benötigte.

Daten, die ich bei einigen Boxern bei Boxrec nicht finden konnte. Nationalität, Größe, Geburtsort, Kampfrekord, Name des Trainers, etc.

Es gab auch immer ein weiteres Gespräch mit den Boxern und dem Trainer.

Oft ging es um die Aussprache eines komplizierten ausländischen Namens und bei Titelkämpfen um den Ablauf im Ring.

Die CD mit der Einlaufmusik wurde übergeben, oder der Boxer hatte noch einen Wunsch, z.B. die Nennung eines Kampfnamens.

***

Zur ärztlichen Betreuung saßen immer 2 Ringärzte am Ring, in der blauen und roten Ecke, jeweils zuständig für den Boxer in ihrer Ecke.

Außerdem war zwingend ein Notarztwagen mit 2 Sanitätern, sowie ein Notarzt vorgeschrieben, die sich in einer Ecke der Halle, mit Sicht auf den Ring, aufhalten mussten.

Bei schwereren Verletzungen oder Blutungen kann der Ringrichter den Ringarzt zur Hilfe rufen, er muss es aber nicht. Der Ringarzt untersucht den Boxer und informiert den Ringrichter, ob aus ärztlicher Sicht der Boxer weiter boxen kann.

Der Ringrichter entscheidet dann, ob weiter geboxt wird.

Oft hört man, dass der Ringarzt den Kampf abgebrochen hat. Der Ringarzt hat keine Möglichkeit den Kampf abzubrechen. Nur der Ringrichter hat das Recht dazu. Ob er auf den Rat des Arztes hört oder nicht, ist allein seine Entscheidung.

Ist die Verletzung zu schwer oder der Gegner zu überlegen, kann die entsprechende Ecke auch „das Handtuch werfen", kann der Trainer aufgeben. Das berühmte Werfen des Handtuchs ist aber in den Regeln nicht vorgeschrieben. Der Trainer muss nur den Wunsch nach Abbruch des Kampfes deutlich anzeigen.

Bei schweren Ko's sind beide Ringärzte sofort im Ring, um den Niedergeschlagenen ärztlich zu versorgen. Der entsprechende Boxer erhält automatisch eine Kampfpause von mehreren Wochen, je nach Schwere des Ko's.

Einer unserer Ringärzte Dr. Bodo Eckmann war auch viele Jahre der Präsident des Bundes Deutscher Berufsboxer.

92. Stars in Concert

Auch das Estrel Hotel in Berlin gehörte zu den Hotels, die einen Veranstaltungsort im Haus anboten. Am Ende der Sonnenallee gelegen, war es das größte Hotel Europas mit 1125 Zimmern.

Die Sonnenallee gehört zum Stadtteil Neukölln und galt damals wie heute als „Schmelztiegel" der Nationen.

Im Gesamtkomplex des Estrel Hotels befand sich auch das Estrel Convention Center mit Platz für 25.000 Personen in verschiedenen Räumen. Da wir mehrfach im Estrel veranstaltet haben, waren wir ein eingespieltes Team mit einem professionell freundschaftlichen Umgang miteinander. Auch viele unserer Sonderwünsche wurden mit professioneller Gelassenheit erfüllt.

Hier waren, wegen der Größe des Hotels und des Convention Centers, die Wege nicht so kurz wie im Maritim in Stattgart, aber alles war unter einem Dach.

Es gab aber zwei Besonderheiten.

Am Vorabend unseres Events gingen wir sehr oft gemeinsam zu den „Stars in Concert". Eine mitreißende Show, in der Sänger und Sängerinnen die großen Stars dieser Welt interpretierten. Besonders in Erinnerung geblieben sind mir die Blues Brothers, Elvis, Jonny Cash und Tina Turner.

Und auch die VIP-Partys hatten einen ganz besonderen Charme. Es war immer eine ungewöhnlich große Party. Mit Bühne und einer Tanzfläche.

Wenn es die Terminplanung des Hauses zuließ, traten während der VIP- Party auch einige Sänger und Sängerinnen des Konzerts „Stars in Concert" auf und boten einen Auszug aus ihrem Programm.

Ich hatte anschließend immer die Möglichkeit, unsere Sieger und Titelträger auf der großen Bühne zu präsentieren. Sie wurden von mir interviewt und konnten sich ihren verdienten Beifall abholen und sich feiern lassen.

Wenn es sich bei den jeweiligen Gegnern um sehr bekannte und renommierte Boxer handelte, hatte ich das Vergnügen, auch sie auf die Bühne zu bitten und ein kurzes Gespräch zu führen.

Auch hier waren unsere Boxer sehr unterschiedlich, einigen machten diese Auftritte Spaß, andere mochten so etwas gar nicht.

Ich erinnere mich noch genau daran, wie ich mit einigen wenigen hinter der Bühne längere motivierende Gespräche führen musste. Aber zum Glück gelang es mir immer, alle Boxer zu präsentieren.

93. Flammen am Ohr

Zwischen den vielfältigen Aufgaben vor und während der Veranstaltung blieb glücklicherweise immer ein wenig Zeit für einen Spaziergang oder wichtige Erledigungen.

War ich ohne meine Frau zu einer Veranstaltung gefahren, hörte ich zum Abschied oft: „Denk an Deine Haare, Du musst unbedingt noch zum Friseur". Lange Ehejahre haben mir gezeigt, dass es sinnvoll ist, derartigen „Anweisungen" zu folgen.

Also raus an die frische Luft und ab zum Frisör. Durch unsere häufigen Veranstaltungen war mir der Weg zum nächstgelegenen Friseur bekannt.

Aus dem Hotel kommend rechtsherum ging es in die besagte Sonnenallee. Ich unterquerte die Brücke der S-Bahn-Haltestelle Sonnenallee und auf der linken Straßenseite, nach ungefähr 800 Metern, gab es damals einen türkischen Friseur.

Dort bin ich vor den Veranstaltungen immer gerne hingegangen. Ein nettes Gespräch, während der Friseur seinem Handwerk nachging und anschließend noch den Bart nachschnitt.

Ich erinnere mich noch daran, dass ich einmal von einer türkischen Friseurin mit Kopftuch frisiert wurde. Auch mit ihr führte ich ein nettes Gespräch über das Boxen und über die Heimatstadt der Friseurin.

Anschließend bat ich wie immer darum, meinen Bart nachzuschneiden.

Ihre Reaktion verwunderte mich doch sehr. „Da hole ich mal meinen Chef", sagte sie und verschwand hinter dem Vorhang.

Wenig später erschien ein älterer, gepflegter Mann, den ich als Chef des Salons schon kannte. Er erkannte wohl meinen fragenden Blick und antwortete: „Bei uns in der Türkei dürfen nur Männer einen Bart schneiden."

Gesagt, getan.

Zum Abschluss entfernte er mit der spitzen Schere einige Nasenhaare und dann sah ich eine offene Flamme auf mich zukommen. Das war der letzte, zusätzliche Service, mit einer Flamme wurden die Haare in den Ohren weggebrannt.

94.   Aus voller Kehle

Ich war wieder einmal Ringsprecher bei einer Veranstaltung des Hamburger Promotors Eroll Cylan. Diese Veranstaltung fand in einer kleinen Halle neben der Sporthalle Hamburg statt.

Da immer wieder etwas Unvorhersehbares geschehen konnte, war es selbstverständlich, technisch auf alles vorbereitet zu sein.

So war es wichtig, dass die Tontechniker immer Ersatzgeräte dabeihatten, für alle Fälle. Kam es einmal zu einem derartigen Ausfall von Geräten, konnte in den allermeisten Fällen ein neues Gerät angeschlossen werden, ohne dass die Zuschauer etwas bemerkten.

Aber glücklicherweise wurden diese Ersatzgeräte fast nie gebraucht, aber eben nur fast nie.

Die Veranstaltungen der Cylan Box Promotion waren immer gut organisiert und sehr stimmungsvolle und emotionale Veranstaltungen mit überwiegend türkischem Publikum. Der Hauptkampf stand an, die Boxer standen bereit und ich rief den ersten Boxer in den Ring.

Alle warteten auf die Einmarschmusik. Stille im Saal. Keine Musik.

Da es eine kleine Halle war, hatte ich einen guten Blick auf den Tisch mit den Geräten der Tontechnik. Ich sah die hektischen Versuche, das Problem zu beheben.

Nichts geschah. Kein Ton war zu hören.

Dann kam die Information, Technik ausgefallen, leider kein Ersatzgerät dabei. Da war guter Rat teuer und eine Lösung musste gefunden werden.

Das Problem war nicht so sehr die Walk-in-Musik, sondern die türkische Nationalhymne, auf die das überwiegend türkische Publikum großen Wert legte.

Die Zuschauer wurden unruhig, die Boxer wollten boxen, und ich überlegte, was zu tun sei.

Die Boxer kamen ohne Musik in den Ring.

Bülent Bascher, Trainer des Boxteams Cylan, kam zu mir und fragte, wie es denn nun weitergehe. Glücklicherweise finde ich für derart schwierigen Situationen oft einen Ausweg.

So auch in diesem Fall.

Ich informierte das Publikum über die technischen Schwierigkeiten und schlug vor, dass die Anwesenden die türkische Nationalhymne a Capela singen sollten. Und es wurde eine sehr emotionale und schöne Nationalhymne, aus voller Kehle gesungen von den mehreren Hundert Zuschauern.

95. Als die Stühle flogen

Das Profiboxen ist nicht nur für die Boxer, die Trainer und Betreuer, sondern auch für das Publikum eine sehr emotionale Angelegenheit.

Sehr heikel wurde es immer dann, wenn ich mal wieder ein Urteil verkünden musste, das selbst ich nicht nachvollziehen konnte.

Besonders bei einem Publikum mit einem sehr „unterschiedlichen emotionalen Level" kam es schon mal vor, dass ich schlimmeres befürchtete.

Man spürte dann fast körperlich, dass es nur eines Funkens bedurfte, damit es zu einer Eskalation mit körperlichen Auseinandersetzungen im Publikum kommen würde.

Glücklicherweise kam es fast nie dazu.

Doch im Mai 2007 passierte etwas Außergewöhnliches, das nichts mit dem zu erwartenden Urteil zu tun hatte. Glücklicherweise war ich schon im Boxring, um das Ergebnis eines Kampfes zu verkünden.

Ich wartete auf das „go" des Regisseurs und hörte zu meiner Rechten ein immer lauter werdendes aggressives Stimmengewirr. Mit dem Kampf konnte das nicht zusammenhängen, denn es gab einen eindeutigen Sieger.

Ich schaute in die Richtung meines Sitzplatzes am Tisch der Offiziellen. Genau in diesem Moment sah ich einen Stuhl fliegen und genau dort landen, wo ich normalerweise sitze. Ich zuckte unwillkürlich zusammen und zog etwas den Kopf ein.

Und dann sah ich es. Es war eine wüste Prügelei.

Ein Veranstalter und früherer Profiboxer und seine Begleiter hatten einen handgreiflichen Streit mit einigen Männern, die offensichtlich für die Sicherheit in der Halle zuständig waren.

Ich schaute besorgt in die Halle, gab es Zuschauer, die für eine der beiden Gruppen, die sich prügelten, Partei ergriff. Ging der Funken der Aggressivität auf einen Teil der Zuschauer über?

Ich schaute wieder auf das Kampfgeschehen.

Im Rückblick würde ich heute sagen, es waren einige schöne Aufwärtshaken, rechte Gerade und etliche andere Schlagkombinationen dabei.

Glücklicherweise gelang es schnell die Streitenden zu trennen und für Ruhe zu sorgen. Einige der Beteiligten mussten im Krankenhaus versorgt werden. Die gesamte Aktion hatte auch noch ein gerichtliches Nachspiel.

Ich war aber glücklicherweise den fliegenden Stühlen unbeschadet entkommen.

„Auf der Plattform YouTube kann man derzeit unter Eingabe des Suchbegriffs [Security Fight (Full Clip)] Videomaterial zu dieser Geschichte finden."

96.   Steine fliegen in Porto

In Berlin gab es eine Veranstalterin, die nicht nur Profiboxkämpfe organisierte, sondern sich auch mit ihrem Verein „Doppeldeckung" um gefährdete Jugendliche kümmerte. Eva Rolle hatte die IFCO-Boxpromotion gegründet.

Sie führte einige Boxsportevents durch, in denen auch Ihr Sohn Robert als Profiboxer aufgebaut werden sollte. Die Schwester eines Boxers, den sie unter Vertrag hatte, lebte in Porto.

Und so wurde die Idee geboren, in Porto ein Fitnesscenter mit einem Boxgym zu eröffnen. Gemeinsam bereiteten wir den Eröffnungsablauf vor, und schon saß ich im Flugzeug nach Porto.

Als ich mit dem Taxi durch die Stadt zum neuen Gym fuhr, fiel mir ein das ich schon einmal hier war.

***

Wir saßen im Bus nach dem Spiel des HSV im Estádio do Drag (deutsch Drachenstadion) des F.C. Porto.

Zwei Tage vorher war ich mit der Mannschaft des HSV in Porto eingetroffen. Ich sah dem Abschlusstraining zu, machte eine Stadtrundfahrt durch das schöne Porto und genoss bei einer Weinprobe den bekannten Portwein.

Am Tag des UEFA-Cupspieles fuhren wir gemeinsam ins Stadion.

Die HSV-Fans hatten Plätze in der Kurve bekommen und wir sahen das große weitläufige Stadion vor uns. Ich erinnere mich noch sehr gut. Es war ein aufregendes und sehr emotionales Spiel, das leider nicht gewonnen wurde.

Diese 2:1 Niederlage tat doch sehr weh.

Etwas enttäuscht und in sehr schlechter Stimmung gingen wir zurück zum Bus. Dann begann die Fahrt zurück zum Hotel. Wir fuhren durch eine dichtgedrängte Menge, die am Straßenrand stand und den Sieg feierte, kein schöner Anblick.

Und plötzlich große Aufregung im Bus. Unser Bus wurde von den Fans des FC Porto mit größeren Steinen beworfen. Einige HSV-Fans bedrängten den Fahrer anzuhalten und sie aussteigen zu lassen, um mit den Steinewerfern „ein nettes Gespräch" zu führen.

Glücklicherweise schritt die Polizei sofort ein, sodass kein Schaden entstand. Nach einer Niederlage, mit Steinen beworfen, na ja, andere Länder, andere Sitten.

***

Daran musste ich denken, als ich durch Porto fuhr. Eva Rolle hatte ein sehr schönes Studio umbauen lassen. Es war eine gelungene Kombination aus einem Sportstudio und einem Boxgym.

Die Presse war vertreten, Vertreter der Stadt und einige Boxer. Ich moderierte die Eröffnung, und es wurde ein sehr geselliger Abend.

Wie immer war es sehr interessant mit Menschen zu sprechen, die in anderen Ländern zuhause waren und einer anderen Kultur angehörten.

Am nächsten Tag ging es vormittags mit dem Taxi zurück zum Flughafen, glücklicherweise dieses Mal ohne Steinwürfe.

97.   Der LKW der Hoffnung

Ein wichtiger Aufgabenbereich beim Profiboxen ist der Aufbau in der Halle.

Teppiche, Bestuhlung, Beschilderung, der Boxring etc. müssen transportiert und aufgebaut werden.

Als das Team von UBP nicht nur mehr aus Klaus Peter Kohl und mir bestand und weitere Mitarbeiter eingestellt wurden, war ein Team für diesen Bereich zuständig. Zuerst war Thomas Neunzig für diese Aufgabe verantwortlich, dann gemeinsam mit Helge Pahnke.

Einige Zeit, nachdem wir in das neue Gym eingezogen waren und die Zahl der Veranstaltungen zugenommen hatte, wurde ein LKW mit Hänger angeschafft. Hierauf befanden sich alle notwendigen Materialien für den Aufbau in einer Halle.

Auf dem LKW und dem Hänger befand sich beidseitig das bekannte Universum Box Promotion Logo.

In großen Hallen war es sehr einfach. Der Ring wurde aufgebaut. An drei Seiten wurden Tische aufgestellt. Auf der einen Seite für die Offiziellen, gegenüberliegend für die Kommentatoren des Fernsehpartners.

Auf der rechten Seite vom Offiziellen-Tisch aus gesehen der Tisch für die schreibende Presse und links wurden 2 Bänke aufgestellt, wie wir alle sie aus Turnhallen kennen, für die Fotografen.

Bestuhlung, Beschilderung etc. wurde dann von der Halle übernommen. Bei kleinen Hallen mussten wir immer alles selbst erledigen.

Daher waren auf dem LKW und Hänger prinzipielle der Ring, die Ringseile incl. Reserveseilen, eine ca. 2,5 cm dicke Ringmatte, mit Schaumstoff gefüllt, eine Bodenplane mit Aufdruck des Sponsors, Polsterungen für die 4 Ringecken und bei Bedarf flache Werbeaufsteller auf weichem Kunststoff für die Ringseile.

Teppichböden, Stühle, Hinweisschilder, die Ringglocke, die Fahnen der Länder aus denen die Hauptkämpfer kamen, die Hinweisschilder mit den Rundenzahlen etc.

Zu Beginn von UBP waren die vier Pfeiler, an denen die Ringseile befestigt waren, an den äußeren Rändern der Ringecken platziert.

Später brauchten 2 Kameraleute mit ihren geschulterten Kameras Platz direkt neben den Seilen, um spektakuläre Bilder produzieren zu können.

Daher musste unser Boxring umgebaut werden. Nach dem Umbau gab es an allen 4 Seiten noch einen schmalen Umlauf vor den Ringseilen, auf dem sich die Kameraleute mit ihren Handkameras bewegen konnten.

Der LKW mit den Kollegen des Aufbaues fuhr bei Veranstaltungen in Deutschland Donnerstag los, bei Veranstaltungen im Ausland, z.B. in Budapest Anfang der Woche.

Wenn ich den LKW abfahren sah, war das für mich der „LKW der Hoffnung". Der Hoffnung auf eine perfekte Veranstaltung und der Siege unserer Boxer.

98.   Der laute Kommentator

Wir waren wieder einmal in der wunderschönen Stadt Wien.

Es geschah während einer Veranstaltung in Wien, in einem kleinen Lokal in der Innenstadt. Die Veranstaltung wurde live im Fernsehen übertragen, daher gab es auch einen Kommentator für den Fernsehsender. Die Leser kennen aus diversen Fernsehliveübertragungen die Aufgabe des Kommentators. Wie es der

Name schon sagt, kommentiert er aus fachlicher Sicht das Geschehen im Ring ausschließlich für die Fernsehzuschauer.

Aber wir mussten feststellen, in Österreich war alles anders.

****

Während ich diesen Unterschied jetzt schildern möchte, fällt mir ein, dass auch ich einmal einen Einsatz als Kommentator im Fernsehen hatte.

Eines Morgens, kurz nach einer Kleinringveranstaltung klingelte bei mir das Telefon. Am anderen Ende der Leitung war der Veranstalter.

Sein Wunsch, ich sollte den Hauptkampf des Abends mit dem Boxer Michel Trabant nachträglich kommentieren. Er wollte diesen Kampf ins Internet stellen. Sein Hinweis, eine kleine Gage wäre auch möglich, erleichterte mir die Entscheidung.

Ich sagte spontan zu.

Am nächsten Tag war ich auf dem Weg in ein kleines Studio in Schleswig-Holstein. Ich war sehr gespannt, denn es ist schon ein Unterschied, ob ich einen vorgefassten Text im Ring spreche oder frei einen Kampf kommentiere.

Ein kurzes Vorbereitungsgespräch, und schon ging es los.

Ich hatte den Kampf zwar schon live gesehen, das aber völlig entspannt und manchmal etwas abgelenkt.

Doch hier beim Kommentieren kam es auch auf die kleinen Details an. Auf die Taktik, die Schläge und das Abwehrverhalten. Ich hatte mich natürlich vorbereitet und mir die Daten der beiden Boxer ausgedruckt.

Michel Trabant, 56 Kämpfe, 52 Siege davon 24 durch ko. Er war WBO-Intercontinental Champion, EBU-Europameister und GBU-Weltmeister. Wie ich wusste, war er ein Boxer, der viele seiner Siege durch einen Leberhaken errungen hatte.

Aber es war schon sehr ungewohnt. Ich kommentierte die gesamten 8 Runden in einem Stück. Es war sehr spannend und auch anstrengend in diesen 32 Minuten konzentriert zu bleiben.

Seit dieser Zeit sehe ich die Leistungen der Kommentatoren mit anderen Augen.

***

Aber zurück zu unserer Veranstaltung in Wien.

Der Kommentator war ein älterer in Österreich wohl sehr bekannter und geschätzter Kommentator. Vor dem ersten Kampf setzte ich mich mit den zuständigen Fernsehmitarbeitern zusammen, um unseren Ablauf im Ring zu erklären.

Abgesprochen war, dass nur die letzten Beiden der insgesamt 8 Profikämpfe Live übertragen werden sollten.

Der Gong zum Beginn des ersten Kampfes erfolgte, und der österreichische Kommentator legte los. Über die Beschallungsanlage der Halle war sein Kommentar laut zu hören. Irritation bei Boxern, Betreuern aber auch bei uns am Tisch. So etwas habe ich vorher und nachher nie wieder erlebt.

In der Pause nach der ersten Runde ging ich zu dem Kommentator, um ihm zu erläutern, dass ein Livekommentar dieser Art bei uns nicht üblich sei. „Ja gut, aber in Österreich machen wir das immer so". War seine fast zornige Antwort.

Auch die zweite Runde wurde laut live kommentiert.

Ich stimmte mich kurz mit Klaus Peter Kohl ab und ging in der nächsten Pause zu dem Tontechniker. Meine Bitte, den Kommentar nicht auf die Hallenbeschallung zu legen, wurde schmunzelnd zur Kenntnis genommen. Ich hatte das Gefühl, man kannte den Kommentator sehr gut.

Der Gong zur 3 Runde wurde geschlagen und es war kein Kommentar mehr zu hören. Die Verärgerung war dem österreichischen Kommentator deutlich anzusehen.

Er kommentierte wie gewohnt die beiden Hauptkämpfe live, nur für den Fernsehzuschauer zu hören.

Nach dem letzten Kampf verließ er kommentarlos und sichtlich genervt die Veranstaltung.

99. Die wandelnden Boxlexika

In den ersten Jahren von Universum Box Promotion haben wir mehrere Veranstaltungen mit dem Hessen Box Team u.a. in Frankfurt gemeinsam durchgeführt.

Das Hessen Box Team waren Ebby Tust, Hacko Sevecke und Herbert Wolf. Ebby Thust war auch viele Jahrzehnte Manager vieler namhafter Boxer.

Hauptkämpfer der ersten Veranstaltungen waren Willy „de Ox" Fischer und Branco "Pitbull" Sobot, die jeweils auch um die Weltmeisterschaft boxten.

Willy bestritt 44 Boxkämpfe, von denen er 37 gewann, 24 durch ko. Er war Deutscher Meister und Internationaler Deutscher Meister im Schwergewicht und WBO Intercontinental Champion. Er ging keinem Kampf aus dem Weg und stand mit Weltklasseboxern wie Herbie Hide im Ring, gegen den er in einem Weltmeisterschaftskampf durch TKO verlor.

Branco war Deutscher Meister und IBF Intercontinental Champion im Mittelgewicht und boxte um die Europameisterschaft und um die Weltmeisterschaft.

Später folgten Veranstaltungen u.a. mit den Klitschko Brüdern und Dariusz Michalczewski.

Viele gute und spannende Kämpfe u.a. in der Ballsporthalle Frankfurt, und die sehr kooperative und freundliche Zusammenarbeit mit den Veranstaltern sind mir in guter Erinnerung geblieben.

Nach der Zeit der gemeinsamen Veranstaltungen habe ich Ebby immer wieder getroffen, auch auf seiner Finka auf Mallorca, und er war und ist ein von mir sehr geschätzter Gesprächspartner.

Mit seinen Fachkenntnissen ist und bleibt er für mich immer ein wandelndes Boxlexikon.

***

Das zweite wandelnde Boxlexikon ist Jean-Marcel Nartz.

Den ersten Kontakt zu ihm hatte ich bei den gemeinsamen Veranstaltungen mit der Sauerland Box Promotion. Er war dort lange Jahre Technischer Direktor und hat sehr viele große und erfolgreiche Veranstaltung für das Sauerland Team organisiert.

Er war einer der angesehensten und erfolgreichsten *Matchmaker* in Europa. 2002 wurde Marcel Mitglied im Universum Team und brachte seine Kontakte und Erfahrungen ein.

Es war sehr angenehm und entspannt mit ihm zusammen zu arbeiten.

In dieser Zeit entstand ein freundschaftlicher Kontakt und er war mir in sehr vielen Fragen des Boxsports immer ein geschätzter und gut informierter Gesprächspartner.

100.   Ein Hauch von Hollywood

Um die folgende kleine Geschichte verstehen zu können, muss man folgendes wissen.

Wie bereits erwähnt hatten die ungarischen Weltmeister Istvan -Koko-Kovac und Zsolt Erdei in Ungarn einen sehr hohen Bekanntheitsgrad und dadurch auch sehr viele Fans. Die Kämpfe beider Boxer wurden live von RTL Plus, einem großen ungarischen Fernsehsender, mit überragender Sehbeteiligung übertragen.

Ich war bei diesen Titelkämpfen der beiden Boxer in Deutschland oder Ungarn Ringsprecher und wurde auch mehrfach im Vorfeld dieser Kämpfe interviewt.

Es gab sogar einen Song der Koko gewidmet war. Als Intro war mein Walk-In Aufruf zu hören und der dann folgende Jubel seiner Fans.

Daher hatte auch ich einen gewissen Bekanntheitsgrad bei den Boxfans in Ungarn.

Ich hatte mich daran gewöhnt, bei den Veranstaltungen in Deutschland und Ungarn des Öfteren mit dem Wunsch nach einem Autogramm angesprochen zu werden. Wünsche, die ich selbstverständlich gerne erfüllt habe.

Aber Wünsche nach unterschriebenen Autogrammkarten konnte ich nicht erfüllen. Ich hätte den Druck von Autogrammkarten für mich auch als übertrieben abgelehnt.

Es war vor dem letzten Kampf von Istvan in Budapest.

Wir waren rechtzeitig angereist und hatten so Zeit, zu einem Spaziergang durch die Stadt. Da unser Hotel etwas außerhalb der Innenstadt lag, benutzten wir die Straßenbahn.

Sie erinnerte mich an die Hamburger Straßenbahnen in meiner Kindheit. Die erste Strecke der Pferdebahn in Hamburg wurde bereits 1866 in Hamburg eröffnet. 1894 fuhr die erste elektrisch betriebene Linie durch die Hansestadt. 1958 beschloss der überaus weise Senat der Stadt die schrittweise Stilllegung. 1978 wurde die letzte Linie auf Busbetrieb umgestellt.

Die besondere Weisheit des damaligen Senats zeigte sich auch darin, dass ab 2021 wieder über die Einführung einer Straßenbahn in Hamburg diskutiert wird.

Die Budapester Straßenbahn wurde 1866 als Pferdebahn eröffnet und ab 1887 elektrifiziert. Heute besteht sie aus 26 regulären Linien.

In Budapest, in der vollen Straßenbahn stehend, bemerkte ich die Blicke einiger Fahrgäste und ein aufgeregtes Getuschel. Dann wurde ich angesprochen, mit der Bitte um Autogramme.

Später, vor einem Café auf der Straße sitzend, wiederholte sich dieses mehrmals.

Ich war das im unmittelbaren Umfeld der Veranstaltungen in der Halle oder im Stadion schon gewohnt. Aber in der Stadt, in der Straßenbahn, das war sehr ungewohnt.

Ich gebe zu, ich fühlte mich etwas geschmeichelt.

Im Hotel zurückgekommen überlegte ich, wie es wohl den tatsächlich prominenten Menschen ergeht, die täglich im Mittelpunkt des Interesses stehen. Ich erahnte, dass deren Bekanntheitsgrad die freie Beweglichkeit in der Öffentlichkeit sicher einschränkte.

Mir wurde klar, da ist mir die Anonymität schon lieber.

101.   Die ausgeschlagene Bitte

In den ersten Jahren nach 1987 war die Ritze, wie bereits erwähnt, meine sportliche Heimat. Ich saß des Öfteren mit dem Wirt Hanne und dem Geschäftsführer Sascha, aber auch mit den Gästen der Ritze zusammen und habe die Bilder an der Wand bestaunt.

Die Ritze ist auch bekannt dafür, dass sich viele Boxer und andere Künstler und Prominente mit einem Foto an der Wand verewigt hatten. Die Betrachtung dieser Bilder führten immer wieder zu schönen Erinnerungen und interessanten Geschichten.

Auch heute noch hängen diese Bilder an der Wand des Barraumes der Ritze.

Ich kann mich noch sehr gut erinnern. Hanne hatte mich damals mehrmals gebeten, ihm ein Bild mit Widmung zu geben, um das Foto auch an die Wand zu hängen. Der Wunsch von Hanne hat mich geehrt und gefreut. Ich habe damals immer dankend abgelehnt, weil ich der Meinung war, dass mein Foto nicht zu diesen Prominenten gehört.

Aus heutiger Sicht betrachtet bin ich sehr traurig, diesem Wunsch nicht entsprochen zu haben. Heute ist mir klar, dass ein Foto mit Widmung ein Dankeschön für die so erfolgreiche Zusammenarbeit gewesen wäre. Aber auch für eine durch unsere Freundschaft geprägte Zeit.

Heute wünschte ich mir, dass ich der Bitte von Hanne damals entsprochen hätte.

102.   Ein bewegender Moment

Es ist wie in einer langjährigen Ehe.

Es herrscht nicht immer „eitler Sonnenschein", es gibt auch Gewitterwolken am Ehehimmel und es kommt auch mal zu „emotionalen Gesprächen". Wichtig ist es, dass man immer wieder zusammenfindet.

So ist es auch in meiner 25-jährigen Tätigkeit für den Boxstall Universum Boxpromotion gewesen.

Es gibt aber einem Moment in dieser Zusammenarbeit, in dem ich sehr gerührt und überrascht war.

Meine 250. Veranstaltung stand an.

Wir hatten uns einige Monate vorher über die Anzahl meiner bisherigen Veranstaltungen unterhalten, doch ich hatte diesem Gespräch keine große Bedeutung gegeben.

Ich stand nach der Urteilsverkündung eines Vorkampfes im Ring, als Klaus Peter Kohl und Peter Hanraths in den Ring kamen.

Peter Hanraths hatte einen Pokal in der Hand, den er mir anlässlich meiner 250. Veranstaltung mit einigen positiven Worten überreichte. Auf der VIP-Party gab es noch einen sehr schönen Kuchen mit einer Marzipanfigur, die eine Ähnlichkeit mit mir hatte.

Doch besonders erfreut war ich über die vielen Glückwünsche und freundlichen Worte von Boxern und Zuschauern auf der VIP-Party.

103. Als Boxweltmeister ins Rallyeauto

Michael Löwe ist mit Dariusz Michalczewski gemeinsam Mitglied des Universum Teams geworden.

Genau wie Dariusz wurde er ein sehr erfolgreicher Profiboxer, Weltmeister und ein guter Freund.

Sein Kampfrekord 28 Kämpfe, 28 Siege, davon 10 durch k.o. Er war WBO Intercontinental Champion und WBO-Weltmeister im Weltergewicht.

Ich hatte das große Vergnügen, ihn zwei Mal besuchen zu dürfen.

Privat und dann geschäftlich.

Beim ersten Besuch landete ich in Bukarest. Auf dem Weg in das von Michael gebuchte Hotel konnte ich die Schönheit der Stadt erahnen.

Michael wollte mich am nächsten Morgen abholen und mich in seine Heimatstadt Hunedoara mitnehmen.

Im Hotel führte man mich zu einem einzeln gelegenen, großem Haus, einer großen Villa ähnlich. Die Tür zu einem der Zimmer wurde geöffnet und ich blickte in einen riesigen Raum, bei dem es sich offensichtlich um mein Zimmer für diese Nacht handelte.

Am Ende des Raumes etwas erhöht, stand ein sehr großes Bett.

Mich über die Größe des Raumes wundernd schlief ich ein und erfuhr am nächsten Vormittag von Michael die Geschichte des Raumes.

Es handelte sich um eine der Privatvillen des ehemaligen Diktators Nicolae Ceaușescu.

Ich hatte, ohne es zu wissen, eine Nacht im Bett des Diktators verbracht.

Es folgten einige schöne Tage im Haus von Michael und seiner Frau, bevor ich wieder zurück nach Deutschland flog.

Schon als Amateur boxte Michael unter seinem „deutschen" Namen Michael Löwe.

Heute fährt er unter seinem richtigen Namen Mihai Leu, sehr erfolgreich Rally.

**Foto M. Löwe im
Fahrzeug Privatarchiv
M. Löwe**

**Foto Rallyewagen von
Michael im Einsatz
Privatarchiv M. Löwe**

104. König Artur

Das letzte Kapitel meines Buches möchte ich einem sehr guten Freund widmen, „König" Artur Grigoryan.

Neben seinen außerordentlich großen sportlichen Erfolgen gibt es eigentlich keine richtige Geschichte zu erzählen. Es soll über eine Freundschaft berichten, die über die Jahre gewachsen ist.

Es ist nicht so, dass wir uns oft außerhalb des Boxgeschehens getroffen hätten oder viel privat unternommen hätten, trotzdem gab und gibt es eine große gegenseitige Wertschätzung und Verbundenheit.

Artur absolvierte eine lange Amateurkarriere mit 384 Kämpfen. 1990 gewann er die Goodwill Games in Seattle, unter anderem mit einem Sieg über den US-Amerikaner Shane Mosley. Sein größter Erfolg als Amateurboxer war ein zweiter Platz im Leichtgewicht bei den Weltmeisterschaften in Sydney, er unterlag dort im Finale Marco Rudolph.

Als Profi begann er am 10.04.1994 seine neue Karriere bei Universum Box Promotion. Im selben Jahr wurde er Deutscher Meister und am 13.4. 1996, in der Alsterdorfer Sporthalle WBO-Weltmeister.

In seinem 18. Weltmeisterschaftskampf unterlag er am 03.01.2004 in den USA Ancelino Freitas.

8 Jahre lang beherrschte er die Leichtgewichtsklasse weltweit und boxte sich mit seinem eleganten und doch dynamischen Boxstil in die Herzen der Boxfans.

 **A. Grigoryan und**
G. Khachatryan
G. Müller Privatarchiv

Nach einem weiteren Kampf in Budapest, den er gewann, beendete er seine Karriere und wurde Trainer im Boxstall Universum Box Promotion. Er trainierte u.a. Ruslan Chagayev und Jack Culcay-Keth.

Heute ist er Cheftrainer im neu gegründeten Hamburger Boxstall Universum Box Promotion.

„Auf der Plattform YouTube kann man derzeit unter Eingabe des Suchbegriffs [Artur Grigoryan im Interview: Ich fühle den Boxer] Videomaterial zu dieser Geschichte finden."

Neben Artur ist auch Gagik ein von mir noch heute sehr geschätzter Freund geblieben.

105. Abschließende Bemerkung

Ich hatte das große Vergnügen, die Ehre und die Freude, in den letzten 35 Jahren mit vielen nationalen und internationalen Boxern und Boxerinnen, Trainern, Managern und vielen anderen Menschen zusammenarbeiten zu dürfen.

Mit denen, die Ihre großen Ziele erreichen konnten, aber auch mit denen, die Ihre Ziele nicht erreichen konnten.

Unabhängig vom Erfolg haben alle Boxerinnen und Boxer meinen größten Respekt.

Ich habe hier nicht alle nennen können, nicht jede Geschichte erzählen können.

Fast alle habe ich aber in guter und positiver Erinnerung behalten, und denke immer wieder gerne an diese schöne gemeinsame Zeit zurück.

Ich bin sehr dankbar, dass ich diese lange und schöne Zeit mit ihnen verbringen durfte.

Suchtexte Youtube Videos

SKANDALKAMPF Dariusz Michalczewski vs. Graciano Rocchigiani
- Tiger vs. Rocky Teil 1 *FULL FIGHT
Alex Zeh vs Ralf Rocchigiani
Owen Reece vs. Teddy Jansen 29.06.1988
Emile Griffith vs. Eckhard Dagge. WBC JMWC.1976.09.18
bott-giovannini.wmv
Wladimir Klitschko vs Ross Purity. Universum. Deutsch. HD 720p60
Vitali Klitschko vs Francesco Spinelli Full Fight
Regina Halmich | Elena Reid II 4/4

Dariusz Michalczewski vs Willie McDonald

Mickey Rourke vs Thomas McCoy Boxing Match

Fabrice Tiozzo vs Dariusz Michalczewski

Juan Carlos Gomez-Mike Robinson highlights

Jonny Nelson vs Markus Bott

graciano rocchigiani vs chris eubank

Koko Kovacs - Julio Pablo Chacon

[Recordando a Daniel La Cobra Jimenez (Camuyano)

(Harry Geier)

Michael Buffer - Let's Get Ready To Rumble

Reflections: Jimmy Lennon, Jr. | SHOWTIME CHAMPIONSHIP
BOXING 30th Anniversary

Don King - Der Boxpate

McFit Fight Night 2007 - Halmich vs. Raab - Part01
(Panzer Walk-in)

Journeyman DVD-Teaser

(Bruce Özbek)

DORO - ALL WE ARE - 25 th ANNIVERSARY DVD

Erdei vs. Sahnoune

Die großen Kriminalfälle | S01 E05 | Die Gladowbande Chicago in
Berlin

Der Künstler Bruno Bruni]

KILLER QUEEN | Elena Reid 1/4]
World Boxing Champion Daisy Lang won the fight against Michelle
Sutcliffe (115lb)
Ina Menzer vs Jeannine Garside | Full Boxing Match
Security Fight (Full Clip)
    (Prügelei am Ring)
Artur Grigoryan im Interview: Ich fühle den Boxer